"十四五"时期国家重点出版物出版专项规划项目
第二次青藏高原综合科学考察研究丛书

川藏交通廊道
气象条件和灾害风险

徐祥德 周广胜 吕晓敏 等 著

科学出版社
北京

内 容 简 介

在川藏铁路区域科考研究的基础上，本书结合川藏铁路布设概况和沿线区域气象和灾害风险的相关资料，论述了近 30 年川藏铁路沿线及附近范围气象要素的时空分布特征及其对铁路建设与运维的可能影响；川藏铁路沿线区域的大风、强降雨、雪、冰冻、冻土、低温与高温、雾与霾、沙尘暴、雷电、冰雹等气象灾害特征；给出了未来百年川藏铁路沿线区域气象变化特征预估和铁路选线、工程建设等方面的灾害风险和对策建议。

本书可供大气科学、地理学、地球科学等专业的科研、教学等相关人员参考使用。

审图号：GS京(2024)2637号

图书在版编目(CIP)数据

川藏交通廊道气象条件和灾害风险 / 徐祥德等著. -- 北京：科学出版社, 2025. 5. -- (第二次青藏高原综合科学考察研究丛书). -- ISBN 978-7-03-081757-0

Ⅰ. U418.5；P429；P694

中国国家版本馆CIP数据核字第2025W88Z24号

责任编辑：郭允允　程雷星 / 责任校对：王　瑞
责任印制：徐晓晨 / 封面设计：马晓敏

科学出版社 出版
北京东黄城根北街16号
邮政编码：100717
http://www.sciencep.com

北京汇瑞嘉合文化发展有限公司印刷
科学出版社发行　各地新华书店经销
*

2025年5月第 一 版　开本：787×1092　1/16
2025年5月第一次印刷　印张：21 1/2
字数：500 000

定价：298.00元
（如有印装质量问题，我社负责调换）

"第二次青藏高原综合科学考察研究丛书"指导委员会

主　任　　孙鸿烈　　中国科学院地理科学与资源研究所

副主任　　陈宜瑜　　国家自然科学基金委员会
　　　　　　秦大河　　中国气象局

委　员　　姚檀栋　　中国科学院青藏高原研究所
　　　　　　安芷生　　中国科学院地球环境研究所
　　　　　　李廷栋　　中国地质科学院地质研究所
　　　　　　程国栋　　中国科学院西北生态环境资源研究院
　　　　　　刘昌明　　中国科学院地理科学与资源研究所
　　　　　　郑绵平　　中国地质科学院矿产资源研究所
　　　　　　李文华　　中国科学院地理科学与资源研究所
　　　　　　吴国雄　　中国科学院大气物理研究所
　　　　　　滕吉文　　中国科学院地质与地球物理研究所
　　　　　　郑　度　　中国科学院地理科学与资源研究所
　　　　　　钟大赉　　中国科学院地质与地球物理研究所
　　　　　　石耀霖　　中国科学院大学
　　　　　　张亚平　　中国科学院
　　　　　　丁一汇　　中国气象局国家气候中心
　　　　　　吕达仁　　中国科学院大气物理研究所
　　　　　　张　经　　华东师范大学
　　　　　　郭华东　　中国科学院空天信息创新研究院
　　　　　　陶　澍　　北京大学

刘丛强	天津大学
龚健雅	武汉大学
焦念志	厦门大学
赖远明	中国科学院西北生态环境资源研究院
胡春宏	中国水利水电科学研究院
郭正堂	中国科学院地质与地球物理研究所
王会军	南京信息工程大学
周成虎	中国科学院地理科学与资源研究所
吴立新	中国海洋大学
夏　军	武汉大学
陈大可	自然资源部第二海洋研究所
张人禾	复旦大学
杨经绥	南京大学
邵明安	中国科学院地理科学与资源研究所
侯增谦	国家自然科学基金委员会
吴丰昌	中国环境科学研究院
孙和平	中国科学院精密测量科学与技术创新研究院
于贵瑞	中国科学院地理科学与资源研究所
王　赤	中国科学院国家空间科学中心
肖文交	中国科学院新疆生态与地理研究所
朱永官	中国科学院城市环境研究所

"第二次青藏高原综合科学考察研究丛书"编辑委员会

主　编　　姚檀栋

副主编　　徐祥德　　欧阳志云　　傅伯杰　　施　鹏　　陈发虎　　丁　林
　　　　　　吴福元　　崔　鹏　　　葛全胜

编　委　　王　浩　　王成善　　多　吉　　沈树忠　　张建云　　张培震
　　　　　　陈德亮　　高　锐　　彭建兵　　马耀明　　王小丹　　王中根
　　　　　　王宁练　　王伟财　　王建萍　　王艳芬　　王　强　　王　磊
　　　　　　车　静　　牛富俊　　勾晓华　　卞建春　　文　亚　　方小敏
　　　　　　方创琳　　邓　涛　　石培礼　　卢宏玮　　史培军　　白　玲
　　　　　　朴世龙　　曲建升　　朱立平　　邬光剑　　刘卫东　　刘屹岷
　　　　　　刘国华　　刘　禹　　刘勇勤　　汤秋鸿　　安宝晟　　祁生文
　　　　　　许　倞　　孙　航　　赤来旺杰　严　庆　　苏　靖　　李小雁
　　　　　　李加洪　　李亚林　　李晓峰　　李清泉　　李　嵘　　李　新
　　　　　　杨永平　　杨林生　　杨晓燕　　沈　吉　　宋长青　　宋献方
　　　　　　张扬建　　张进江　　张知彬　　张宪洲　　张晓山　　张鸿翔
　　　　　　张镱锂　　陆日宇　　陈　志　　陈晓东　　范宏瑞　　罗　勇
　　　　　　周广胜　　周天军　　周　涛　　郑文俊　　封志明　　赵　平
　　　　　　赵千钧　　赵新全　　段青云　　施建成　　秦克章　　徐柏青
　　　　　　徐　勇　　高　晶　　郭学良　　郭　柯　　席建超　　黄建平
　　　　　　康世昌　　梁尔源　　葛永刚　　温　敏　　蔡　榕　　翟盘茂
　　　　　　樊　杰　　潘开文　　潘保田　　薛　娴　　薛　强　　戴　霜

《川藏交通廊道气象条件和灾害风险》编写委员会

主　　任　　徐祥德　周广胜　吕晓敏

副 主 任　　周　莉　高　歌　刘二华

委　　员　　（按姓氏汉语拼音排序）

　　　　　　　高　荣　郭海燕　郭艳君　胡明新

　　　　　　　黄大鹏　李　楠　李　莹　刘　佳

　　　　　　　庞文静　石　磊　孙　劭　王　健

　　　　　　　王遵娅　徐金霞　徐沅鑫　尹宜舟

　　　　　　　袁　雷　张　峰　周星妍

第二次青藏高原综合科学考察队西风－季风协同作用及其环境效应科考分队队员名单

姓名	职务	工作单位
周广胜	分队长	中国气象科学研究院
吕晓敏	队员	中国气象科学研究院
宋兴阳	队员	中国气象科学研究院
周 莉	队员	中国气象科学研究院
汲玉河	队员	中国气象科学研究院
周怀林	队员	中国气象科学研究院
耿金剑	队员	中国气象科学研究院
刘二华	队员	中国气象科学研究院
罗天祥	队员	中国科学院青藏高原研究所
王玉辉	队员	中国科学院植物研究所
任鸿瑞	队员	太原理工大学

丛书序一

青藏高原是地球上最年轻、海拔最高、面积最大的高原，西起帕米尔高原和兴都库什、东到横断山脉，北起昆仑山和祁连山、南至喜马拉雅山区，高原面海拔4500米上下，是地球上最独特的地质-地理单元，是开展地球演化、圈层相互作用及人地关系研究的天然实验室。

鉴于青藏高原区位的特殊性和重要性，新中国成立以来，在我国重大科技规划中，青藏高原持续被列为重点关注区域。《1956—1967年科学技术发展远景规划》《1963—1972年科学技术发展规划》《1978—1985年全国科学技术发展规划纲要》等规划中都列入针对青藏高原的相关任务。1971年，周恩来总理主持召开全国科学技术工作会议，制订了基础研究八年科技发展规划（1972—1980年），青藏高原科学考察是五个核心内容之一，从而拉开了第一次大规模青藏高原综合科学考察研究的序幕。经过近20年的不懈努力，第一次青藏综合科考全面完成了250多万平方千米的考察，产出了近100部专著和论文集，成果荣获了1987年国家自然科学奖一等奖，在推动区域经济建设和社会发展、巩固国防边防和国家西部大开发战略的实施中发挥了不可替代的作用。

自第一次青藏综合科考开展以来的近50年，青藏高原自然与社会环境发生了重大变化，气候变暖幅度是同期全球平均值的两倍，青藏高原生态环境和水循环格局发生了显著变化，如冰川退缩、冻土退化、冰湖溃决、冰崩、草地退化、泥石流频发，严重影响了人类生存环境和经济社会的发展。青藏高原还是"一带一路"环境变化的核心驱动区，将对"一带一路"20多个国家和30多亿人口的生存与发展带来影响。

2017年8月19日，第二次青藏高原综合科学考察研究启动，习近平总书记发来贺信，指出"青藏高原是世界屋脊、亚洲水塔，是地球第三极，是我国重要的生态安全屏障、战略资源储备基地，是中华民族特色文化的重要保护地"，要求第二次青藏高原综合科学考察研究要"聚焦水、生态、人类活动，着力解决青藏高原资源环境承载力、灾害风险、绿色发展途径等方面的问题，为守护好世界上最后一方净土、建设美丽的青藏高原作出新贡献，让青藏高原各族群众生活更加幸福安康"。习近平总书记的贺信传达了党中央对青藏高原可持续发展和建设国家生态保护屏障的战略方针。

第二次青藏综合科考将围绕青藏高原地球系统变化及其影响这一关键科学问题，开展西风–季风协同作用及其影响、亚洲水塔动态变化与影响、生态系统与生态安全、生态安全屏障功能与优化体系、生物多样性保护与可持续利用、人类活动与生存环境安全、高原生长与演化、资源能源现状与远景评估、地质环境与灾害、区域绿色发展途径等10大科学问题的研究，以服务国家战略需求和区域可持续发展。

"第二次青藏高原综合科学考察研究丛书"将系统展示科考成果，从多角度综合反映过去50年来青藏高原环境变化的过程、机制及其对人类社会的影响。相信第二次青藏综合科考将继续发扬老一辈科学家艰苦奋斗、团结奋进、勇攀高峰的精神，不忘初心，砥砺前行，为守护好世界上最后一方净土、建设美丽的青藏高原作出新的更大贡献！

孙鸿烈
第一次青藏科考队队长

丛书序二

青藏高原及其周边山地作为地球第三极矗立在北半球，同南极和北极一样既是全球变化的发动机，又是全球变化的放大器。2000年前人们就认识到青藏高原北缘昆仑山的重要性，公元18世纪人们就发现珠穆朗玛峰的存在，19世纪以来，人们对青藏高原的科考水平不断从一个高度推向另一个高度。随着人类远足能力的不断加强，逐梦三极的科考日益频繁。虽然青藏高原科考长期以来一直在通过不同的方式在不同的地区进行着，但对于整个青藏高原的综合科考迄今只有两次。第一次是20世纪70年代开始的第一次青藏科考。这次科考在地学与生物学等科学领域取得了一系列重大成果，奠定了青藏高原科学研究的基础，为推动社会发展、国防安全和西部大开发提供了重要科学依据。第二次是刚刚开始的第二次青藏科考。第二次青藏科考最初是从区域发展和国家需求层面提出来的，后来成为科学家的共同行动。中国科学院的A类先导专项率先支持启动了第二次青藏科考。刚刚启动的国家专项支持，使得第二次青藏科考有了广度和深度的提升。

习近平总书记高度关怀第二次青藏科考，在2017年8月19日第二次青藏科考启动之际，专门给科考队发来贺信，作出重要指示，以高屋建瓴的战略胸怀和俯瞰全球的国际视野，深刻阐述了青藏高原环境变化研究的重要性，希望第二次青藏科考队聚焦水、生态、人类活动，揭示青藏高原环境变化机理，为生态屏障优化和亚洲水塔安全、美丽青藏高原建设作出贡献。殷切期望广大科考人员发扬老一辈科学家艰苦奋斗、团结奋进、勇攀高峰的精神，为守护好世界上最后一方净土顽强拼搏。这充分体现了习近平生态文明思想和绿色发展理念，是第二次青藏科考的基本遵循。

第二次青藏科考的目标是阐明过去环境变化规律，预估未来变化与影响，服务区域经济社会高质量发展，引领国际青藏高原研究，促进全球生态环境保护。为此，第二次青藏科考组织了10大任务和 60 多个专题，在亚洲水塔区、喜马拉雅区、横断山高山峡谷区、祁连山–阿尔金区、天山–帕米尔区等 5 大综合考察研究区的 19 个关键区，开展综合科学考察研究，强化野外观测研究体系布局、科考数据集成、新技术融合和灾害预警体系建设，产出科学考察研究报告、国际科学前沿文章、服务国家需求评估和咨询报告、科学传播产品四大体系的科考成果。

两次青藏综合科考有其相同的地方。表现在两次科考都具有学科齐全的特点，两次科考都有全国不同部门科学家广泛参与，两次科考都是国家专项支持。两次青藏综合科考也有其不同的地方。第一，两次科考的目标不一样：第一次科考是以科学发现为目标；第二次科考是以摸清变化和影响为目标。第二，两次科考的基础不一样：第一次青藏科考时青藏高原交通整体落后、技术手段普遍缺乏；第二次青藏科考时青藏高原交通四通八达，新技术、新手段、新方法日新月异。第三，两次科考的理念不一样：第一次科考的理念是不同学科考察研究的平行推进；第二次科考的理念是实现多学科交叉与融合和地球系统多圈层作用考察研究新突破。

"第二次青藏高原综合科学考察研究丛书"是第二次青藏科考成果四大产出体系的重要组成部分，是系统阐述青藏高原环境变化过程与机理、评估环境变化影响、提出科学应对方案的综合文库。希望丛书的出版能全方位展示青藏高原科学考察研究的新成果和地球系统科学研究的新进展，能为推动青藏高原环境保护和可持续发展、推进国家生态文明建设、促进全球生态环境保护做出应有的贡献。

姚檀栋
第二次青藏科考队队长

前 言

青藏高原是全球海拔最高的独特的自然地理单元，特殊的自然背景造就了复杂多样的生态系统，形成了复杂的高原植被生态类型，其在我国国防安全建设、气候系统稳定、生物多样性保护、生态系统安全等方面具有重要的屏障作用。

川藏铁路东起四川省成都市，向西迅速攀上"世界屋脊"青藏高原，沿线高海拔及其高差的剧烈变化使得天气气候变化极为剧烈，暴雨、积雪、强风等重大气象灾害频发，且常常诱发滑坡、山洪和雪崩等次生自然灾害。气象条件是影响铁路建设和运营的重要因素，尤其对于高寒气象环境，铁路建设的基础设施对气象条件的要求更高。对川藏铁路沿线及其附近区域进行科学考察和观测研究，分析评估川藏铁路气象条件和灾害风险，对于川藏铁路建设、运营，以及提升川藏铁路气象灾害综合防控能力和确保列车运行安全均具有重要意义。

本书分为6章，主要内容和编写分工如下。

第1章主要介绍了川藏铁路气象条件和灾害风险的研究背景、研究现状、研究目的及意义等，由周广胜、吕晓敏、徐祥德等执笔。

第2章主要介绍了气象要素、气象灾害、灾害风险评估的数据资料和研究方法等，由周广胜、吕晓敏、徐祥德、周莉等执笔。

第3章主要介绍了近30年川藏铁路沿线及其附近范围的气象因子，包括降水（雪）、气温、气压、相对湿度、风速以及风向的时空变化特征，并探讨了其对川藏铁路建设与运维的可能影响等，由周广胜、吕晓敏、周莉、刘二华、胡明新等执笔。

第4章主要介绍了对川藏铁路沿线区域可能造成影响的大风、强降雨、雪、冰冻、冻土、低温与高温、雾与霾、沙尘暴、雷电、冰雹等气象灾害的变化特征，由高歌、李莹、王遵娅、郭艳君、周星妍等执笔。

第 5 章主要介绍了未来百年不同气候排放情景（RCP2.6、RCP4.5、RCP8.5）下不同时段川藏铁路沿线及其附近范围、沿线隧道、大桥和主要站点的主要气象要素［降水（雪）、气温、气压、辐射、相对湿度、风速］的变化特征等，由周广胜、吕晓敏、周莉、刘二华、胡明新等执笔。

第 6 章主要介绍了对川藏铁路建设和运营可能造成影响的大风、强降水（以及强降水引发的山洪、泥石流、滑坡）、雪灾（积雪、降雪、风吹雪、雪崩）以及气候变化背景下冰川退缩、冻土退化、积雪减少及融化等灾害的气候特点、风险评估和防范措施建议等，由高歌、高荣、郭海燕、黄大鹏、李楠、刘佳等执笔。

第二次青藏高原综合科学考察研究之川藏铁路沿线植被环境科学考察的开展，极大地推动了西风－季风协同作用下青藏高原环境变化的研究。本书由第二次青藏高原综合科学考察研究"西风－季风协同作用及其环境效应"专题（2019QZKK0106）资助。本书是中国气象科学研究院、国家气候中心、四川省气候中心、西藏自治区气候中心和中国气象局气象探测中心许多科研人员长期不畏艰险、辛勤劳动的成果。

《川藏交通廊道气象条件和灾害风险》编写委员会

2023 年 12 月

摘　　要

川藏铁路选线、建设和运营迫切需要以沿线高时空分辨率气象条件和气象灾害风险特征的认知作为参考和保障。针对高海拔地区的气象要素国内外已经开展了一些相关研究，如青藏高原的地表温度、干湿状况、雪灾的时空特征，青藏高原近 30 年的气候变化趋势，青藏高原近地面风速高分辨率的动力降尺度模拟等，特别是国内学者对艰险山区深切峡谷地形也开展了风速实测研究，提出了大跨桥梁复合设计风速概念，基于大桥桥址区风特性实测开展了桥址区的脉动风特性、风剖面形式以及设计基准风速等研究，初步提出了适于该地形条件的风特性参数。尽管如此，已有的研究成果还没有形成能够用于指导工程设计的指南或规范，多数研究的工程背景也没有聚焦在川藏铁路沿线附近。因此，针对川藏铁路工程可研设计阶段关键气象参数的研究迫切且不可或缺。

目前，中国气象局已初步形成了天基、空基和地基相结合，门类比较齐全，布局基本合理的现代化大气综合观测系统，可为高铁沿线气象灾害监测提供多维观测信息。但是，由于青藏高原的气象观测站稀少，严重制约了气象信息的获取。为了解决区域观测资料较少的问题，国内外科学家已经开展了应用 NOAA/ESRL/GSD 开发的中尺度数据分析融合工具局地分析预报系统（LAPS），将来自地面观测网、航空卫星和飞机、垂直探测器等的地基、空基、天基的观测网数据分析形成可用的高分辨率气象观测数据研究。近年来，LAPS 基于多时空尺度分析系统（STMAS）框架进行了升级，在技术上基本可以满足更高数据精度、更快计算速度的高分辨率气象观测数据研究，可为制作高分辨率实况产品提供技术支撑。机器学习技术的快速发展也被用于高时空分辨率的短临预报，但尚在尝试阶段，还需深入研究。

我国高速铁路工程已经建设了高速铁路自然灾害及异物侵限监测系统，该系统对列车运行影响较大的风、雨、雪、地震和上跨高速铁路的道路桥梁异物侵限进行监测。其中，风、雨、雪灾害主要依靠沿线建设的监测点提供监测信息。川藏铁路较其他地区的铁路建设和运营面临更加严峻的灾害考验，且穿越众多无人区，现有的监测技术难以满足川藏铁路建设及运营需求。为此，需要针对川藏铁路的气象灾害特点，研究提出川藏铁路灾害监测技术方案及设备配置和自主化方案。同时，已经建设的高铁灾害监测点主要依据可获得的气象部门提供的铁路沿线近20年气象观测历史资料，但是川藏铁路沿线现有的气象资料稀少，很难满足设计、建设要求，因此，需要研究适于川藏铁路建设和运营的灾害监测点布局优化技术。中国气象局在气象观测站的选址方面具有丰富的技术经验，包括其制定的国家基准气候站优化调整方案、国家地面辐射观测业务及站网布局优化方案等。同时，中国气象局在数值模式评估阶段，已经对世界气象组织（WMO）推荐的观测系统试验（OSE）、观测系统模拟试验（OSSE）、观测影响预报灵敏度方法（FSO）等进行了探索实践，在观测与预报、科学与工程之间建立了良好的互动反馈机制。因此，为满足恶劣气象环境下川藏铁路的建设及运营需求，亟须引入气象行业的观测资料和站网布局技术，开展川藏铁路沿线气象灾害的监测方案、监测设备配置、监测站点布设等研究，为川藏铁路建设与运营安全提供资料保障。

川藏铁路沿线地形地质条件十分复杂，气候条件恶劣，大风、雪、强降雨、强对流等极端天气气候事件多发，如何科学防范各类气象灾害成为川藏铁路选线、规划和建设迫切需要考虑解决的关键问题之一。工程建设初步设计和可行性研究需要全面掌握铁路沿线附近气象灾害的时空分布格局，但目前研究对川藏铁路沿线区域范围涉及的不多，总体针对性不强，研究的灾种分散，系统的、全面的分析不多，综合掌握情况不够全面。关键是所用气象灾害统计分析指标针对性不强，有些难以在铁路规划建设中得到应用。因此，本书将围绕铁路规划建设需求，选用适合铁路建设参考的气象灾害指标，对多种气象灾害进行系统分析，全面摸清川藏铁路主要气象灾害的时空分布格局。

川藏交通廊道气象条件和灾害风险研究的主要研究结论如下。

分析近30年（1988～2017年）川藏铁路沿线及其附近范围气象要素［降水（雪）、温度、气压、相对湿度和风速］的时空分布特征及其对铁路建设与运维的可能影响。近30年川藏铁路沿线及其附近范围的最大日降水量呈减小趋势（32.4mm/10a），年降水量和年最大降水量均呈弱减小趋势，最大日降水量空间分布不均匀，总体呈东多西少的分布格局。川藏铁路面临低温和冰雪天气引起的车体内外温差大、电力设施结冰等多重不利影响。近30年川藏铁路沿线及其附近范围的最大日降雪量在

32.4～111.7mm，川藏铁路沿线及其附近范围春季最大积雪深度在5cm以上，达到铁路运行的危急警戒等级。年最大雪压、年降雪量和降雪日数随时间呈下降趋势。川藏铁路不仅面临极端高温引起的绝缘物质变性、金属导轨和导线膨胀等不利影响，还面临低温严寒引起的路桥基础胀裂风险。川藏铁路沿线及其附近范围的年均气温、年极端最高气温和年极端最低气温变化范围分别为10～13℃、30.5～34℃和–11～–6℃。气温呈西低东高、北低南高的空间格局。青藏高原高寒地区大气压远远低于标准大气压，使得川藏铁路列车空调机组性能面临低气压影响的风险。川藏铁路还面临铁路砂浆由于大气干燥引起轨道变形的风险。大气干燥程度对铁路砂浆体积变形有较大影响，空气干燥收缩会引起基体形变。近30年来日最小相对湿度的高值区由东向西移动，低值区由中部向西北部移动。日和年尺度的相对湿度总体呈东部高、西部低的空间格局。大风天气会将周围漂浮物吹到铁路电力线上，从而影响机车通行，甚至引起翻车等风险。近30年川藏铁路沿线及其附近范围的日最大风速呈先升后降再逐渐趋缓的趋势。年平均风速呈上升趋势。川藏铁路沿线及其附近范围的最大风速对应的风向在西部和中部为西风，风向频率约为15%。

  本书围绕川藏铁路沿线区域（含有可选线路）可能对铁路造成影响的大风、强降雨、雪、冰冻、冻土、低温与高温、雾与霾、沙尘暴、雷电、冰雹等气象灾害开展全面系统的分析。通过调研，确定铁路运行、建设等相关的气象灾害指标，给出灾害发生频次、强度、过程持续时间、初终日、持续期、运行不利日数等及其平均值、极值、重现期、变化趋势等历史统计，涉及统计项目90多项。总结分析各种气象灾害时空特点，绘制空间分布图，基于多灾种分布格局和发生特征，对分段和可选线路给出所需关注的主要气象灾害建议，为线路优选和防灾减灾提供参考。川藏铁路沿线区域处于青藏高原大风日数频发区的南缘，基本规避了大风特高频发区，但康定至雅江、巴塘至白玉、洛隆、贡嘎等地年大风日数仍较多，康定至洛隆、泽当至拉萨段年大风日数最大值达50～172d，康定最多，超过250d。川藏铁路沿线四川境内的东部区域和西藏境内的中部区域（米林至波密一带）为降水多发区。暴雨多发生在区域东部，雅安、天全等地为暴雨中心。四川理塘、康定、白玉和西藏洛隆、波密、昌都、米林、林芝等地，年降雪量大、降雪频繁、年最大积雪深度大、积雪日数多，为雪灾高危险区，不利于铁路运行的日数多，特别需要加强对雪灾的防范。川藏铁路沿线区域结冰日数、霜冻日数多；东部四川盆地雾霾发生频繁；西部加查、拉萨、泽当、贡嘎沙尘日数有5～15d；年冰雹日数康定新都桥、理塘多；西部地区以及康定至昌都之间的大片区域为雷暴高值区。川藏铁路沿线雅安至林芝段，主要关注的气象灾害包括大风、雪、冰冻（霜冻、结冰、雾凇）、低温、雷电、强降雨、冰雹等。可选方案涉及的站点，气象灾害多发，主要关注的气象灾害包括大风、雪、冰冻（霜冻、结冰）、低温、雷电、降雨、冰雹等。

　　基于模式能够同时提供历史和3个典型浓度路径（representative concentration pathways，RCPs；RCP2.6、RCP4.5和RCP8.5）的气候预估标准，选取第五次国际耦合模式比较计划（Coupled Model Intercomparison Project Phase 5，CMIP5）中5个全球气候模式（general climate models，GCMs）给出的预估数据（包括1950年1月1日至2099年12月31日的平均温度、最高温度、最低温度、降水、降雪、气压、辐射、相对湿度和风速数据），分析生成未来不同气候排放情景下（RCP2.6、RCP4.5、RCP8.5）不同时段[21世纪前期（2016~2035年）、中期（2046~2065年）、后期（2080~2099年）]川藏铁路沿线及其附近范围、沿线隧道、大桥和主要站点的主要气象要素[降水（雪）、气温、气压、辐射、相对湿度、风速]，并采用统计学方法给出日和年的变化特征及其趋势。未来该地区降水以增加为主，气温将持续升高，极端天气气候事件、暖事件将增多，冷事件减少，极端强降水增加，积雪日和积雪量减少，积雪期将缩短，未来气候变化会进一步加剧暴雨诱发的山洪、地质灾害、大风灾害，并引发冰川退缩、积雪减少、冻土退化链式灾害等对铁路规划建设的风险。

　　目前缺少较为全面的气象灾害风险分析为工程建设提供参考。本书拟解决的关键技术问题是，面向铁路选线、工程建设等方面的需求，确定铁路相关的风、雨、雪致灾气象条件参数，并综合考虑历史气象灾害时空特征和未来极端气候事件风险预估结果，采取空间叠加综合分析技术，进行影响和风险分析。研究面向川藏铁路线路优化、规划建设、工程施工和未来运营维护与防灾减灾等方面的需求，重点围绕大风、强降雨（以及强降雨引发的山洪、泥石流、滑坡）、雪灾（积雪、降雪、融雪、风吹雪、雪崩）以及气候变化背景下冰川退缩、冻土退化、积雪减少及融化等灾害，凝练主要气候特征，基于文献调研，归纳总结这些气象灾害对铁路可能造成的不利影响，选择针对性的致灾气象条件，确定指标和风险等级，基于历史统计分析，开展针对川藏铁路的气象灾害风险分析。考虑全球变暖背景下，基于未来气候变化预估和极端气候或灾害事件的变化分析，探讨未来川藏铁路面临的主要气象灾害的风险及可能影响，并针对可能影响和面临的风险，给出防范措施建议。除了这些灾害之外，还对冰冻、冻土、低温与高温、雷暴、冰雹、雾与霾、沙尘暴等灾害开展了分析。其中，采用的定量分析方法有：①基于对铁路建设、运行安全影响气象条件等级或致灾阈值的不同重现期极值风险分析；②综合考虑致灾气象因子的历史极大值和对铁路运行等可能产生不利影响的发生频次，采用矩阵综合分析方法和空间叠加分析技术进行空间不同情况分类并划分灾害风险等级；③针对仅有频次统计的气象灾害，统计发生概率，即多年平均年日数/年总日数，作为指标进行概率风险评估；④基于风险原理方法，采用风险评估指数＝致灾危险性×承灾体暴露度×承灾体脆弱性的方法开展。此外，还通过实地勘察、定性分析、文献调研等方法，全面开展风险分析。

本次科考在川藏铁路沿线及其附近范围区域内开展了详细的植被环境调查，并积累了宝贵的观测资料，今后可利用这些资料对川藏铁路沿线区域生态环境变化趋势和生态质量评价等进行深入分析，为川藏铁路建设运营和青藏高原生态安全建设提供对策措施。

目 录

第1章 引言 ··· 1
  1.1 研究背景 ··· 2
  1.2 研究现状 ··· 3
  1.3 研究目的及意义 ·· 5
第2章 川藏铁路气象条件和灾害风险评估方法与资料 ···························· 7
  2.1 研究区域 ··· 8
  2.2 数据资料 ··· 9
      2.2.1 常规气象资料 ·· 9
      2.2.2 气象灾害资料 ··· 12
      2.2.3 灾害风险评估资料 ·· 15
      2.2.4 未来气候预估资料 ·· 16
  2.3 气象要素和气象灾害评估方法 ·· 20
      2.3.1 气象要素 ··· 20
      2.3.2 气象灾害 ··· 23
      2.3.3 灾害风险 ··· 25
第3章 近30年气象要素变化特征 ·· 27
  3.1 降水 ·· 28
      3.1.1 日尺度降水时空变化特征 ··· 28
      3.1.2 年尺度降水时空变化特征 ··· 33
  3.2 降雪 ·· 39
      3.2.1 日尺度降雪时空变化特征 ··· 39
      3.2.2 年尺度降雪时空变化特征 ··· 44
  3.3 气温 ·· 51
      3.3.1 日尺度气温时空变化特征 ··· 51
      3.3.2 年尺度气温时空变化特征 ··· 59
  3.4 气压 ·· 65
      3.4.1 日尺度气压时空变化特征 ··· 65

		3.4.2 年尺度气压时空变化特征 ··· 73
3.5	相对湿度	·· 79
	3.5.1	日尺度相对湿度时空变化特征 ··· 79
	3.5.2	年尺度相对湿度时空变化特征 ··· 85
3.6	风速	·· 92
	3.6.1	日尺度风速时空变化特征 ··· 92
	3.6.2	年尺度风速时空变化特征 ··· 99
3.7	风向	·· 104
	3.7.1	日尺度风向空间变化特征 ·· 104
	3.7.2	年尺度风向频率及风向空间变化特征 ··································· 106
3.8	结论	·· 107

第 4 章 气象灾害变化特征 ··· **109**

4.1	大风	·· 110
	4.1.1	大风日数 ·· 110
	4.1.2	最大风速 ·· 112
	4.1.3	极大风速 ·· 114
4.2	强降雨	·· 116
	4.2.1	降水日数 ·· 116
	4.2.2	暴雨日数 ·· 118
	4.2.3	降水强度 ·· 119
	4.2.4	降水过程 ·· 120
4.3	雪	·· 121
	4.3.1	降雪特征 ·· 121
	4.3.2	积雪特征 ·· 127
	4.3.3	融雪特征 ·· 134
4.4	冰冻	·· 136
	4.4.1	结冰 ·· 136
	4.4.2	霜冻 ·· 138
	4.4.3	雾凇和雨凇 ·· 140
4.5	冻土	·· 140
	4.5.1	冻融期特征 ·· 141
	4.5.2	冻结深度 ·· 149
	4.5.3	冻结厚度 ·· 151
4.6	低温与高温	··· 154
	4.6.1	最低气温 ·· 154
	4.6.2	最高气温 ·· 159
	4.6.3	气温日较差特征 ·· 161

4.7 雾与霾 · 162
　　4.7.1 雾特征 · 162
　　4.7.2 霾特征 · 164
4.8 沙尘暴 · 165
　　4.8.1 沙尘日数 · 165
　　4.8.2 沙尘暴日数 · 167
4.9 雷电 · 168
　　4.9.1 雷暴日数 · 168
　　4.9.2 雷电密度 · 171
4.10 冰雹 · 172
　　4.10.1 冰雹日数 · 172
　　4.10.2 月际变化 · 173
4.11 结论 · 174

第5章 未来百年气象变化特征 · 179

5.1 降水 · 180
　　5.1.1 未来最大日降水量时空变化特征 · 180
　　5.1.2 未来年平均降水量时空变化特征 · 183
　　5.1.3 未来年最大降水量时空变化特征 · 187
　　5.1.4 小结 · 190
5.2 降雪 · 190
　　5.2.1 未来最大日降雪量时空变化特征 · 191
　　5.2.2 未来年降雪量时空变化特征 · 194
　　5.2.3 未来年降雪日数时空变化特征 · 197
　　5.2.4 未来年极端降雪时空变化特征 · 200
　　5.2.5 小结 · 202
5.3 气温 · 203
　　5.3.1 未来日最低气温时空变化特征 · 203
　　5.3.2 未来日最高气温时空变化特征 · 207
　　5.3.3 未来年平均气温时空变化特征 · 210
　　5.3.4 未来气温最大日较差时空变化特征 · 213
　　5.3.5 小结 · 216
5.4 气压 · 217
　　5.4.1 未来日平均气压特征及其变化趋势 · 217
　　5.4.2 未来年平均气压时空变化特征 · 218
　　5.4.3 未来年最低气压时空变化特征 · 221
　　5.4.4 未来年最高气压时空变化特征 · 224
　　5.4.5 小结 · 227

5.5	辐射	227
	5.5.1 未来日平均辐射时空变化特征	228
	5.5.2 未来日最大辐射时空变化特征	231
	5.5.3 未来年平均辐射时空变化特征	234
	5.5.4 未来年最大辐射时空变化特征	237
	5.5.5 小结	240
5.6	相对湿度	240
	5.6.1 未来日平均相对湿度时空变化特征	241
	5.6.2 未来年平均相对湿度时空变化特征	244
	5.6.3 未来年最大相对湿度时空变化特征	247
	5.6.4 未来年最小相对湿度时空变化特征	250
	5.6.5 小结	253
5.7	风速	253
	5.7.1 未来日最大风速时空变化特征	254
	5.7.2 未来年平均风速时空变化特征	256
	5.7.3 小结	259
5.8	结论	260

第 6 章 灾害风险与对策建议 … **263**

6.1	大风影响及风险分析	264
	6.1.1 大风气候特点及影响	264
	6.1.2 大风风险分析	265
	6.1.3 强横风风险评估	268
	6.1.4 未来大风风险预估	269
	6.1.5 防范措施建议	269
6.2	强降水影响及风险分析	269
	6.2.1 强降水及引发的山洪、地质灾害等特点	269
	6.2.2 强降水及引发地质灾害的影响	272
	6.2.3 强降水风险评估	273
	6.2.4 强降水引发的地质灾害风险	276
	6.2.5 昌都—林芝段泥石流、滑坡灾害风险识别和评估	283
	6.2.6 未来极端降水风险预估	287
	6.2.7 防范措施建议	287
6.3	雪灾影响及风险分析	288
	6.3.1 降雪和积雪气候特点及影响	288
	6.3.2 积雪风险评估	290
	6.3.3 风吹雪和雪崩影响及风险分析	292
	6.3.4 冰川积雪变化链式灾害风险评估	294

	6.3.5	冻土退化潜在风险分析	297
	6.3.6	未来雪灾风险预估	298
	6.3.7	防范措施建议	298
6.4	其他气象灾害影响及风险分析		299
	6.4.1	资料和方法	299
	6.4.2	11 种气象灾害概率风险统计	299
	6.4.3	冰冻灾害影响及风险分析	300
	6.4.4	低温和高温灾害影响及风险分析	301
	6.4.5	雷电灾害影响及风险分析	303
	6.4.6	冰雹灾害影响及风险分析	303
	6.4.7	雾和霾、沙尘暴灾害影响及风险分析	304
	6.4.8	小结	305
6.5	结论		305

参考文献 ······ **307**

附录　科考日志 ······ **311**

第 1 章

引 言

川藏铁路地处川西高原和藏东南高原区，沿线天气气候、地形地质、生态环境极其复杂，形成了以多风、大温差、干燥、缺氧、强紫外线及其垂直变化和区域差异十分显著的高原气候。铁路是气象灾害的高敏感行业，低温、暴雪、暴雨、大风、大雾、沙尘暴等气象灾害以及泥石流等次生灾害对铁路工程建设和运营影响尤为严重。尤其川藏铁路全线复杂结构桥梁、超长深埋隧道众多，沿线有20座桥、48条隧道，具有地形起伏剧烈、工程地质复杂、生态环境敏感、气候条件恶劣、自然灾害频发、施工条件艰难等特点。特别是，正在发生的全球变暖进一步加剧了川藏铁路沿线重大气象灾害的多发性与持续性，其成因也日趋复杂，如全球变暖使青藏高原的气温、湿度、降水、冻土层及冰雪冻融等气象水文条件发生明显变化，风灾、暴雨洪涝、雪灾、滑坡、冰川退缩、冻土融化等灾害呈增多趋势。因此，川藏铁路选线、建设和运营迫切需要沿线高时空分辨率气象条件和气象灾害风险特征的认知作为参考和保障。本章主要介绍川藏铁路气象条件和灾害风险的研究背景、研究现状、研究目的及意义，为川藏铁路科考研究和建设运营提供技术支撑。

1.1 研究背景

川藏铁路地处川西高原和藏东南高原区，穿越了地球上地质活动最剧烈、地质状况最复杂的横断山脉，跨越大渡河、雅砻江、金沙江、澜沧江、怒江、雅鲁藏布江等河流，从四川盆地到青藏高原，八起八落，地形艰险，高差巨大，海拔从成都平原的300～500m，一直过渡到地形急变带，至青藏高原5000m以上，累计爬升高度超过14000m（图1.1）。受青藏高原强烈隆升的影响，沿线区域地势起伏大，河流切割强烈，具有相对高差大、山坡陡峭和沟谷深切的典型特点，其中峡谷风的加速、越山风的紊流及山体斜坡"风爬坡效应"明显。

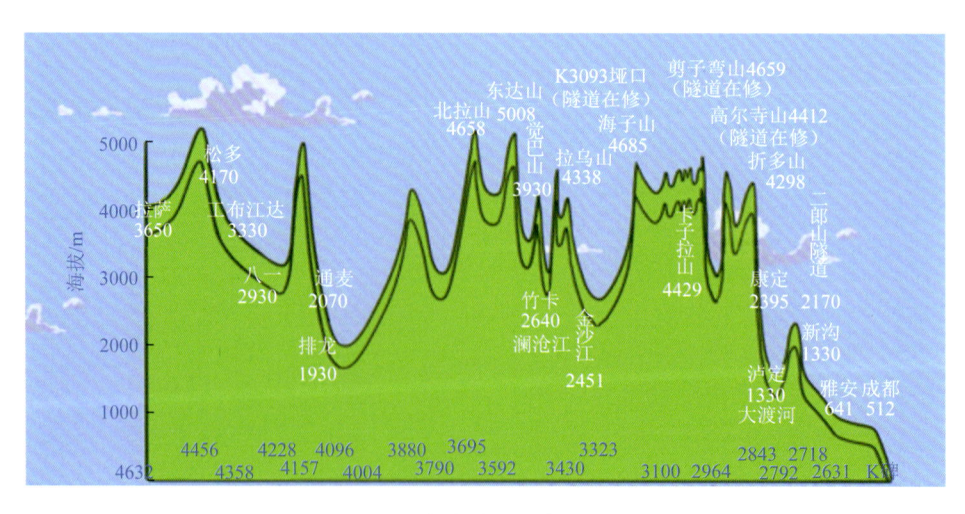

图1.1 川藏铁路沿线海拔变化图

铁路气象灾害风险也是铁路建设与营运中非常重要的影响因素，未来气候变暖引起的相关气候因子变化及其造成的风险更应该纳入规划考虑。川藏铁路沿线滑坡、冰湖溃决、冰川型泥石流等气象次生衍生灾害以及关键铁路工程的气象相关载荷，都与当地气温、降水、风等的气候态及其极端特征密切相关。未来气候变化背景下，气温持续增加，气候态和极端气候特征都会发生变化。川藏铁路工程建设不仅要考虑当前气候状况，还需考虑未来运营与维护期气候和极端气候变化对铁路工程、设施和行车安全的影响。未来气温升高，会直接导致冰川退缩，融水增多，如果未来强降水增加，叠加效应必然使滑坡和冰湖溃决洪水等山地灾害风险增大。如果未来强降雪和强风增加，会加大桥梁等关键位置的工程、设施和行车安全风险。早在青藏铁路的建设设计中，对冻土的冻融交替可能导致铁路路基翻浆、冒泥以及钢轨出现波浪形高低起伏等就有所考虑。中国气象局基于高分辨率的区域气候模式数值模拟结果预估了未来30～50年全球变暖和工程作用两种因素叠加后青藏铁路沿线冻土的变化趋势，指出全球变暖在某种程度上将威胁高原铁路的运营安全，施工建设中必须考虑气候变化的影响，需要进行一定的安全预留。因此，查清影响川藏铁路的主要气象灾害，全面揭示川藏铁路沿线气象灾害时空分布格局，开展气象条件与次（衍）生灾害影响机理研究，结合铁路路堤各项需求和气象灾害分析及未来预估，掌握气象灾害对铁路线路规划、工程和基础设施建设以及运营安全等的可能影响和风险，将为川藏铁路线路的规划、建设及运营提供安全保障。

1.2 研究现状

气象条件、气象灾害对铁路的影响已有大量研究基础，为铁路气象灾害监测、科学规划设计、防范措施制定、安全运行提供了参考。拉巴卓玛和普布贵吉（2007）基于青藏铁路沿线常规气象观测站气温、降水资料，探讨了沿线近40年气候变化和气象灾害特征。张静和保广裕（2011）对青藏铁路青海境内气象灾害特征进行了分析。崔新强等（2018）对我国1950～2015年铁路沿线气象灾害及其衍生灾害分析发现，大风、降雪、雷电、强降雨及其引发的地质灾害是影响我国铁路运行的主要灾害。明惠青等（2016）统计分析了辽宁省低温、积雪、暴雨、雾、大风、雷暴及冰雹等多种灾害性天气条件对铁路的影响。魏乐德（2016）研究了影响新疆地区铁路的灾害性天气空间分布规律。但是，已有研究对川藏铁路沿线区域范围的涉及不多，总体针对性不强；而且研究灾种分散，系统性、全面性的分析不多，综合掌握情况困难较大。尤其对于川藏铁路沿线及其附近范围气象要素在未来不同气候排放情景下的变化趋势需要深入分析。而且，所用气象灾害统计分析指标的针对性不是很强，有些难以在铁路规划建设和运营中得到应用。

铁路工程建设不仅要考虑过去气象灾害发生特点及可能造成的影响，还要考虑未来运营期气候和极端气候变化对铁路工程、设施和行车安全的影响。未来气候变化背景下，气温持续增加，气候态和极端气候特征也都会发生变化。未来气温升高可能会直接导致冰川退缩，融水增多，如果未来强降水增加，叠加效应必然使滑坡和冰湖溃决洪水等山地灾害风险增大。如果未来强降雪和强风增加，也会加大桥梁等关键位置的工程、设施和行车安全风险。早在青藏铁路的建设中，就考虑到青藏铁路的修建是我国的百年大计，根据青藏地区的气候特点，冻土在冬季就像冰一样冻结，随着温度的降低体积会发生膨胀，建在上面的路基和钢轨就会被"发胖"的冻土顶得凸起；到了夏季，融化的冻土体积缩小，路基和钢轨又会随之凹陷下去。冻土的冻结和融化反复交替地出现，路基就会翻浆、冒泥，钢轨会出现波浪形高低起伏，将会对铁路运营安全造成一定程度的威胁。全球变暖在某种程度上威胁着高原铁路及公路的运营安全，根据高分辨率的区域气候模式的数值模拟结果，中国气象局的研究人员对未来30～50年全球变暖背景下和工程作用下两种因素叠加后青藏铁路沿线冻土的变化进行了预估。在高原施工建设中，必须考虑气候变化及引发的次生灾害产生的可能影响，进行一定的安全预留，为提高工程的稳定性提供科学依据。目前许多铁路在工程规划设计阶段都没有将未来气候风险纳入考量范围，且已有研究缺少针对川藏铁路沿线区域未来的气候变化，尤其是极端气候事件的变化趋势及风险预估。

日本、法国、德国等发达国家，在铁路、高铁修建之前就一直致力于安全防灾系统研发（崔新强等，2018）。1965年，日本制定了《线路灾害警戒标准规程》，提出了一系列气候恶劣条件下铁路运输规程。德国、法国等国家为保障铁路安全运行，也建立了气象安全防灾体系。我国随着铁路建设的迅猛发展，以及近些年铁路气象服务的实践，在铁路气象灾害监测防控、分布特征、气象灾害风险评估及气象灾害预警指标等方面开展了大量工作。近些年来，对已建铁路气象灾害风险评估研究较多，为铁路运营风险管理提供了大量支撑，也为铁路建设规划风险分析，由应急管理向风险管理转变提供了科学参考。马淑红和马韫娟（2009）通过对铁路和气象两部门大风监测数据进行对比，计算出瞬时风速对列车安全运营造成影响的阈值，为铁路大风致灾危险性评价和风险评估提供参考。王志等（2012）基于极大风速统计，利用地理信息系统（GIS）和自然灾害风险指数，结合人口、经济等要素，计算得到铁路大风风险指数，并绘制区划图。刘艳等（2016）开展了新疆铁路沿线主要气象灾害风险区划，并给出减灾对策。崔新强等（2018）基于GIS开展沪汉蓉高铁线路暴雨灾害风险区划。代娟等（2016）从气象灾害对铁路的影响机理入手，针对雷电、洪涝、大风、雨雪、低温、冰冻等常见气象灾害，确定致灾因子和风险评价指标体系，构建评价模型，分析制定了可以体现铁路沿线气象灾害风险发生空间、时间和强度可能性的风险区划方案。从目前开展的已有研究来看，大多研究开展于铁路建成之后，针对川藏铁路建设规划，缺乏全面的气象灾害风险分析。以往研究主要考虑的是对铁路安全运营的影响，考虑的承灾体对象有限，风险评估针对性不足。致灾因子多采用普适的气象条件指标，较少与铁路相关，影响风险分析的可靠性。此外，由于资料难获取，脆弱性评估指标考虑简单，针对性、科学性均不是很强。总体而言，基于现有方法开展的风险评估，可用性、可参考性不是很强。

1.3 研究目的及意义

针对川藏铁路工程设计和主要工程分布情况，以及铁路沿线关键工程对主要气象要素的需求，基于近 30 年历史气象资料，分析研究川藏铁路沿线主要气象参数的分布特征，揭示铁路沿线的气候变化特征与演变趋势；针对川藏铁路工程建设，提供川藏铁路沿线的桥位、隧道出入口、关键气象站点及其附近范围关键气象要素未来近 100 年的时间变化趋势和空间分布格局；针对铁路工程建设和运营的需求，分析川藏铁路沿线主要气象灾害的时空格局，预估未来气候变化背景下极端气候事件的风险，为川藏铁路从规划、建设到未来运营趋利避害提供参考依据，提升川藏铁路气象灾害综合防控能力，确保列车运行安全。

第 2 章

川藏铁路气象条件和灾害风险评估方法与资料

2.1 研究区域

本书研究区域主要包括川藏铁路沿线及其附近范围（28°N～33°N，90°E～105°E）（图 2.1）。川藏铁路东起四川盆地，向西迅速攀上"世界屋脊"青藏高原，沿途穿越横断山、念青唐古拉山等山脉，跨越大渡河、雅砻江、金沙江、澜沧江、怒江、雅鲁藏布江等河流，全长约 1800km（图 2.2）。

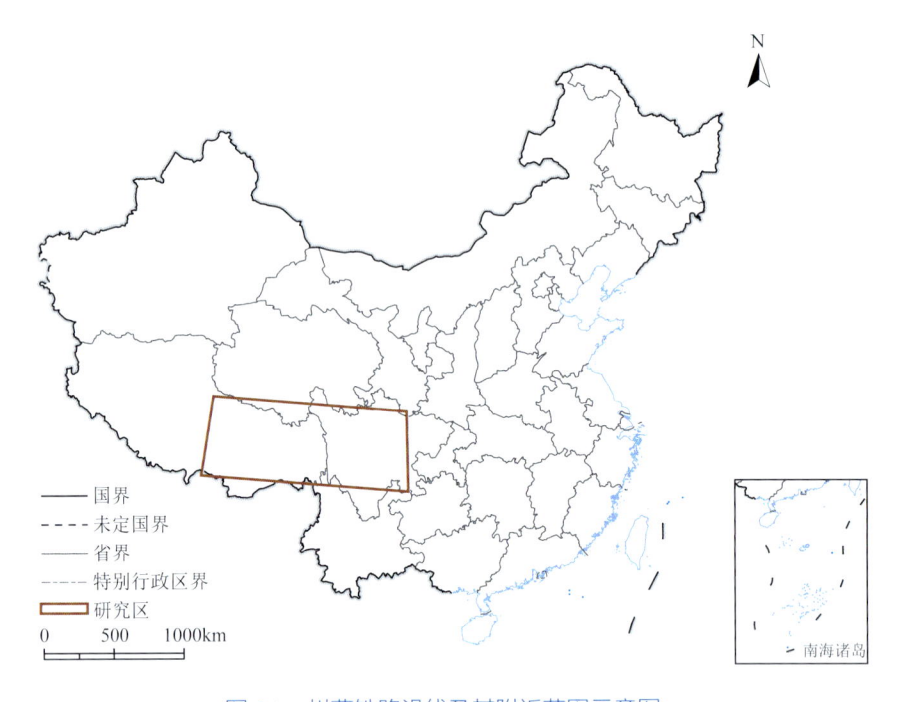

图 2.1 川藏铁路沿线及其附近范围示意图

图 2.2 川藏铁路线路经过的主要城市

川藏铁路沿线的高海拔及其高差的剧烈变化，使得天气气候条件变化剧烈，常出现"一山有四季，十里不同天"的景象（图 2.3）。川藏铁路沿线主要工程点地理分布如图 2.4 所示。

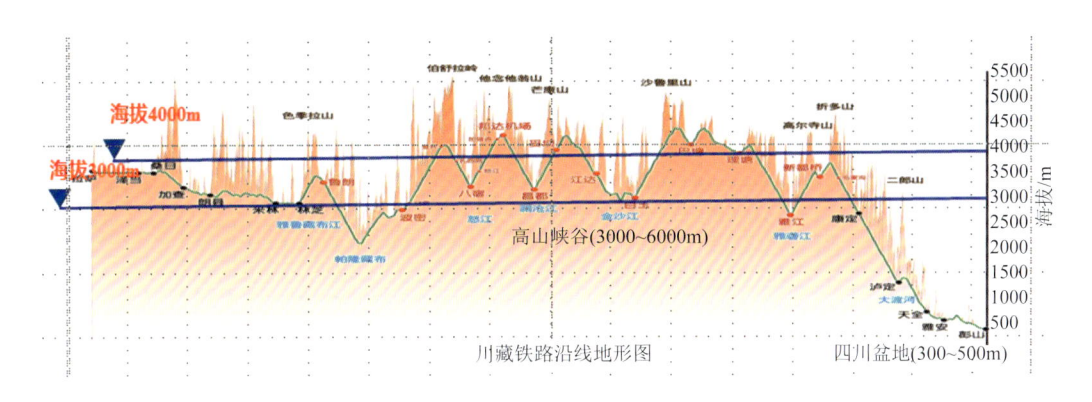

图 2.3　川藏铁路沿线地形

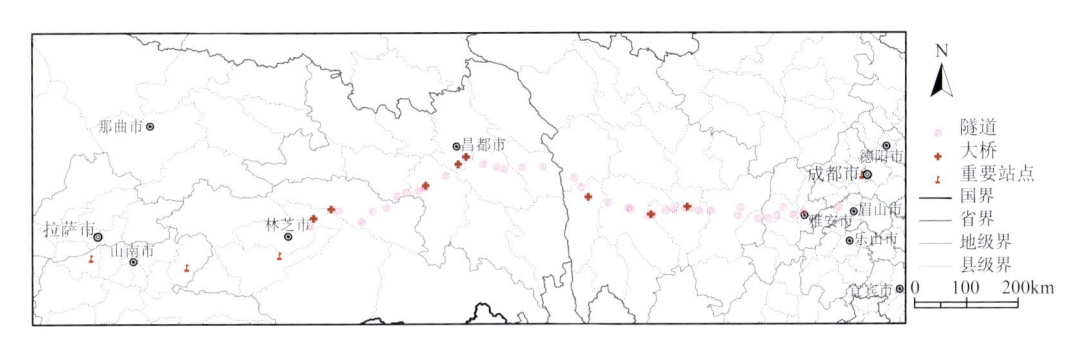

图 2.4　川藏铁路沿线主要工程点地理分布

2.2　数据资料

2.2.1　常规气象资料

常规气象资料包括降水（雪）、气温、气压、风速、风向和湿度，来自川藏铁路沿线及其附近范围的 132 个国家级地面气象站点 1988～2017 年近 30 年的基本气象要素日值数据集（图 2.5）。表 2.1 给出了研究区国家级地面气象站点信息。气象资料通过严格的质量控制后，采用截断高斯滤波算子空间插值算法，结合各气象站地理位置信息和数字地面高程（DEM）数据，获得 10 km×10 km 分辨率的栅格数据，其中降水要素直接采用 ArcGIS 的薄盘样条方法插值。在此基础上，分析了川藏铁路沿线及沿线隧道、大桥和主要站点的日、年和年代际主要气象要素［降水（雪）、气温、气压、相对湿度、风速、风向］的变化特征。

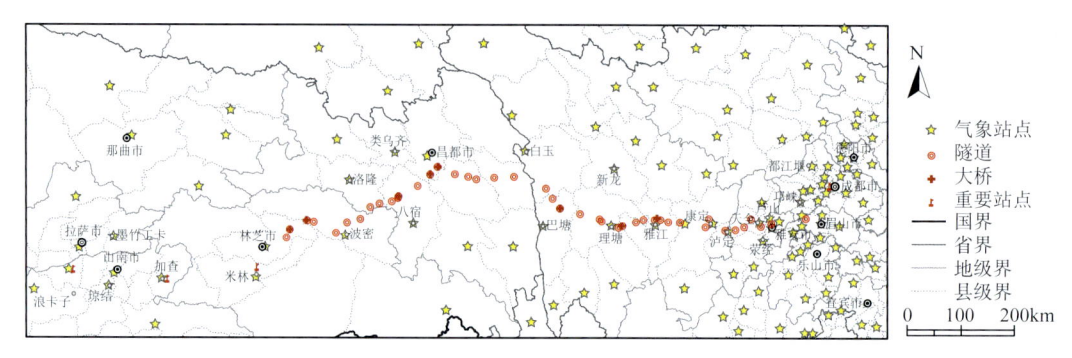

图 2.5　川藏铁路沿线及其附近范围 132 个气象站点分布图

表 2.1　研究区国家级地面气象站点信息

区站号	站点名	纬度 (°N)	经度 (°E)	海拔 /m	区站号	站点名	纬度 (°N)	经度 (°E)	海拔 /m
55279	班戈	31.38333	90.01667	4700	56373	荥经	29.78333	102.85	763.2
55585	尼木	29.43333	90.16667	3809.4	56279	芦山	30.15	102.9333	682.7
55681	浪卡子	28.96667	90.4	4431.7	56185	黑水	32.08333	102.9833	2400.1
55589	贡嘎	29.3	90.98333	3555	56287	雅安	29.98333	103	627.6
55294	安多	32.35	91.1	4800	56280	名山	30.08333	103.1167	691.3
55493	当雄	30.48333	91.1	4200	56487	美姑	28.33333	103.1333	2082.7
55591	拉萨	29.66667	91.13333	3648.7	56184	理县	31.43333	103.1667	1887.5
55597	琼结	29.03333	91.68333	3740	56387	峨边	29.23333	103.2667	642.2
55593	墨竹工卡	29.85	91.73333	3804	56385	峨眉山	29.51667	103.3333	3047.4
55598	泽当	29.25	91.76667	3551.7	56380	洪雅	29.91667	103.3667	461.6
55299	那曲	31.48333	92.06667	4507	56284	邛崃	30.41667	103.4833	501.4
55696	隆子	28.41667	92.46667	3860	56384	峨眉	29.6	103.4833	446.7
56307	加查	29.15	92.58333	3260	56285	大邑	30.6	103.5167	523.9
56202	嘉黎	30.66667	93.28333	4488.8	56281	蒲江	30.2	103.5167	505.1
56106	索县	31.88333	93.78333	4022.8	56381	丹棱	30.01667	103.5167	496.2
56109	比如	31.48333	93.78333	3940	56480	马边	28.83333	103.55	541.2
56317	米林	29.21667	94.21667	2950	56182	松潘	32.65	103.5667	2850.7
56312	林芝	29.56667	94.46667	3000	56183	汶川	31.46667	103.5833	1325.6
56018	杂多	32.9	95.3	4066.4	56485	雷波	28.26667	103.5833	1474.9
56116	丁青	31.41667	95.6	3873.1	56382	夹江	29.73333	103.6	407.1
56227	波密	29.86667	95.76667	2736	56489	永善	28.23333	103.6333	877.2
56223	洛隆	30.75	95.83333	3640	56188	都江堰	30.98333	103.6667	706.7
56125	囊谦	32.2	96.48333	3643.7	56181	崇州	30.63333	103.6667	533.5
56128	类乌齐	31.21667	96.6	3810	56386	乐山	29.56667	103.75	424.2

续表

区站号	站点名	纬度 (°N)	经度 (°E)	海拔 /m	区站号	站点名	纬度 (°N)	经度 (°E)	海拔 /m
56228	八宿	30.05	96.91667	3260	56276	新津	30.43333	103.8	461
56029	玉树	33.01667	97.01667	3681.2	56391	眉山	30.05	103.8167	411
56137	昌都	31.15	97.16667	3306	56187	温江	30.7	103.8333	539.3
56434	察隅	28.65	97.46667	2327.6	56383	青神	29.83333	103.8333	393.8
56331	左贡	29.66667	97.83333	3780	56180	茂县	31.68333	103.85	1590.1
56038	石渠	32.98333	98.1	4200	56289	彭山	30.2	103.8667	437
56144	德格	31.73333	98.56667	3201.2	56272	郫县	30.81667	103.8833	558.5
56342	芒康	29.68333	98.6	3870	56490	沐川	28.95	103.9	396.9
56147	白玉	31.21667	98.83333	3260	56288	双流	30.58333	103.9167	494.6
56444	德钦	28.45	98.88333	3485	56189	彭州	30.98333	103.9333	581.7
56247	巴塘	30	99.1	2589.2	56389	犍为	29.2	103.95	387.6
56441	得荣	28.71667	99.28333	2422.9	56483	绥江	28.6	103.95	413.1
56443	乡城	28.93333	99.8	2842	56294	成都	30.66667	104.0167	506.1
56146	甘孜	31.61667	100	3393.5	56390	井研	29.66667	104.0667	420.9
56257	理塘	30	100.2667	3948.9	56290	新都	30.83333	104.15	492
56357	稻城	29.05	100.3	3727.7	56297	仁寿	30.01667	104.15	436.5
56251	新龙	30.93333	100.3167	3000	56494	屏山	28.65	104.15	386.5
56152	色达	32.28333	100.3333	3893.9	56197	什邡	31.13333	104.1833	533.8
56158	炉霍	31.4	100.6667	3250	56186	绵竹	31.33333	104.2	589
56151	班玛	32.93333	100.75	3750	56097	九寨沟	33.26667	104.2333	1406.8
56459	木里	28.13333	100.8333	2666.6	56497	盐津	28.1	104.2333	448.8
56164	壤塘	32.26667	100.9833	3284.8	56286	龙泉驿	30.55	104.25	515.6
56267	雅江	30.03333	101.0167	2600.9	56291	广汉	30.96667	104.2833	473.5
56167	道孚	30.98333	101.1667	2957.2	56198	德阳	31.15	104.3833	499.2
56269	康定新都桥	30.05	101.5	3460.8	56491	叙州	29.1	104.3833	333.5
56462	九龙	29	101.5	2987.3	56190	安县	31.65	104.4167	599.6
56171	阿坝	32.9	101.7	3275.1	56296	金堂	30.85	104.4333	448.4
56263	丹巴	30.88333	101.8833	1949.7	56394	荣县	29.45	104.4333	384.1
56374	康定	30.05	101.9667	2615.7	56194	北川	31.83333	104.4667	638.9
56168	金川	31.48333	102.0667	2168.9	56193	平武	32.41667	104.5167	876.5
56474	冕宁	28.55	102.1667	1774	56592	高县	28.43333	104.5167	359.7
56172	马尔康	31.9	102.2333	2664.4	56498	筠连	28.16667	104.5167	458
56371	泸定	29.91667	102.2333	1321.6	56295	简阳	30.38333	104.55	448.5
56178	小金	31	102.35	2369.2	56492	宜宾	28.8	104.6	340.8

续表

区站号	站点名	纬度 (°N)	经度 (°E)	海拔 /m	区站号	站点名	纬度 (°N)	经度 (°E)	海拔 /m
56378	石棉	29.23333	102.35	874.3	56298	资阳	30.11667	104.65	357
56478	喜德	28.3	102.4333	1849.5	56192	文县	32.95	104.6667	1014.3
56475	越西	28.65	102.5167	1659	56395	威远	29.51667	104.6667	351.1
56173	红原	32.8	102.55	3491.6	56196	绵阳	31.46667	104.6833	470.8
56376	汉源	29.35	102.6833	795.9	56199	中江	31.03333	104.6833	423.5
56278	天全	30.06667	102.7667	755.6	56195	江油	31.78333	104.7333	531.1
56473	甘洛	28.95	102.7667	1060.3	56396	自贡	29.35	104.7667	352.6
56273	宝兴	30.38333	102.8167	1009.7	56499	珙县	28.38333	104.7833	368.2

2.2.2 气象灾害资料

气象灾害资料来自中国气象局国家气象信息中心，时间为 1951～2018 年。如有特殊说明，以特殊说明为准。具体气象要素见表 2.2。国家云地闪监测网数据的站网基线距离在 150～200km，探测效率 80%，精度优于 1km。截至 2019 年 8 月正式业务考核，站点 377 个，基本覆盖中国内陆区域。地闪密度分布用单位面积上年平均地闪次数表示，单位为次 /(km²·a)。

表 2.2 气象灾害资料清单

气象灾害	要素	时段	年份
风灾	大风现象	日	1951～2017
	最大风速	日	1951～2017
	极大风速	日	1951～2017
降水	降水量	日、小时	1951～2017
	降水量	分钟	1951～2017（四川） 2013～2018（西藏）
雪灾	降雪天气现象	日	1951～2017
	降水量	日	1951～2017
	积雪天气现象	日	1951～2017
	积雪深度	日	1951～2017
	平均气温	日	1951～2017
冰冻	结冰天气现象	日	1951～2017
	霜冻	日	1951～2017
	雾凇	日	1951～2017
	雨凇	日	1951～2017
冻土	冻土层上限、下限	日	1961～2017

续表

气象灾害	要素	时段	年份
低温	最低气温	日	1951～2018
高温	最高气温	日	1951～2018
雾	雾天气现象	日	1951～2017
霾	霾天气现象	日	1951～2017
沙尘暴	浮尘、扬沙、沙尘暴天气现象	日	1954～2017
雷电	雷暴天气现象	日	1954～2013
	地闪密度（国家闪电定位监测数据）	发生时间记录	2012～2017
冰雹	冰雹天气现象	日	1954～2017

多年平均值选为近 30 年（1988～2017 年），如有特殊说明，则以特殊说明为准。最大值、极大值为各站有记录以来，各站开始时间有不同，最早从 1951 年开始，如有特殊说明，则以特殊说明为准。时段处理：年，按公历法 1 年由 365～366 日组成；年度，由 7 月 1 日至次年 6 月 30 日为 1 年度，降雪、积雪、最大积雪深度等按"年度"统计，其他项目按"年"统计，如有特殊说明，则以特殊说明为准。统计方法按照《地面气象观测规范》、业务规范及行业标准《高速铁路运行高影响天气条件等级》（QX/T 334—2016）等开展气象要素气候统计（表 2.3）。空间分布图采用克里金插值方法，平滑方式为圆形，栅格为 0.1°×0.1°。

表 2.3 统计要素及说明

气象灾害	统计项目	说明
风灾	年、月大风日数平均值；年大风日数历史最大值	
	日最大风速极大值、日极大风速极大值	
降水	年降水量、月降水量平均值及最大值	
	年、月降水日数平均值及最大值；年、月暴雨日数平均值及最大值	
	日降水量、小时降水量、10 分钟年降水量极大值	
	最长连续降水日数、过程最大降水量	
雪灾	降雪期长度平均值及初日、终日最长值及出现时段	
	年、月降雪日数平均值，年降雪日数最大值	
	年降雪量平均值、最大值	
	日降雪量极大值	
	铁路运行降雪不利日数（3 个等级）；铁路运行积雪不利日数（4 个等级）	行标
	积雪期长度平均值及初日、终日最长值及出现时段	
	年、月积雪日数平均值，年积雪日数最大值	
	年最大积雪深度平均值、极大值及出现时间	
	融雪期长度平均值及初日、终日	

续表

气象灾害	统计项目	说明
冰冻	年、月霜冻日数平均值及最大值	
	年、月雾凇日数平均值及最大值	
	年、月雨凇日数平均值及最大值	
	年、月结冰日数平均值及最大值	
冻土	冻结初日、终日平均值，冻结初日、终日最早日期、最晚日期，趋势	
	冻结期平均值、最多日数、最少日数、趋势	
	年最大冻结上限平均值、极大值	
	两层冻土年日数的平均值、最大值	
	年最大冻结深度平均值、最浅值、最深值、趋势	
	年最大冻结厚度平均值、最小值、最大值、趋势	
低温	日最低气温年最小值的平均值及极小值、重现期	行标
	铁路运行年低温不利日数平均值及最大值	
	日较差的年最大值的平均值、极大值	
高温	日最高气温年最高值的平均值、极大值、重现期	
	年高温日数平均值、最大值	
雾	年、月雾日数平均值、最大值	
霾	年、月霾日数平均值、最大值	
沙尘暴	年、月沙尘日数平均值、最大值	
	年、月沙尘暴日数平均值、最大值	
雷电	年、月雷暴日数平均值、最大值	
	雷电年平均密度	
冰雹	年、月冰雹日数平均值、最大值	

其中，川藏铁路沿线冻土观测站点分布见表2.4，这些站点逐日冻结观测资料每年资料缺测不超过两个月，1961～2017年，资料长度超过20年。其中，理塘站和康定新都桥站只有6年，林芝站于1992年迁站，考虑到序列不均一性的影响，仅采用1993年以来的资料进行分析。具体空间分布见图2.6。

表2.4 川藏铁路沿线冻土观测站点

序号	站号	省（区）	站名	纬度（°N）	经度（°E）	海拔/m	年份
1	55585	西藏	尼木	29.43	90.17	3809	1974～2017
2	55589	西藏	贡嘎	29.30	90.98	3555	1978～2017
3	55493	西藏	当雄	30.48	91.10	4200	1961～2017
4	55591	西藏	拉萨	29.67	91.13	3649	1961～2017
5	55593	西藏	墨竹工卡	29.85	91.73	3804	1978～2017
6	55598	西藏	泽当	29.27	91.77	3560	1961～2017
7	56307	西藏	加查	29.15	92.58	3260	1978～2017

续表

序号	站号	省（区）	站名	纬度（°N）	经度（°E）	海拔/m	年份
8	56312	西藏	林芝	29.67	94.33	2992	1993～2017
9	56227	西藏	波密	29.87	95.77	2736	1961～2017
10	56223	西藏	洛隆	30.75	95.83	3640	1979～2017
11	56137	西藏	昌都	31.15	97.17	3315	1961～2017
12	56331	西藏	左贡	29.67	97.83	3780	1978～2017
13	56342	西藏	芒康	29.68	98.60	3870	1979～2017
14	56146	四川	甘孜	31.62	100.00	3394	1961～2017
15	56152	四川	色达	32.28	100.33	3894	1966～2017
16	56167	四川	道孚	30.98	101.12	2957	1966～2004
17	56172	四川	马尔康	31.90	102.23	2664	1962～2004
18	56257	四川	理塘	30.00	100.27	3949	1961～1966
19	56269	四川	康定新都桥	30.05	101.5	3461	1961～1966

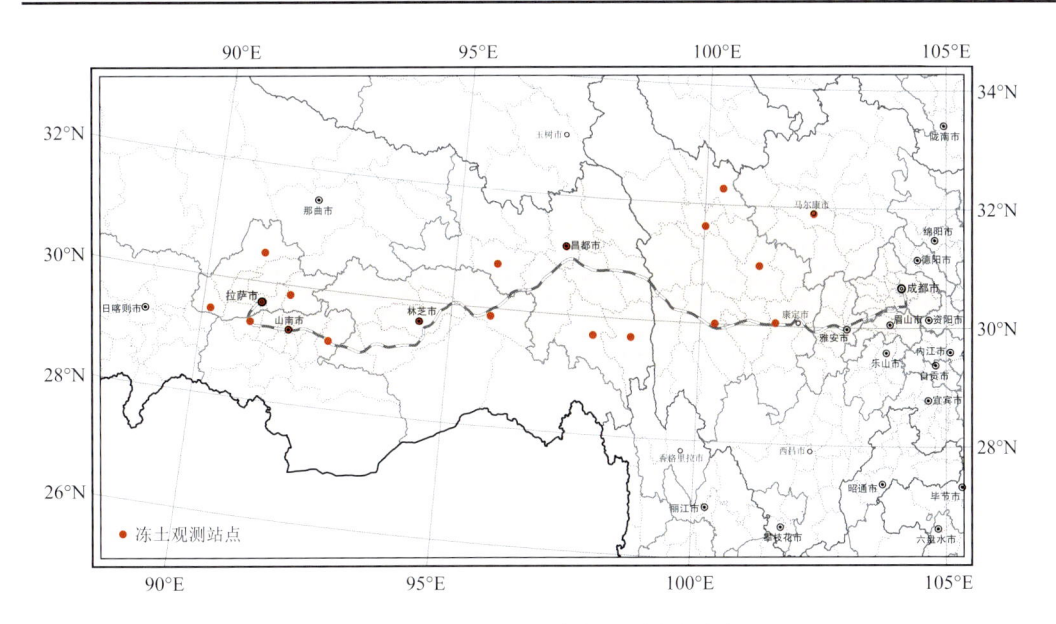

图 2.6　川藏铁路沿线冻土观测站点分布图

2.2.3　灾害风险评估资料

（1）气象资料主要来自中国气象局。选用铁路沿线及周边地面气象观测资料。时间统一为 1951～2017 年，还包括地闪密度资料。

（2）基础地理信息资料，如 DEM、地区生产总值（GDP）、人口以及岩土、植被类型等专题空间信息资料。

(3) 收集整理川藏铁路沿线经过县（市）的历史发生山洪数据，数据来源于四川、西藏暴雨洪涝灾害风险普查数据库，以及四川省防汛抗旱指挥部；收集整理的川藏铁路沿线四川段2009～2019年泥石流和滑坡灾害点资料，由四川省地质环境监测总站提供。

川藏铁路沿线区域及周边地区气象站点分布见图2.7，沿线主要站点包括：温江、蒲江、彭山、雅安、天全、泸定、康定、康定新都桥、雅江、理塘、巴塘、白玉、昌都、八宿、洛隆、波密、林芝、米林、加查、泽当、贡嘎、拉萨。川藏铁路可选方案涉及马尔康、道孚、炉霍、甘孜、德格、芒康、左贡等站点。

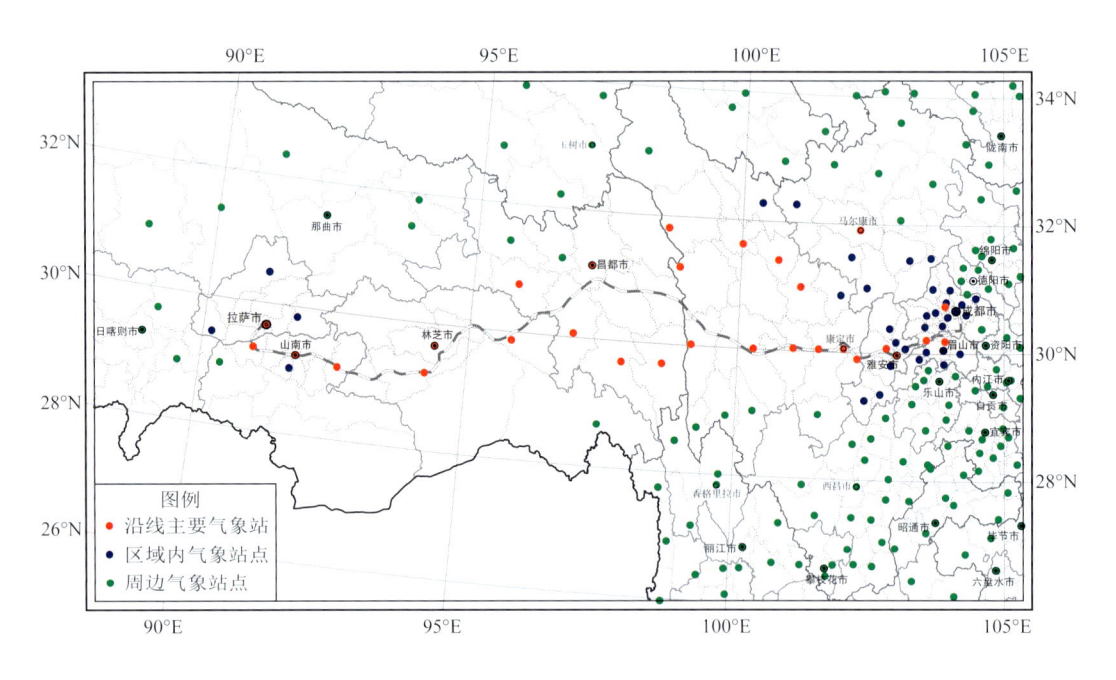

图2.7 川藏铁路沿线区域及周边地区气象站点分布图

2.2.4 未来气候预估资料

未来气候资料来自德国波茨坦气候影响研究所（Potsdam Institute for Climate Impact Research，PIK），可用以分析未来不同排放情景（RCP2.6、RCP4.5、RCP8.5）下不同时段［21世纪前期（2016～2035年）、中期（2046～2065年）、后期（2080～2099年）］川藏铁路沿线及其附近范围、沿线隧道、大桥和主要站点的主要气象要素［降水（雪）、气温、气压、辐射、相对湿度、风速］的日、月、季、年和年代际的特征及其变化趋势。

该资料是德国波茨坦气候影响研究所的2012年部门间影响模型比较计划（Inter-

Sectoral Impact Model Intercomparison Project，ISI-MIP）提供的第五次国际耦合模式比较计划（CMIP5）中 5 个全球气候模式（GCMs）：HadGEM2-ES、IPSL-CM5A-LR、MIROC-ESM-CHEM、GFDL-ESM2M 和 NorESM1-M 模拟数据（表 2.5）。这 5 个模式能够同时提供历史和 3 个典型浓度路径（RCP2.6、RCP4.5 和 RCP8.5）的气候预估，包括 1950 年 1 月 1 日至 2099 年 12 月 31 日的平均温度、最高温度、最低温度、降水、降雪、气压、短波辐射、相对湿度和风速数据（表 2.6）。RCPs 情景是用 2100 年的近似总辐射强迫来表示的，即在 RCP2.6、RCP4.5 和 RCP8.5 情景下，辐射强迫分别达到 2.6 W/m²、4.5 W/m² 和 8.5 W/m²，其中 RCP2.6 为最低的温室气体排放情景，通过限制能源排放等一系列减缓措施，使全球平均温度上升限制在 2℃；RCP4.5 为中低排放情景；而 RCP8.5 为最高的温室气体排放情景，未采取相应的政策应对气候变化（Moss et al., 2010；王绍武等，2012）。模型预估结果采用双线性内插至 0.5°×0.5° 网格。时间序列线性内插至标准公历（每年 365 天或 366 天）。ISI-MIP 数据集包含表 2.6 中列出变量的偏差校正后的每日数据（Moss et al., 2010）。

表 2.5　所用 CMIP5 中气候模式的基本信息

模式名称	所在国家	原始分辨率/(°)	RCP2.6	RCP4.5	RCP8.5
GFDL-ESM2M	美国	2.5×2.0	√	√	√
HadGEM2-ES	英国	1.9×1.2	√	√	√
IPSL-CM5A-LR	法国	3.8×1.9	√	√	√
MIROC-ESM-CHEM	日本	2.8×2.8	√	√	√
NorESM1-M	挪威	2.5×1.9	√	√	√

注："√"表示不同情景下使用的气候模式。

表 2.6　所用 CMIP5 模式中的各气象要素信息

变量	名称	单位	时间分辨率	空间分辨率	时间序列	模式数量
降水	Pr	kg/(m²·s)	日、月	0.5°×0.5°	1960～2099 年	5
平均温度	Tas	K	日、月	0.5°×0.5°	1960～2099 年	5
最高温度	Tasmax	K	日、月	0.5°×0.5°	1960～2099 年	5
最低温度	Tasmin	K	日、月	0.5°×0.5°	1960～2099 年	5
短波辐射	Rsds	W/m²	日、月	0.5°×0.5°	1960～2099 年	5
风速	Wind	m/s	日、月	0.5°×0.5°	1960～2099 年	5
气压	Ps	Pa	日、月	0.5°×0.5°	1960～2099 年	5
相对湿度	Rhs	%	日、月	0.5°×0.5°	1960～2099 年	5
降雪	Prsn	kg/(m²·s)	日、月	0.5°×0.5°	1960～2099 年	5

该资料经过趋势保守偏差校正方法（trend-preserving bias correction method）处理。

该方法保留了预估温度（降水、气压、辐射、风速）数据的长期绝对（相对）趋势，修改了模拟数据的每月均值的日变异，使其与观测的日变异相匹配，仅使用校正模拟月平均值与历史时期观测月均值之间长期差异的常数补偿或乘数校正因子来校正月变异和平均值。校正数据采用水和全球变化（WATCH）驱动数据集（WFD）的1960年1月1日至1999年12月31日（参考期）数据作为观测参考数据库，包括欧洲中尺度天气预报中心（European Center for Medium-Range Weather Forecasts，ECMWF）的40年再分析数据（ERA-40日数据：2.5°×2.5°网格逐日观测序列）和气候研究组（Climate Research Unit，CRU）TS2.1数据集的0.5°×0.5°网格20世纪气候逐月观测序列。

图2.8给出了基于趋势保守偏差校正方法、利用20年参考期（1960～1979年）数据对1980～1999年模拟数据偏差校正效果。从1980～1999年4月的日温度和日降水量的长期平均值、较低百分位数范围（50%～10%）和较高百分位数范围（90%～50%）可见，在全球大部分地区，基于1960～1979年参考期数据有效校正了1980～1999年的模拟结果。

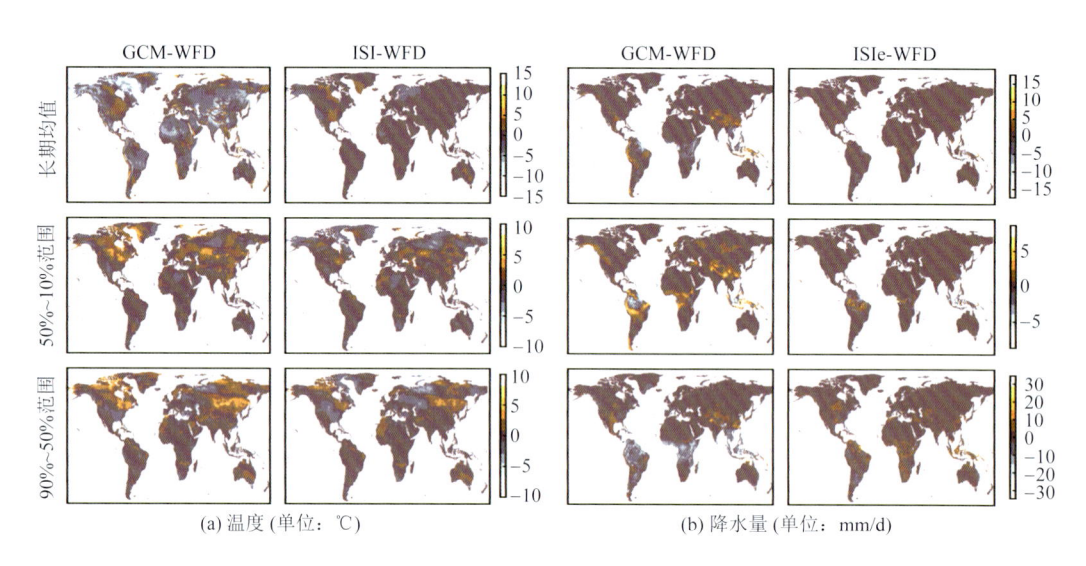

图2.8　20年参考期原始（GCM）和偏差校正［本质安全指标（ISI）和改进的本质安全指标（ISIe）］模型数据中统计属性的距平（即模拟－观察）（Hempel et al.，2013）

图2.9给出了基于趋势保守偏差校正、利用40年参考期（1960～1999年）数据对1960～1999年模拟数据的校正效果。从1960～1999年4月的日温度和日降水量的长期平均值、较低百分位数范围（50%～10%）和较高百分位数范围（90%～50%）可见，在全球大部分地区，基于1960～1999年参考期数据有效校正了1960～1999年的模拟结果。

图2.10给出了偏差校正前后内插的原始（GCM）4月日温度和日降水量趋势的绝对差异。以21世纪5年期间的月平均（平均2095～2099年）作为结束、参考期（平均1960～1964年）作为开始来定义趋势，温度（K）的绝对趋势为 $T_{2095～2099年} - T_{1960～1964年}$，

相对降水趋势为 $\log(P_{2095\sim2099\text{年}}/P_{1960\sim1964\text{年}})$。从百分位数范围可以看到，在全球大部分地区，偏差校正可有效校正模拟结果。

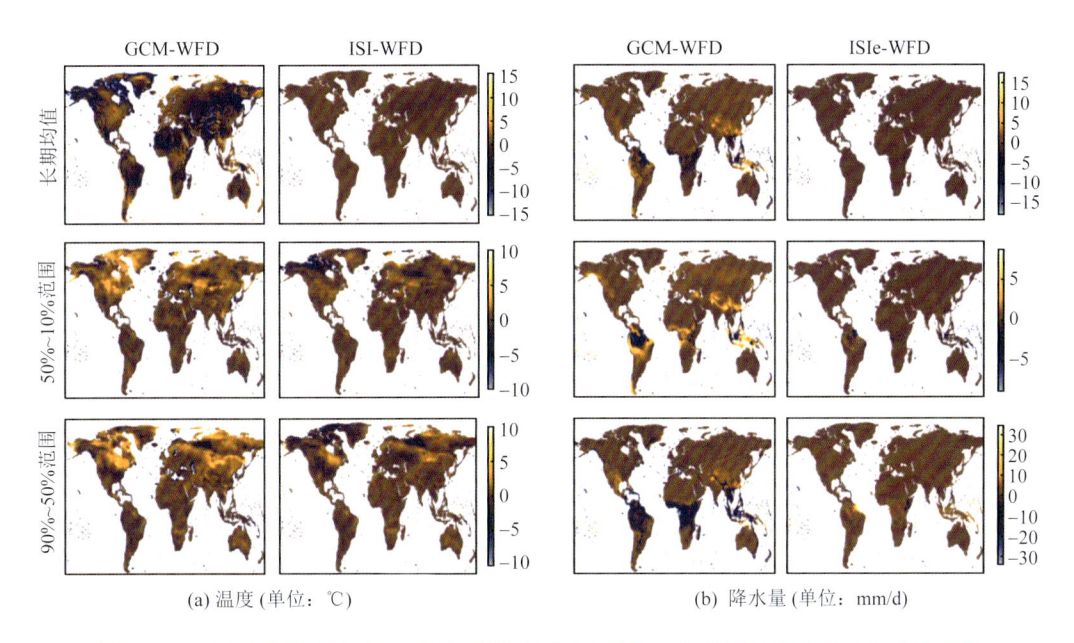

图 2.9　40 年参考期原始（GCM）和偏差校正（ISI 和 ISIe）模型数据中统计属性的距平（即模拟 – 观察）(Hempel et al.，2013)

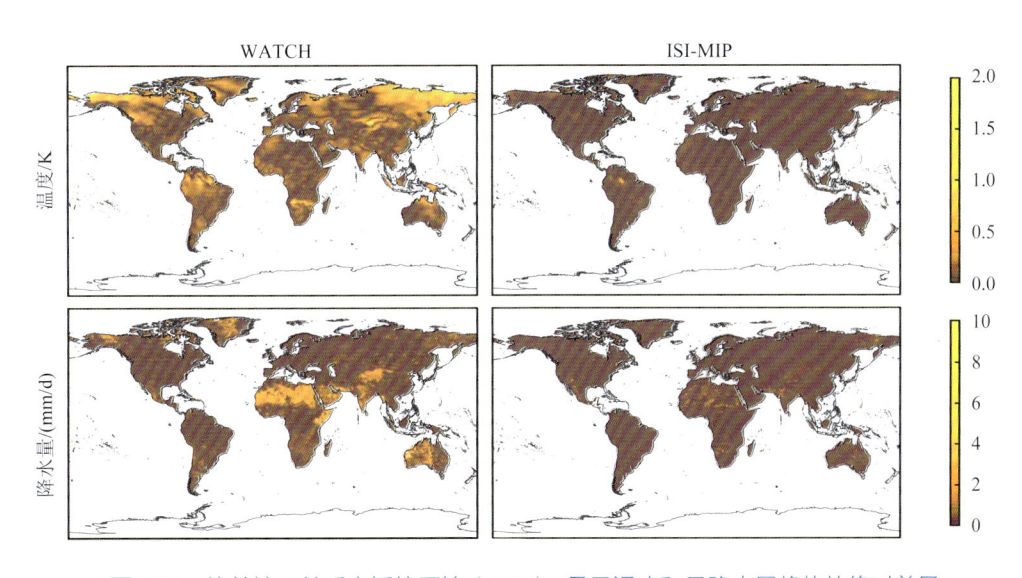

图 2.10　偏差校正前后内插的原始（GCM）4 月日温度和日降水量趋势的绝对差异

本书采用 2012 年德国波茨坦气候影响研究所提供的第五次国际耦合模式比较计划（CMIP5）中 5 个全球气候模式（GCMs）等权重系数下的多模式集合平均资料，包括典型浓度路径（RCP2.6、RCP4.5、RCP8.5）下 1960～2099 年温度、降水、降雪、气压、辐射、相对湿度和风速的日数据。未来不同排放情景（RCPs）指的是"对辐射活性气体和颗粒物排放量、浓度随时间变化的一个预测，作为一个集合，它涵盖广泛的人为气候强迫"（Moss et al., 2010）。根据 IPCC AR5 报告中的定义，将 21 世纪划分为前期（2016～2035 年）、中期（2046～2065 年）和后期（2080～2099 年）来预估分析未来川藏铁路沿线及其附近范围主要气象要素特征及其趋势。由于分析数据资料的分辨率为 0.5°×0.5°，采用 ArcGIS 重采样方法给出川藏铁路主要气象要素 10 km 分辨率的空间分布图。资料种类多、年代长、数据量大，结合多种模式，运算量大。

2.3 气象要素和气象灾害评估方法

2.3.1 气象要素

1. 降水

降水是指空气中的水汽冷凝并降落到地表的现象。降水量是指一定时间内，降落到水平面上，假定无渗漏，不流失，也不蒸发，累积起来的水的深度，是衡量一个地区降水多少的数据，单位是 mm。日降水量是指一天中 20 时至第二天 20 时的降水总量。降水产品相关概念如表 2.7 所示。

表 2.7　降水产品相关概念

降水产品	定义
最大日降水量	一年中最大日降水量
年平均降水量	评估时段内，年总降水量的平均值
年最大降水量	评估时段内，年降水量最大的年份对应的降水量
年最小降水量	评估时段内，年降水量最小的年份对应的降水量
年平均降水日数	评估时段内，年降水日数的平均值

2. 降雪

雪是水在空中凝结再落下的自然现象，或指落下的雪，是水在固态的一种形式，是由大量白色不透明的冰晶（雪晶）和其聚合物（雪团）组成的降水。降雪量是指从天空中降落到地面上的固态水，未经蒸发、渗透、流失，融化后在水平面上积聚的水层深度，单位是 mm。积雪深度是指从积雪表面到下垫面的垂直深度，单位是 cm。雪压是指单位面积上的积雪重量，单位是 g/cm^2。降雪产品相关概念如表 2.8 所示。

第2章 川藏铁路气象条件和灾害风险评估方法与资料

表 2.8 降雪产品相关概念

降雪产品	定义
最大日降雪量	一年中最大日降雪量
年最大积雪深度	一年中日最大积雪深度的最大值
年最大雪压	一年中日最大雪压的最大值
年降雪量	一年中降雪量的总和
年降雪日数	一年中降雪日数的总和

注：时间动态上，指研究区域内每个降雪产品所有站点的平均值。空间动态上，指每个降雪产品在研究时段内（1988～2017年）的平均值。

3. 气温

气象学上通常将表示空气冷热程度的物理量称为空气温度，简称气温（air temperature）。国际上标准气温度量单位是℃。天气预报中所说的气温，指在野外空气流通、不受太阳直射下测得的空气温度（一般在百叶箱内测定）。最高气温是一日内气温的最大值，一般出现在 14:00～15:00；最低气温是一日内气温的最小值，一般出现在日出前。气温产品相关概念如表 2.9 所示。

表 2.9 气温产品相关概念

气温产品	定义
日最高气温	每日观测时段 (2:00、8:00、14:00、20:00) 中气温的最大值
日最低气温	每日观测时段 (2:00、8:00、14:00、20:00) 中气温的最小值
气温日较差	日最高气温减去日最低气温
年平均气温	一年中每月平均气温的平均值
年极端最高气温	一年内日最高气温的最大值
年极端最低气温	一年内日最低气温的最小值

4. 气压

气压是作用在单位面积上的大气压力，即等于单位面积上向上延伸到大气上界的垂直空气柱的重量。国际单位是 Pa。气压产品相关概念如表 2.10 所示。

表 2.10 气压产品相关概念

气压产品	定义
日平均气压	每日观测时段 (2:00、8:00、14:00、20:00) 中四个时次气压的平均值
日最高气压	每日观测时段 (2:00、8:00、14:00、20:00) 中四个时次气压的最大值
日最低气压	每日观测时段 (2:00、8:00、14:00、20:00) 中四个时次气压的最小值
年平均气压	一年中日平均气压的平均值
年极端最高气压	一年中日最高气压中选取的最大值
年极端最低气压	一年中日最低气压中选取的最小值

5. 相对湿度

相对湿度指空气中水汽压与当时气温下的饱和水汽压的百分比，单位是%，变化范围（0，100］。相对湿度产品相关概念如表 2.11 所示。

表 2.11　相对湿度产品相关概念

相对湿度产品	定义
日最大相对湿度	指一天中测量到的相对湿度的最大值。气象上一般认为最大相对湿度为 100%，此处不统计日最大相对湿度变化
日最小相对湿度	每日观测时段（2:00、8:00、14:00、20:00）中相对湿度的最小值
年平均相对湿度	一年中日平均相对湿度的平均值
年最大相对湿度	此处使用日平均相对湿度统计，一年中日最大相对湿度的最大值
年最小相对湿度	一年中日最小相对湿度的最小值
说明	时间动态上，指研究区域内每个相对湿度产品所有站点的平均值 空间动态上，指每个相对湿度产品在研究时段内的平均值

6. 风速

风速是指空气质点在单位时间内所移动的水平距离。最大风速是指在某个时间段内出现的最大 10 min 平均风速值；极大风速是指某个时段内出现的最大瞬时风速，单位为 m/s。由于风速缺测数据较多，本书基于数据质量考虑，剔除缺测 5% 以上的年份，最终选取 2011～2017 年风速和风向数据分析川藏铁路沿线及其附近范围历史风速的变化。风速产品相关概念如表 2.12 所示。

表 2.12　风速产品相关概念

风速产品	定义
日最大风速	每日观测时段（2:00、8:00、14:00、20:00）中 10min 平均风速的最大值
日极大风速	一日中瞬时风速（一般是指 1s）的最大值
月最大风速	一个月内逐日最大风速的最大值
年平均风速	一年中每月平均风速的平均值
年最大风速	一年内日最大风速的最大值
年极大风速	一年内逐日极大风速的最大值

7. 风向

气象上把风吹来的方向确定为风的方向。因此，风来自北方叫作北风，风来自南方叫作南风。气象台站预报风向时，当风向在某个方位左右摆动不能确定时，则加以"偏"字，如偏北风。当风力很小时，则采用"风向不定"来说明。受仪器启动风速的限制，通常将风速小于 2 m/s 的风记为无风，即缺记风向。风向的测量单位用方位来表示。如陆地上一般用 16 个方位表示，海上多用 36 个方位表示，在高空则用角度表示。用角度表示风向，是把圆周分成 360°，北风（N）是 0°（即 360°），东风（E）是 90°，南风（S）

是 180°，西风（W）是 270°，其余的风向都可以由此计算出来。

为表示某个方向的风出现的频率，通常用风向频率表示，它是指一年（月）内某方向风出现的次数和各方向风出现的总次数的百分比，即风向变化 = 某风向出现次数 / 风向的总观测次数 ×100%。由计算出来的风向频率，可以知道某一地区哪种风向比较多，哪种风向最少。风向产品相关概念如表 2.13 所示。

表 2.13 风向产品相关概念

风向产品	定义
日最大风速对应的风向	每日中观测时段（2:00、8:00、14:00、20:00）中日最大风速所对应的风向
年最大风速对应的风向	一年中最大的年最大风速所对应的风向

2.3.2 气象灾害

1. 大风

根据《地面气象观测规范》，大风现象定义为瞬时风速达到或超过 17 m/s（或目测估计风力达到或超过 8 级）的风。年大风日数为该年大风日数的总和。

2. 强降雨

日降水量大于 0.1 mm 记为一个雨日。

日降水量大于等于 50 mm 记为暴雨日。

降水强度用日降水量或者小时降水量表示。

按照《高速铁路运行高影响天气条件等级》（QX/T 334—2016）的划分标准，小时降水量小于 20 mm，对列车行驶无影响；小时降水量大于等于 20 mm 且小于 45 mm，有一定影响；大于等于 45 mm 且小于 60 mm，有较大影响；大于 60 mm 有严重影响。

降水过程定义为日降水量 ≥ 0.1 mm 的连续过程，过程中不允许有降水中断。最长连续降水统计日降水量 ≥ 0.1 mm 的最长连续日数，过程最大降水量为单次降水过程中累计降水量的最大值。

3. 降雪和积雪

降雪期，按照年度统计（当年 7 月 1 日～次年 6 月 30 日），是指出现降雪的初日与终日之间的天数。

积雪是指雪掩盖的面积达到观测区域可见面积一半以上，按积雪保持的时间称为积雪期，以日为单位。

降雪灾害主要从降雪和积雪的出现期、总量、强度、发生频率、持续时间以及融雪期特征分析揭示川藏铁路沿线雪灾害的时空分布特点。

4. 冰冻

结冰是指露天水面冻结成冰。

霜冻是指水汽在地面和近地面物体上凝华而成的白色松脆的冰晶；或由露冻结而成的冰珠。

雾凇是指空气中水汽直接凝华，或过冷却雾滴直接冻结在物体上的乳白色冰晶物，常呈毛茸茸的针状或表面起伏不平的粒状，多附在细长的物体或物体迎风面上，有时结构较松脆，受震易塌落。

雨凇是指过冷却液态降水碰到地面物体后直接冻结而成的坚硬冰层，呈透明或毛玻璃状，外表光滑或略有凸隆。

5. 冻土

冻土是指含有水分的土壤温度下降到0℃或以下而呈冻结的状态。在川藏铁路沿线地区，既有多年不解冻的多年冻土区，也有每年会冻结融化的季节冻土区。

季节冻融主要是根据埋入土中冻土器内水结冰的部位和长度来测定。根据可能出现的最大冻土深度，选用长度规格适用的冻土器。冻土观测一般包括冻结上限和冻结下限深度，以cm作为单位，取整数，小数四舍五入，观测在北京时间每天早上8:00进行。

冻结初日，是指每年7月1日以后，最早开始观测到有土壤冻结的日期。

冻结终日，是指每年6月30日前，最晚观测到土壤有冻结的日期。

冻结期，是指上年冻结初日至当年冻结终日期间的天数。

冻结深度是指观测到的冻结下限，冻结厚度是指冻结下限与冻结上限的差值，如果有两层冻土，则为两层之和。

年最大冻结深度（厚度）是指上年7月1日至当年6月30日期间冻结深度（厚度）的最大值。

6. 雾和霾

雾是悬浮在贴近地面的大气中的大量微细水滴（或冰晶）的可见集合体。有以下三种定义：

(1) 大气中因悬浮的水汽凝结，能见度低于1km，气象学上称这种天气现象为雾；
(2) 雾是接近地面的云；
(3) 雾是由悬浮在大气中微小液滴构成的气溶胶。

霾是指空气中悬浮着大量的烟、埃尘等微粒，使得天空变得浑浊。霾，有时候也称为阴霾。空气中烟、尘微粒含量不同，造成大气透明度或能见度的差别很大。

7. 沙尘暴

沙尘天气是指风将地面尘土、沙粒卷入空中，使空气浑浊，水平能见度减小到一定程度的天气现象。沙尘暴是沙尘天气中水平能见度低于1km，对人类生命财产造成严重损害的一种气象灾害。

8. 雷电

雷电是自然大气中的一种超强、超长的瞬时放电现象，常与强对流过程相伴发生。雷暴是指由强积雨云引起的伴有雷电活动和阵性降水的局地对流性天气。地闪密度是指单位面积内的闪电次数，表征闪击放电频繁程度。

9. 冰雹

冰雹是一种坚硬的球状、锥状或形状不规则的固态降水，是影响铁路运行的主要气象灾害之一，尤其是直径较大的冰雹对铁路有较大的影响，大的冰雹会砸坏电网或信号设备，影响列车运行。

2.3.3 灾害风险

本书重点关注风、雨、雪以及其他11种气象灾害，通过定性、定量以及实地勘察分析等多种方法，开展面向铁路选线优化、工程建设需求的气象灾害影响和风险分析，并给出防范措施建议。

风险分析方法，基于可获取气象资料以及从实用角度，主要采用以下几种方法。

(1) 基于对铁路建设、运行安全影响气象条件等级或致灾阈值的不同重现期极值风险分析。重现期极值阈值根据不同气象要素采用适当的极值拟合分布函数，如广义极值分布函数 GEV 方法（陈子燊等，2010）进行最大日降水量重现期分析，并通过拟合显著性检验，如 Kolmogorov-Smirnov 法（Massey et al., 1951）进行显著性检验，显著性水平取 $α=0.05$。该方法主要基于铁路沿线站点统计分析，可用于工程建设和基础设施相关建设标准制定、线路优选、建设施工、防灾减灾措施等参考。

(2) 综合考虑致灾气象因子的历史极大值和对铁路运行等可能产生不利影响的发生频次，采用矩阵综合风险分析方法进行不同情况分类并划分等级。对铁路不利影响频次统计以及历史极大值可能影响等级参考行标《高速铁路运行高影响天气条件等级》（QX/T 334—2016）及中国铁路总公司《铁路技术管理规程（高速铁路部分）》（2014年）分析。

统计的气象要素指标，基于 ArcGIS 的 IDW 方法（反距离权重法）进行空间插值，空间分辨率为 1 km×1 km。通过地理信息空间叠加分析技术开展分类，并进行等级划分。该方法可用于铁路安全运行，风、雨、雪等防护措施规划建设、线路优选、建设施工等参考。

(3) 针对仅有频次统计的气象灾害，统计发生概率，即多年平均年日数/年总日数，作为指标进行概率风险评估。可用于气象灾害应急预案、线路优选、建设施工、安全运行和防灾减灾措施等参考。

(4) 基于风险评估方法，采用风险评估指数=致灾危险性×承灾体暴露度×承

灾体脆弱性的方法开展。

该方法主要用于降水引发的地质灾害风险区划，基于地理信息和空间分析技术开展。信息量模型法用于地质灾害危险性评价，对风险评估结果进行精度检验，并根据实际灾情进行修订。由于川藏铁路部分路段待建，不同承灾体的资料和相关信息难以全面精确获得，这里仅以铁路线路为基础作为承灾体粗略考虑。

基于风险原理的方法，目前应用的较多，但由于各因子等级划分、风险等级划分、各因子权重确定时人为主观因素影响大，且缺少铁路承灾体暴露度和脆弱性评价所需指标及详细空间分布信息，导致风险评估结果存在一定程度的不确定性，仅能给出研究区域相对风险高低等级。具体使用时，建议酌情参考。

（5）针对资料严重缺乏情况，采用定性、实勘、成果调研等方法，对气象灾害及气候变化可能造成的灾害情况变化进行风险分析。

第 3 章

近 30 年气象要素变化特征

3.1 降水

3.1.1 日尺度降水时空变化特征

1. 日尺度降水时间变化特征

1988～2017 年川藏铁路沿线及其附近范围最大日降水量呈减小趋势，最大日降水量减小速率为 32.4 mm/10a（图 3.1）。其中，最大日降水量最大值出现在 1993 年的峨眉站，为 524.7 mm。

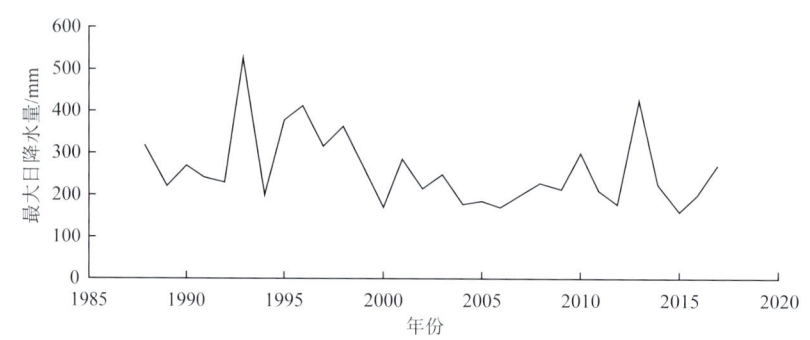

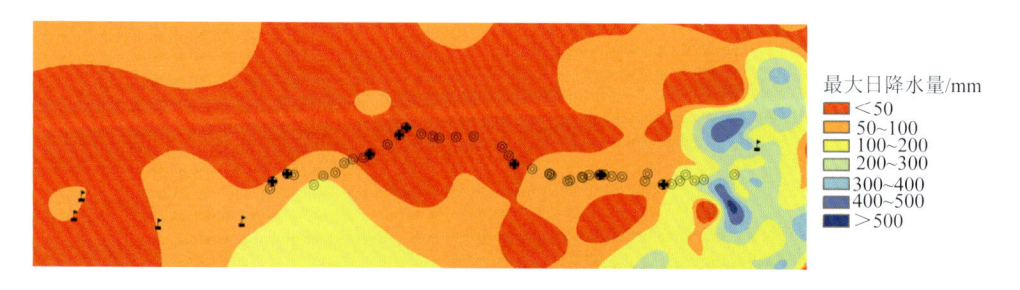

图 3.1　近 30 年川藏铁路沿线及其附近范围的最大日降水量的时间变化

2. 日尺度降水空间变化特征

近 30 年川藏铁路沿线及其附近范围最大日降水量空间分布极不均匀，总体呈东多西少分布格局（图 3.2），西北部最大日降水量较低，最大日降水量波动范围小于 50 mm 分布最多，其次为 50～100 mm，其中大桥近 30 年最大日降水量波动均在以上两个范围内（图 3.2）。川藏铁路沿线及其附近范围的东部，即四川省范围内，最大日降水量相对较高，其中尖峰顶隧道入口和成都站最大日降水量分别为 219.96 mm 和 239.17 mm（表 3.1）。天全隧道、对门山隧道、朱岗山隧道、二郎山隧道入口和易贡隧道入口最大日降水量波动范围为 100～200 mm（表 3.1）。其中，二郎山隧道入口和出口最大日降水量相差较大，应给予特别关注。关键大桥、隧道和站点位置的最大日降水量如表 3.1 所示。

图 3.2　近 30 年川藏铁路沿线及其附近范围的最大日降水量的空间格局

表 3.1　近 30 年川藏铁路沿线大桥、隧道以及重要站点的最大日降水量　（单位：mm）

类型	名称	最大日降水量
大桥	雅砻江三线特大桥起点	59.46
	雅砻江三线特大桥终点	59.42
	大渡河特大桥起点	72.17
	大渡河特大桥终点	70.26
	怒江特大桥起点	36.51
	怒江桥桥位 1 中位	36.51
	怒江桥桥位 2 中位	36.40
	怒江特大桥终点	36.60
	东久曲特大桥起点	53.43
	东久曲特大桥中位	53.82
	东久曲特大桥终点	53.27
	澜沧江大桥起点	39.40
	澜沧江大桥终点	39.40
	易贡藏布大桥起点	59.06
	易贡藏布大桥终点	58.52
	色曲特大桥起点	36.70
	色曲特大桥终点	36.70
	金沙江桥桥位 1 起点	43.21
	金沙江桥桥位 1 终点	43.31
	金沙江桥桥位 2 起点	42.73
	金沙江桥桥位 2 终点	42.83
	新都桥中桥	63.14
	木泽西大桥	61.25
	白孜村中桥	59.49
	卡察勒中桥	59.76
	霍曲河大桥	64.23
	无量河特大桥	60.12
	海子山特大桥	52.21
	列衣大桥	43.56
	则巴特大桥	45.45
	扩达 1 号特大桥	43.87
	王卡特大桥	40.31

续表

类型	名称	最大日降水量
隧道	昌都隧道入口	39.40
	昌都隧道出口	36.70
	邦达隧道入口	36.70
	邦达隧道出口	32.92
	果拉山隧道入口	33.12
	果拉山隧道出口	35.91
	同卡隧道入口	35.96
	同卡隧道出口	36.51
	夏里隧道入口	36.60
	夏里隧道出口	40.83
	康玉隧道入口	40.83
	康玉隧道出口	49.02
	察达隧道入口	49.02
	察达隧道出口	56.85
	伯舒拉岭隧道入口	60.04
	伯舒拉岭隧道出口	82.07
	多吉隧道入口	82.90
	多吉隧道出口	92.97
	多木格隧道入口	92.97
	多木格隧道出口	99.42
	易贡隧道入口	107.53
	易贡隧道出口	69.94
	通麦隧道入口	69.34
	通麦隧道出口	59.49
	迫龙隧道入口	59.62
	迫龙隧道出口	59.06
	拉月隧道入口	58.52
	拉月隧道出口	53.82
	鲁朗隧道入口	53.43
	鲁朗隧道出口	58.63
	色季拉山隧道入口	59.74
	色季拉山隧道出口	65.17
	格聂山隧道入口	41.86
	格聂山隧道出口	43.25

续表

类型	名称	最大日降水量
隧道	贡觉隧道入口	45.57
	贡觉隧道出口	46.24
	宝灵山隧道入口	70.26
	宝灵山隧道出口	60.40
	康定隧道入口	63.76
	康定隧道出口	58.90
	折多山隧道入口	59.67
	折多山隧道出口	64.68
	莫西隧道入口	41.80
	莫西隧道出口	41.81
	朱岗山隧道入口	142.65
	朱岗山隧道出口	116.63
	尖峰顶隧道入口	219.96
	尖峰顶隧道出口	217.08
	对门山隧道入口	139.07
	对门山隧道出口	143.47
	高尔寺山隧道入口	62.94
	高尔寺山隧道出口	61.28
	帕姆岭隧道入口	61.28
	帕姆岭隧道出口	59.84
	旺甲隧道入口	59.84
	旺甲隧道出口	59.49
	白孜村隧道入口	59.49
	白孜村隧道出口	59.46
	马鞍山隧道入口	59.40
	马鞍山隧道出口	59.50
	迎金山隧道入口	59.50
	迎金山隧道出口	59.76
	西俄洛隧道入口	59.92
	西俄洛隧道出口	61.57
	俄洛堆隧道入口	61.65
	俄洛堆隧道出口	61.50
	卡子拉山隧道入口	61.57
	卡子拉山隧道出口	64.03

续表

类型	名称	最大日降水量
隧道	巴隆翁隧道入口	64.03
	巴隆翁隧道出口	64.23
	理塘隧道入口	64.23
	理塘隧道出口	64.43
	禾尼隧道入口	61.26
	禾尼隧道出口	60.99
	毛垭坝1#隧道入口	60.59
	毛垭坝1#隧道出口	60.30
	毛垭坝2#隧道入口	60.30
	毛垭坝2#隧道出口	59.70
	海子山隧道入口	51.76
	海子山隧道出口	44.04
	天全隧道入口	185.68
	天全隧道出口	176.66
	周山隧道入口	194.35
	周山隧道出口	199.36
	义敦隧道入口	43.56
	义敦隧道出口	42.76
	二郎山隧道入口	107.02
	二郎山隧道出口	72.17
	东达山隧道入口	46.24
	东达山隧道出口	45.87
	嘎益隧道入口	45.15
	嘎益隧道出口	43.99
	红拉山隧道入口	43.49
	红拉山隧道出口	40.44
	芒康山隧道入口	40.31
	芒康山隧道出口	39.40
重要站点	贡嘎	50.12
	拉萨	50.52
	成都	239.17
	加查	51.41
	米林	81.92

3.1.2 年尺度降水时空变化特征

1. 年尺度降水时间变化特征

近 30 年川藏铁路沿线及其附近范围内年平均降水量有略微减小趋势（图 3.3）。近 30 年年平均降水量最大值出现在 1990 年，为 947.5 mm。近 30 年年最大降水量随时间变化有略微下降趋势。年最大降水量最大值出现在 1990 年，为 2415.2 mm。近 30 年年最小降水量随时间变化有略微下降趋势。年最小降水量最小值出现在 2009 年，为 140.8 mm。近 30 年年平均降水日数随时间变化呈较为明显的减小趋势。年平均降水日数最大的年份为 2004 年，为 160.4d（图 3.4）。

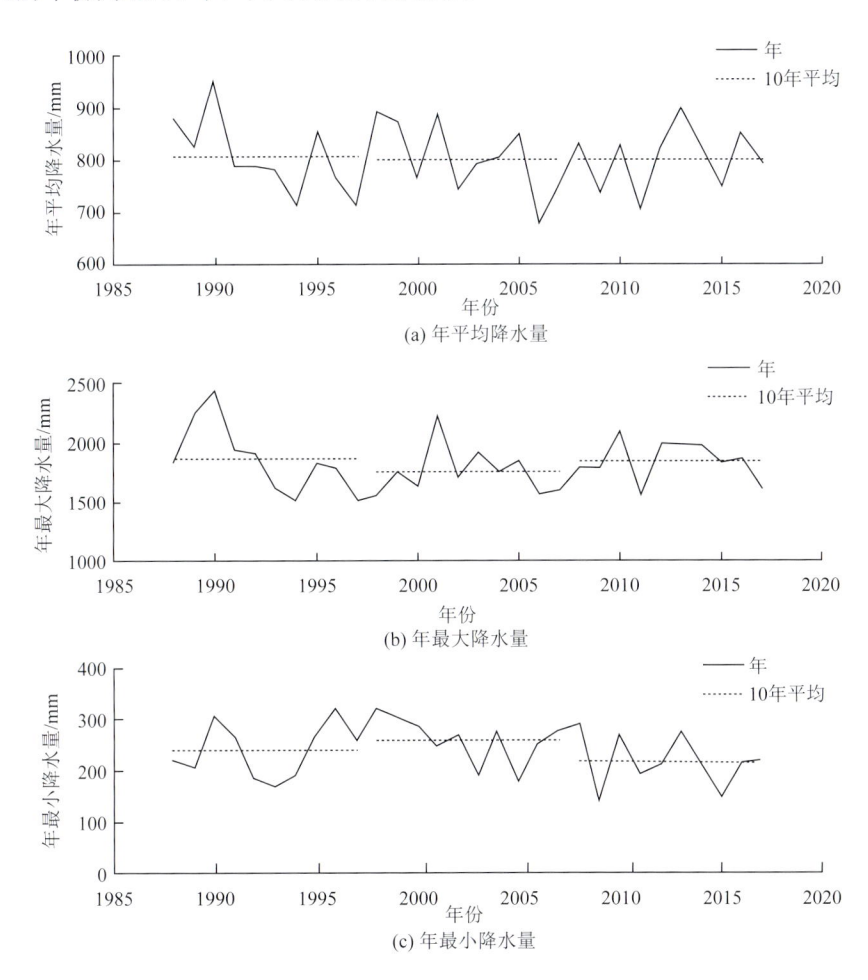

图 3.3 近 30 年川藏铁路沿线及其附近范围的年和年代际降水的时间变化

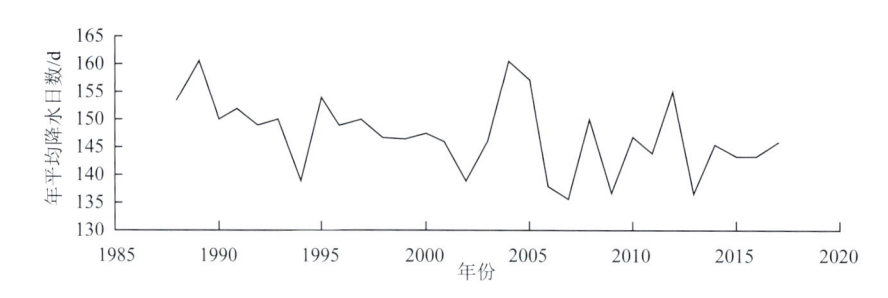

图 3.4　近 30 年川藏铁路沿线及其附近范围的年平均降水日数

2. 年尺度降水空间变化特征

近 30 年川藏铁路沿线及其附近范围年平均降水量分布以 400～800 mm 降水量最为普遍（图 3.5）。尖峰顶隧道、天全隧道、对门山隧道、朱岗山隧道入口年平均降

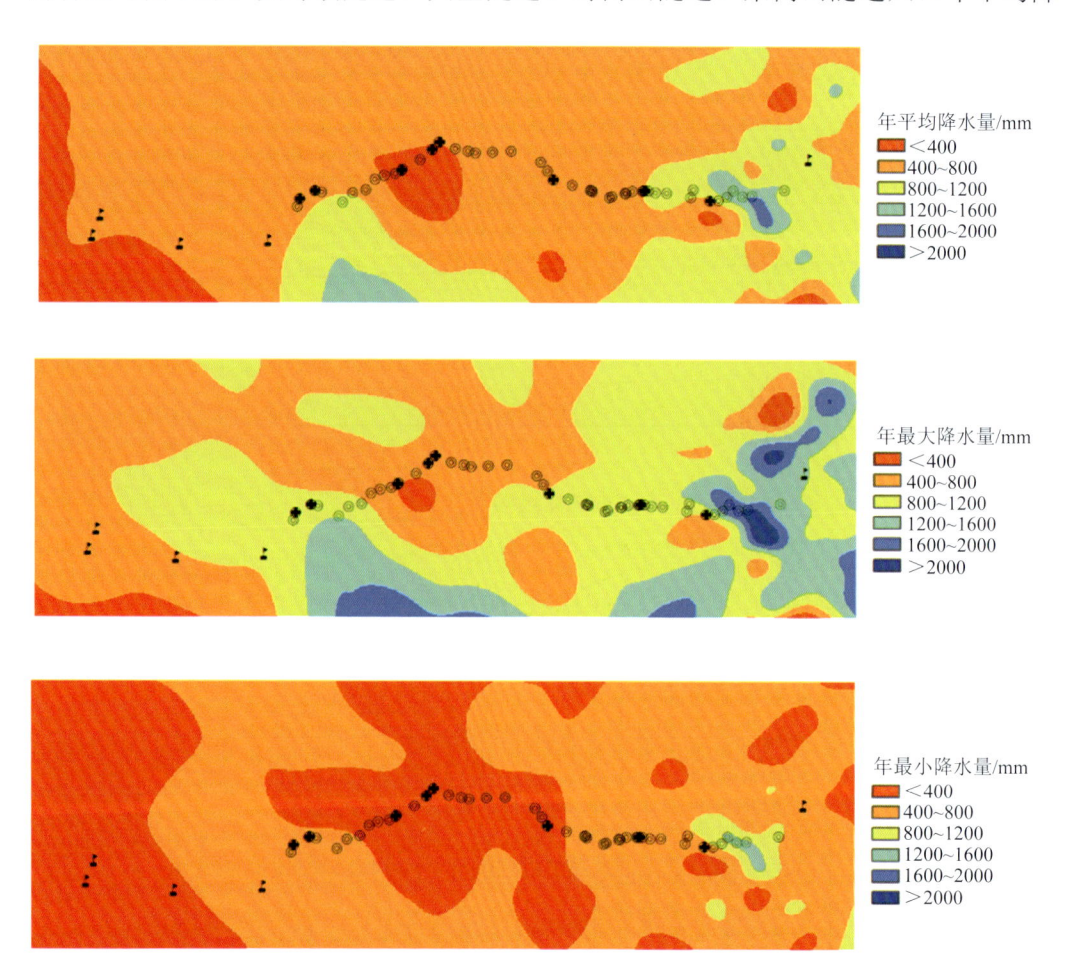

图 3.5　近 30 年川藏铁路沿线及其附近范围的年平均降水量、年最大降水量和年最小降水量的空间格局

第 3 章　近 30 年气象要素变化特征

水量为 1300 ～ 1600 mm；周山隧道、康定隧道、折多山隧道、高尔寺山隧道、帕姆岭隧道、旺甲隧道等年平均降水量为 800 ～ 1200 mm。其余大部分隧道和大桥附近年平均降水量范围为 400 ～ 800 mm，少数隧道和大桥附近年平均降水量小于 400 mm。年最大降水量空间分布中，尖峰顶隧道附近区域年最大降水量大于 2000 mm；天全隧道、对门山隧道年最大降水量范围为 1700 ～ 2000 mm；成都站、周山隧道年最大降水量为 1200 ～ 1500 mm。除此之外，莫西隧道以东，伯舒拉岭隧道以西的隧道、大桥和站点年最大降水量范围为 800 ～ 1200 mm。其余隧道、大桥附近的年最大降水量平均值为 400 ～ 800 mm。尖峰顶隧道、天全隧道、对门山隧道入口年最小降水量范围为 1200 ～ 1600 mm；周山隧道、朱岗山隧道年最小降水量为 700 ～ 1100 mm（表 3.2）。

表 3.2　近 30 年川藏铁路沿线大桥、隧道以及重要站点的年降水量和年降水日数

类型	名称	年平均降水量 /mm	年最大降水量 /mm	年最小降水量 /mm	年平均降水日数 /d
大桥	雅砻江三线特大桥起点	797.14	998.06	542.53	132.20
	雅砻江三线特大桥终点	797.14	998.06	542.53	131.85
	大渡河特大桥起点	713.70	855.27	570.33	141.62
	大渡河特大桥终点	713.70	855.27	570.33	143.35
	怒江特大桥起点	278.07	421.64	160.11	81.53
	怒江桥桥位 1 中位	278.07	421.64	160.11	81.53
	怒江桥桥位 2 中位	278.07	421.64	160.11	80.91
	怒江特大桥终点	278.07	421.64	160.11	81.26
	东久曲特大桥起点	669.96	978.43	467.49	146.65
	东久曲特大桥中位	673.27	981.78	468.00	146.82
	东久曲特大桥终点	673.27	981.78	468.00	146.36
	澜沧江大桥起点	418.45	596.01	231.63	111.89
	澜沧江大桥终点	418.19	596.80	231.62	111.85
	易贡藏布大桥起点	669.53	955.43	445.09	145.97
	易贡藏布大桥终点	669.53	955.43	445.09	145.66
	色曲特大桥起点	368.07	537.83	201.90	101.98
	色曲特大桥终点	367.99	538.21	202.25	101.92
	金沙江桥桥位 1 起点	550.20	756.90	312.78	118.72
	金沙江桥桥位 1 终点	554.90	754.07	316.10	119.16
	金沙江桥桥位 2 起点	499.95	806.29	280.08	107.19
	金沙江桥桥位 2 终点	499.95	806.29	280.08	107.06
	新都桥中桥	947.50	1113.69	665.12	172.61
	木泽西大桥	859.97	1046.47	589.65	146.60
	白孜村中桥	801.58	1001.23	545.55	132.56
	卡察勒中桥	776.21	989.47	532.61	130.66

续表

类型	名称	年平均降水量/mm	年最大降水量/mm	年最小降水量/mm	年平均降水日数/d
大桥	霍曲河大桥	784.66	1043.98	546.81	141.41
	无量河特大桥	802.72	1003.42	546.19	132.26
	海子山特大桥	602.92	886.59	400.42	124.13
	列衣大桥	486.83	810.54	282.74	105.86
	则巴特大桥	571.73	739.25	328.28	123.60
	扩达1号特大桥	475.12	621.02	269.78	116.28
	王卡特大桥	423.82	581.57	234.81	111.12
隧道	昌都隧道入口	418.19	596.80	231.62	111.85
	昌都隧道出口	368.07	537.83	201.90	101.98
	邦达隧道入口	367.99	538.21	202.25	101.92
	邦达隧道出口	287.13	436.19	158.19	86.17
	果拉山隧道入口	288.66	438.26	160.01	86.18
	果拉山隧道出口	280.27	425.27	161.49	81.79
	同卡隧道入口	276.38	420.05	158.89	81.45
	同卡隧道出口	278.07	421.64	160.11	81.53
	夏里隧道入口	278.07	421.64	160.11	81.26
	夏里隧道出口	311.69	460.77	182.00	86.04
	康玉隧道入口	311.69	460.77	182.00	86.04
	康玉隧道出口	385.52	546.48	229.15	99.21
	察达隧道入口	385.52	546.48	229.15	99.21
	察达隧道出口	458.61	630.56	273.70	111.23
	伯舒拉岭隧道入口	476.11	651.21	283.90	114.74
	伯舒拉岭隧道出口	654.51	866.25	388.37	142.98
	多吉隧道入口	654.51	866.25	388.37	143.87
	多吉隧道出口	766.59	1008.03	459.47	162.09
	多木格隧道入口	766.59	1008.03	459.47	162.09
	多木格隧道出口	827.65	1089.93	500.26	172.91
	易贡隧道入口	900.90	1184.58	546.57	183.70
	易贡隧道出口	708.18	988.99	458.41	153.46
	通麦隧道入口	708.18	988.99	458.41	153.07
	通麦隧道出口	673.81	958.43	446.04	145.96
	迫龙隧道入口	669.53	955.43	445.09	146.30
	迫龙隧道出口	669.53	955.43	445.09	145.97
	拉月隧道入口	669.53	955.43	445.09	145.66

续表

类型	名称	年平均降水量/mm	年最大降水量/mm	年最小降水量/mm	年平均降水日数/d
隧道	拉月隧道出口	673.27	981.78	468.00	146.82
	鲁朗隧道入口	669.96	978.43	467.49	146.65
	鲁朗隧道出口	696.49	1008.10	486.71	151.92
	色季拉山隧道入口	696.49	1008.10	486.71	152.90
	色季拉山隧道出口	702.52	983.19	508.82	162.77
	格聂山隧道入口	526.76	762.61	303.04	114.08
	格聂山隧道出口	554.90	754.07	316.10	119.14
	贡觉隧道入口	571.38	737.45	328.53	123.69
	贡觉隧道出口	554.19	699.51	322.99	123.75
	宝灵山隧道入口	713.70	855.27	570.33	143.35
	宝灵山隧道出口	914.27	1058.03	692.93	177.05
	康定隧道入口	965.89	1117.00	719.23	186.53
	康定隧道出口	808.27	916.73	604.36	168.88
	折多山隧道入口	834.87	945.99	615.48	170.44
	折多山隧道出口	958.94	1105.41	688.58	184.12
	莫西隧道入口	493.89	785.67	283.24	108.01
	莫西隧道出口	526.65	761.85	304.00	114.13
	朱岗山隧道入口	1327.76	1702.11	1035.26	207.92
	朱岗山隧道出口	1016.67	1287.89	794.68	177.94
	尖峰顶隧道入口	1588.24	2029.51	1259.63	206.58
	尖峰顶隧道出口	1588.24	2029.51	1259.63	206.81
	对门山隧道入口	1554.77	1974.33	1241.80	232.30
	对门山隧道出口	1374.49	1757.65	1073.29	211.32
	高尔寺山隧道入口	936.51	1106.29	654.56	167.07
	高尔寺山隧道出口	859.97	1046.47	589.65	146.41
	帕姆岭隧道入口	859.97	1046.47	589.65	146.41
	帕姆岭隧道出口	817.79	1013.55	557.14	135.89
	旺甲隧道入口	817.79	1013.55	557.14	135.89
	旺甲隧道出口	801.58	1001.23	545.55	132.56
	白孜村隧道入口	801.58	1001.23	545.55	132.56
	白孜村隧道出口	797.14	998.06	542.53	132.20
	马鞍山隧道入口	793.19	995.37	539.93	131.55
	马鞍山隧道出口	793.19	995.37	539.93	131.15
	迎金山隧道入口	793.19	995.37	539.93	131.15

续表

类型	名称	年平均降水量 /mm	年最大降水量 /mm	年最小降水量 /mm	年平均降水日数 /d
隧道	迎金山隧道出口	776.21	989.47	532.61	130.66
	西俄洛隧道入口	776.21	989.47	532.61	130.63
	西俄洛隧道出口	781.62	1007.82	539.08	133.62
	俄洛堆隧道入口	781.95	1009.64	540.09	133.90
	俄洛堆隧道出口	781.95	1009.64	540.09	133.90
	卡子拉山隧道入口	781.95	1009.64	540.09	134.19
	卡子拉山隧道出口	787.30	1044.17	547.87	140.69
	巴隆翁隧道入口	787.30	1044.17	547.87	140.69
	巴隆翁隧道出口	784.66	1043.98	546.81	141.41
	理塘隧道入口	784.66	1043.98	546.81	141.41
	理塘隧道出口	777.19	1051.36	540.07	142.17
	禾尼隧道入口	734.37	994.16	515.58	141.14
	禾尼隧道出口	732.45	988.67	515.45	140.91
	毛垭坝1#隧道入口	727.53	985.33	511.17	140.43
	毛垭坝1#隧道出口	720.31	976.43	506.34	140.15
	毛垭坝2#隧道入口	720.31	976.43	506.34	140.15
	毛垭坝2#隧道出口	712.75	967.50	501.11	139.55
	海子山隧道入口	602.92	886.59	400.42	122.98
	海子山隧道出口	489.83	814.32	286.31	106.00
	天全隧道入口	1559.90	1992.59	1278.48	218.40
	天全隧道出口	1547.98	1985.84	1248.65	222.93
	周山隧道入口	1113.66	1423.71	844.37	162.74
	周山隧道出口	1189.37	1492.66	877.94	170.12
	义敦隧道入口	486.83	810.54	282.74	105.86
	义敦隧道出口	488.05	802.18	282.81	106.44
	二郎山隧道入口	895.00	1125.89	704.14	162.53
	二郎山隧道出口	713.70	855.27	570.33	141.62
	东达山隧道入口	546.59	688.14	318.58	123.20
	东达山隧道出口	513.57	656.41	297.62	119.87
	嘎益隧道入口	496.59	639.71	284.90	118.47
	嘎益隧道出口	475.12	621.02	269.78	116.53
	红拉山隧道入口	469.92	616.87	266.30	115.81
	红拉山隧道出口	428.44	585.06	237.86	111.37
	芒康山隧道入口	423.82	581.57	234.81	111.12
	芒康山隧道出口	418.99	595.48	231.85	111.98

第 3 章　近 30 年气象要素变化特征

续表

类型	名称	年平均降水量 /mm	年最大降水量 /mm	年最小降水量 /mm	年平均降水日数 /d
重要站点	贡嘎	415.10	650.75	223.71	83.75
	拉萨	468.32	636.97	289.48	90.74
	成都	876.41	1254.21	593.85	143.04
	加查	520.45	747.28	323.41	123.97
	米林	704.78	889.04	522.29	181.94

尖峰顶隧道、天全隧道、对门山隧道、朱岗山隧道入口年平均降水日数为 200～250d（图 3.6）。尖峰顶隧道年平均降水日数达 207d。周山隧道、二郎山隧道入口、康定隧道、折多山隧道、高尔寺山隧道入口、多木格隧道、易贡隧道、通麦隧道入口、色季拉山隧道、米林站年平均降水日数为 150～200d。其余大部分隧道和大桥年平均降水日数为 100～150d，少数隧道、大桥、站点年平均降水日数为 80～100d（表 3.2）。

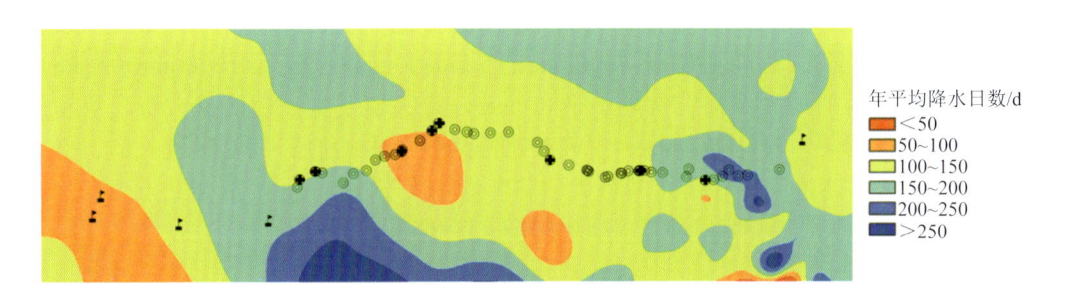

图 3.6　近 30 年川藏铁路沿线及其附近范围的年平均降水日数的空间格局

3.2　降雪

3.2.1　日尺度降雪时空变化特征

1. 日尺度降雪时间变化特征

1988～2017 年川藏铁路沿线及其附近范围最大日降雪量呈波动变化，变化范围是 32.4～111.7 mm，平均值为 58.2 mm（图 3.7）。其中在 1998 年、2001 年、2008 年和 2010 年突增，分别达 111.7 mm、98.1 mm、86 mm 和 100.1 mm。近 30 年最大日降雪量的最大值出现在 1998 年的波密站，为 111.7 mm。

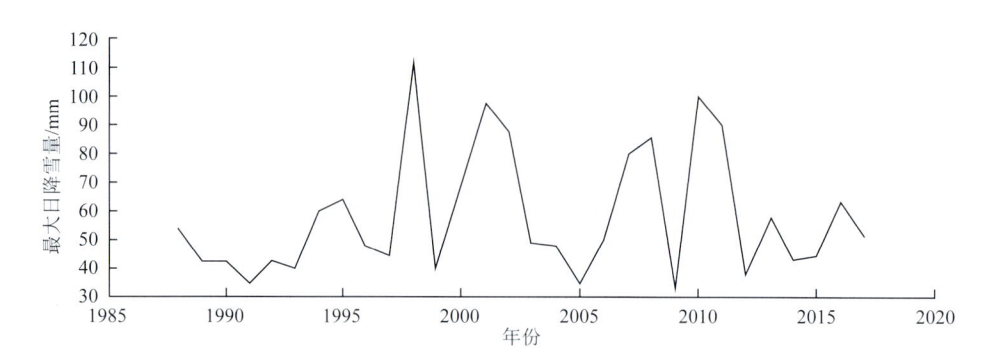

图 3.7　近 30 年川藏铁路沿线及其附近范围的最大日降雪量的时间变化

2. 日尺度降雪空间变化特征

在空间上，近 30 年川藏铁路沿线及其附近范围的西北和东部最大日降雪量较小，最大日降雪量波动范围小于 50 mm，中部最大日降雪量较大，大部分区域大于 60 mm，其中在波密县、察隅县和八宿县的部分区域最大日降雪量大约 110 mm（图 3.8）。川藏铁路沿线大桥的最大日降雪量均小于 80 mm，最大值发生在色曲特大桥起点和终点位置，其最大日降雪量达 76 mm；川藏铁路沿线隧道中，伯舒拉岭隧道入口、多吉隧道出口、多木格隧道入口和出口的最大日降雪量均大于 100 mm；重要站点中仅米林站最大日降雪量较大，达 67 mm，其他站点均小于 50 mm（表 3.3）。

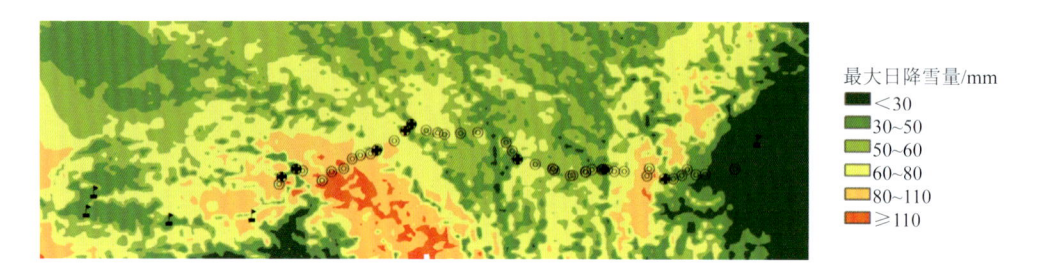

图 3.8　近 30 年川藏铁路沿线及其附近范围的最大日降雪量的空间格局

表 3.3　近 30 年川藏铁路沿线大桥、隧道以及重要站点的最大日降雪量　　（单位：mm）

类型	名称	最大日降雪量
大桥	大渡河特大桥起点	44.21
	大渡河特大桥终点	44.77
	新都桥中桥	66.49
	木泽西大桥	63.43
	无量河特大桥	46.41
	白孜村中桥	39.88

第 3 章　近 30 年气象要素变化特征

续表

类型	名称	最大日降雪量
大桥	雅砻江三线特大桥起点	39.88
	雅砻江三线特大桥终点	39.98
	卡察勒中桥	56.71
	霍曲河大桥	54.35
	海子山特大桥	57.91
	列衣大桥	38.47
	金沙江桥位 2 起点	27.19
	金沙江桥位 2 终点	19.30
	金沙江桥位 1 起点	35.91
	金沙江桥位 1 终点	31.14
	则巴特大桥	63.41
	扩达 1 号特大桥	69.02
	王卡特大桥	54.01
	澜沧江大桥起点	47.14
	澜沧江大桥终点	45.34
	色曲特大桥起点	75.79
	色曲特大桥终点	76.57
	怒江桥桥位 2 中位	71.08
	怒江桥桥位 1 中位	74.30
	怒江特大桥起点	70.98
	怒江特大桥终点	74.30
	易贡藏布大桥起点	54.12
	易贡藏布大桥终点	54.12
	东久曲特大桥起点	54.43
	东久曲特大桥中位	54.43
	东久曲特大桥终点	54.43
隧道	周山隧道入口	11.12
	周山隧道出口	11.50
	尖峰顶隧道入口	28.76
	尖峰顶隧道出口	29.18
	天全隧道入口	34.34
	天全隧道出口	40.56
	对门山隧道入口	49.51
	对门山隧道出口	37.72

续表

类型	名称	最大日降雪量
隧道	朱岗山隧道入口	36.60
	朱岗山隧道出口	42.00
	二郎山隧道入口	45.86
	二郎山隧道出口	43.47
	宝灵山隧道入口	44.77
	宝灵山隧道出口	99.74
	康定隧道入口	69.19
	康定隧道出口	89.55
	折多山隧道入口	91.38
	折多山隧道出口	88.90
	高尔寺山隧道入口	67.40
	高尔寺山隧道出口	63.67
	帕姆岭隧道入口	63.43
	帕姆岭隧道出口	47.49
	旺甲隧道入口	47.49
	旺甲隧道出口	39.88
	白孜村隧道入口	39.88
	白孜村隧道出口	39.88
	马鞍山隧道入口	40.07
	马鞍山隧道出口	40.17
	迎金山隧道入口	40.17
	迎金山隧道出口	56.00
	西俄洛隧道入口	56.00
	西俄洛隧道出口	51.49
	俄洛堆隧道入口	51.49
	俄洛堆隧道出口	51.49
	卡子拉山隧道入口	51.39
	卡子拉山隧道出口	51.40
	巴隆翁隧道入口	51.40
	巴隆翁隧道出口	54.35
	理塘隧道入口	54.35
	理塘隧道出口	53.34
	禾尼隧道入口	50.09
	禾尼隧道出口	52.28

续表

类型	名称	最大日降雪量
隧道	毛垭坝1#隧道入口	54.81
	毛垭坝1#隧道出口	55.32
	毛垭坝2#隧道入口	56.08
	毛垭坝2#隧道出口	57.91
	海子山隧道入口	57.89
	海子山隧道出口	47.97
	义敦隧道入口	38.47
	义敦隧道出口	34.91
	莫西隧道入口	41.50
	莫西隧道出口	47.02
	格聂山隧道入口	46.42
	格聂山隧道出口	35.91
	贡觉隧道入口	62.33
	贡觉隧道出口	49.81
	东达山隧道入口	48.49
	东达山隧道出口	64.34
	嘎益隧道入口	56.25
	嘎益隧道出口	67.65
	红拉山隧道入口	68.22
	红拉山隧道出口	54.32
	芒康山隧道入口	55.08
	芒康山隧道出口	50.71
	昌都隧道入口	45.34
	昌都隧道出口	75.79
	邦达隧道入口	76.57
	邦达隧道出口	66.69
	果拉山隧道入口	69.96
	果拉山隧道出口	65.88
	同卡隧道入口	65.88
	同卡隧道出口	70.98
	夏里隧道入口	74.30
	夏里隧道出口	70.53
	康玉隧道入口	70.53
	康玉隧道出口	68.33

续表

类型	名称	最大日降雪量
隧道	察达隧道入口	66.36
	察达隧道出口	89.31
	伯舒拉岭隧道入口	102.40
	伯舒拉岭隧道出口	95.29
	多吉隧道入口	93.16
	多吉隧道出口	115.18
	多木格隧道入口	118.34
	多木格隧道出口	107.38
	易贡隧道入口	84.82
	易贡隧道出口	67.96
	通麦隧道入口	67.96
	通麦隧道出口	52.61
	迫龙隧道入口	51.73
	迫龙隧道出口	54.12
	拉月隧道入口	54.12
	拉月隧道出口	54.43
	鲁朗隧道入口	54.43
	鲁朗隧道出口	75.78
	色季拉山隧道入口	76.03
	色季拉山隧道出口	75.87
重要站点	成都	9.51
	米林	67.38
	加查	29.61
	拉萨	37.34
	贡嘎	44.18

3.2.2 年尺度降雪时空变化特征

1. 年尺度降雪时间变化特征

1988~2017年川藏铁路沿线及其附近范围年最大积雪深度、年最大雪压、年降雪量、年降雪日数的时间动态变化如图3.9所示，它们均呈显著下降趋势，变化范围分别为2.05~6.29 cm、0.07~0.32 g/cm^2、28.15~84.24 mm、9~55 d，平均值分别为3.54 cm、0.16 g/cm^2、53.03 mm、30 d，变化速率分别约为0.05 cm/a、0.004 g/(cm^2·a)、0.78 mm/a、8 d/10a。其中，年最大积雪深度在2008年有个突增，之后下降；年最大雪压、年降雪量和年降雪日数随时间推移下降，但在2017年均有小幅增加（图3.9）。

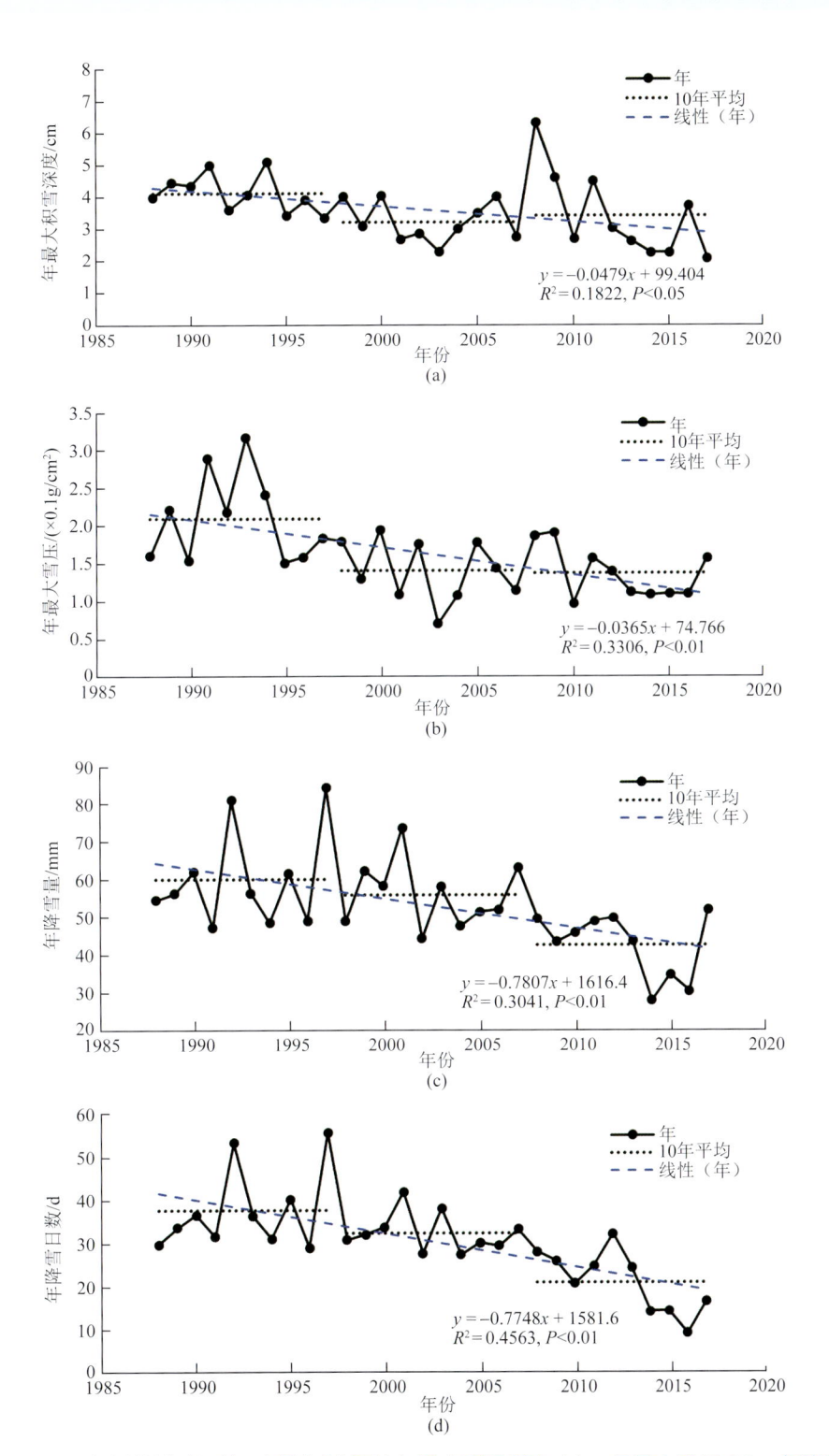

第 3 章　近 30 年气象要素变化特征

图 3.9　近 30 年川藏铁路沿线及其附近范围的年最大积雪深度（a）、年最大雪压（b）、年降雪量（c）和年降雪日数（d）的时间变化

2. 年尺度降雪空间变化特征

基于近 30 年川藏铁路沿线及其附近范围的年最大积雪深度、年最大雪压、年降雪量和年降雪日数的空间分布可知,除四川省成都市和西藏自治区墨脱县之外,研究区域年最大积雪深度均在 5.0 cm 以上,甚至在四川省的康定市、小金县、汶川县,西藏自治区的嘉黎县、波密县和八宿县的部分区域年最大积雪深度为 20.0～30.0 cm(图 3.10)。川藏铁路沿线中,除了成都站、周山隧道、尖峰顶隧道和迫龙隧道入口、金沙江桥桥位 2 终点之外,其他各沿线站点、大桥和隧道口的年最大积雪深度均大于 3.0 cm,其中铁路沿线大桥、主要站点和隧道口中,年最大积雪深度的最大值分别发生在新都桥

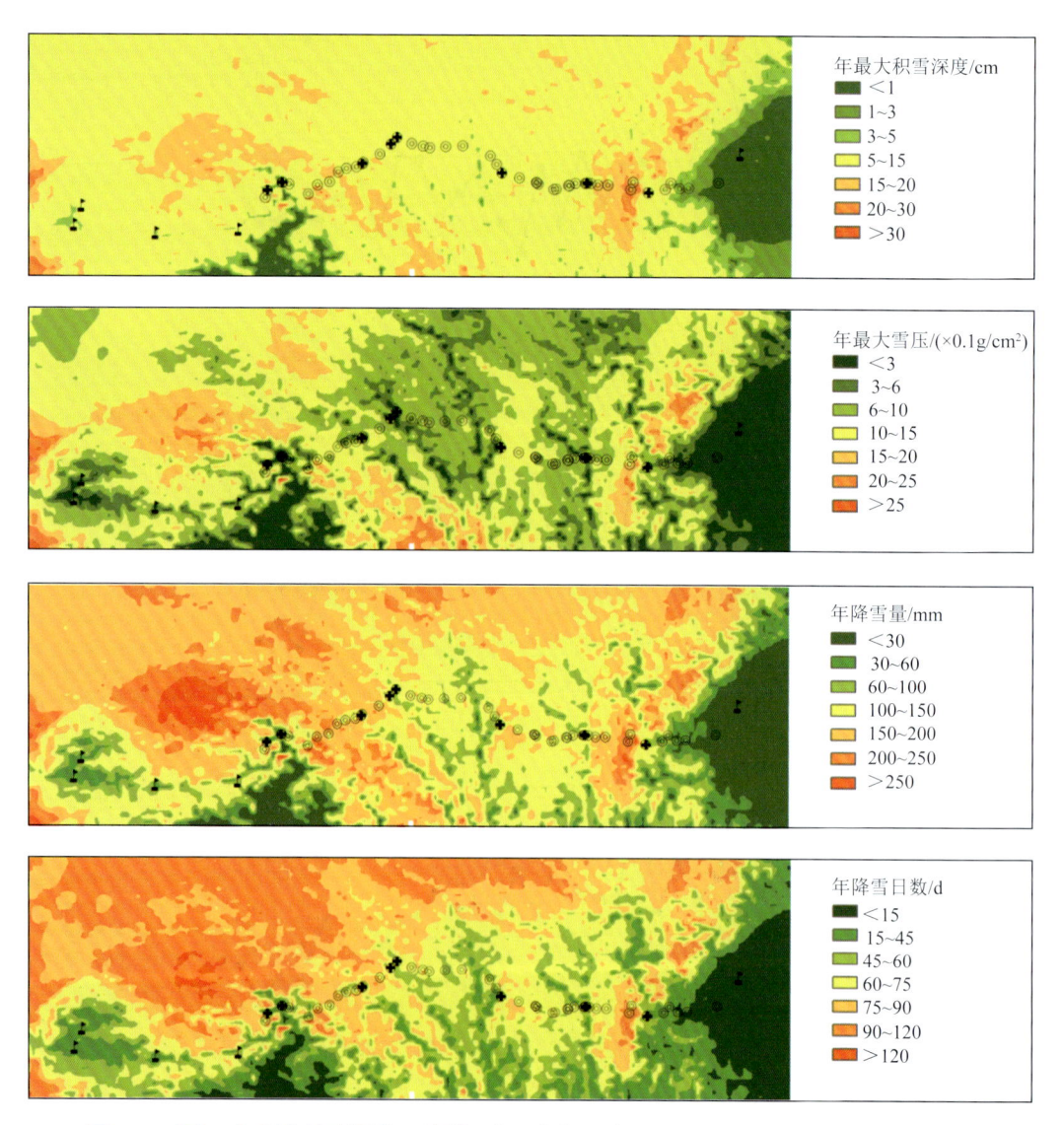

图 3.10 近 30 年川藏铁路沿线及其附近范围的年最大积雪深度、年最大雪压、年降雪量和年降雪日数的空间格局

中桥（15.53 cm）、米林站（6.82 cm）和宝灵山隧道出口（21.57 cm）（表 3.4）。年最大雪压的空间分布与年最大积雪深度基本一致（图 3.10），铁路沿线大桥、主要站点和隧道口中，年最大雪压的最大值分别发生在则巴特大桥（1.039 g/cm^2）、米林站（0.484 g/cm^2）和宝灵山隧道出口（1.735 g/cm^2）。

表 3.4　近 30 年川藏铁路沿线大桥、隧道以及重要站点的年最大积雪深度、年最大雪压、年降雪量和年降雪日数

类别	名称	年最大积雪深度 /cm	年最大雪压 /(×0.1 g/cm^2)	年降雪量 /mm	年降雪日数 /d
大桥	大渡河特大桥起点	8.21	4.67	80.35	37.69
	大渡河特大桥终点	8.36	4.65	81.74	38.34
	新都桥中桥	15.53	8.56	150.54	67.16
	木泽西大桥	15.32	9.39	149.11	67.60
	无量河特大桥	11.40	5.30	107.14	51.82
	白孜村中桥	10.01	3.73	90.88	45.55
	雅砻江三线特大桥起点	10.01	3.73	90.88	45.55
	雅砻江三线特大桥终点	10.03	3.78	91.31	45.76
	卡察勒中桥	13.65	8.81	139.60	65.61
	霍曲河大桥	12.53	8.45	134.58	64.38
	海子山特大桥	12.35	10.33	143.22	67.95
	列衣大桥	7.52	4.98	86.30	45.70
	金沙江桥位 2 起点	4.47	2.42	49.68	32.14
	金沙江桥位 2 终点	2.67	0.48	28.41	23.80
	金沙江桥位 1 起点	6.20	4.15	70.26	40.94
	金沙江桥位 1 终点	5.10	2.98	57.30	35.89
	则巴特大桥	12.01	10.39	140.10	70.00
	扩达 1 号特大桥	12.16	9.53	147.90	75.17
	王卡特大桥	8.42	4.60	107.38	59.34
	澜沧江大桥起点	6.79	2.10	92.90	53.84
	澜沧江大桥终点	6.38	1.58	88.21	51.98
	色曲特大桥起点	13.30	10.10	169.98	83.29
	色曲特大桥终点	13.48	10.32	172.26	84.17
	怒江桥桥位 2 中位	11.00	7.73	143.04	67.11
	怒江桥桥位 1 中位	11.74	8.59	152.14	70.72
	怒江特大桥起点	11.07	7.75	144.23	67.78
	怒江特大桥终点	11.74	8.59	152.14	70.72
	易贡藏布大桥起点	3.52	1.48	56.74	34.10
	易贡藏布大桥终点	3.52	1.48	56.74	34.10

续表

类别	名称	年最大积雪深度 /cm	年最大雪压 /(×0.1 g/cm²)	年降雪量 /mm	年降雪日数 /d
大桥	东久曲特大桥起点	4.62	1.56	64.07	40.73
	东久曲特大桥中位	4.62	1.56	64.07	40.73
	东久曲特大桥终点	4.62	1.56	64.07	40.73
隧道	周山隧道入口	0.23	0.02	5.76	3.18
	周山隧道出口	0.44	0.21	8.02	4.14
	尖峰顶隧道入口	2.85	2.55	33.45	14.65
	尖峰顶隧道出口	2.89	2.60	33.97	14.86
	天全隧道入口	3.55	3.29	41.11	17.84
	天全隧道出口	4.92	4.90	56.67	24.13
	对门山隧道入口	6.80	6.89	76.91	32.64
	对门山隧道出口	5.00	4.14	52.83	23.92
	朱岗山隧道入口	4.84	3.87	50.53	23.10
	朱岗山隧道出口	6.86	5.42	70.03	31.96
	二郎山隧道入口	7.98	6.38	82.01	37.05
	二郎山隧道出口	8.01	4.57	78.25	36.79
	宝灵山隧道入口	8.36	4.65	81.74	38.34
	宝灵山隧道出口	21.57	17.35	229.90	97.98
	康定隧道入口	14.96	8.49	149.17	66.21
	康定隧道出口	19.44	14.29	204.01	87.58
	折多山隧道入口	19.95	14.65	209.31	89.64
	折多山隧道出口	20.10	13.83	205.61	88.47
	高尔寺山隧道入口	15.86	9.19	154.51	68.90
	高尔寺山隧道出口	15.37	9.40	149.50	67.71
	帕姆岭隧道入口	15.32	9.39	149.11	67.60
	帕姆岭隧道出口	11.77	5.60	109.68	52.64
	旺甲隧道入口	11.77	5.60	109.68	52.64
	旺甲隧道出口	10.01	3.73	90.88	45.55
	白孜村隧道入口	10.01	3.73	90.88	45.55
	白孜村隧道出口	10.01	3.73	90.88	45.55
	马鞍山隧道入口	10.04	3.83	91.75	45.97
	马鞍山隧道出口	10.05	3.88	92.19	46.19
	迎金山隧道入口	10.05	3.88	92.19	46.19
	迎金山隧道出口	13.50	8.60	137.55	64.77
	西俄洛隧道入口	13.50	8.60	137.55	64.77

续表

类别	名称	年最大积雪深度 /cm	年最大雪压 /(×0.1 g/cm²)	年降雪量 /mm	年降雪日数 /d
隧道	西俄洛隧道出口	12.31	7.36	126.15	60.58
	俄洛堆隧道入口	12.31	7.36	126.15	60.58
	俄洛堆隧道出口	12.31	7.36	126.15	60.58
	卡子拉山隧道入口	12.29	7.40	126.33	60.71
	卡子拉山隧道出口	11.94	7.59	126.75	61.27
	巴隆翁隧道入口	11.94	7.59	126.75	61.27
	巴隆翁隧道出口	12.53	8.45	134.58	64.38
	理塘隧道入口	12.53	8.45	134.58	64.38
	理塘隧道出口	12.11	8.24	131.59	63.24
	禾尼隧道入口	11.18	7.78	124.75	60.70
	禾尼隧道出口	11.67	8.43	130.79	63.11
	毛垭坝1#隧道入口	12.21	9.16	137.54	65.77
	毛垭坝1#隧道出口	12.33	9.32	139.02	66.37
	毛垭坝2#隧道入口	12.49	9.54	141.00	67.15
	毛垭坝2#隧道出口	12.87	10.08	145.99	69.14
	海子山隧道入口	12.33	10.32	143.02	67.86
	海子山隧道出口	9.71	7.62	112.09	55.82
	义敦隧道入口	7.52	4.98	86.30	45.70
	义敦隧道出口	6.67	4.00	76.26	41.83
	莫西隧道入口	8.02	5.78	91.90	48.23
	莫西隧道出口	9.04	7.14	103.54	53.31
	格聂山隧道入口	8.89	6.96	101.78	52.63
	格聂山隧道出口	6.20	4.15	70.26	40.94
	贡觉隧道入口	11.75	10.06	137.10	68.86
	贡觉隧道出口	8.58	5.83	100.86	55.64
	东达山隧道入口	8.21	5.29	96.74	54.19
	东达山隧道出口	11.54	9.10	137.46	70.62
	嘎益隧道入口	9.47	6.38	114.56	61.88
	嘎益隧道出口	11.87	9.19	144.33	73.76
	红拉山隧道入口	11.95	9.23	145.66	74.33
	红拉山隧道出口	8.50	4.72	108.11	59.60
	芒康山隧道入口	8.66	4.88	110.19	60.39
	芒康山隧道出口	7.60	3.13	102.09	57.45
	昌都隧道入口	6.38	1.58	88.21	51.98

续表

类别	名称	年最大积雪深度 /cm	年最大雪压 /(×0.1 g/cm²)	年降雪量 /mm	年降雪日数 /d
隧道	昌都隧道出口	13.30	10.10	169.98	83.29
	邦达隧道入口	13.48	10.32	172.26	84.17
	邦达隧道出口	11.20	7.70	144.67	71.52
	果拉山隧道入口	11.92	8.58	153.47	74.75
	果拉山隧道出口	10.11	6.50	133.19	63.85
	同卡隧道入口	10.11	6.50	133.19	63.85
	同卡隧道出口	11.07	7.75	144.23	67.78
	夏里隧道入口	11.74	8.59	152.14	70.72
	夏里隧道出口	10.21	6.76	134.89	62.76
	康玉隧道入口	10.21	6.76	134.89	62.76
	康玉隧道出口	8.76	4.91	120.27	55.93
	察达隧道入口	8.27	4.30	114.61	53.66
	察达隧道出口	12.74	9.77	168.71	74.28
	伯舒拉岭隧道入口	15.18	12.84	197.53	85.00
	伯舒拉岭隧道出口	10.96	8.08	148.63	63.19
	多吉隧道入口	10.39	7.41	141.89	60.43
	多吉隧道出口	14.54	12.55	192.24	80.39
	多木格隧道入口	15.19	13.36	199.85	83.37
	多木格隧道出口	12.39	10.10	166.58	70.66
	易贡隧道入口	7.08	3.88	102.59	45.75
	易贡隧道出口	5.83	2.36	85.28	43.65
	通麦隧道入口	5.83	2.36	85.28	43.65
	通麦隧道出口	3.11	1.29	52.21	32.05
	迫龙隧道入口	2.96	1.17	50.42	31.48
	迫龙隧道出口	3.52	1.48	56.74	34.10
	拉月隧道入口	3.52	1.48	56.74	34.10
	拉月隧道出口	4.62	1.56	64.07	40.73
	鲁朗隧道入口	4.62	1.56	64.07	40.73
	鲁朗隧道出口	9.54	7.57	118.23	63.48
	色季拉山隧道入口	9.55	7.60	117.85	63.44
	色季拉山隧道出口	9.51	7.76	109.17	63.40

续表

类别	名称	年最大积雪深度/cm	年最大雪压/(×0.1 g/cm²)	年降雪量/mm	年降雪日数/d
重要站点	成都	0.25	0.00	2.26	2.21
	米林	6.82	4.84	74.55	49.05
	加查	3.87	1.58	36.23	27.26
	拉萨	5.29	2.78	45.46	28.88
	贡嘎	5.79	3.60	52.73	32.65

近 30 年川藏铁路沿线及其附近范围的年降雪量和年降雪日数总体呈西北高、东部低的空间分布格局（图 3.10）。除了四川省成都市、西藏自治区的墨脱县和拉萨市附近区域外，其他区域的年降雪量和年降雪日数均在 100 mm 和 60 d 以上，其中高值主要发生在四川省的康定市、小金县、汶川县，西藏自治区的嘉黎县和工布江达县，年降雪量和年降雪日数均在 200 mm 和 90 d 以上。在铁路沿线大桥、主要站点和隧道口中，年降雪量最大值分别发生在色曲特大桥（172.26 mm）、米林站（74.55 mm）和宝灵山隧道出口（229.90 mm），年降雪日数最大值分别发生在色曲特大桥终点（84.17 d）、米林站（49.05 d）和宝灵山隧道出口（97.98 d）（表 3.4）。

3.3 气温

3.3.1 日尺度气温时空变化特征

1. 日尺度气温时间变化特征

2017 年 1 月 1 日～12 月 31 日，川藏铁路沿线及其附近范围的日最高气温呈先波动上升后波动下降趋势（图 3.11）。在第 218 天（8 月 6 日）达到日最高气温的最大值，最大值为 30.9℃；在第 11 天（1 月 11 日）达到日最高气温的最小值，最小值为 5.1℃。日最低气温呈先波动上升后波动下降趋势，在第 219 天（8 月 7 日）达到日最低气温的最大值，最大值为 18.7℃；在第 13 天（1 月 13 日）达到日最低气温的最小值，最小值为 –5.2℃。气温日较差呈波动趋势，在第 104 天（4 月 14 日）达到气温日较差的最大值，最大值为 18.2℃；在第 304 天（10 月 31 日）达到气温日较差的最小值，最小值为 5.1℃（图 3.11）。

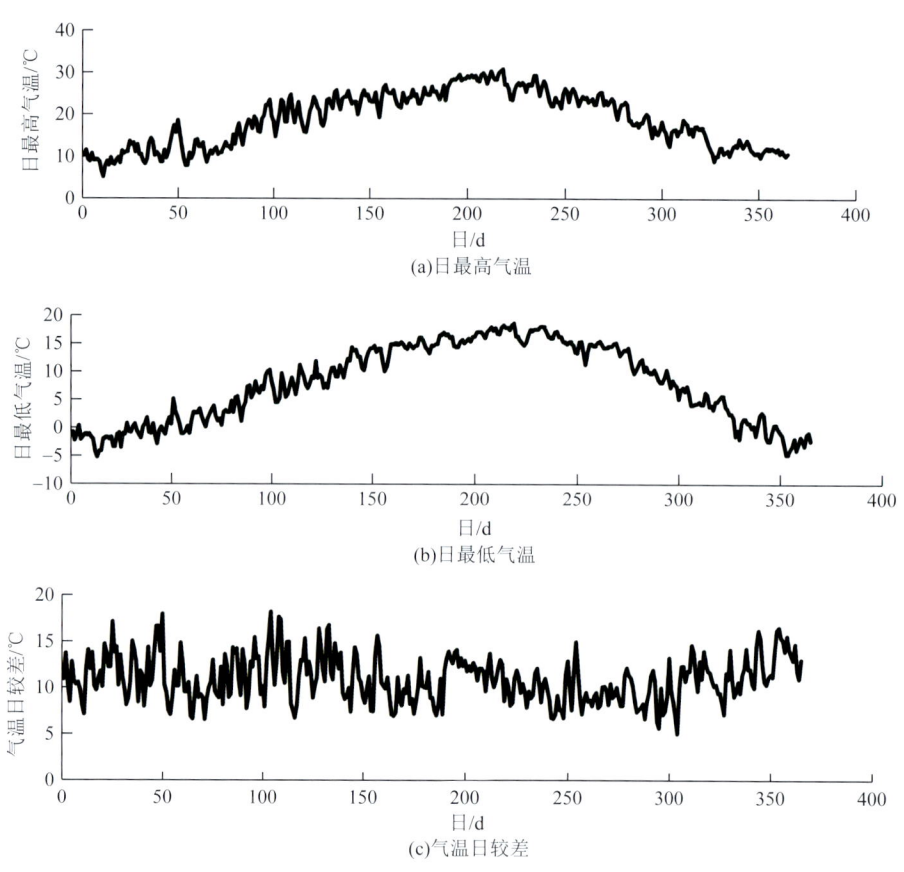

图 3.11　川藏铁路沿线及其附近范围 2017 年日气温变化

2. 日尺度气温空间变化特征

2017 年 1 月 1 日川藏铁路沿线及其附近范围的日最高气温为 –5.4 ~ 21.2℃，整体呈西低东高趋势（图 3.12）。其中，拉萨站、贡嘎站、多木格隧道、多吉隧道、伯舒拉岭隧道、色曲特大桥等 1 月 1 日最高气温为 0 ~ 5℃。日最低气温大部分为 –20 ~ 5℃，整体呈西低东高、北低南高趋势。气温日较差为 2.6 ~ 27℃，西部地区气温日较差大部分为 10 ~ 20℃，如多木格隧道、果拉山隧道、澜沧江大桥等；中部地区气温日较差最大，为 15 ~ 25℃，如莫西隧道、毛垭坝 1# 隧道、毛垭坝 2# 隧道、海子山隧道等；东部地区为 5 ~ 15℃，如尖峰顶隧道、对门山隧道、天全隧道、成都站等（表 3.5）。

2017 年 3 月 1 日研究区域日最高气温大部分为 –10 ~ 20℃，日最低气温大部分为 –20 ~ 10℃，研究区域西北部日最低气温较低，东南部和南部日最低气温较高。气温日较差为 3.5 ~ 25.9℃，研究区域空间上呈西部高、东部低的分布格局。

2017 年 7 月 1 日研究区域日最高气温和日最低气温大部分为 0 ~ 35℃和 0 ~ 25℃，空间上整体呈西低东高分布。沿线大桥、隧道和重要站点气温日较差为 0 ~ 15℃，拉萨站、贡嘎站、加查站、对门山隧道、周山隧道、天全隧道等气温日较差为

第 3 章　近 30 年气象要素变化特征

10～15℃，米林站、色季拉山隧道、通麦隧道、迫龙隧道、易贡藏布大桥、易贡隧道、多吉隧道、怒江特大桥、夏里隧道、多木格隧道、同卡隧道、高尔寺山隧道等 7 月 1 日气温日较差为 5～10℃。

2017 年 10 月 1 日研究区域日最高气温和日最低气温在空间上整体呈西低东高分布。气温日较差大部分为 5～15℃。拉萨站、贡嘎站、加查站及果拉山隧道至大渡河特大桥段 10 月 1 日气温日较差为 10～15℃，其余隧道、大桥和重要站点 10 月 1 日气温日较差为 5～10℃（图 3.12）。

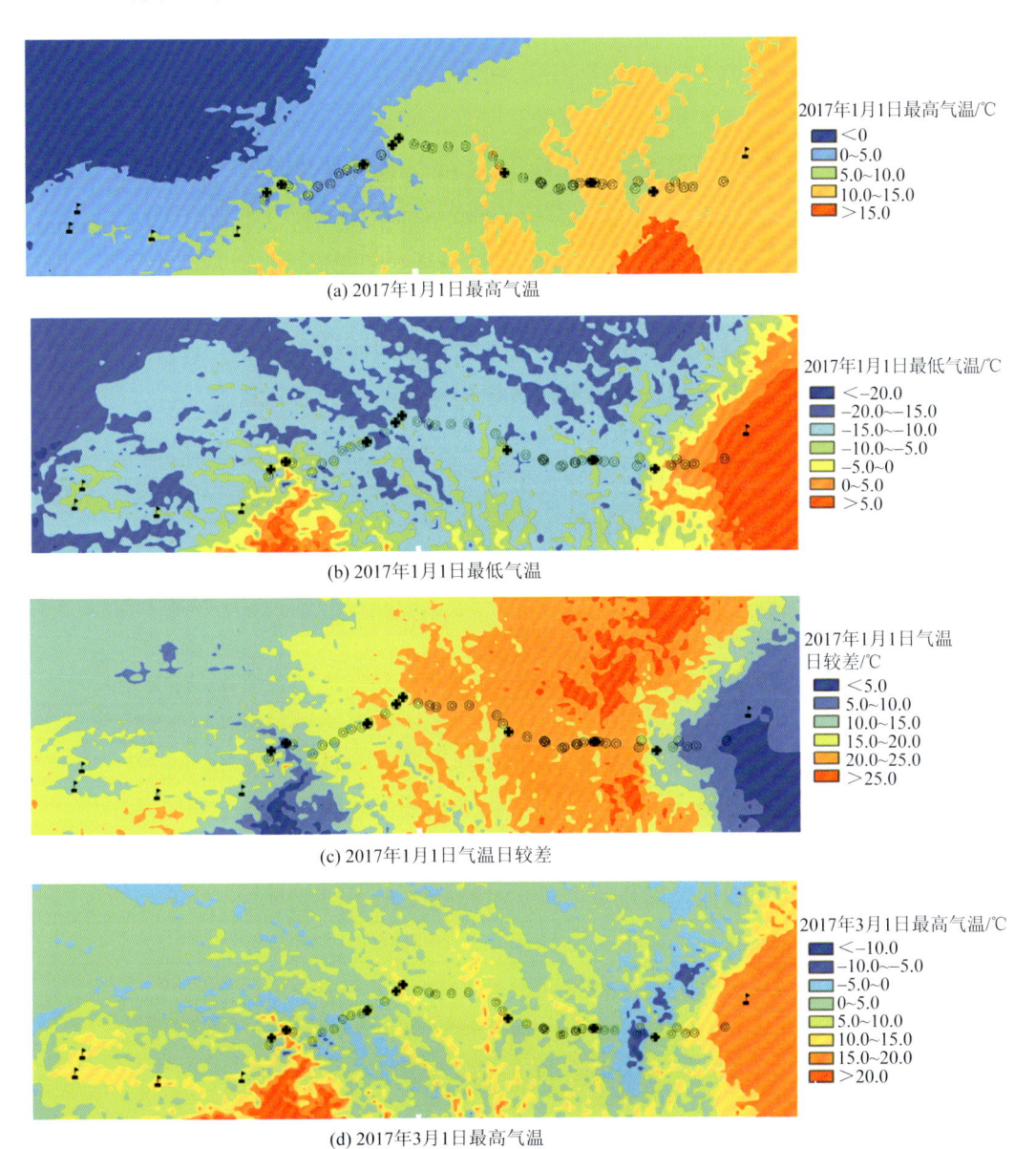

(a) 2017年1月1日最高气温

(b) 2017年1月1日最低气温

(c) 2017年1月1日气温日较差

(d) 2017年3月1日最高气温

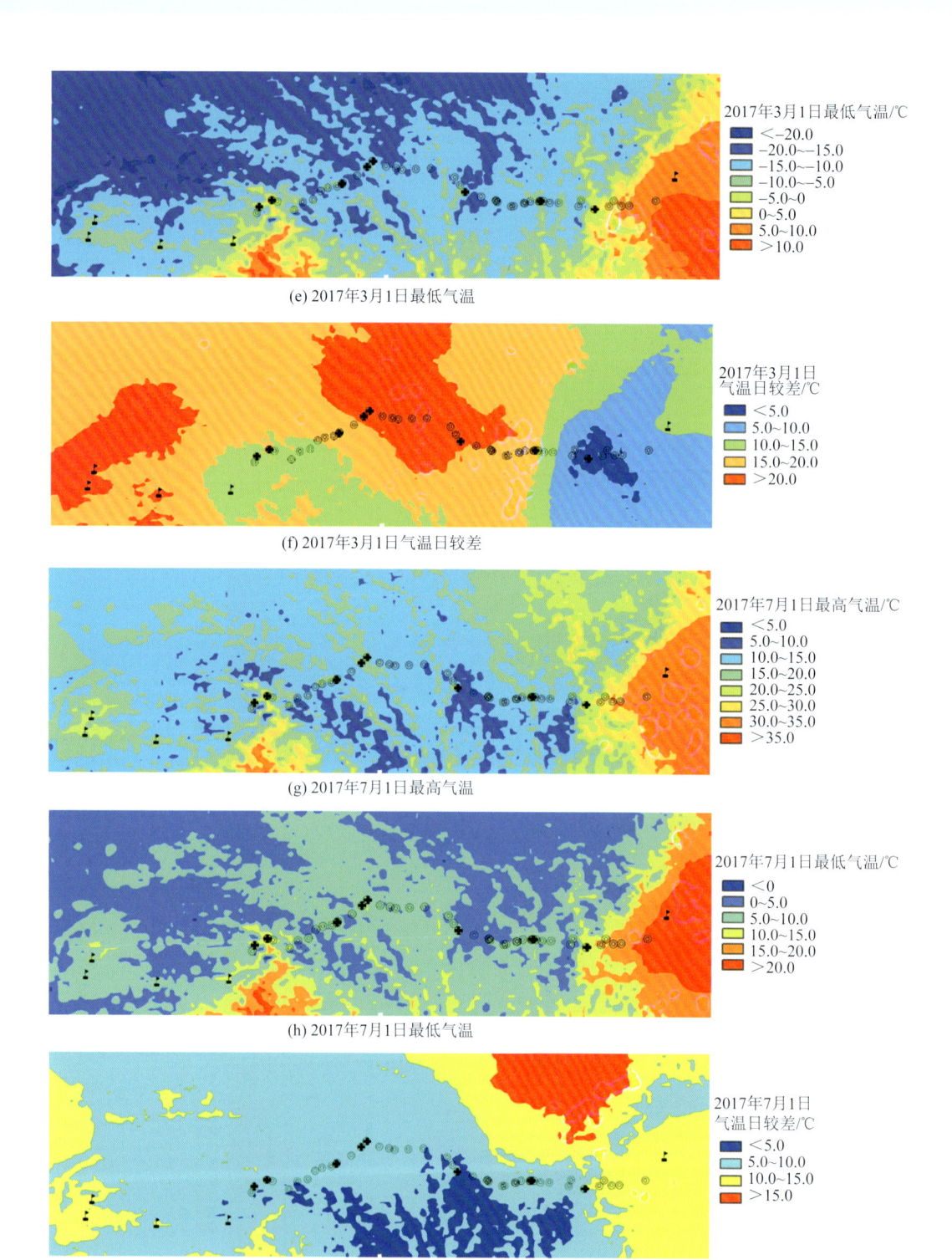

(e) 2017年3月1日最低气温

(f) 2017年3月1日气温日较差

(g) 2017年7月1日最高气温

(h) 2017年7月1日最低气温

(i) 2017年7月1日气温日较差

第 3 章 近 30 年气象要素变化特征

(j) 2017年10月1日最高气温

(k) 2017年10月1日最低气温

(l) 2017年10月1日气温日较差

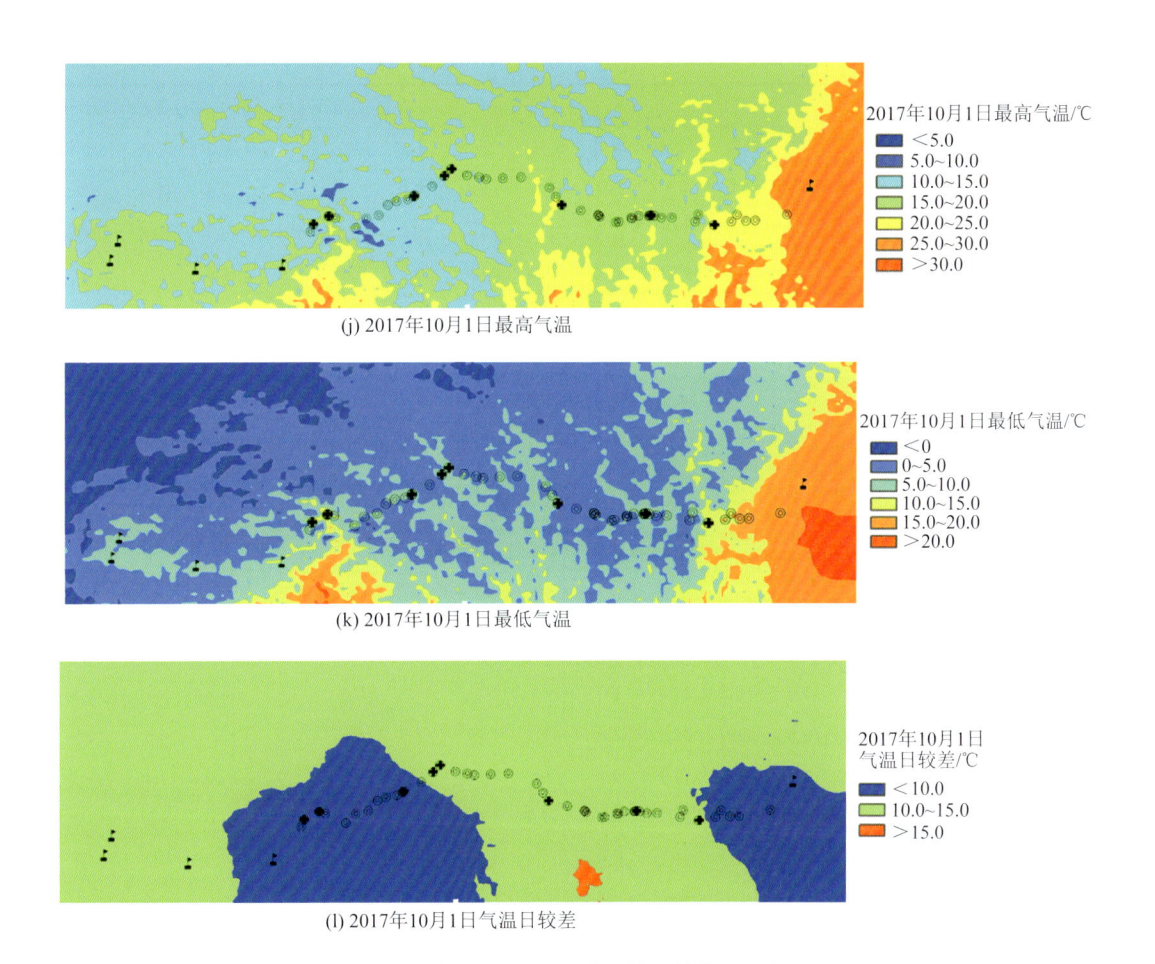

图 3.12 2017 年川藏铁路沿线及其附近范围的典型日气温的空间格局

表 3.5 2017 年川藏铁路沿线大桥、隧道以及重要站点的典型日气温 （单位：℃）

类型	名称	1月1日气温			3月1日气温			7月1日气温			10月1日气温		
		最高	最低	日较差	最高	最低	日较差	最高	最低	日较差	最高	最低	日较差
大桥	雅砻江三线特大桥起点	11.7	−8.2	19.9	9.1	−7.4	16.6	17.5	8.6	8.9	19.9	7.4	12.5
	雅砻江三线特大桥终点	11.6	−8.2	19.9	9.1	−7.5	16.6	17.4	8.6	8.8	19.9	7.3	12.5
	大渡河特大桥起点	11.8	−0.6	12.5	6.2	1.2	5.0	24.3	14.2	10.1	23.7	13.4	10.4
	大渡河特大桥终点	11.7	−1.0	12.7	5.7	0.7	4.9	23.8	13.9	10.0	23.5	13.0	10.4
	怒江特大桥起点	4.9	−12.8	17.7	5.0	−12.4	17.5	14.4	7.0	7.4	14.1	5.3	8.8
	怒江桥桥位 1 中位	4.8	−13.1	17.9	4.5	−12.9	17.4	14.0	6.7	7.3	13.8	5.0	8.8
	怒江桥桥位 2 中位	4.9	−12.9	17.8	4.8	−12.6	17.4	14.2	6.8	7.3	14.0	5.2	8.8
	怒江特大桥终点	4.8	−13.3	18.1	4.2	−13.1	17.3	13.7	6.5	7.2	13.7	4.9	8.8
	东久曲特大桥起点	6.5	−3.0	9.5	13.0	−1.3	14.4	20.8	12.4	8.4	17.8	11.0	6.8

续表

类型	名称	1月1日气温 最高	1月1日气温 最低	1月1日气温 日较差	3月1日气温 最高	3月1日气温 最低	3月1日气温 日较差	7月1日气温 最高	7月1日气温 最低	7月1日气温 日较差	10月1日气温 最高	10月1日气温 最低	10月1日气温 日较差
大桥	东久曲特大桥中位	6.5	−3.0	9.5	13.1	−1.3	14.4	20.9	12.5	8.5	17.8	11.0	6.9
	东久曲特大桥终点	6.4	−3.2	9.6	12.9	−1.5	14.4	20.7	12.3	8.4	17.7	10.8	6.9
	澜沧江大桥起点	6.5	−10.7	17.3	11.5	−10.7	22.2	18.4	9.4	8.9	18.1	7.0	11.1
	澜沧江大桥终点	6.6	−10.4	17.0	12.0	−10.3	22.3	18.8	9.8	9.1	18.3	7.3	11.0
	易贡藏布大桥起点	6.6	−1.9	8.5	14.5	−0.8	15.3	22.6	13.5	9.0	18.6	11.8	6.7
	易贡藏布大桥终点	6.5	−2.0	8.5	14.4	−0.8	15.2	22.5	13.5	9.0	18.5	11.8	6.8
	色曲特大桥起点	4.5	−16.6	21.2	3.5	−17.1	20.5	11.7	4.6	7.0	13.5	2.5	11.0
	色曲特大桥终点	4.5	−16.6	21.2	3.5	−17.1	20.5	11.7	4.6	7.0	13.5	2.5	11.0
	金沙江桥桥位1起点	10.7	−8.7	19.5	12.8	−9.1	21.9	16.0	9.3	6.7	20.5	7.7	12.8
	金沙江桥桥位1终点	10.9	−8.0	19.0	13.7	−8.3	22.0	16.8	9.9	6.9	21.0	8.3	12.7
	金沙江桥桥位2起点	11.4	−6.1	17.5	15.5	−6.5	22.1	17.9	11.0	6.9	22.1	9.5	12.6
	金沙江桥桥位2终点	11.6	−5.3	16.9	16.6	−5.6	22.2	18.8	11.7	7.1	22.7	10.2	12.5
	新都桥中桥	11.0	−10.5	21.5	1.0	−9.3	10.3	14.5	6.6	7.8	18.2	5.7	12.5
	木泽西大桥	10.8	−11.9	22.7	2.6	−11.1	13.7	13.2	5.6	7.5	17.5	4.6	12.9
	白孜村中桥	11.7	−8.2	19.9	9.1	−7.4	16.6	17.5	8.6	8.9	19.9	7.4	12.5
	卡察勒中桥	10.0	−12.2	22.2	5.3	−12.3	17.6	12.7	5.3	7.4	17.0	4.2	12.8
	霍曲河大桥	9.2	−11.9	21.1	6.6	−12.6	19.2	11.6	5.4	6.2	17.3	4.2	13.1
	无量河特大桥	11.3	−9.2	20.6	7.5	−8.5	16.1	15.9	7.7	8.2	19.3	6.5	12.7
	海子山特大桥	9.0	−12.7	21.7	6.0	−14.1	20.2	9.8	4.8	5.1	16.8	3.8	13.0
	列衣大桥	10.4	−8.8	19.3	11.4	−9.9	21.3	14.1	8.3	5.9	19.8	7.0	12.8
	则巴特大桥	8.4	−15.1	23.5	5.1	−15.9	21.0	9.5	4.4	5.1	16.0	2.9	13.1
	扩达1号特大桥	6.4	−15.2	21.5	5.6	−15.7	21.3	11.7	5.2	6.5	15.4	3.2	12.1
	王卡特大桥	6.7	−12.2	18.9	9.5	−12.4	21.8	15.8	7.9	7.9	17.3	5.7	11.6
隧道	昌都隧道入口	6.6	−10.4	17.0	12.0	−10.3	22.3	18.8	9.8	9.1	18.3	7.3	11.0
	昌都隧道出口	4.5	−16.6	21.2	3.5	−17.1	20.5	11.7	4.6	7.0	13.5	2.5	11.0
	邦达隧道入口	4.5	−16.6	21.2	3.5	−17.1	20.5	11.7	4.6	7.0	13.5	2.5	11.0
	邦达隧道出口	5.1	−14.0	19.1	5.6	−13.9	19.5	14.1	6.5	7.6	14.6	4.6	10.0
	果拉山隧道入口	4.9	−14.4	19.3	5.0	−14.3	19.3	13.6	6.2	7.4	14.2	4.3	10.0
	果拉山隧道出口	5.2	−11.8	17.1	6.4	−11.4	17.8	15.6	7.8	7.8	14.9	6.1	8.8
	同卡隧道入口	5.1	−12.1	17.3	6.0	−11.8	17.7	15.2	7.6	7.7	14.6	5.9	8.8
	同卡隧道出口	4.9	−12.8	17.7	5.0	−12.4	17.5	14.4	7.0	7.4	14.1	5.3	8.8
	夏里隧道入口	4.8	−13.3	18.1	4.2	−13.1	17.3	13.7	6.5	7.2	13.7	4.9	8.8
	夏里隧道出口	5.1	−11.5	16.6	5.9	−11.1	17.0	15.3	7.8	7.5	14.5	6.2	8.4

第3章　近30年气象要素变化特征

续表

类型	名称	1月1日气温 最高	1月1日气温 最低	1月1日气温 日较差	3月1日气温 最高	3月1日气温 最低	3月1日气温 日较差	7月1日气温 最高	7月1日气温 最低	7月1日气温 日较差	10月1日气温 最高	10月1日气温 最低	10月1日气温 日较差
隧道	康玉隧道入口	5.1	−11.5	16.6	5.9	−11.1	17.0	15.3	7.8	7.5	14.5	6.2	8.4
	康玉隧道出口	5.2	−9.5	14.8	7.5	−9.2	16.7	17.0	9.0	7.9	15.3	7.4	7.9
	察达隧道入口	5.2	−9.5	14.8	7.5	−9.2	16.7	17.0	9.0	7.9	15.3	7.4	7.9
	察达隧道出口	3.9	−13.0	16.9	2.4	−13.2	15.7	12.6	6.0	6.6	12.4	4.4	8.0
	伯舒拉岭隧道入口	3.4	−14.7	18.1	−0.1	−15.2	15.1	10.3	4.4	5.9	11.0	3.0	8.0
	伯舒拉岭隧道出口	4.6	−9.7	14.3	4.8	−10.0	14.8	14.5	7.8	6.7	13.5	6.4	7.2
	多吉隧道入口	4.8	−9.1	13.9	5.4	−9.4	14.9	15.1	8.2	6.8	13.9	6.8	7.1
	多吉隧道出口	3.5	−12.5	16.0	0.6	−13.2	13.8	10.7	5.2	5.5	11.1	3.9	7.2
	多木格隧道入口	3.5	−12.5	16.0	0.6	−13.2	13.8	10.7	5.2	5.5	11.1	3.9	7.2
	多木格隧道出口	4.5	−9.0	13.5	4.7	−9.3	14.0	14.2	7.9	6.3	13.2	6.4	6.8
	易贡隧道入口	6.1	−3.8	9.9	11.1	−3.5	14.6	19.7	12.0	7.8	16.7	10.4	6.3
	易贡隧道出口	5.9	−4.3	10.2	11.3	−3.4	14.7	19.8	11.7	8.1	16.8	10.1	6.7
	通麦隧道入口	5.8	−4.5	10.3	11.0	−3.8	14.7	19.5	11.5	8.1	16.6	9.9	6.8
	通麦隧道出口	6.5	−2.1	8.6	14.3	−0.9	15.2	22.4	13.4	9.0	18.5	11.7	6.7
	迫龙隧道入口	6.6	−1.9	8.5	14.5	−0.8	15.3	22.6	13.5	9.0	18.6	11.8	6.7
	迫龙隧道出口	6.6	−1.9	8.5	14.5	−0.8	15.3	22.6	13.5	9.0	18.6	11.8	6.7
	拉月隧道入口	6.5	−2.0	8.5	14.4	−0.8	15.2	22.5	13.5	9.0	18.5	11.8	6.8
	拉月隧道出口	6.4	−3.3	9.7	12.7	−1.6	14.3	20.5	12.2	8.3	17.6	10.7	6.9
	鲁朗隧道入口	6.5	−3.0	9.5	13.0	−1.3	14.4	20.8	12.4	8.4	17.8	11.0	6.8
	鲁朗隧道出口	5.3	−7.7	13.0	7.0	−6.1	13.1	15.3	8.6	6.7	14.5	7.4	7.1
	色季拉山隧道入口	5.3	−7.8	13.1	6.9	−6.2	13.0	15.2	8.5	6.6	14.4	7.3	7.1
	色季拉山隧道出口	5.8	−7.6	13.4	7.0	−5.3	12.2	14.9	8.6	6.3	14.7	7.7	7.0
	格聂山隧道入口	10.1	−11.0	21.1	9.5	−11.8	21.3	12.8	7.1	5.8	18.7	5.7	12.9
	格聂山隧道出口	10.7	−8.7	19.5	12.8	−9.1	21.9	16.0	9.3	6.7	20.5	7.7	12.8
	贡觉隧道入口	8.5	−14.7	23.2	5.6	−15.4	21.1	10.1	4.8	5.3	16.3	3.2	13.1
	贡觉隧道出口	8.7	−12.0	20.6	9.3	−12.4	21.7	13.9	7.2	6.7	18.0	5.4	12.6
	宝灵山隧道入口	11.8	−0.8	12.5	6.0	1.0	5.0	24.2	14.1	10.1	23.7	13.3	10.4
	宝灵山隧道出口	8.1	−13.3	21.4	−8.6	−12.6	4.0	10.5	4.0	6.4	15.1	3.5	11.6
	康定隧道入口	10.2	−7.2	17.5	0.2	−5.7	6.0	17.8	9.1	8.7	19.6	8.4	11.2
	康定隧道出口	9.2	−11.3	20.5	−5.3	−10.3	5.0	12.6	5.7	6.9	16.8	5.1	11.7
	折多山隧道入口	9.2	−12.2	21.4	−5.9	−11.2	5.4	11.7	5.1	6.6	16.4	4.4	11.9
	折多山隧道出口	9.5	−13.2	22.8	−4.9	−12.2	7.3	11.2	4.4	6.9	16.0	3.7	12.3
	莫西隧道入口	10.4	−9.7	20.1	10.7	−10.7	21.3	13.6	7.8	5.9	19.4	6.5	12.8

续表

类型	名称	1月1日气温 最高	1月1日气温 最低	1月1日气温 日较差	3月1日气温 最高	3月1日气温 最低	3月1日气温 日较差	7月1日气温 最高	7月1日气温 最低	7月1日气温 日较差	10月1日气温 最高	10月1日气温 最低	10月1日气温 日较差
隧道	莫西隧道出口	10.1	−11.1	21.2	9.3	−12.0	21.3	12.7	6.9	5.8	18.6	5.6	13.0
	朱岗山隧道入口	11.8	1.9	9.9	8.9	4.0	4.9	27.5	15.9	11.6	24.0	15.2	8.8
	朱岗山隧道出口	11.8	0.2	11.5	7.0	2.1	4.8	25.4	14.7	10.7	23.6	14.0	9.6
	尖峰顶隧道入口	11.1	3.2	7.9	10.9	5.8	5.1	29.9	17.3	12.6	22.5	16.3	6.1
	尖峰顶隧道出口	11.1	3.2	7.9	10.9	5.8	5.1	29.9	17.3	12.6	22.5	16.3	6.1
	对门山隧道入口	10.5	0.1	10.4	6.5	1.8	4.6	25.7	14.2	11.5	21.6	13.6	7.9
	对门山隧道出口	11.7	1.7	9.9	8.7	3.8	4.9	27.4	15.8	11.6	23.8	15.1	8.7
	高尔寺山隧道入口	10.9	−11.1	22.0	1.2	−10.0	11.1	13.9	6.2	7.7	17.9	5.3	12.6
	高尔寺山隧道出口	10.8	−11.9	22.7	2.4	−11.1	13.5	13.0	5.6	7.5	17.5	4.6	12.9
	帕姆岭隧道入口	10.8	−11.9	22.7	2.5	−11.2	13.7	13.0	5.6	7.5	17.4	4.5	12.9
	帕姆岭隧道出口	11.4	−9.4	20.8	7.0	−8.6	15.6	16.1	7.6	8.4	19.1	6.5	12.7
	旺甲隧道入口	11.5	−9.0	20.6	7.5	−8.2	15.8	16.5	7.9	8.6	19.4	6.7	12.6
	旺甲隧道出口	11.7	−8.2	19.9	9.1	−7.4	16.6	17.5	8.6	8.9	19.9	7.4	12.5
	白孜村隧道入口	11.7	−8.2	19.9	9.1	−7.4	16.6	17.5	8.6	8.9	19.9	7.4	12.5
	白孜村隧道出口	11.7	−8.2	19.9	9.1	−7.4	16.6	17.5	8.6	8.9	19.9	7.4	12.5
	马鞍山隧道入口	11.6	−8.3	19.9	9.1	−7.6	16.7	17.3	8.5	8.8	19.8	7.3	12.5
	马鞍山隧道出口	11.5	−8.5	20.0	8.9	−7.9	16.7	17.0	8.3	8.7	19.7	7.1	12.6
	迎金山隧道入口	11.5	−8.5	20.0	8.9	−7.9	16.7	17.0	8.3	8.7	19.7	7.1	12.6
	迎金山隧道出口	10.0	−12.2	22.2	5.3	−12.3	17.6	12.7	5.3	7.4	17.0	4.2	12.8
	西俄洛隧道入口	10.0	−12.2	22.2	5.3	−12.3	17.6	12.7	5.3	7.4	17.0	4.2	12.8
	西俄洛隧道出口	9.9	−11.3	21.2	6.8	−11.5	18.4	13.2	6.0	7.2	17.6	4.8	12.9
	俄洛堆隧道入口	9.9	−11.3	21.2	6.8	−11.5	18.4	13.2	6.0	7.2	17.6	4.8	12.9
	俄洛堆隧道出口	9.9	−11.4	21.3	6.7	−11.6	18.4	13.1	5.9	7.3	17.5	4.7	12.9
	卡子拉山隧道入口	9.9	−11.3	21.2	6.9	−11.5	18.5	13.3	6.0	7.3	17.6	4.8	12.8
	卡子拉山隧道出口	9.4	−11.3	20.7	7.3	−11.9	19.2	12.4	5.9	6.6	17.7	4.7	13.0
	巴隆翁隧道入口	9.4	−11.3	20.7	7.3	−11.9	19.2	12.4	5.9	6.6	17.7	4.7	13.0
	巴隆翁隧道出口	9.2	−11.9	21.1	6.6	−12.6	19.2	11.6	5.4	6.2	17.3	4.2	13.1
	理塘隧道入口	9.2	−11.9	21.1	6.6	−12.6	19.2	11.6	5.4	6.2	17.3	4.2	13.1
	理塘隧道出口	9.1	−11.7	20.8	7.0	−12.4	19.4	11.7	5.6	6.1	17.6	4.4	13.2
	禾尼隧道入口	9.1	−11.4	20.5	7.5	−12.5	20.0	11.8	5.7	6.1	17.6	4.6	12.9
	禾尼隧道出口	9.1	−11.6	20.7	7.3	−12.7	20.0	11.6	5.6	6.1	17.4	4.5	12.9
	毛垭坝1#隧道入口	9.0	−12.1	21.1	6.6	−13.3	20.0	11.0	5.2	5.9	17.1	4.1	13.0
	毛垭坝1#隧道出口	8.9	−12.4	21.3	6.3	−13.6	19.9	10.7	4.9	5.8	16.9	3.9	13.0

第 3 章　近 30 年气象要素变化特征

续表

类型	名称	1月1日气温 最高	最低	日较差	3月1日气温 最高	最低	日较差	7月1日气温 最高	最低	日较差	10月1日气温 最高	最低	日较差
隧道	毛垭坝 2# 隧道入口	8.9	−12.4	21.3	6.3	−13.6	19.9	10.7	4.9	5.8	16.9	3.9	13.0
	毛垭坝 2# 隧道出口	8.8	−12.8	21.5	5.8	−14.1	19.9	10.3	4.6	5.7	16.6	3.6	13.0
	海子山隧道入口	9.0	−12.7	21.7	6.1	−14.1	20.2	9.8	4.8	5.0	16.8	3.8	13.0
	海子山隧道出口	9.8	−10.8	20.6	8.9	−12.0	20.9	11.9	6.6	5.2	18.4	5.5	12.9
	天全隧道入口	11.2	3.0	8.2	10.2	5.3	4.9	29.4	16.8	12.6	22.7	16.0	6.7
	天全隧道出口	11.0	1.7	9.4	8.4	3.7	4.7	27.7	15.6	12.0	22.2	15.0	7.2
	周山隧道入口	11.5	6.9	4.6	16.7	9.6	7.1	32.9	21.0	12.0	25.0	18.9	6.1
	周山隧道出口	11.4	6.4	5.0	16.2	9.3	6.9	32.6	20.5	12.0	24.8	18.6	6.1
	义敦隧道入口	10.4	−8.8	19.3	11.4	−9.9	21.3	14.1	8.3	5.9	19.8	7.0	12.8
	义敦隧道出口	10.7	−8.2	18.9	12.3	−9.1	21.5	15.1	8.9	6.2	20.3	7.6	12.7
	二郎山隧道入口	11.6	−1.0	12.6	5.5	0.8	4.7	23.9	13.7	10.2	23.0	13.0	10.0
	二郎山隧道出口	11.8	−0.6	12.5	6.2	1.2	5.0	24.3	14.2	10.1	23.7	13.4	10.4
	东达山隧道入口	8.6	−11.7	20.3	9.7	−12.1	21.8	14.3	7.5	6.8	18.1	5.6	12.5
	东达山隧道出口	7.1	−14.8	22.0	5.7	−15.5	21.3	11.2	5.1	6.1	15.7	3.3	12.4
	嘎益隧道入口	7.3	−13.0	20.4	8.2	−13.4	21.6	13.7	6.7	7.0	16.9	4.8	12.1
	嘎益隧道出口	6.3	−15.5	21.8	5.0	−16.2	21.2	11.2	4.8	6.4	15.1	2.9	12.2
	红拉山隧道入口	6.3	−15.4	21.6	5.3	−16.0	21.3	11.5	5.0	6.5	15.2	3.1	12.1
	红拉山隧道出口	6.7	−12.2	18.9	9.4	−12.4	21.8	15.7	7.8	7.9	17.2	5.7	11.6
	芒康山隧道入口	6.6	−12.4	19.0	9.2	−12.6	21.8	15.6	7.7	7.9	17.1	5.5	11.6
	芒康山隧道出口	6.5	−11.1	17.6	11.1	−11.1	22.2	17.9	9.1	8.8	17.8	6.7	11.1
重要站点	贡嘎	4.1	−10.1	14.2	11.5	−9.2	20.8	20.0	8.6	11.3	18.1	5.8	12.3
	拉萨	4.6	−8.4	13.1	12.9	−7.9	20.8	21.3	10.1	11.2	19.0	6.6	12.4
	成都	12.0	6.6	5.4	18.8	8.4	10.5	33.3	20.5	12.8	28.5	19.2	9.3
	加查	5.8	−8.3	14.1	15.8	−4.9	20.8	21.3	10.3	10.8	20.2	9.1	11.1
	米林	6.8	−5.0	11.8	10.5	−2.2	12.7	17.8	10.8	7.0	17.0	10.0	7.1

3.3.2　年尺度气温时空变化特征

1. 年尺度气温时间变化特征

1988～2017 年，研究区域年平均气温、年极端最高气温、年极端最低气温的时间动态变化如图 3.13 所示，它们均呈波动上升趋势，变化范围分别为 10～13℃、30.5～34℃、−11～−6℃，每 10 年平均值分别为 11.2℃、12.0℃、12.4℃；31.3℃、

31.8℃、32.4℃；–9.2℃、–8.4℃、–8.6℃（图3.13）。

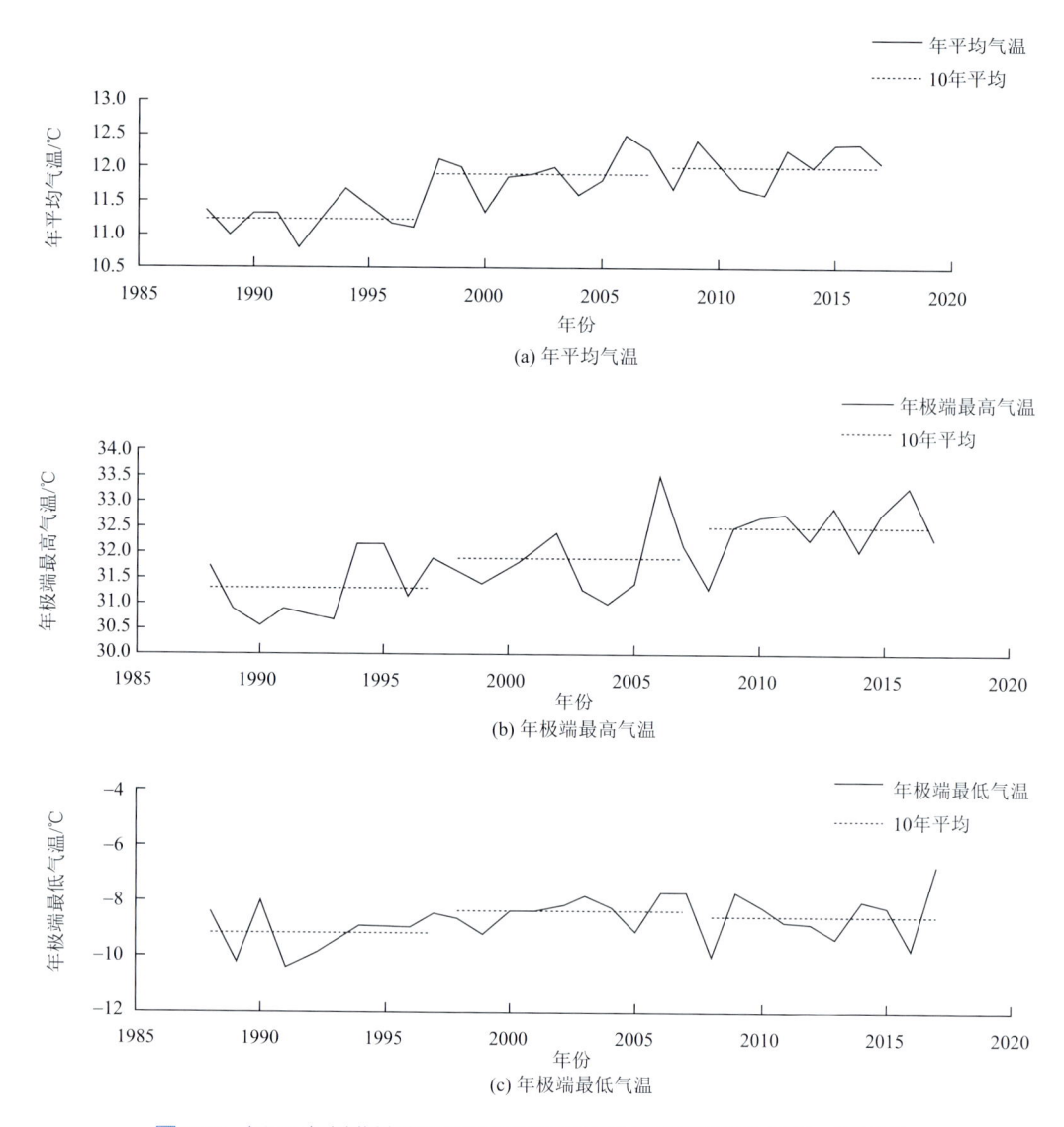

图 3.13 近 30 年川藏铁路沿线及其附近范围的年和年代际气温的时间变化

2. 年尺度气温空间变化特征

研究区域近 30 年年平均气温、年极端最高气温、年极端最低气温均呈西低东高、北低南高趋势。铁路沿线中部地区年平均气温集中在 –5.0～5℃，东部和南部部分站点年平均气温达到 5～15℃（表 3.6）。年极端最高气温大于 30℃的站点主要出现在铁路沿线的南部地区，如朱岗山隧道、天全隧道、尖峰顶隧道附近区域以及拉月隧道附近区域。年极端最低气温主要集中在 –25～–5℃，低值区分布在铁路中部站点区域（图 3.14）。

表 3.6　近 30 年川藏铁路沿线大桥、隧道以及重要站点的气温　（单位：℃）

类型	名称	年平均气温	年极端最低气温	年极端最高气温
大桥	雅砻江三线特大桥起点	6.2	−15.5	27.4
	雅砻江三线特大桥终点	6.2	−15.5	27.3
	大渡河特大桥起点	10.3	−7.7	29.5
	大渡河特大桥终点	9.9	−8.1	29.1
	怒江特大桥起点	2.5	−20.8	23.5
	怒江桥桥位 1 中位	2.1	−21.2	23.1
	怒江桥桥位 2 中位	2.3	−21.0	23.3
	怒江特大桥终点	1.9	−21.4	22.9
	东久曲特大桥起点	8.6	−12.7	28.5
	东久曲特大桥中位	8.7	−12.7	28.5
	东久曲特大桥终点	8.5	−12.8	28.4
	澜沧江大桥起点	5.5	−18.2	27.5
	澜沧江大桥终点	5.8	−17.9	27.9
	易贡藏布大桥起点	9.8	−11.7	30.0
	易贡藏布大桥终点	9.7	−11.7	30.0
	色曲特大桥起点	−0.1	−24.3	21.5
	色曲特大桥终点	−0.1	−24.3	21.5
	金沙江桥桥位 1 起点	6.4	−16.4	28.7
	金沙江桥桥位 1 终点	7.1	−15.7	29.3
	金沙江桥桥位 2 起点	8.5	−13.9	30.4
	金沙江桥桥位 2 终点	9.3	−13.1	31.2
	新都桥中桥	3.1	−17.2	23.4
	木泽西大桥	2.5	−18.8	23.3
	白孜村中桥	6.2	−15.5	27.4
	卡察勒中桥	2.6	−20.0	23.5
	霍曲河大桥	2.6	−20.4	23.2
	无量河特大桥	5.1	−16.5	26.1
	海子山特大桥	1.8	−21.3	22.7
	列衣大桥	5.6	−17.1	27.0
	则巴特大桥	0.7	−22.7	22.8
	扩达 1 号特大桥	1.1	−22.6	23.0
	王卡特大桥	4.0	−19.6	26.0
隧道	昌都隧道入口	5.8	−17.9	27.9
	昌都隧道出口	−0.1	−24.3	21.5

续表

类型	名称	年平均气温	年极端最低气温	年极端最高气温
隧道	邦达隧道入口	−0.1	−24.3	21.5
	邦达隧道出口	2.0	−21.7	23.4
	果拉山隧道入口	1.6	−22.1	23.0
	果拉山隧道出口	3.4	−19.8	24.5
	同卡隧道入口	3.1	−20.2	24.2
	同卡隧道出口	2.5	−20.8	23.5
	夏里隧道入口	1.9	−21.4	22.9
	夏里隧道出口	3.3	−19.7	24.2
	康玉隧道入口	3.3	−19.7	24.2
	康玉隧道出口	4.6	−18.1	25.5
	察达隧道入口	4.6	−18.1	25.5
	察达隧道出口	1.1	−21.9	21.7
	伯舒拉岭隧道入口	−0.7	−23.7	19.7
	伯舒拉岭隧道出口	3.2	−19.0	23.5
	多吉隧道入口	3.6	−18.5	24.0
	多吉隧道出口	0.2	−22.2	20.2
	多木格隧道入口	0.2	−22.2	20.2
	多木格隧道出口	3.1	−18.8	23.3
	易贡隧道入口	7.9	−13.5	28.2
	易贡隧道出口	7.6	−14.0	27.8
	通麦隧道入口	7.4	−14.2	27.6
	通麦隧道出口	9.6	−11.8	29.9
	迫龙隧道入口	9.8	−11.7	30.0
	迫龙隧道出口	9.8	−11.7	30.0
	拉月隧道入口	9.7	−11.7	30.0
	拉月隧道出口	8.4	−13.0	28.2
	鲁朗隧道入口	8.6	−12.7	28.5
	鲁朗隧道出口	4.4	−17.2	23.8
	色季拉山隧道入口	4.2	−17.3	23.6
	色季拉山隧道出口	4.4	−16.9	23.4
	格聂山隧道入口	4.1	−18.9	26.0
	格聂山隧道出口	6.4	−16.4	28.7
	贡觉隧道入口	1.1	−22.3	23.2

续表

类型	名称	年平均气温	年极端最低气温	年极端最高气温
隧道	贡觉隧道出口	3.8	−19.4	26.0
	宝灵山隧道入口	10.2	−7.8	29.4
	宝灵山隧道出口	−1.1	−20.4	17.7
	康定隧道入口	4.9	−14.0	24.3
	康定隧道出口	0.9	−18.2	20.0
	折多山隧道入口	0.3	−19.1	19.5
	折多山隧道出口	0.0	−19.9	19.7
	莫西隧道入口	5.0	−17.9	26.7
	莫西隧道出口	4.0	−19.1	25.9
	朱岗山隧道入口	12.4	−5.3	31.6
	朱岗山隧道出口	11.0	−6.9	30.2
	尖峰顶隧道入口	13.9	−3.7	32.8
	尖峰顶隧道出口	13.9	−3.7	32.8
	对门山隧道入口	10.6	−7.2	29.5
	对门山隧道出口	12.3	−5.4	31.4
	高尔寺山隧道入口	2.8	−17.8	23.2
	高尔寺山隧道出口	2.4	−18.9	23.2
	帕姆岭隧道入口	2.4	−18.9	23.2
	帕姆岭隧道出口	5.0	−16.5	26.1
	旺甲隧道入口	5.3	−16.2	26.4
	旺甲隧道出口	6.2	−15.5	27.4
	白孜村隧道入口	6.2	−15.5	27.4
	白孜村隧道出口	6.2	−15.5	27.4
	马鞍山隧道入口	6.1	−15.6	27.3
	马鞍山隧道出口	5.9	−15.9	27.0
	迎金山隧道入口	5.9	−15.9	27.0
	迎金山隧道出口	2.6	−20.0	23.5
	西俄洛隧道入口	2.6	−20.0	23.5
	西俄洛隧道出口	3.3	−19.3	24.2
	俄洛堆隧道入口	3.3	−19.3	24.2
	俄洛堆隧道出口	3.2	−19.4	24.1
	卡子拉山隧道入口	3.3	−19.3	24.2
	卡子拉山隧道出口	3.2	−19.7	23.8

续表

类型	名称	年平均气温	年极端最低气温	年极端最高气温
隧道	巴隆翁隧道入口	3.2	−19.7	23.8
	巴隆翁隧道出口	2.6	−20.4	23.2
	理塘隧道入口	2.6	−20.4	23.2
	理塘隧道出口	2.8	−20.2	23.3
	禾尼隧道入口	3.0	−20.1	23.7
	禾尼隧道出口	2.8	−20.3	23.6
	毛垭坝1#隧道入口	2.4	−20.8	23.1
	毛垭坝1#隧道出口	2.1	−21.1	22.8
	毛垭坝2#隧道入口	2.1	−21.1	22.8
	毛垭坝2#隧道出口	1.7	−21.5	22.4
	海子山隧道入口	1.8	−21.3	22.7
	海子山隧道出口	3.8	−19.1	25.0
	天全隧道入口	13.5	−4.1	32.4
	天全隧道出口	12.2	−5.6	31.1
	周山隧道入口	16.7	−1.5	35.7
	周山隧道出口	16.4	−1.8	35.4
	义敦隧道入口	5.6	−17.1	27.0
	义敦隧道出口	6.3	−16.4	27.8
	二郎山隧道入口	9.9	−8.1	29.0
	二郎山隧道出口	10.3	−7.7	29.5
	东达山隧道入口	4.1	−19.1	26.2
	东达山隧道出口	1.3	−22.3	23.1
	嘎益隧道入口	3.0	−20.4	25.0
	嘎益隧道出口	0.8	−23.0	22.6
	红拉山隧道入口	1.0	−22.8	22.8
	红拉山隧道出口	3.9	−19.6	25.9
	芒康山隧道入口	3.8	−19.8	25.7
	芒康山隧道出口	5.1	−18.6	27.2
重要站点	贡嘎	5.4	−17.2	24.3
	拉萨	6.4	−16.1	25.6
	成都	16.6	−2.4	35.5
	加查	7.6	−14.9	27.4
	米林	6.9	−14.2	25.9

(a) 年平均气温

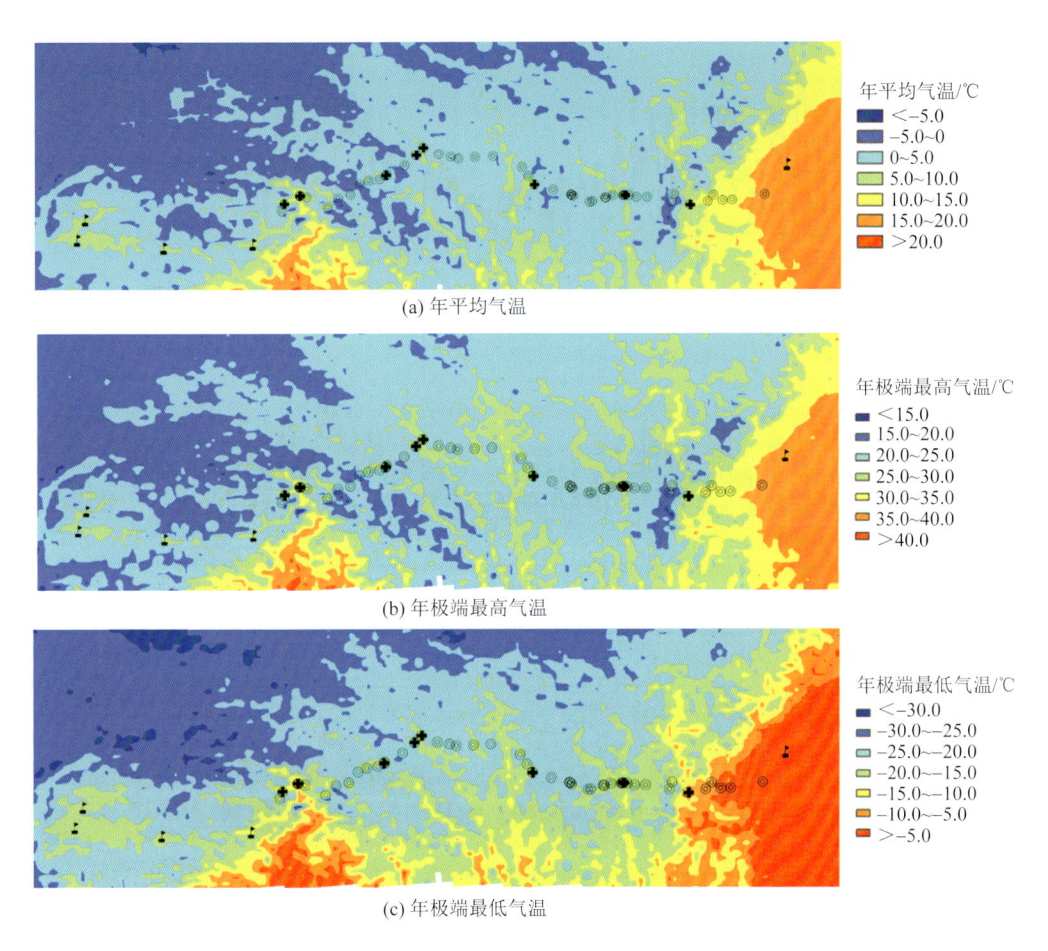

(b) 年极端最高气温

(c) 年极端最低气温

图 3.14　近 30 年川藏铁路沿线及其附近范围的年平均气温、年极端最高气温和年极端最低气温的空间格局

3.4　气压

3.4.1　日尺度气压时空变化特征

1. 日尺度气压时间变化特征

2017 年全年气压日变化具有明显的特征，全年日平均气压波动范围为 810 ~ 830 hPa，日最高气压波动范围为 813 ~ 832 hPa，日最低气压波动范围为 809 ~ 826 hPa。冬季和春季日平均气压波动较大；夏季日平均气压最低且波动较小；秋季日平均气压开始上升且波动较小。日最高气压、日最低气压全年变化特征与日平均气压基本一致（图 3.15）。

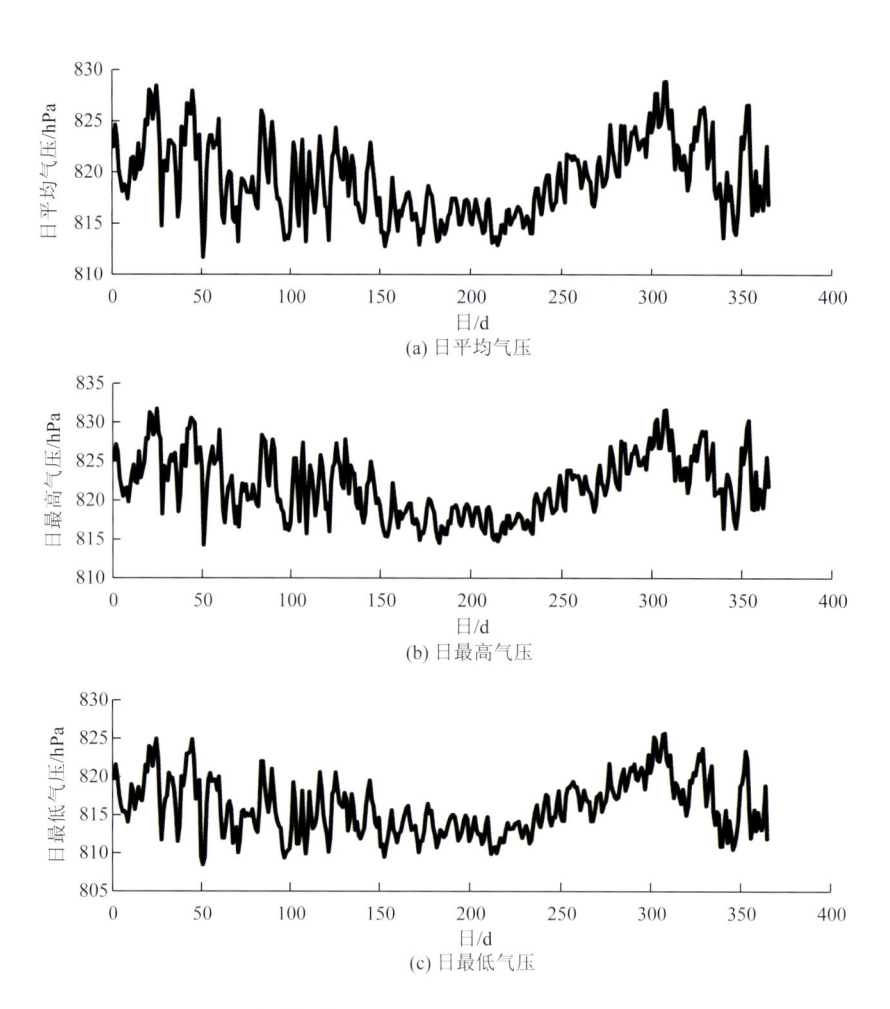

图 3.15　川藏铁路沿线及其附近范围 2017 年日气压变化

2. 日尺度气压空间变化特征

依据一年四季变化的差异性，选择 2017 年冬季、春季、夏季和秋季的典型代表日（1 月 1 日、3 月 1 日、7 月 1 日和 10 月 1 日）统计分析了质量控制后的 123 个气象站点插值后的资料，绘制了以上 4 个典型日的日平均气压、日最高气压和日最低气压空间变化产品（图 3.16）。日气压在空间上具有明显的变化特征，日平均气压、日最低气压和日最高气压具有较强的相似性。海拔越高的地方气压越低，海拔越低的地方气压越高。自东往西气压越来越低。东久曲特大桥、易贡藏布大桥和大渡河特大桥气压范围为 700~800 hPa。怒江特大桥、色曲特大桥气压较低，范围为 500~600 hPa。澜沧江大桥、列衣大桥和雅砻江三线特大桥气压范围为 600~700 hPa。四川成都地区以及周山隧道地区海拔相对较低，气压为 900 hPa 以上。尖峰顶隧道、天全隧道、对门山隧道和朱岗山隧道气压范围为 800~900 hPa。宝灵山隧道入口、二郎山隧道、拉月隧道、

第 3 章　近 30 年气象要素变化特征

迫龙隧道、鲁朗隧道入口气压范围为 700～800 hPa。其余大部分隧道附近气压范围为 500～700 hPa，各个大桥、隧道和重要站点具体日气压值如表 3.7 所示。

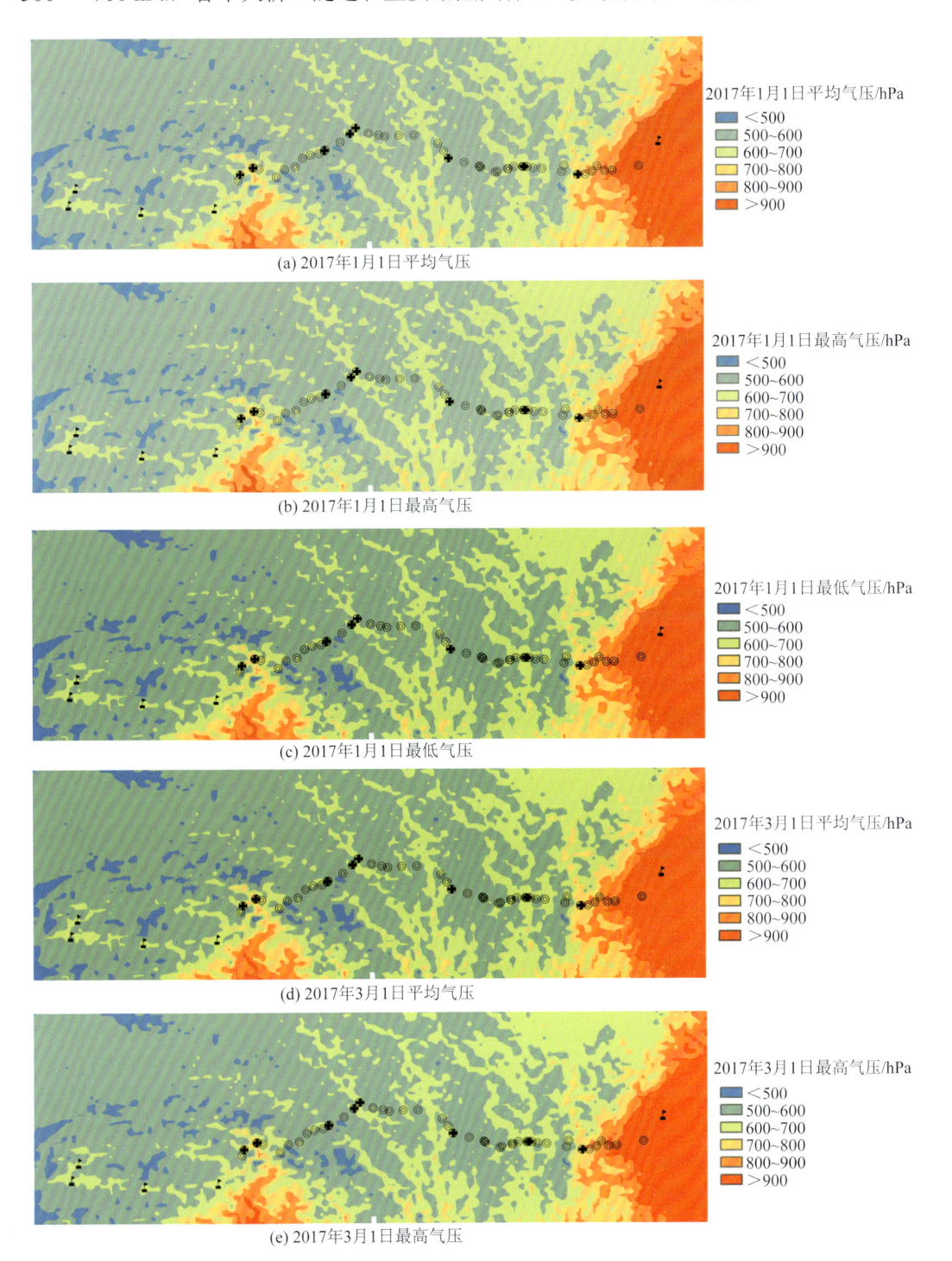

(a) 2017年1月1日平均气压

(b) 2017年1月1日最高气压

(c) 2017年1月1日最低气压

(d) 2017年3月1日平均气压

(e) 2017年3月1日最高气压

(f) 2017年3月1日最低气压

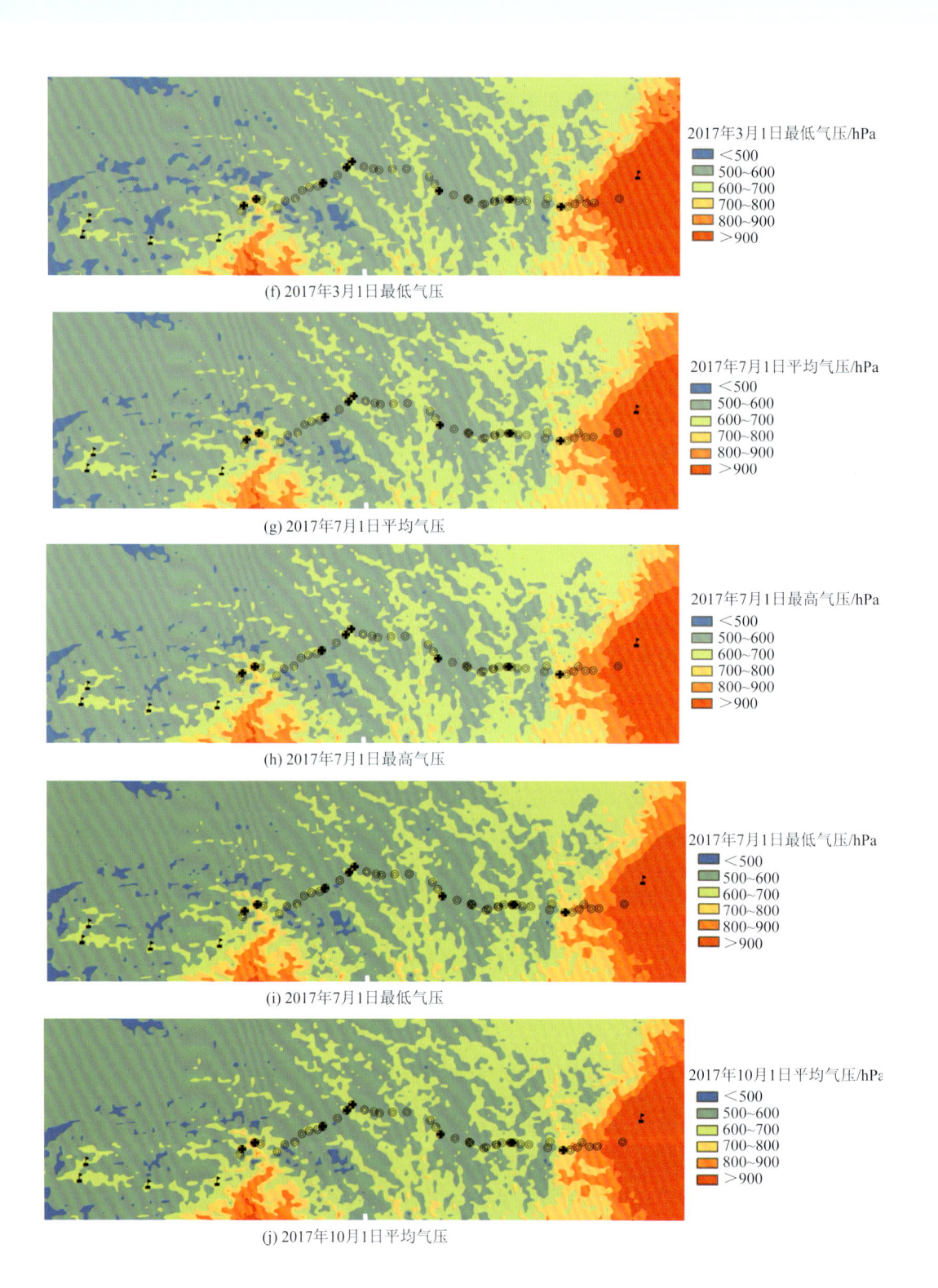

(g) 2017年7月1日平均气压

(h) 2017年7月1日最高气压

(i) 2017年7月1日最低气压

(j) 2017年10月1日平均气压

第 3 章　近 30 年气象要素变化特征

(k) 2017年10月1日最高气压

(l) 2017年10月1日最低气压

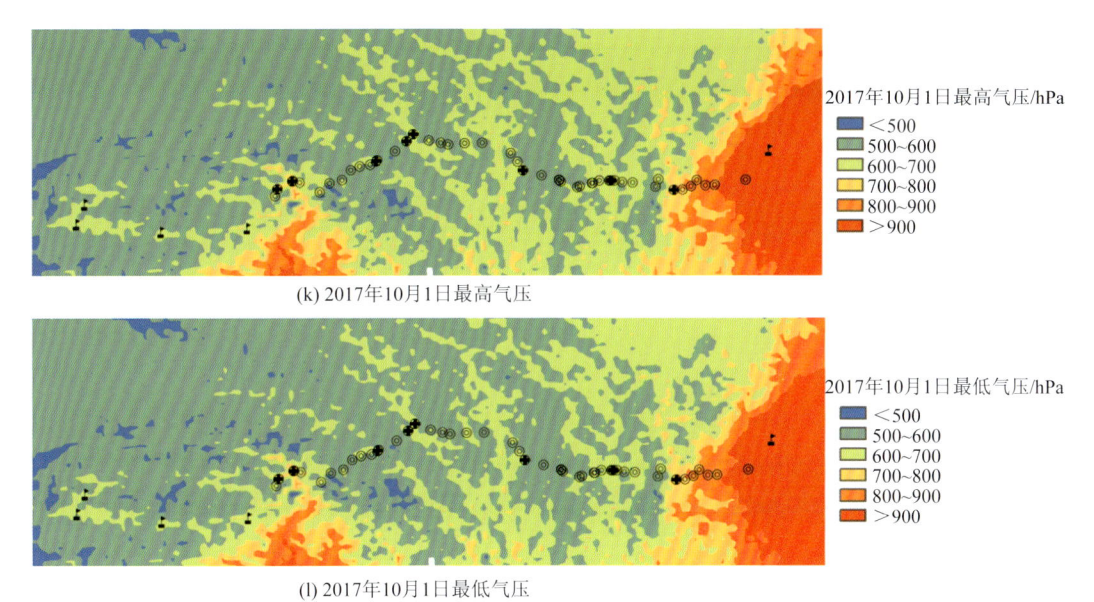

图 3.16　2017 年川藏铁路沿线及其附近范围的日气压的空间格局

表 3.7　2017 年川藏铁路沿线大桥、隧道以及重要站点的日气压　　（单位：hPa）

类型	名称	1月1日气压 平均	最高	最低	3月1日气压 平均	最高	最低	7月1日气压 平均	最高	最低	10月1日气压 平均	最高	最低
大桥	雅砻江三线特大桥起点	664.6	667.5	661.5	665.1	669.8	658.8	666.6	668.0	664.5	669.2	671.6	665.6
	雅砻江三线特大桥终点	663.6	666.5	660.5	664.0	668.7	657.7	665.5	667.0	663.5	668.2	670.6	664.5
	大渡河特大桥起点	786.4	789.0	783.1	793.0	796.7	787.0	782.6	784.4	780.3	786.1	788.1	783.3
	大渡河特大桥终点	779.3	781.8	775.9	785.8	789.4	779.9	775.9	777.9	773.6	779.3	781.3	776.5
	怒江特大桥起点	570.5	572.9	567.7	568.0	570.7	564.0	574.9	576.3	572.6	578.7	581.2	575.5
	怒江桥桥位 1 中位	563.6	565.9	560.9	561.1	563.8	557.2	568.5	569.9	566.2	572.2	574.7	569.0
	怒江桥桥位 2 中位	566.9	569.3	564.2	564.4	567.1	560.4	571.6	573.0	569.3	575.3	577.8	572.1
	怒江特大桥终点	559.5	561.8	556.7	557.0	559.6	553.0	564.6	566.0	562.4	568.3	570.8	565.0
	东久曲特大桥起点	713.3	715.8	710.8	710.5	713.1	706.9	707.6	708.8	705.7	713.2	715.1	711.2
	东久曲特大桥中位	714.3	716.8	711.9	711.6	714.2	708.0	708.6	709.8	706.7	714.2	716.1	712.2
	东久曲特大桥终点	710.9	713.4	708.4	708.1	710.7	704.5	705.4	706.5	703.4	711.0	712.8	708.9
	澜沧江大桥起点	640.9	643.7	637.6	638.7	642.4	633.2	640.9	642.7	638.0	645.6	647.9	641.6
	澜沧江大桥终点	647.8	650.6	644.5	645.6	649.3	640.1	647.3	649.2	644.4	652.1	654.5	648.2
	易贡藏布大桥起点	737.3	739.9	734.8	734.6	737.4	730.9	730.0	731.2	727.8	736.2	738.2	734.2
	易贡藏布大桥终点	736.4	739.0	733.9	733.7	736.5	730.0	729.1	730.3	727.0	735.3	737.3	733.3
	色曲特大桥起点	527.3	529.6	524.2	525.0	527.9	520.4	535.0	536.6	532.6	537.9	540.4	534.0

续表

类型	名称	1月1日气压 平均	1月1日气压 最高	1月1日气压 最低	3月1日气压 平均	3月1日气压 最高	3月1日气压 最低	7月1日气压 平均	7月1日气压 最高	7月1日气压 最低	10月1日气压 平均	10月1日气压 最高	10月1日气压 最低
大桥	色曲特大桥终点	527.3	529.6	524.2	525.0	527.9	520.4	535.0	536.6	532.6	537.9	540.4	534.0
	金沙江桥桥位1起点	655.1	658.6	651.5	653.2	658.1	646.1	656.4	657.7	654.3	659.7	662.3	655.7
	金沙江桥桥位1终点	667.8	671.3	664.2	665.9	670.9	658.8	668.2	669.6	666.1	671.7	674.3	667.7
	金沙江桥桥位2起点	692.0	695.5	688.5	689.7	694.6	682.5	690.4	692.0	688.3	694.2	696.8	690.6
	金沙江桥桥位2终点	707.1	710.7	703.6	704.8	709.8	697.5	704.4	706.1	702.2	708.5	711.0	704.9
	新都桥中桥	615.2	617.8	611.9	618.3	622.2	612.7	622.2	623.8	620.3	623.5	625.9	619.7
	木泽西大桥	594.6	597.2	591.4	596.0	600.1	590.3	602.1	603.5	600.3	603.3	605.8	599.5
	白孜村中桥	664.6	667.5	661.5	665.1	669.8	658.8	666.6	668.0	664.5	669.2	671.6	665.6
	卡察勒中桥	590.9	593.5	587.9	590.5	594.8	584.7	597.3	598.5	595.7	598.9	601.4	595.3
	霍曲河大桥	586.7	589.3	584.0	585.2	589.3	579.7	592.5	593.6	591.2	594.1	596.6	590.8
	无量河特大桥	643.5	646.3	640.4	644.0	648.4	637.9	646.9	648.2	645.0	649.1	651.5	645.5
	海子山特大桥	562.4	565.1	559.3	560.2	564.3	554.3	569.7	570.9	568.5	571.2	573.7	567.6
	列衣大桥	633.4	636.6	630.1	631.1	635.7	624.4	636.0	637.4	634.2	638.6	641.2	635.0
	则巴特大桥	545.8	548.9	542.3	544.0	548.1	537.7	554.6	555.7	552.9	556.3	559.0	552.1
	扩达1号特大桥	554.5	557.2	551.2	552.5	556.1	547.1	561.3	562.7	559.2	564.1	566.6	560.1
	王卡特大桥	610.9	613.7	607.6	608.8	612.5	603.3	613.3	615.0	610.7	617.3	619.8	613.3
隧道	昌都隧道入口	647.8	650.6	644.5	645.6	649.3	640.1	647.3	649.2	644.4	652.1	654.5	648.2
	昌都隧道出口	527.3	529.6	524.2	525.0	527.9	520.4	535.0	536.6	532.6	537.9	540.4	534.0
	邦达隧道入口	527.3	529.6	524.2	525.0	527.9	520.4	535.0	536.6	532.6	537.9	540.4	534.0
	邦达隧道出口	564.1	566.6	561.2	561.7	564.7	557.2	569.1	570.7	566.6	572.7	575.2	569.0
	果拉山隧道入口	555.9	558.3	553.0	553.5	556.4	549.1	561.5	563.0	559.0	564.9	567.4	561.3
	果拉山隧道出口	589.2	591.6	586.4	586.7	589.5	582.5	592.3	593.7	589.9	596.4	598.9	593.1
	同卡隧道入口	583.4	585.8	580.6	581.0	583.7	576.8	586.9	588.4	584.5	590.9	593.5	587.7
	同卡隧道出口	570.5	572.9	567.7	568.0	570.7	564.0	574.9	576.3	572.6	578.7	581.2	575.5
	夏里隧道入口	559.5	561.8	556.7	557.0	559.6	553.0	564.6	566.0	562.4	568.3	570.8	565.0
	夏里隧道出口	588.4	590.7	585.7	585.9	588.5	581.9	591.5	592.8	589.2	595.6	598.1	592.6
	康玉隧道入口	588.4	590.7	585.7	585.9	588.5	581.9	591.5	592.8	589.2	595.6	598.1	592.6
	康玉隧道出口	619.2	621.6	616.6	616.6	619.3	612.8	620.1	621.4	617.8	624.7	627.2	621.9
	察达隧道入口	619.2	621.6	616.6	616.6	619.3	612.8	620.1	621.4	617.8	624.7	627.2	621.9
	察达隧道出口	552.8	554.9	550.3	550.1	552.3	547.0	558.3	559.3	556.5	561.8	564.3	559.1
	伯舒拉岭隧道入口	517.8	519.8	515.3	515.1	517.0	512.2	525.8	526.7	524.2	528.7	531.2	526.0
	伯舒拉岭隧道出口	598.6	600.8	596.1	595.8	598.0	592.8	601.0	602.0	599.3	605.2	607.6	602.8

续表

类型	名称	1月1日气压 平均	1月1日气压 最高	1月1日气压 最低	3月1日气压 平均	3月1日气压 最高	3月1日气压 最低	7月1日气压 平均	7月1日气压 最高	7月1日气压 最低	10月1日气压 平均	10月1日气压 最高	10月1日气压 最低
隧道	多吉隧道入口	608.4	610.6	605.9	605.6	607.8	602.5	610.1	611.1	608.3	614.4	616.8	612.1
	多吉隧道出口	545.1	547.1	542.7	542.3	544.0	539.8	551.3	552.1	549.9	554.5	556.9	552.2
	多木格隧道入口	545.1	547.1	542.7	542.3	544.0	539.8	551.3	552.1	549.9	554.5	556.9	552.2
	多木格隧道出口	606.3	608.5	603.9	603.5	605.5	600.7	608.3	609.2	606.7	612.4	614.7	610.3
	易贡隧道入口	699.9	702.4	697.4	697.1	699.6	693.7	695.3	696.4	693.3	701.0	703.1	698.9
	易贡隧道出口	695.0	697.5	692.6	692.3	694.8	688.9	690.7	691.8	688.7	696.2	698.3	694.2
	通麦隧道入口	689.9	692.4	687.4	687.2	689.7	683.8	685.9	687.0	684.0	691.4	693.4	689.3
	通麦隧道出口	735.0	737.6	732.4	732.3	735.0	728.5	727.8	729.0	725.6	733.9	735.9	731.9
	迫龙隧道入口	737.3	739.9	734.8	734.6	737.4	730.9	730.0	731.2	727.8	736.2	738.2	734.2
	迫龙隧道出口	737.3	739.9	734.8	734.6	737.4	730.9	730.0	731.2	727.8	736.2	738.2	734.2
	拉月隧道入口	736.4	739.0	733.9	733.7	736.5	730.0	729.1	730.3	727.0	735.3	737.3	733.3
	拉月隧道出口	708.3	710.8	705.8	705.6	708.2	702.0	703.0	704.1	701.1	708.5	710.4	706.5
	鲁朗隧道入口	713.3	715.8	710.8	710.5	713.1	706.9	707.6	708.8	705.7	713.2	715.1	711.2
	鲁朗隧道出口	627.1	629.3	624.7	624.3	626.3	621.2	627.5	628.4	626.0	631.6	633.5	629.5
	色季拉山隧道入口	624.5	626.7	622.2	621.7	623.8	618.7	625.2	626.0	623.6	629.2	631.1	627.1
	色季拉山隧道出口	625.1	627.2	622.8	622.2	624.2	619.2	625.7	626.5	624.2	629.5	631.3	627.5
	格聂山隧道入口	606.4	609.6	602.9	604.4	609.0	597.7	611.1	612.4	609.3	613.5	616.1	609.5
	格聂山隧道出口	655.1	658.6	651.5	653.2	658.1	646.1	656.4	657.7	654.3	659.7	662.3	655.7
	贡觉隧道入口	554.4	557.5	550.9	552.5	556.8	546.2	562.6	563.7	560.8	564.4	567.1	560.2
	贡觉隧道出口	608.5	611.7	605.0	606.7	611.0	600.2	612.5	613.8	610.4	615.5	618.1	611.5
	宝灵山隧道入口	784.4	787.0	781.0	790.9	794.6	785.0	780.6	782.7	778.3	784.2	786.1	781.4
	宝灵山隧道出口	557.6	559.4	554.5	563.4	566.0	559.1	569.6	571.1	568.2	569.4	571.6	566.3
	康定隧道入口	671.5	673.9	668.3	677.0	680.4	671.8	675.4	677.3	673.4	677.3	679.5	674.1
	康定隧道出口	594.1	596.1	590.8	599.6	602.6	594.8	603.5	605.0	601.9	603.9	606.1	600.7
	折多山隧道入口	578.5	580.6	575.3	583.8	586.8	579.0	589.0	590.5	587.4	589.2	591.4	585.9
	折多山隧道出口	563.9	566.1	560.6	568.2	571.4	563.2	575.0	576.5	573.3	575.2	577.5	571.6
	莫西隧道入口	622.6	625.9	619.2	620.4	625.0	613.7	626.0	627.4	624.3	628.6	631.2	624.8
	莫西隧道出口	604.1	607.3	600.6	602.1	606.6	595.4	608.9	610.2	607.2	611.3	613.9	607.3
	朱岗山隧道入口	847.7	850.5	844.8	854.2	858.0	848.6	839.1	841.2	836.8	843.9	845.6	841.8
	朱岗山隧道出口	809.5	812.1	806.3	816.0	819.7	810.3	803.8	805.9	801.5	807.8	809.7	805.3
	尖峰顶隧道入口	898.2	900.9	895.8	904.3	908.0	899.4	885.4	887.4	883.2	891.3	892.7	889.8
	尖峰顶隧道出口	898.2	900.9	895.8	904.3	908.0	899.4	885.4	887.4	883.2	891.3	892.7	889.8

续表

类型	名称	1月1日气压 平均	1月1日气压 最高	1月1日气压 最低	3月1日气压 平均	3月1日气压 最高	3月1日气压 最低	7月1日气压 平均	7月1日气压 最高	7月1日气压 最低	10月1日气压 平均	10月1日气压 最高	10月1日气压 最低
隧道	对门山隧道入口	823.8	826.4	821.2	830.2	833.6	825.3	816.7	818.6	814.5	821.1	822.7	819.3
	对门山隧道出口	845.7	848.4	842.8	852.2	855.9	846.7	837.2	839.3	834.9	841.9	843.6	839.8
	高尔寺山隧道入口	606.4	609.0	603.1	609.1	613.0	603.5	613.9	615.3	611.9	615.0	617.4	611.2
	高尔寺山隧道出口	593.3	595.9	590.1	594.7	598.8	589.0	600.9	602.3	599.1	602.1	604.6	598.3
	帕姆岭隧道入口	593.0	595.6	589.8	594.4	598.5	588.7	600.6	602.0	598.8	601.8	604.3	598.0
	帕姆岭隧道出口	641.7	644.5	638.5	642.5	647.0	636.3	645.5	646.9	643.5	647.7	650.1	643.9
	旺甲隧道入口	648.2	651.1	645.1	648.9	653.5	642.8	651.5	652.9	649.5	653.8	656.3	650.1
	旺甲隧道出口	664.6	667.5	661.5	665.1	669.8	658.8	666.6	668.0	664.5	669.2	671.6	665.6
	白孜村隧道入口	664.6	667.5	661.5	665.1	669.8	658.8	666.6	668.0	664.5	669.2	671.6	665.6
	白孜村隧道出口	664.6	667.5	661.5	665.1	669.8	658.8	666.6	668.0	664.5	669.2	671.6	665.6
	马鞍山隧道入口	662.5	665.4	659.4	662.9	667.6	656.6	664.5	666.0	662.5	667.2	669.6	663.5
	马鞍山隧道出口	657.8	660.7	654.7	658.2	662.8	651.9	660.1	661.5	658.1	662.7	665.1	659.1
	迎金山隧道入口	657.8	660.7	654.7	658.2	662.8	651.9	660.1	661.5	658.1	662.7	665.1	659.1
	迎金山隧道出口	590.9	593.5	587.9	590.5	594.8	584.7	597.3	598.5	595.7	598.9	601.4	595.3
	西俄洛隧道入口	590.9	593.5	587.9	590.5	594.8	584.7	597.3	598.5	595.7	598.9	601.4	595.3
	西俄洛隧道出口	604.5	607.1	601.6	603.7	608.0	597.9	609.6	610.7	608.0	611.5	613.9	608.0
	俄洛堆隧道入口	604.5	607.1	601.6	603.7	608.0	597.9	609.6	610.7	608.0	611.5	613.9	608.0
	俄洛堆隧道出口	603.0	605.6	600.1	602.2	606.4	596.4	608.1	609.3	606.6	610.0	612.5	606.6
	卡子拉山隧道入口	604.9	607.5	602.1	604.1	608.4	598.3	609.9	611.1	608.4	611.9	614.3	608.4
	卡子拉山隧道出口	598.6	601.2	595.9	597.2	601.3	591.5	603.5	604.7	602.2	605.4	607.8	602.1
	巴隆翁隧道入口	598.6	601.2	595.9	597.2	601.3	591.5	603.5	604.7	602.2	605.4	607.8	602.1
	巴隆翁隧道出口	586.7	589.3	584.0	585.2	589.3	579.7	592.4	593.6	591.2	594.1	596.6	590.8
	理塘隧道入口	586.7	589.3	584.0	585.2	589.3	579.7	592.4	593.6	591.2	594.1	596.6	590.8
	理塘隧道出口	589.3	591.9	586.6	587.6	591.7	582.1	594.7	595.9	593.5	596.5	598.9	593.2
	禾尼隧道入口	590.6	593.3	587.7	588.7	592.9	583.0	595.9	597.1	594.6	597.8	600.2	594.4
	禾尼隧道出口	587.5	590.2	584.7	585.7	589.8	579.9	593.1	594.2	591.8	594.9	597.4	591.5
	毛垭坝 1# 隧道入口	577.6	580.3	574.8	575.8	579.8	570.0	583.9	585.0	582.6	585.5	588.0	582.1
	毛垭坝 1# 隧道出口	572.5	575.2	569.7	570.7	574.7	565.0	579.1	580.3	577.9	580.7	583.2	577.3
	毛垭坝 2# 隧道入口	572.5	575.2	569.7	570.7	574.7	565.0	579.1	580.3	577.9	580.7	583.2	577.3
	毛垭坝 2# 隧道出口	565.1	567.8	562.3	563.2	567.3	557.6	572.2	573.4	571.0	573.7	576.2	570.3
	海子山隧道入口	562.4	565.1	559.3	560.2	564.3	554.3	569.7	570.9	568.5	571.2	573.7	567.6

第 3 章　近 30 年气象要素变化特征

续表

类型	名称	1月1日气压 平均	1月1日气压 最高	1月1日气压 最低	3月1日气压 平均	3月1日气压 最高	3月1日气压 最低	7月1日气压 平均	7月1日气压 最高	7月1日气压 最低	10月1日气压 平均	10月1日气压 最高	10月1日气压 最低
隧道	海子山隧道出口	597.3	600.4	594.1	595.0	599.4	588.6	602.4	603.7	600.9	604.4	607.0	600.8
	天全隧道入口	888.1	890.8	885.6	894.3	898.0	889.3	876.1	878.2	873.8	881.8	883.2	880.2
	天全隧道出口	858.9	861.6	856.4	865.2	868.8	860.3	849.1	851.1	846.9	854.2	855.8	852.6
	周山隧道入口	954.9	957.4	952.6	960.1	963.9	955.3	937.7	939.5	935.5	944.9	946.0	943.4
	周山隧道出口	950.1	952.6	947.7	955.3	959.1	950.6	933.3	935.0	931.1	940.4	941.5	938.9
	义敦隧道入口	633.4	636.6	630.1	631.1	635.7	624.4	636.0	637.4	634.2	638.6	641.2	635.0
	义敦隧道出口	647.0	650.3	643.7	644.8	649.4	637.9	648.6	650.1	646.8	651.6	654.1	647.9
	二郎山隧道入口	784.3	786.8	781.0	790.8	794.4	785.1	780.4	782.5	778.2	784.0	785.9	781.4
	二郎山隧道出口	786.4	789.0	783.1	793.0	796.7	787.0	782.6	784.6	780.3	786.1	788.1	783.3
	东达山隧道入口	613.6	616.8	610.1	611.8	616.1	605.4	617.1	618.5	615.0	620.3	622.9	616.3
	东达山隧道出口	557.0	559.8	553.6	555.0	558.8	549.3	564.1	565.4	562.0	566.5	569.1	562.5
	嘎益隧道入口	592.1	595.0	588.7	590.1	594.0	584.3	596.5	597.9	594.2	599.7	602.2	595.7
	嘎益隧道出口	547.0	549.7	543.7	545.0	548.5	539.6	554.3	555.7	552.2	556.9	559.5	553.0
	红拉山隧道入口	550.8	553.4	547.5	548.7	552.3	543.3	557.8	559.2	555.6	560.5	563.1	556.5
	红拉山隧道出口	609.4	612.2	606.1	607.3	611.0	601.8	612.0	613.6	609.4	615.9	618.4	611.9
	芒康山隧道入口	606.1	608.9	602.8	604.0	607.7	598.5	608.9	610.5	606.3	612.8	615.2	608.8
	芒康山隧道出口	634.0	636.8	630.7	631.8	635.4	626.3	634.5	636.3	631.6	639.0	641.4	635.1
重要站点	贡嘎	597.6	600.3	594.5	595.1	598.5	591.1	600.2	601.8	597.6	604.4	607.0	601.2
	拉萨	615.7	618.4	612.3	613.0	616.6	608.9	616.9	618.6	614.2	621.7	624.4	618.3
	成都	961.7	963.9	959.5	966.7	970.7	962.3	944.1	945.6	941.8	951.2	952.7	949.6
	加查	658.3	661.5	654.9	655.0	659.1	649.5	656.8	658.3	653.9	661.1	663.3	657.8
	米林	673.4	675.8	671.1	670.5	672.8	667.2	670.6	671.6	669.0	675.2	676.9	673.1

3.4.2　年尺度气压时空变化特征

1. 年尺度气压时间变化特征

近 30 年川藏铁路沿线及其附近范围年平均气压和年极端最低气压随时间呈下降趋势，年极端最高气压在近 30 年内变化趋势不明显（图 3.17）。

(a) 年平均气压

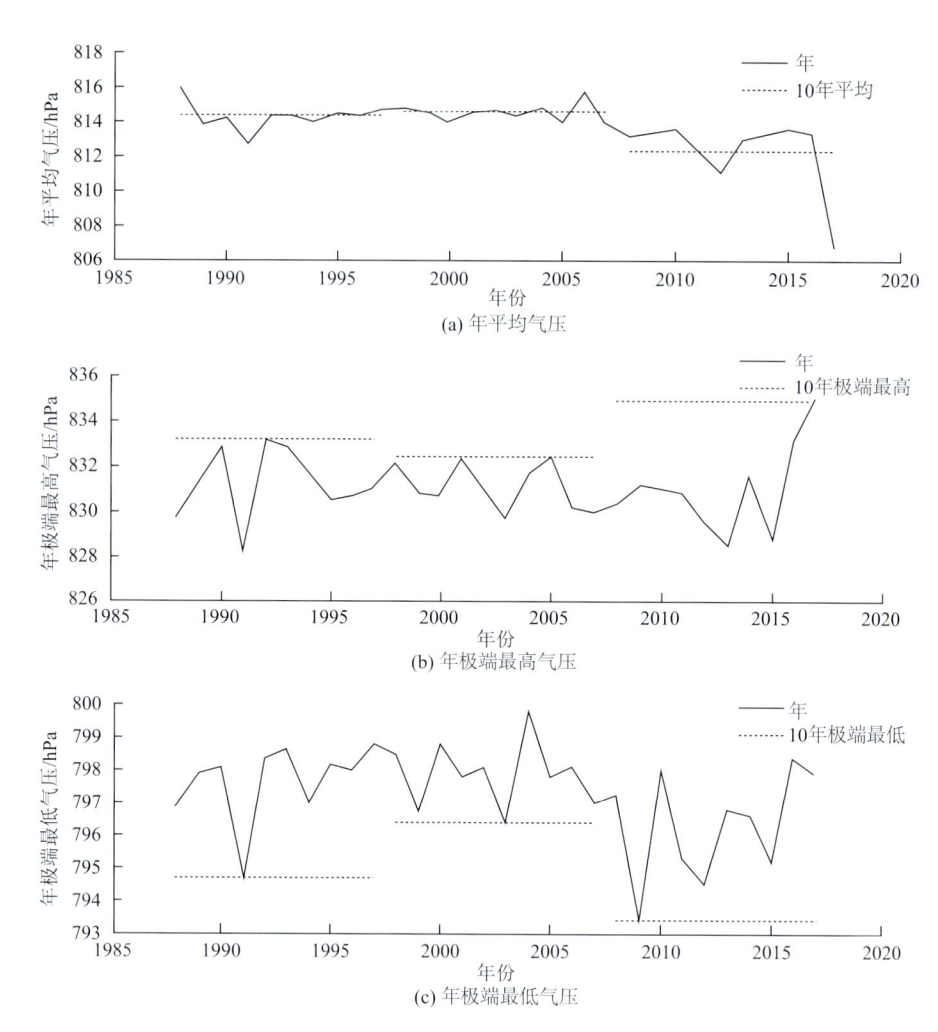

(b) 年极端最高气压

(c) 年极端最低气压

图 3.17 近 30 年川藏铁路沿线及其附近范围的年平均、极端最高和极端最低气压的时间变化

2. 年尺度气压空间变化特征

在空间上，近 30 年川藏铁路沿线及其附近的东部区域年平均气压相对较高，越往西气压越低（图 3.18）。周山隧道年平均气压大于 900 hPa。尖峰顶隧道、天全隧道、对门山隧道、朱岗山隧道年平均气压变化范围为 800～900 hPa。二郎山隧道、大渡河特大桥、宝灵山隧道入口、拉月隧道、迫龙隧道、易贡藏布大桥、东久曲特大桥、鲁朗隧道入口、通麦隧道出口年平均气压变化范围为 700～800 hPa。折多山隧道、西俄洛隧道入口、理塘隧道、禾尼隧道、毛垭坝 1# 隧道、毛垭坝 2# 隧道、海子山隧道、贡觉隧道入口、嘎益隧道、红拉山隧道入口、色曲特大桥、邦达隧道、果拉山隧道、同卡隧道、怒江特大桥、夏里隧道、伯舒拉岭隧道、多木格隧道入口等年平均气压较低，波动范围为 500～600 hPa（表 3.8）。其余隧道和大桥年平均气压变化范围为 600～700 hPa。年极端最高气压、年极端最低气压的空间分布特征与年平均气压变化相似。

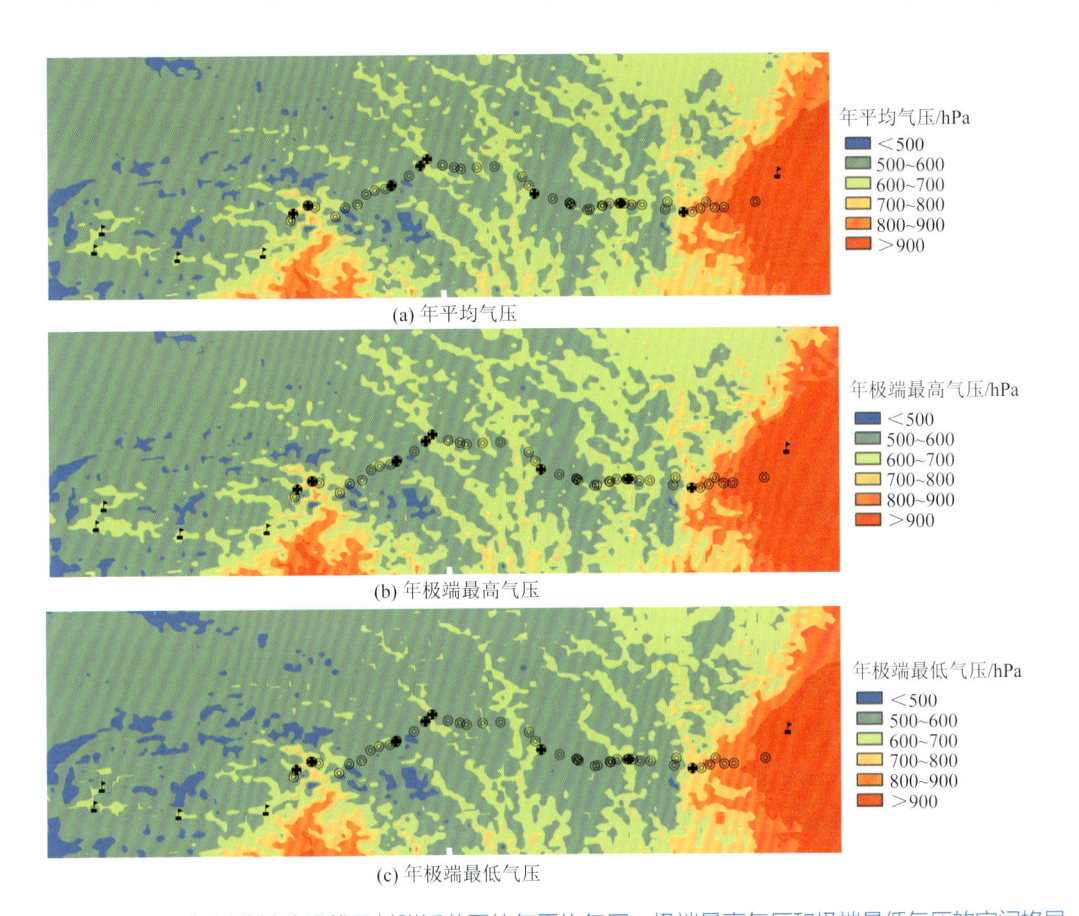

第 3 章　近 30 年气象要素变化特征

(a) 年平均气压

(b) 年极端最高气压

(c) 年极端最低气压

图 3.18　近 30 年川藏铁路沿线及其附近范围的年平均气压、极端最高气压和极端最低气压的空间格局

表 3.8　近 30 年川藏铁路沿线大桥、隧道以及重要站点的年平均气压、极端最高气压和极端最低气压

（单位：hPa）

类型	名称	年平均气压	年极端最高气压	年极端最低气压
大桥	雅砻江三线特大桥起点	665.7	676.4	651.3
	雅砻江三线特大桥终点	664.6	675.3	650.3
	大渡河特大桥起点	790.9	805.3	774.7
	大渡河特大桥终点	783.8	797.9	767.8
	怒江特大桥起点	571.0	578.1	561.2
	怒江桥桥位 1 中位	564.2	571.0	554.6
	怒江桥桥位 2 中位	567.4	574.4	557.8
	怒江特大桥终点	560.1	566.6	550.6
	东久曲特大桥起点	710.4	726.0	698.7
	东久曲特大桥中位	711.5	727.2	699.7
	东久曲特大桥终点	708.1	723.5	696.4
	澜沧江大桥起点	640.9	652.2	627.9

续表

类型	名称	年平均气压	年极端最高气压	年极端最低气压
大桥	澜沧江大桥终点	647.7	659.3	634.6
	易贡藏布大桥起点	734.3	750.3	722.0
	易贡藏布大桥终点	733.4	749.4	721.1
	色曲特大桥起点	528.7	534.3	518.9
	色曲特大桥终点	528.7	534.3	518.9
	金沙江桥桥位1起点	654.6	666.3	641.0
	金沙江桥桥位1终点	667.2	679.5	653.2
	金沙江桥桥位2起点	690.6	704.1	676.5
	金沙江桥桥位2终点	705.5	719.8	691.1
	新都桥中桥	618.8	626.1	606.1
	木泽西大桥	597.2	604.1	584.8
	白孜村中桥	665.7	676.4	651.3
	卡察勒中桥	592.3	599.6	579.8
	霍曲河大桥	587.5	594.6	575.5
	无量河特大桥	644.8	654.4	631.1
	海子山特大桥	563.0	569.3	551.9
	列衣大桥	632.9	643.0	620.2
	则巴特大桥	547.0	553.5	535.9
	扩达1号特大桥	555.6	563.1	544.7
	王卡特大桥	611.2	621.4	599.0
隧道	昌都隧道入口	647.7	659.3	634.6
	昌都隧道出口	528.7	534.3	518.9
	邦达隧道入口	528.7	534.3	518.9
	邦达隧道出口	564.9	572.3	554.6
	果拉山隧道入口	556.8	563.7	546.7
	果拉山隧道出口	589.4	597.5	579.1
	同卡隧道入口	583.7	591.6	573.6
	同卡隧道出口	571.0	578.1	561.2
	夏里隧道入口	560.1	566.6	550.6
	夏里隧道出口	588.5	596.3	578.6
	康玉隧道入口	588.5	596.3	578.6
	康玉隧道出口	618.8	627.9	608.4
	察达隧道入口	618.8	627.9	608.4

续表

类型	名称	年平均气压	年极端最高气压	年极端最低气压
隧道	察达隧道出口	553.1	558.8	544.7
	伯舒拉岭隧道入口	518.5	522.4	511.2
	伯舒拉岭隧道出口	597.9	605.4	589.3
	多吉隧道入口	607.6	615.5	598.7
	多吉隧道出口	545.0	549.9	538.0
	多木格隧道入口	545.0	549.9	538.0
	多木格隧道出口	605.4	613.3	596.9
	易贡隧道入口	697.7	710.4	686.9
	易贡隧道出口	692.6	706.1	681.5
	通麦隧道入口	687.6	700.9	676.6
	通麦隧道出口	731.9	747.8	719.7
	迫龙隧道入口	734.3	750.3	722.0
	迫龙隧道出口	734.3	750.3	722.0
	拉月隧道入口	733.4	749.4	721.1
	拉月隧道出口	705.5	720.9	694.0
	鲁朗隧道入口	710.4	726.0	698.7
	鲁朗隧道出口	625.3	636.8	615.9
	色季拉山隧道入口	622.8	634.1	613.5
	色季拉山隧道出口	623.2	634.4	614.1
	格聂山隧道入口	606.5	615.6	594.2
	格聂山隧道出口	654.6	666.3	641.0
	贡觉隧道入口	555.4	562.4	544.2
	贡觉隧道出口	608.8	618.8	596.3
	宝灵山隧道入口	788.8	803.2	772.7
	宝灵山隧道出口	564.0	567.3	553.5
	康定隧道入口	676.0	685.1	662.4
	康定隧道出口	600.0	605.3	588.4
	折多山隧道入口	584.5	589.1	573.2
	折多山隧道出口	569.1	573.3	557.9
	莫西隧道入口	622.3	632.1	609.8
	莫西隧道出口	604.2	613.2	592.0
	朱岗山隧道入口	849.1	866.4	832.3
	朱岗山隧道出口	812.8	828.3	796.5

续表

类型	名称	年平均气压	年极端最高气压	年极端最低气压
隧道	尖峰顶隧道入口	895.6	915.1	878.4
	尖峰顶隧道出口	895.6	915.1	878.4
	对门山隧道入口	823.5	839.4	807.9
	对门山隧道出口	846.9	864.0	830.2
	高尔寺山隧道入口	609.8	616.9	597.2
	高尔寺山隧道出口	596.0	602.8	583.6
	帕姆岭隧道入口	595.7	602.5	583.2
	帕姆岭隧道出口	643.3	652.8	629.5
	旺甲隧道入口	649.7	659.5	635.8
	旺甲隧道出口	665.7	676.4	651.3
	白孜村隧道入口	665.7	676.4	651.3
	白孜村隧道出口	665.7	676.4	651.3
	马鞍山隧道入口	663.5	674.2	649.2
	马鞍山隧道出口	658.9	669.3	644.7
	迎金山隧道入口	658.9	669.3	644.7
	迎金山隧道出口	592.3	599.6	579.8
	西俄洛隧道入口	592.3	599.6	579.8
	西俄洛隧道出口	605.5	613.5	592.8
	俄洛堆隧道入口	605.5	613.5	592.8
	俄洛堆隧道出口	604.0	611.9	591.3
	卡子拉山隧道入口	605.9	613.9	593.2
	卡子拉山隧道出口	599.2	607.0	586.9
	巴隆翁隧道入口	599.2	607.0	586.9
	巴隆翁隧道出口	587.5	594.6	575.5
	理塘隧道入口	587.5	594.6	575.5
	理塘隧道出口	589.9	597.2	578.0
	禾尼隧道入口	591.1	598.6	579.1
	禾尼隧道出口	588.1	595.4	576.2
	毛垭坝 1# 隧道入口	578.3	585.2	566.6
	毛垭坝 1# 隧道出口	573.3	579.9	561.7
	毛垭坝 2# 隧道入口	573.3	579.9	561.7
	毛垭坝 2# 隧道出口	565.9	572.2	554.6
	海子山隧道入口	563.0	569.3	551.9

续表

类型	名称	年平均气压	年极端最高气压	年极端最低气压
隧道	海子山隧道出口	597.3	605.6	585.6
	天全隧道入口	885.9	904.9	868.8
	天全隧道出口	857.7	875.3	841.2
	周山隧道入口	954.3	977.0	935.6
	周山隧道出口	949.4	971.8	930.8
	义敦隧道入口	632.9	643.0	620.2
	义敦隧道出口	646.3	657.2	633.3
	二郎山隧道入口	788.4	802.6	772.5
	二郎山隧道出口	790.9	805.3	774.7
	东达山隧道入口	613.9	624.1	601.2
	东达山隧道出口	558.0	565.6	546.9
	嘎益隧道入口	592.7	602.0	580.8
	嘎益隧道出口	548.2	555.3	537.5
	红拉山隧道入口	551.9	559.2	541.1
	红拉山隧道出口	609.8	619.8	597.6
	芒康山隧道入口	606.6	616.4	594.4
	芒康山隧道出口	634.1	645.0	621.3
重要站点	贡嘎	599.0	609.5	585.1
	拉萨	616.6	627.4	602.2
	成都	955.9	978.5	937.3
	加查	657.3	669.3	643.0
	米林	671.1	683.4	660.7

3.5 相对湿度

3.5.1 日尺度相对湿度时空变化特征

1. 日尺度相对湿度时间变化特征

2017年日最小相对湿度的变化范围为18%～66%，平均值为41%。在5月之前，日最小相对湿度波动式变化，5月至6月中旬，日最小相对湿度呈增加趋势，然后显著下降后呈波动变化，10～12月呈下降趋势（图3.19）。

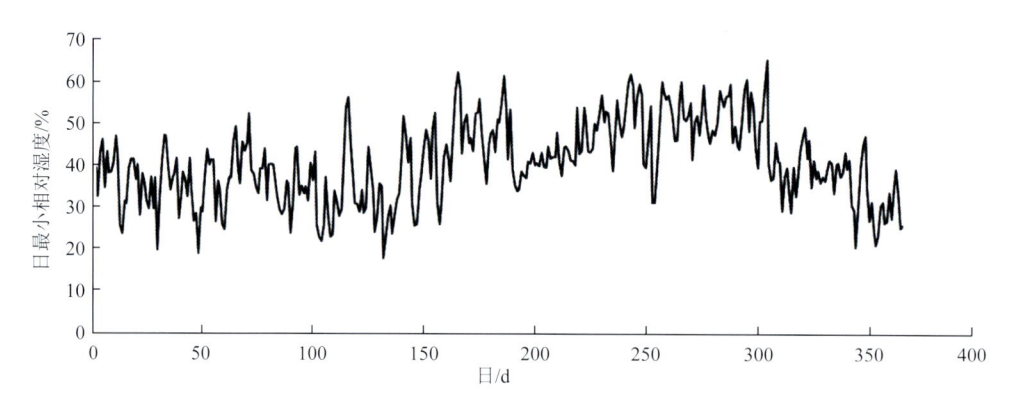

图 3.19　2017 年日最小相对湿度变化

2. 日尺度相对湿度空间变化特征

根据已有研究结果，环境相对湿度大于 40%，将会对混凝土桥梁结构内力产生不利影响，且不利影响随相对湿度的增大而增强。在空间上，随日期推移，2017 年 1 月 1 日、3 月 1 日、7 月 1 日和 10 月 1 日川藏铁路沿线及其附近范围的日最小相对湿度的高值区由东向西移动、低值区由中部向西北部移动（图 3.20）。其中，在 1 月 1 日，日最小相对湿度值最低，川藏铁路沿线大部分小于 10%，但是成都站、尖峰顶隧道、周山隧道、天全隧道、对门山隧道、朱岗山隧道的日最小相对湿度仍在 40% ~ 70%。在 3 月 1 日，日最小相对湿度大于 40% 的分布范围增大，主要表现在大渡河特大桥，自东向西的天全隧道到帕姆岭隧道、伯舒拉岭隧道和多木格隧道。在 7 月 1 日，除拉萨站和贡嘎站外，其他铁路沿线大桥、隧道和站点的日最小相对湿度均大于 40%（表 3.9）。在 10 月 1 日，日最小相对湿度小于 40% 的区域主要分布在西部和北部，其他区域仍在 40% 以上。

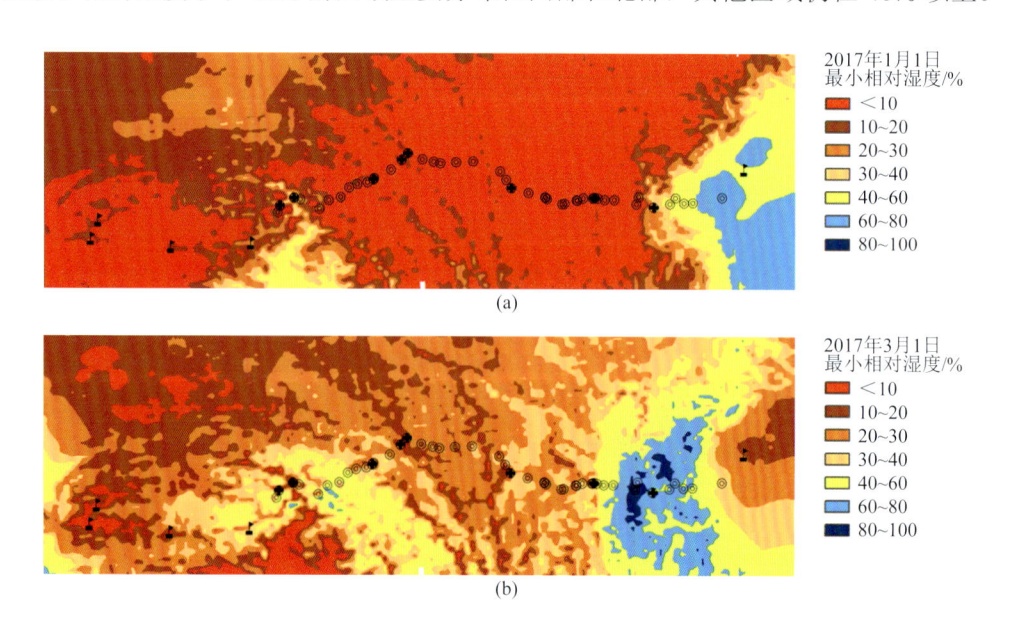

(a)

(b)

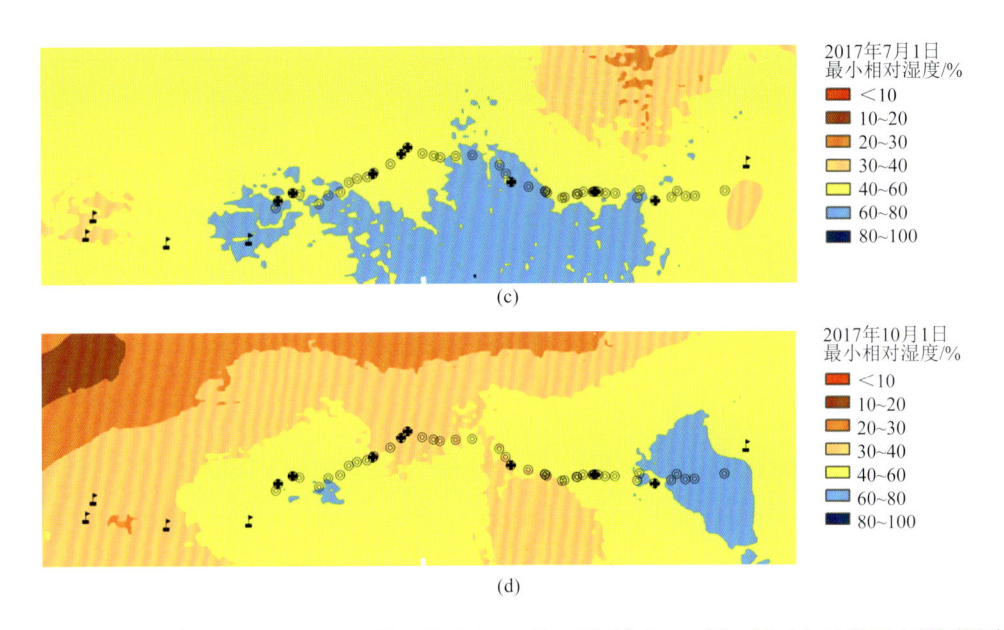

第 3 章　近 30 年气象要素变化特征

图 3.20　2017 年 1 月 1 日 (a)、3 月 1 日 (b)、7 月 1 日 (c) 和 10 月 1 日 (d) 的日最小相对湿度的空间格局

表 3.9　2017 年川藏铁路沿线大桥、隧道以及重要站点的典型日最小相对湿度（单位：%）

类型	名称	日最小相对湿度			
		1 月 1 日	3 月 1 日	7 月 1 日	10 月 1 日
大桥	大渡河特大桥起点	35	59	46	57
	大渡河特大桥终点	35	59	46	57
	新都桥中桥	5	59	56	52
	木泽西大桥	0	49	57	49
	无量河特大桥	4	34	54	45
	白孜村中桥	7	30	51	44
	雅砻江三线特大桥起点	7	30	51	44
	雅砻江三线特大桥终点	7	29	52	44
	卡察勒中桥	0	35	57	44
	霍曲河大桥	0	27	58	40
	海子山特大桥	0	29	63	40
	列衣大桥	5	18	61	38
	金沙江桥桥位 2 起点	10	11	59	37
	金沙江桥桥位 2 终点	13	6	57	36
	金沙江桥桥位 1 起点	7	16	58	39
	金沙江桥桥位 1 终点	9	13	57	38

续表

类型	名称	日最小相对湿度			
		1月1日	3月1日	7月1日	10月1日
大桥	则巴特大桥	0	31	65	42
	扩达1号特大桥	1	29	58	40
	王卡特大桥	6	18	51	36
	澜沧江大桥起点	11	12	47	34
	澜沧江大桥终点	12	11	46	34
	色曲特大桥起点	1	30	53	38
	色曲特大桥终点	1	31	53	38
	怒江桥桥位2中位	4	28	50	40
	怒江桥桥位1中位	3	30	51	41
	怒江特大桥起点	4	28	50	40
	怒江特大桥终点	3	30	51	41
	易贡藏布大桥起点	29	17	52	52
	易贡藏布大桥终点	29	17	52	52
	东久曲特大桥起点	27	20	54	52
	东久曲特大桥中位	27	20	54	52
	东久曲特大桥终点	27	20	54	52
隧道	周山隧道入口	68	38	41	75
	周山隧道出口	68	40	42	75
	尖峰顶隧道入口	58	59	46	72
	尖峰顶隧道出口	58	59	46	72
	天全隧道入口	55	63	47	71
	天全隧道出口	51	66	48	70
	对门山隧道入口	47	69	50	69
	对门山隧道出口	46	61	46	63
	朱岗山隧道入口	46	60	45	63
	朱岗山隧道出口	40	61	46	60
	二郎山隧道入口	36	62	47	59
	二郎山隧道出口	35	59	46	57
	宝灵山隧道入口	35	59	46	57
	宝灵山隧道出口	7	90	61	63
	康定隧道入口	19	70	53	59
	康定隧道出口	9	83	59	60

续表

类型	名称	日最小相对湿度			
		1月1日	3月1日	7月1日	10月1日
隧道	折多山隧道入口	7	83	60	60
	折多山隧道出口	2	78	60	58
	高尔寺山隧道入口	2	57	57	51
	高尔寺山隧道出口	0	49	57	49
	帕姆岭隧道入口	0	49	57	49
	帕姆岭隧道出口	4	36	53	46
	旺甲隧道入口	4	36	53	46
	旺甲隧道出口	7	30	51	44
	白孜村隧道入口	7	30	51	44
	白孜村隧道出口	7	30	51	44
	马鞍山隧道入口	6	29	52	44
	马鞍山隧道出口	6	29	52	44
	迎金山隧道入口	6	29	52	44
	迎金山隧道出口	0	35	56	44
	西俄洛隧道入口	0	35	56	44
	西俄洛隧道出口	0	29	56	43
	俄洛堆隧道入口	0	29	56	43
	俄洛堆隧道出口	0	29	56	43
	卡子拉山隧道入口	0	29	56	43
	卡子拉山隧道出口	0	26	57	40
	巴隆翁隧道入口	0	26	57	40
	巴隆翁隧道出口	0	27	58	40
	理塘隧道入口	0	27	58	40
	理塘隧道出口	0	26	59	39
	禾尼隧道入口	0	24	58	39
	禾尼隧道出口	0	25	59	40
	毛垭坝1#隧道入口	0	26	60	40
	毛垭坝1#隧道出口	0	27	60	40
	毛垭坝2#隧道入口	0	27	60	40
	毛垭坝2#隧道出口	0	28	61	40
	海子山隧道入口	0	29	63	40
	海子山隧道出口	2	23	63	39

续表

类型	名称	日最小相对湿度			
		1月1日	3月1日	7月1日	10月1日
隧道	义敦隧道入口	5	18	61	38
	义敦隧道出口	5	15	60	38
	莫西隧道入口	3	20	61	39
	莫西隧道出口	2	23	61	40
	格聂山隧道入口	2	22	61	40
	格聂山隧道出口	7	16	58	39
	贡觉隧道入口	0	30	64	42
	贡觉隧道出口	3	21	59	40
	东达山隧道入口	4	20	58	39
	东达山隧道出口	0	28	60	40
	嘎益隧道入口	2	22	56	39
	嘎益隧道出口	1	28	58	39
	红拉山隧道入口	2	28	57	39
	红拉山隧道出口	6	18	51	37
	芒康山隧道入口	6	19	51	36
	芒康山隧道出口	9	15	48	35
	昌都隧道入口	12	11	46	34
	昌都隧道出口	1	30	53	38
	邦达隧道入口	1	31	53	38
	邦达隧道出口	2	25	50	37
	果拉山隧道入口	1	28	50	38
	果拉山隧道出口	6	25	49	40
	同卡隧道入口	6	25	49	40
	同卡隧道出口	4	28	50	40
	夏里隧道入口	3	30	51	41
	夏里隧道出口	7	27	50	42
	康玉隧道入口	7	27	50	42
	康玉隧道出口	11	25	49	44
	察达隧道入口	12	24	49	44
	察达隧道出口	5	37	55	49
	伯舒拉岭隧道入口	0	45	58	51
	伯舒拉岭隧道出口	10	37	57	54

续表

类型	名称	日最小相对湿度			
		1月1日	3月1日	7月1日	10月1日
隧道	多吉隧道入口	11	36	56	54
	多吉隧道出口	5	48	63	58
	多木格隧道入口	5	50	64	59
	多木格隧道出口	13	43	62	59
	易贡隧道入口	22	29	57	57
	易贡隧道出口	24	24	54	54
	通麦隧道入口	24	24	54	54
	通麦隧道出口	30	16	51	52
	迫龙隧道入口	30	15	51	52
	迫龙隧道出口	29	17	52	52
	拉月隧道入口	29	17	52	52
	拉月隧道出口	27	20	54	52
	鲁朗隧道入口	27	20	54	52
	鲁朗隧道出口	16	34	61	55
	色季拉山隧道入口	16	35	61	55
	色季拉山隧道出口	16	36	63	55
重要站点	成都	60	20	42	54
	米林	23	29	60	53
	加查	16	7	41	33
	拉萨	11	7	36	32
	贡嘎	8	10	39	33

3.5.2 年尺度相对湿度时空变化特征

1. 年尺度相对湿度时间变化特征

近 30 年川藏铁路沿线及其附近范围的年最大相对湿度、年最小相对湿度和年平均相对湿度随时间变化均呈显著减小趋势，变化范围分别为 90%~95%、9%~15% 和 63%~71%，平均值分别为 93%、12% 和 68%，变化速率分别为 –0.1%/a、–0.2%/a 和 –0.2%/a（图 3.21）。其中，年最大相对湿度在 1988~2009 年呈显著下降趋势，在 2009~2015 年波动小幅增加，在 2016~2017 年显著增大。年最小相对湿度和年平均相对湿度均在 2007 年突减，2008~2015 年波动变化，在 2016 年突增。

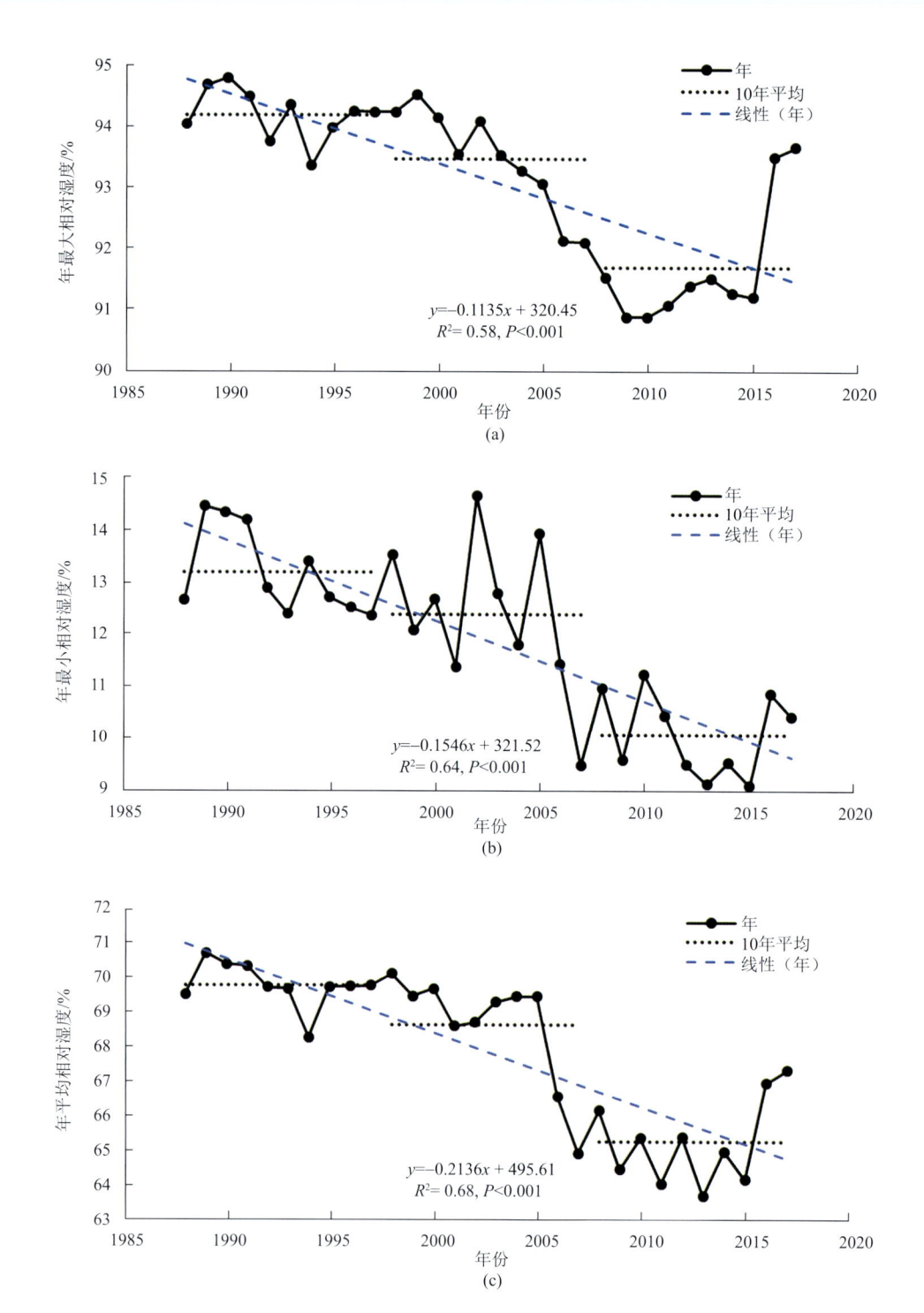

图 3.21 近 30 年川藏铁路沿线及其附近范围的年最大相对湿度（a）、年最小相对湿度（b）和年平均相对湿度（c）的时间变化

2. 年尺度相对湿度空间变化特征

在空间上，近30年川藏铁路沿线及其附近范围的年最大相对湿度、年最小相对湿度和年平均相对湿度总体呈东部高、西部和北部低的分布格局（图3.22）。除拉萨站和贡嘎站外，研究区的年最大相对湿度均在85%以上，川藏铁路沿线的东段和西段的年最大相对湿度均在90%以上，而自东向西的嘎益隧道到夏里隧道区域、澜沧江大桥、色曲特大桥、怒江特大桥、加查站、拉萨站和贡嘎站的年最大相对湿度则为80%～90%（表3.10）。成都站、周山隧道、尖峰顶隧道、天全隧道、对门山隧道、朱岗山隧道、二郎山隧道入口的年最小相对湿度大于10%。川藏铁路沿线及其附近范围的其他大部分区域的年最小相对湿度小于3%。年平均相对湿度在空间上表现为西部的拉萨站和贡嘎站为40%～50%，东部的成都站、周山隧道、尖峰顶隧道、天全隧道在80%以上，朱岗山隧道、二郎山隧道和宝灵山隧道为70%左右，川藏铁路沿线的其他站点、隧道和大桥的年平均相对湿度则为50%～70%（图3.22和表3.10）。

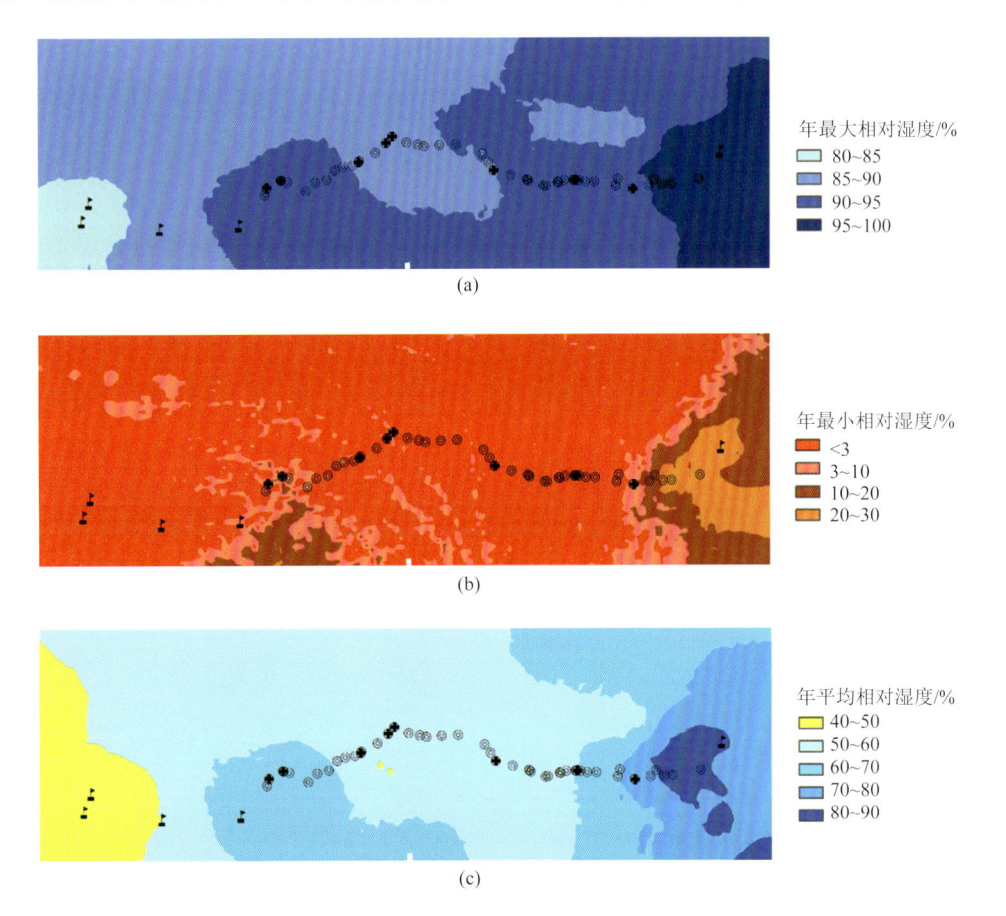

图3.22 近30年川藏铁路沿线及其附近范围的年最大相对湿度（a）、年最小相对湿度（b）和年平均相对湿度（c）的空间格局

表 3.10　近 30 年川藏铁路沿线大桥、隧道以及重要站点的年最大相对湿度、年最小相对湿度和年平均相对湿度

（单位：%）

类别	名称	年最大相对湿度	年最小相对湿度	年平均相对湿度
大桥	大渡河特大桥起点	94	9	72
	大渡河特大桥终点	94	9	72
	新都桥中桥	93	<1	64
	木泽西大桥	93	<1	62
	无量河特大桥	92	<1	60
	白孜村中桥	92	1	60
	雅砻江三线特大桥起点	92	1	60
	雅砻江三线特大桥终点	92	1	60
	卡察勒中桥	92	<1	59
	霍曲河大桥	91	<1	56
	海子山特大桥	90	<1	54
	列衣大桥	90	1	53
	金沙江桥桥位 2 起点	89	4	52
	金沙江桥桥位 2 终点	89	5	52
	金沙江桥桥位 1 起点	90	2	53
	金沙江桥桥位 1 终点	90	3	53
	则巴特大桥	90	<1	54
	扩达 1 号特大桥	89	<1	53
	王卡特大桥	89	2	52
	澜沧江大桥起点	89	3	52
	澜沧江大桥终点	89	4	52
	色曲特大桥起点	89	<1	52
	色曲特大桥终点	89	<1	52
	怒江桥桥位 2 中位	89	1	52
	怒江桥桥位 1 中位	89	1	52
	怒江特大桥起点	89	1	52
	怒江特大桥终点	89	1	52
	易贡藏布大桥起点	92	9	63
	易贡藏布大桥终点	92	9	63
	东久曲特大桥起点	92	8	63
	东久曲特大桥中位	92	8	63
	东久曲特大桥终点	92	8	63
隧道	周山隧道入口	97	21	81
	周山隧道出口	97	21	81

续表

类别	名称	年最大相对湿度	年最小相对湿度	年平均相对湿度
隧道	尖峰顶隧道入口	96	22	81
	尖峰顶隧道出口	96	22	81
	天全隧道入口	96	21	81
	天全隧道出口	96	20	81
	对门山隧道入口	96	17	80
	对门山隧道出口	95	16	77
	朱岗山隧道入口	95	16	77
	朱岗山隧道出口	94	13	75
	二郎山隧道入口	94	11	74
	二郎山隧道出口	94	9	72
	宝灵山隧道入口	94	9	72
	宝灵山隧道出口	94	<1	71
	康定隧道入口	94	2	69
	康定隧道出口	94	<1	70
	折多山隧道入口	94	<1	69
	折多山隧道出口	94	<1	67
	高尔寺山隧道入口	93	<1	64
	高尔寺山隧道出口	93	<1	62
	帕姆岭隧道入口	93	<1	62
	帕姆岭隧道出口	92	<1	60
	旺甲隧道入口	92	<1	60
	旺甲隧道出口	92	1	60
	白孜村隧道入口	92	1	60
	白孜村隧道出口	92	1	60
	马鞍山隧道入口	92	1	60
	马鞍山隧道出口	92	1	60
	迎金山隧道入口	92	1	60
	迎金山隧道出口	92	<1	59
	西俄洛隧道入口	92	<1	59
	西俄洛隧道出口	92	<1	58
	俄洛堆隧道入口	92	<1	58
	俄洛堆隧道出口	92	<1	58
	卡子拉山隧道入口	92	<1	58
	卡子拉山隧道出口	91	<1	57

续表

类别	名称	年最大相对湿度	年最小相对湿度	年平均相对湿度
隧道	巴隆翁隧道入口	91	<1	57
	巴隆翁隧道出口	91	<1	56
	理塘隧道入口	91	<1	56
	理塘隧道出口	91	<1	56
	禾尼隧道入口	91	<1	55
	禾尼隧道出口	91	<1	55
	毛垭坝1#隧道入口	91	<1	55
	毛垭坝1#隧道出口	91	<1	55
	毛垭坝2#隧道入口	91	<1	55
	毛垭坝2#隧道出口	91	<1	55
	海子山隧道入口	90	<1	54
	海子山隧道出口	90	1	53
	义敦隧道入口	90	1	53
	义敦隧道出口	90	1	52
	莫西隧道入口	90	1	53
	莫西隧道出口	90	<1	53
	格聂山隧道入口	90	<1	53
	格聂山隧道出口	90	2	53
	贡觉隧道入口	90	<1	54
	贡觉隧道出口	90	<1	53
	东达山隧道入口	90	<1	53
	东达山隧道出口	90	<1	53
	嘎益隧道入口	89	<1	53
	嘎益隧道出口	89	<1	53
	红拉山隧道入口	89	<1	53
	红拉山隧道出口	89	2	52
	芒康山隧道入口	89	1	52
	芒康山隧道出口	89	3	52
	昌都隧道入口	89	4	52
	昌都隧道出口	89	<1	52
	邦达隧道入口	89	<1	52
	邦达隧道出口	89	<1	51
	果拉山隧道入口	89	<1	51

续表

类别	名称	年最大相对湿度	年最小相对湿度	年平均相对湿度
隧道	果拉山隧道出口	89	1	52
	同卡隧道入口	89	1	52
	同卡隧道出口	89	1	52
	夏里隧道入口	89	1	52
	夏里隧道出口	90	2	53
	康玉隧道入口	90	2	53
	康玉隧道出口	90	3	55
	察达隧道入口	90	4	55
	察达隧道出口	91	1	57
	伯舒拉岭隧道入口	91	<1	58
	伯舒拉岭隧道出口	92	3	61
	多吉隧道入口	92	3	61
	多吉隧道出口	92	1	64
	多木格隧道入口	93	1	64
	多木格隧道出口	93	4	65
	易贡隧道入口	92	8	65
	易贡隧道出口	92	7	63
	通麦隧道入口	92	7	63
	通麦隧道出口	92	10	63
	迫龙隧道入口	92	10	63
	迫龙隧道出口	92	9	63
	拉月隧道入口	92	9	63
	拉月隧道出口	92	8	63
	鲁朗隧道入口	92	8	63
	鲁朗隧道出口	92	3	64
	色季拉山隧道入口	92	3	64
	色季拉山隧道出口	92	3	65
重要站点	成都	97	23	81
	米林	92	5	65
	加查	87	2	50
	拉萨	83	<1	44
	贡嘎	84	<1	44

3.6 风速

3.6.1 日尺度风速时空变化特征

1. 日尺度风速时间变化特征

2017 年日最大风速为 3.2～7.1 m/s，全年日最大风速呈先波动上升后波动下降然后逐渐趋于平缓的趋势。2017 年日最大风速的最小值出现在第 345 天（12 月 11 日），最小值为 3.2 m/s；日最大风速的最大值出现在第 123 天（5 月 3 日），最大值为 7.1 m/s。日极大风速变化趋势与日最大风速相似，最小值出现在第 345 天（12 月 11 日），最小值为 5.3 m/s，最大值出现在第 123 天（5 月 3 日），最大值为 13.1 m/s（图 3.23）。

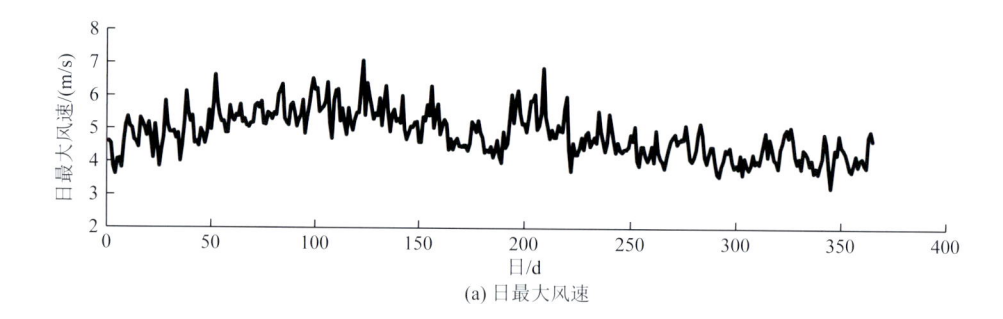

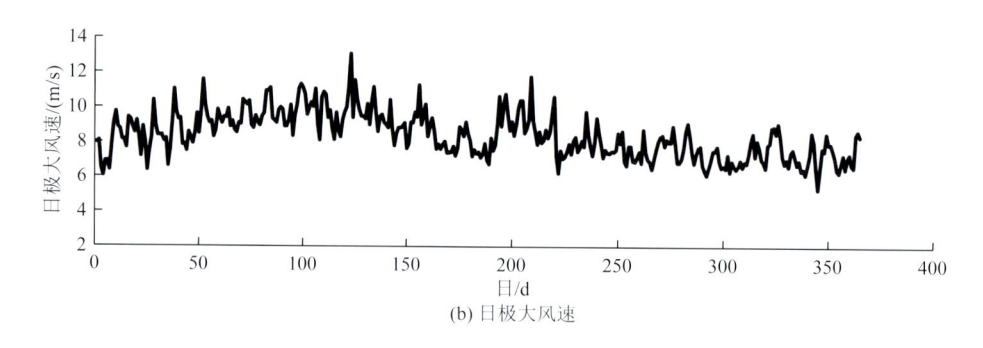

(a) 日最大风速

(b) 日极大风速

图 3.23　2017 年川藏铁路沿线及其附近范围的日风速的时间变化

2. 日尺度风速空间变化特征

2017 年 1 月 1 日最大风速主要集中在 5～15 m/s，多木格隧道至莫西隧道段 1 月 1 日最大风速为 5～10 m/s，海子山隧道附近区域 1 月 1 日最大风速为 10～15 m/s，周山隧道附近风速在 5 m/s 以下。3 月 1 日最大风速主要集中在 5～10 m/s，高尔寺山隧道、帕姆岭隧道附近风速较大，在 10 m/s 以上。7 月 1 日最大风速除西段三个站点

第 3 章　近 30 年气象要素变化特征

和西俄洛隧道至对门山隧道段为 5 ～ 10 m/s 外，其余地区最大风速在 5 m/s 以下。10 月 1 日最大风速主要集中在 5 ～ 10 m/s（图 3.24）。

(a) 2017年1月1日最大风速

(b) 2017年3月1日最大风速

(c) 2017年7月1日最大风速

(d) 2017年10月1日最大风速

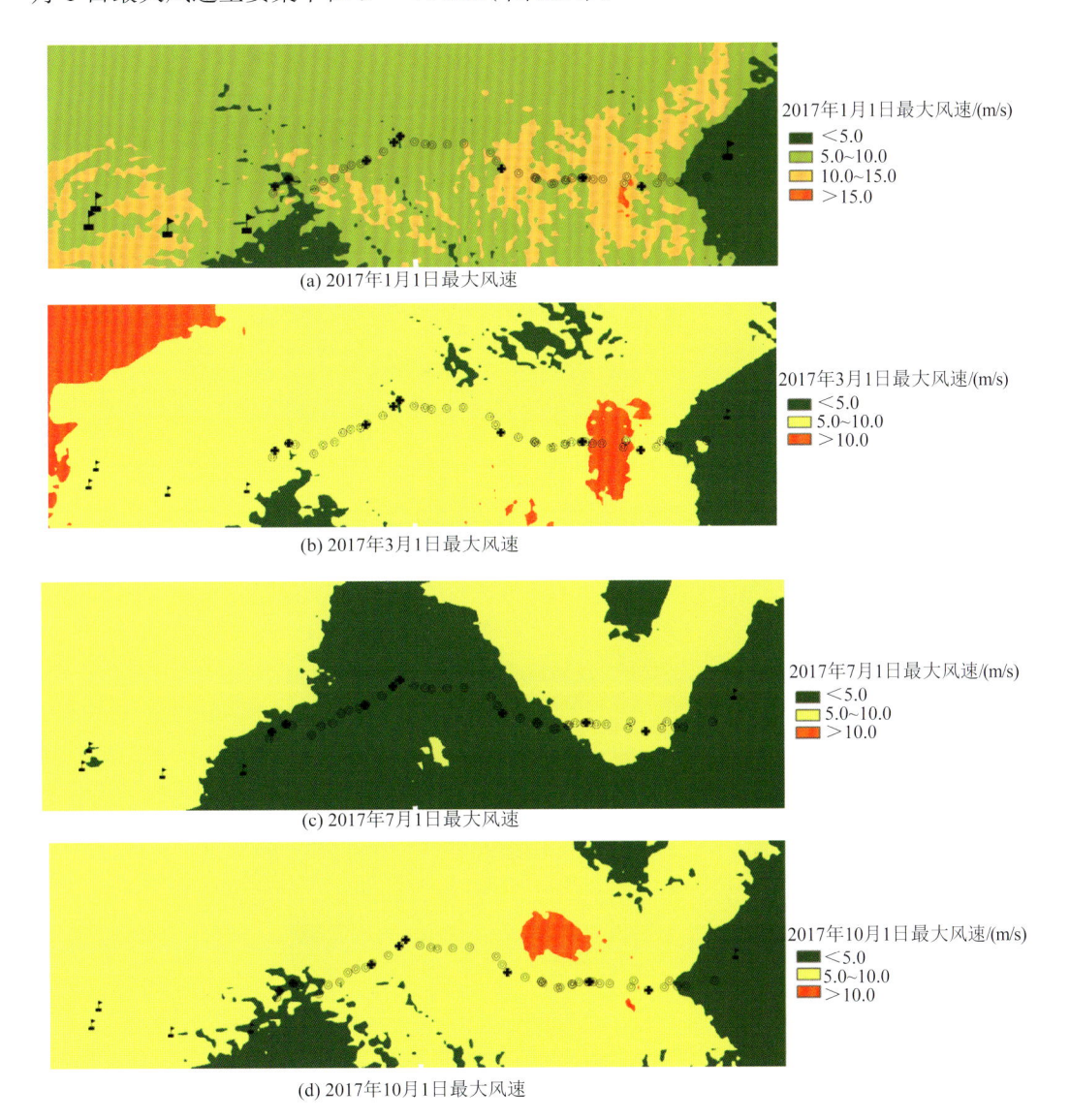

图 3.24　2017 年川藏铁路沿线及其附近范围的日最大风速的空间格局

2017 年 1 月 1 日研究区域极大风速为 10 ～ 20 m/s，只有折多山隧道和宝灵山隧道出口极大风速在 20 m/s 以上。3 月 1 日大部分区域的极大风速主要为 10 ～ 15 m/s。7 月 1 日极大风速主要为 5 ～ 10 m/s，帕姆岭隧道至大渡河特大桥段极大风速在 10 ～ 15 m/s。10 月 1 日风速主要为 5 ～ 15 m/s（图 3.25 和表 3.11）。

(a) 2017年1月1日极大风速

(b) 2017年3月1日极大风速

(c) 2017年7月1日极大风速

(d) 2017年10月1日极大风速

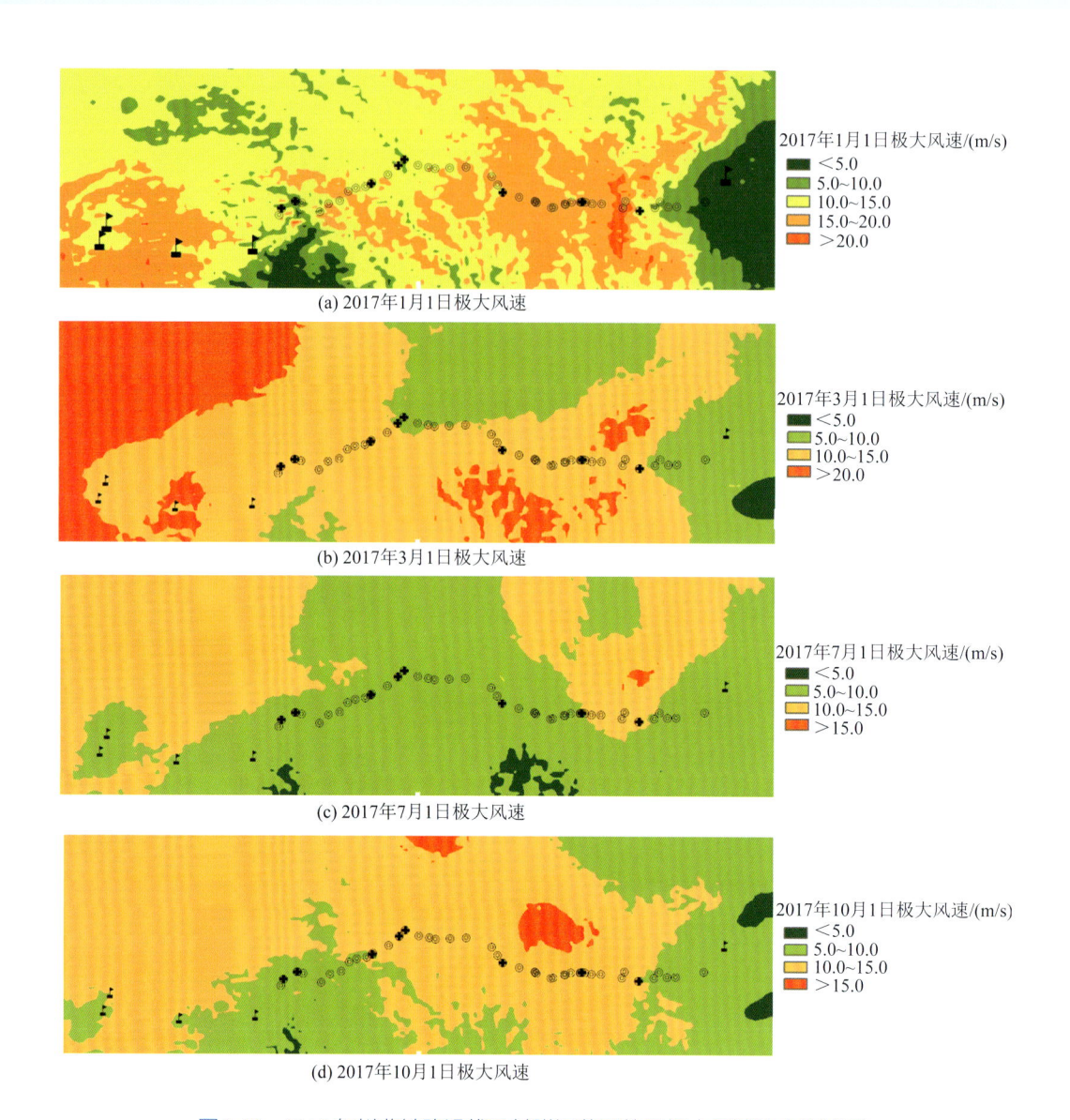

图 3.25　2017 年川藏铁路沿线及其附近范围的日极大风速的空间格局

表 3.11　2017 年川藏铁路沿线大桥、隧道以及重要站点的日风速　（单位：m/s）

类型	名称	1月1日 最大风速	1月1日 极大风速	3月1日 最大风速	3月1日 极大风速	7月1日 最大风速	7月1日 极大风速	10月1日 最大风速	10月1日 极大风速
大桥	雅砻江三线特大桥起点	8.6	14.8	8.9	13.5	5.8	9.4	7.4	11.8
	雅砻江三线特大桥终点	8.6	14.8	8.9	13.5	5.8	9.4	7.4	11.8
	大渡河特大桥起点	8.3	12.1	7.8	10.6	6.5	10.2	6.9	10.0
	大渡河特大桥终点	8.5	12.4	7.9	10.7	6.6	10.3	7.0	10.1

第 3 章　近 30 年气象要素变化特征

续表

类型	名称	1月1日 最大风速	1月1日 极大风速	3月1日 最大风速	3月1日 极大风速	7月1日 最大风速	7月1日 极大风速	10月1日 最大风速	10月1日 极大风速
大桥	怒江特大桥起点	7.5	12.7	6.2	11.0	3.9	8.0	6.4	10.3
	怒江桥桥位 1 中位	7.8	13.0	6.3	11.1	3.9	8.1	6.5	10.4
	怒江桥桥位 2 中位	7.7	12.9	6.2	11.1	3.9	8.0	6.4	10.3
	怒江特大桥终点	7.9	13.2	6.3	11.2	3.9	8.1	6.5	10.4
	东久曲特大桥起点	4.1	7.9	5.7	11.4	3.8	7.0	3.9	7.2
	东久曲特大桥中位	4.0	7.8	5.7	11.4	3.8	7.1	3.9	7.2
	东久曲特大桥终点	4.1	8.0	5.8	11.4	3.8	7.1	3.9	7.3
	澜沧江大桥起点	5.3	9.5	5.0	9.1	3.5	7.2	7.0	11.1
	澜沧江大桥终点	5.1	9.2	4.9	9.0	3.5	7.1	6.9	11.1
	易贡藏布大桥起点	3.5	7.2	5.6	11.1	3.7	7.1	3.7	6.9
	易贡藏布大桥终点	3.5	7.2	5.6	11.1	3.7	7.1	3.7	6.9
	色曲特大桥起点	8.7	13.9	6.3	10.6	4.0	8.1	8.0	12.3
	色曲特大桥终点	8.7	13.9	6.3	10.6	4.0	8.1	8.0	12.3
	金沙江桥桥位 1 起点	7.1	13.1	6.4	10.5	3.8	6.2	7.2	11.3
	金沙江桥桥位 1 终点	6.7	12.6	6.3	10.3	3.8	6.1	7.1	11.1
	金沙江桥桥位 2 起点	6.4	12.0	6.8	11.9	3.6	6.0	6.4	10.7
	金沙江桥桥位 2 终点	5.9	11.4	6.7	11.8	3.6	5.9	6.3	10.5
	新都桥中桥	11.9	18.2	10.4	14.4	7.3	11.5	8.5	12.7
	木泽西大桥	11.5	18.2	10.2	14.6	6.7	10.7	8.3	12.8
	白孜村中桥	8.6	14.8	8.9	13.5	5.8	9.4	7.4	11.8
	卡察勒中桥	10.3	17.1	9.2	13.9	5.5	9.1	7.9	12.5
	霍曲河大桥	9.7	16.5	8.5	13.6	4.4	7.2	7.2	11.7
	无量河特大桥	9.3	15.6	9.2	13.8	5.8	9.5	7.5	11.9
	海子山特大桥	10.5	17.2	8.4	13.5	4.1	6.9	8.0	12.7
	列衣大桥	8.3	14.4	7.6	12.8	3.8	6.3	7.3	11.8
	则巴特大桥	10.2	17.0	7.2	10.8	4.2	6.9	8.2	12.3
	扩达 1 号特大桥	8.7	14.4	6.3	10.1	4.1	7.2	7.9	11.9
	王卡特大桥	6.5	11.3	5.4	9.3	3.7	7.0	7.2	11.3
隧道	昌都隧道入口	5.1	9.2	4.9	9.0	3.5	7.1	6.9	11.1
	昌都隧道出口	8.7	13.9	6.3	10.6	4.0	8.1	8.0	12.3
	邦达隧道入口	8.7	13.9	6.3	10.6	4.0	8.1	8.0	12.3
	邦达隧道出口	7.5	12.5	5.9	10.5	3.8	7.9	7.1	11.3
	果拉山隧道入口	7.8	12.9	6.0	10.7	3.9	8.0	7.2	11.4

续表

类型	名称	1月1日 最大风速	1月1日 极大风速	3月1日 最大风速	3月1日 极大风速	7月1日 最大风速	7月1日 极大风速	10月1日 最大风速	10月1日 极大风速
隧道	果拉山隧道出口	6.9	11.9	5.9	10.8	3.8	7.9	6.2	10.2
	同卡隧道入口	7.1	12.2	6.0	10.9	3.8	7.9	6.3	10.2
	同卡隧道出口	7.5	12.7	6.2	11.0	3.9	8.0	6.4	10.3
	夏里隧道入口	7.9	13.2	6.3	11.2	3.9	8.1	6.5	10.4
	夏里隧道出口	7.2	12.3	6.1	11.1	3.8	7.9	6.0	9.8
	康玉隧道入口	7.2	12.3	6.1	11.1	3.8	7.9	6.0	9.8
	康玉隧道出口	6.5	11.4	6.1	11.2	3.9	8.0	5.5	9.1
	察达隧道入口	6.5	11.4	6.1	11.2	3.9	8.0	5.5	9.1
	察达隧道出口	8.7	14.4	7.1	12.2	4.3	8.7	6.1	9.7
	伯舒拉岭隧道入口	9.9	15.8	7.6	12.6	4.4	8.8	6.4	10.0
	伯舒拉岭隧道出口	7.8	12.9	7.0	11.9	4.0	7.7	5.2	8.5
	多吉隧道入口	7.5	12.5	6.8	11.8	3.9	7.6	5.1	8.3
	多吉隧道出口	9.7	15.2	7.8	12.6	4.3	8.1	5.8	9.0
	多木格隧道入口	9.7	15.2	7.8	12.6	4.3	8.1	5.8	9.0
	多木格隧道出口	7.9	12.7	7.1	12.0	4.0	7.6	5.0	8.2
	易贡隧道入口	5.0	8.9	6.1	11.0	3.5	6.7	3.9	7.0
	易贡隧道出口	4.9	9.0	6.1	11.4	3.8	7.3	4.1	7.3
	通麦隧道入口	5.0	9.2	6.2	11.5	3.8	7.4	4.2	7.4
	通麦隧道出口	3.5	7.3	5.6	11.1	3.7	7.1	3.7	6.9
	迫龙隧道入口	3.5	7.2	5.6	11.1	3.7	7.1	3.7	6.9
	迫龙隧道出口	3.5	7.2	5.6	11.1	3.7	7.1	3.7	6.9
	拉月隧道入口	3.5	7.2	5.6	11.1	3.7	7.1	3.7	6.9
	拉月隧道出口	4.2	8.1	5.8	11.4	3.8	7.1	4.0	7.3
	鲁朗隧道入口	4.1	7.9	5.7	11.4	3.8	7.0	3.9	7.2
	鲁朗隧道出口	6.8	11.3	6.7	12.3	4.0	7.4	4.8	8.2
	色季拉山隧道入口	6.9	11.4	6.7	12.3	4.0	7.4	4.8	8.3
	色季拉山隧道出口	6.8	11.3	6.5	12.2	3.7	6.9	4.8	8.3
	格聂山隧道入口	8.9	15.3	7.3	11.7	4.1	6.7	7.9	12.3
	格聂山隧道出口	7.1	13.1	6.4	10.5	3.8	6.2	7.2	11.3
	贡觉隧道入口	9.9	16.6	7.1	10.7	4.2	6.8	8.1	12.2
	贡觉隧道出口	7.9	13.8	6.3	9.9	4.0	6.5	7.4	11.4
	宝灵山隧道入口	8.3	12.1	7.8	10.6	6.6	10.3	7.0	10.1
	宝灵山隧道出口	15.1	21.0	10.7	13.4	8.0	12.4	9.7	13.3

续表

类型	名称	1月1日 最大风速	1月1日 极大风速	3月1日 最大风速	3月1日 极大风速	7月1日 最大风速	7月1日 极大风速	10月1日 最大风速	10月1日 极大风速
隧道	康定隧道入口	11.3	16.4	9.6	12.7	7.6	11.9	8.4	12.1
	康定隧道出口	13.8	19.6	10.4	13.3	7.6	11.9	9.2	12.9
	折多山隧道入口	14.2	20.2	10.7	13.7	7.7	11.9	9.4	13.1
	折多山隧道出口	14.2	20.6	11.0	14.5	7.8	12.3	9.4	13.4
	莫西隧道入口	8.6	14.8	7.5	12.3	3.9	6.5	7.6	12.1
	莫西隧道出口	9.0	15.4	7.4	11.7	4.1	6.7	8.0	12.3
	朱岗山隧道入口	6.6	9.6	6.2	9.0	5.8	9.5	5.8	8.7
	朱岗山隧道出口	7.7	11.2	7.1	9.9	6.2	9.9	6.4	9.4
	尖峰顶隧道入口	5.0	7.2	4.1	6.9	4.4	8.0	4.2	6.7
	尖峰顶隧道出口	5.0	7.2	4.1	6.9	4.4	8.0	4.2	6.7
	对门山隧道入口	7.5	10.4	5.7	8.3	5.8	9.5	5.9	8.6
	对门山隧道出口	6.7	9.7	6.1	8.9	5.8	9.5	5.8	8.7
	高尔寺山隧道入口	11.9	18.3	10.4	14.5	7.2	11.4	8.5	12.8
	高尔寺山隧道出口	11.5	18.3	10.2	14.6	6.7	10.7	8.3	12.8
	帕姆岭隧道入口	11.5	18.2	10.2	14.6	6.6	10.7	8.3	12.8
	帕姆岭隧道出口	9.6	15.9	9.3	13.9	6.1	9.9	7.7	12.2
	旺甲隧道入口	9.3	15.6	9.2	13.8	6.1	9.8	7.6	12.1
	旺甲隧道出口	8.6	14.8	8.9	13.5	5.8	9.4	7.4	11.8
	白孜村隧道入口	8.6	14.8	8.9	13.5	5.8	9.4	7.4	11.8
	白孜村隧道出口	8.6	14.8	8.9	13.5	5.8	9.4	7.4	11.8
	马鞍山隧道入口	8.6	14.8	8.9	13.5	5.8	9.4	7.4	11.8
	马鞍山隧道出口	8.8	15.0	8.9	13.6	5.8	9.4	7.4	11.9
	迎金山隧道入口	8.8	15.0	8.9	13.6	5.8	9.3	7.4	11.9
	迎金山隧道出口	10.3	17.1	9.2	13.9	5.5	9.1	7.9	12.5
	西俄洛隧道入口	10.3	17.1	9.2	13.9	5.5	9.1	7.9	12.5
	西俄洛隧道出口	9.6	16.3	8.8	13.6	5.0	8.3	7.5	12.0
	俄洛堆隧道入口	9.6	16.3	8.8	13.6	5.0	8.3	7.5	12.0
	俄洛堆隧道出口	9.7	16.3	8.8	13.6	5.1	8.3	7.6	12.1
	卡子拉山隧道入口	9.6	16.2	8.7	13.6	5.0	8.3	7.5	12.0
	卡子拉山隧道出口	9.4	16.0	8.4	13.5	4.4	7.3	7.2	11.7
	巴隆翁隧道入口	9.4	16.0	8.4	13.5	4.4	7.3	7.2	11.7
	巴隆翁隧道出口	9.7	16.5	8.5	13.6	4.4	7.3	7.2	11.7
	理塘隧道入口	9.7	16.5	8.5	13.6	4.4	7.3	7.2	11.7

续表

类型	名称	1月1日 最大风速	1月1日 极大风速	3月1日 最大风速	3月1日 极大风速	7月1日 最大风速	7月1日 极大风速	10月1日 最大风速	10月1日 极大风速
隧道	理塘隧道出口	9.5	16.3	8.4	13.6	4.2	7.0	7.1	11.5
	禾尼隧道入口	9.5	16.1	8.2	13.3	4.1	6.9	7.4	12.0
	禾尼隧道出口	9.6	16.2	8.2	13.3	4.1	7.0	7.5	12.1
	毛垭坝1#隧道入口	9.9	16.6	8.3	13.4	4.2	7.0	7.6	12.2
	毛垭坝1#隧道出口	10.1	16.8	8.4	13.4	4.2	7.1	7.7	12.3
	毛垭坝2#隧道入口	10.1	16.8	8.4	13.4	4.2	7.1	7.7	12.3
	毛垭坝2#隧道出口	10.3	17.1	8.4	13.5	4.2	7.1	7.9	12.5
	海子山隧道入口	10.5	17.2	8.5	13.5	4.1	6.9	8.0	12.7
	海子山隧道出口	9.4	15.8	8.1	13.2	4.0	6.6	7.6	12.2
	天全隧道入口	5.6	8.0	4.6	7.3	4.9	8.6	4.8	7.4
	天全隧道出口	6.5	9.2	5.2	7.9	5.2	9.0	5.3	8.0
	周山隧道入口	2.6	4.2	4.8	7.5	3.8	6.8	3.5	6.4
	周山隧道出口	2.8	4.3	4.7	7.4	3.8	6.9	3.5	6.4
	义敦隧道入口	8.3	14.4	7.6	12.8	3.8	6.3	7.3	11.8
	义敦隧道出口	7.9	13.8	7.4	12.4	3.8	6.3	7.2	11.7
	二郎山隧道入口	8.4	12.2	7.5	10.3	6.3	10.1	6.8	9.8
	二郎山隧道出口	8.3	12.1	7.8	10.6	6.5	10.2	6.9	10.0
	东达山隧道入口	7.7	13.5	6.2	9.9	3.9	6.5	7.4	11.3
	东达山隧道出口	9.1	15.3	6.7	10.5	4.2	7.1	7.9	12.0
	嘎益隧道入口	7.8	13.4	6.1	9.9	4.0	6.9	7.5	11.5
	嘎益隧道出口	9.0	14.8	6.4	10.2	4.1	7.2	8.0	12.0
	红拉山隧道入口	8.8	14.5	6.4	10.1	4.1	7.2	7.9	12.0
	红拉山隧道出口	6.6	11.4	5.4	9.3	3.7	7.0	7.2	11.3
	芒康山隧道入口	6.7	11.5	5.5	9.4	3.7	7.0	7.3	11.3
	芒康山隧道出口	5.5	9.8	5.0	9.1	3.5	7.2	7.1	11.2
重要站点	贡嘎	7.4	13.1	7.5	13.7	5.2	8.9	5.7	9.6
	拉萨	6.7	11.8	6.6	12.0	5.0	8.3	5.8	10.1
	成都	2.5	4.2	3.6	6.6	2.8	5.3	3.2	5.6
	加查	6.6	11.9	7.8	14.2	5.3	9.0	5.0	8.7
	米林	5.3	9.2	5.8	11.5	3.3	6.2	4.2	7.9

3.6.2 年尺度风速时空变化特征

1. 年尺度风速时间变化特征

2011～2017年川藏铁路沿线及其附近范围年平均风速为1.3～1.8 m/s，整体呈上升趋势。年最大风速为11～13 m/s，波动较小。年极大风速呈上升趋势，尤其在2017年，年极大风速最大值为19.6 m/s（图3.26和图3.27）。

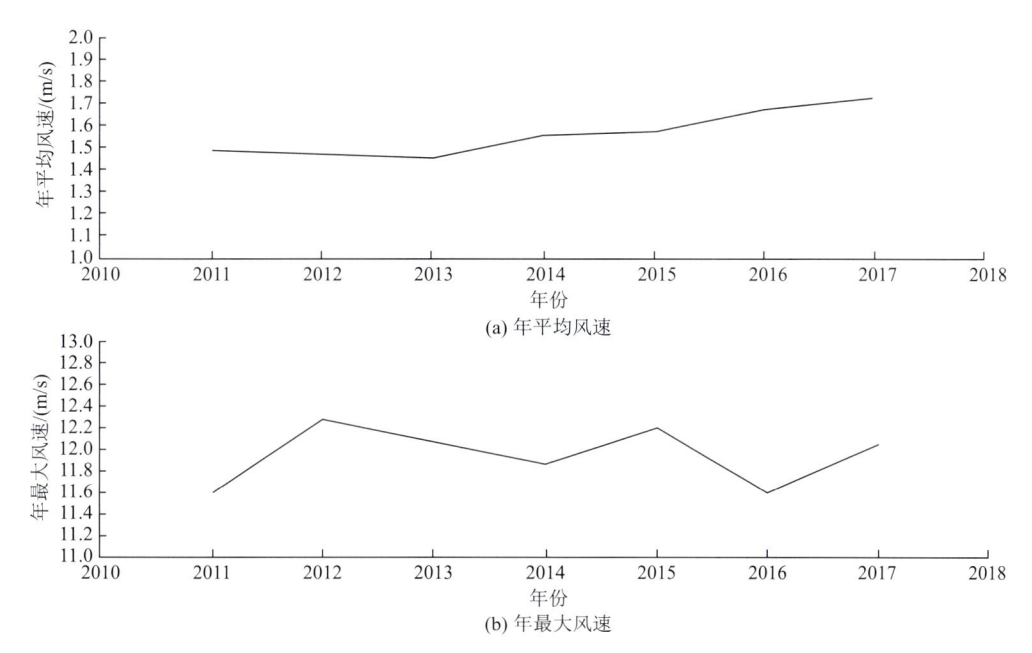

图3.26 2011～2017年川藏铁路沿线及其附近范围年平均风速、年最大风速的变化

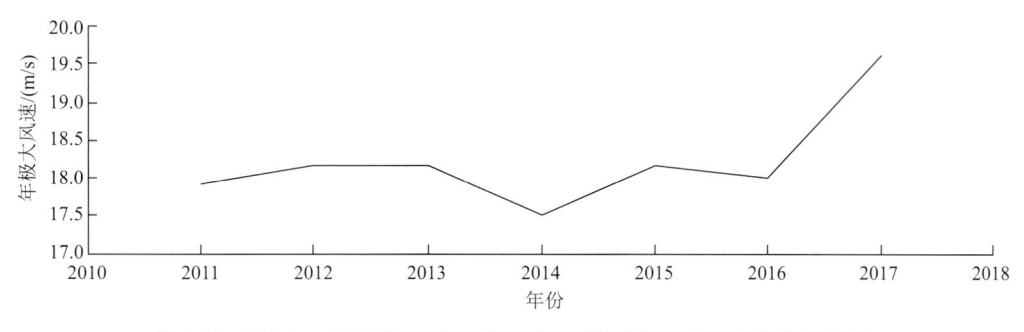

图3.27 2011～2017年川藏铁路沿线及其附近范围年极大风速的变化

2. 年尺度风速空间变化特征

铁路经过的隧道和大桥夏季极大风速大部分为10～25 m/s。此外，在川藏铁路沿线的西北部及列衣大桥至康定隧道段附近区域的年最大风速为3～25 m/s，研究区域7

年平均年极大风速在 10～30m/s 之间，高值区同样出现在铁路沿线西北部及列衣大桥至康定隧道段附近区域（表 3.12 和图 3.28）。

表 3.12　2011～2017 年川藏铁路沿线大桥、隧道以及重要站点的年风速（单位：m/s）

类型	名称	年平均风速	年最大风速	年极大风速
大桥	雅砻江三线特大桥起点	2.3	14.9	25.1
	雅砻江三线特大桥终点	2.3	14.9	25.1
	大渡河特大桥起点	2.1	11.3	18.3
	大渡河特大桥终点	2.2	11.5	18.5
	怒江特大桥起点	2.4	12.6	20.9
	怒江桥桥位 1 中位	2.5	12.8	21.1
	怒江桥桥位 2 中位	2.5	12.7	21.0
	怒江特大桥终点	2.5	12.9	21.2
	东久曲特大桥起点	1.6	9.7	18.0
	东久曲特大桥中位	1.5	9.7	18.0
	东久曲特大桥终点	1.6	9.8	18.1
	澜沧江大桥起点	1.6	10.8	19.5
	澜沧江大桥终点	1.6	10.6	19.3
	易贡藏布大桥起点	1.4	9.3	17.7
	易贡藏布大桥终点	1.4	9.3	17.7
	色曲特大桥起点	2.4	13.7	22.3
	色曲特大桥终点	2.4	13.7	22.3
	金沙江桥桥位 1 起点	1.9	13.1	23.2
	金沙江桥桥位 1 终点	1.8	12.7	22.8
	金沙江桥桥位 2 起点	1.6	11.9	21.7
	金沙江桥桥位 2 终点	1.5	11.5	21.2
	新都桥中桥	3.1	17.0	25.9
	木泽西大桥	3.0	17.2	27.0
	白孜村中桥	2.3	14.9	25.1
	卡察勒中桥	2.7	16.3	26.9
	霍曲河大桥	2.5	15.2	26.1
	无量河特大桥	2.5	15.4	25.6
	海子山特大桥	2.5	15.8	26.1
	列衣大桥	2.0	13.8	23.8
	则巴特大桥	2.6	15.5	25.7
	扩达 1 号特大桥	2.3	13.9	23.2
	王卡特大桥	1.9	11.9	20.9

续表

类型	名称	年平均风速	年最大风速	年极大风速
隧道	昌都隧道入口	1.6	10.6	19.3
	昌都隧道出口	2.4	13.7	22.3
	邦达隧道入口	2.4	13.7	22.3
	邦达隧道出口	2.3	12.6	21.0
	果拉山隧道入口	2.4	12.8	21.2
	果拉山隧道出口	2.3	12.1	20.4
	同卡隧道入口	2.3	12.2	20.6
	同卡隧道出口	2.4	12.6	20.9
	夏里隧道入口	2.5	12.9	21.2
	夏里隧道出口	2.4	12.3	20.6
	康玉隧道入口	2.4	12.3	20.6
	康玉隧道出口	2.2	11.8	20.2
	察达隧道入口	2.2	11.8	20.2
	察达隧道出口	2.7	13.9	22.3
	伯舒拉岭隧道入口	3.0	14.8	23.3
	伯舒拉岭隧道出口	2.4	12.9	21.1
	多吉隧道入口	2.4	12.6	20.8
	多吉隧道出口	2.8	14.5	22.9
	多木格隧道入口	2.8	14.5	22.9
	多木格隧道出口	2.4	12.9	21.2
	易贡隧道入口	1.7	10.3	18.5
	易贡隧道出口	1.7	10.4	18.8
	通麦隧道入口	1.8	10.6	19.0
	通麦隧道出口	1.4	9.4	17.7
	迫龙隧道入口	1.4	9.3	17.7
	迫龙隧道出口	1.4	9.3	17.7
	拉月隧道入口	1.4	9.3	17.7
	拉月隧道出口	1.6	9.8	18.1
	鲁朗隧道入口	1.6	9.7	18.0
	鲁朗隧道出口	2.2	11.9	20.2
	色季拉山隧道入口	2.2	12.0	20.2
	色季拉山隧道出口	2.2	11.9	19.9
	格聂山隧道入口	2.3	14.7	24.7
	格聂山隧道出口	1.9	13.1	23.2

续表

类型	名称	年平均风速	年最大风速	年极大风速
隧道	贡觉隧道入口	2.6	15.2	25.4
	贡觉隧道出口	2.1	13.4	23.3
	宝灵山隧道入口	2.1	11.4	18.3
	宝灵山隧道出口	3.8	17.9	25.2
	康定隧道入口	3.0	15.1	22.7
	康定隧道出口	3.5	17.2	24.6
	折多山隧道入口	3.6	17.7	25.3
	折多山隧道出口	3.6	18.4	26.6
	莫西隧道入口	2.1	14.2	24.2
	莫西隧道出口	2.3	14.7	24.8
	朱岗山隧道入口	1.6	8.9	15.4
	朱岗山隧道出口	1.9	10.2	17.0
	尖峰顶隧道入口	1.2	8.0	13.8
	尖峰顶隧道出口	1.2	8.0	13.8
	对门山隧道入口	1.8	9.5	15.6
	对门山隧道出口	1.6	8.9	15.4
	高尔寺山隧道入口	3.1	17.2	26.3
	高尔寺山隧道出口	3.0	17.2	27.0
	帕姆岭隧道入口	3.0	17.2	27.0
	帕姆岭隧道出口	2.6	15.7	25.8
	旺甲隧道入口	2.5	15.5	25.6
	旺甲隧道出口	2.3	14.9	25.1
	白孜村隧道入口	2.3	14.9	25.1
	白孜村隧道出口	2.3	14.9	25.1
	马鞍山隧道入口	2.3	14.9	25.1
	马鞍山隧道出口	2.4	15.0	25.2
	迎金山隧道入口	2.4	15.0	25.2
	迎金山隧道出口	2.7	16.3	26.9
	西俄洛隧道入口	2.7	16.3	26.9
	西俄洛隧道出口	2.5	15.5	26.2
	俄洛堆隧道入口	2.5	15.5	26.2
	俄洛堆隧道出口	2.5	15.6	26.3
	卡子拉山隧道入口	2.5	15.5	26.2
	卡子拉山隧道出口	2.4	15.0	25.9

续表

类型	名称	年平均风速	年最大风速	年极大风速
隧道	巴隆翁隧道入口	2.4	15.0	25.9
	巴隆翁隧道出口	2.5	15.2	26.1
	理塘隧道入口	2.5	15.2	26.1
	理塘隧道出口	2.5	14.9	25.8
	禾尼隧道入口	2.4	15.0	25.7
	禾尼隧道出口	2.4	15.1	25.8
	毛垭坝1#隧道入口	2.5	15.4	26.1
	毛垭坝1#隧道出口	2.5	15.5	26.2
	毛垭坝2#隧道入口	2.5	15.5	26.2
	毛垭坝2#隧道出口	2.5	15.7	26.4
	海子山隧道入口	2.5	15.7	26.1
	海子山隧道出口	2.3	14.7	24.7
	天全隧道入口	1.2	8.0	13.9
	天全隧道出口	1.4	8.7	14.7
	周山隧道入口	1.0	8.7	14.9
	周山隧道出口	1.0	8.7	14.9
	义敦隧道入口	2.0	13.8	23.8
	义敦隧道出口	1.9	13.5	23.4
	二郎山隧道入口	2.1	11.0	17.9
	二郎山隧道出口	2.1	11.3	18.3
	东达山隧道入口	2.1	13.1	23.0
	东达山隧道出口	2.4	14.3	23.9
	嘎益隧道入口	2.1	13.1	22.5
	嘎益隧道出口	2.4	14.1	23.4
	红拉山隧道入口	2.4	14.0	23.2
	红拉山隧道出口	1.9	12.0	20.9
	芒康山隧道入口	1.9	12.0	21.0
	芒康山隧道出口	1.7	11.0	19.7
重要站点	贡嘎	2.1	11.9	22.5
	拉萨	2.1	11.3	21.8
	成都	1.1	7.9	15.0
	加查	2.0	12.5	22.4
	米林	1.8	10.8	18.6

(a) 年平均风速

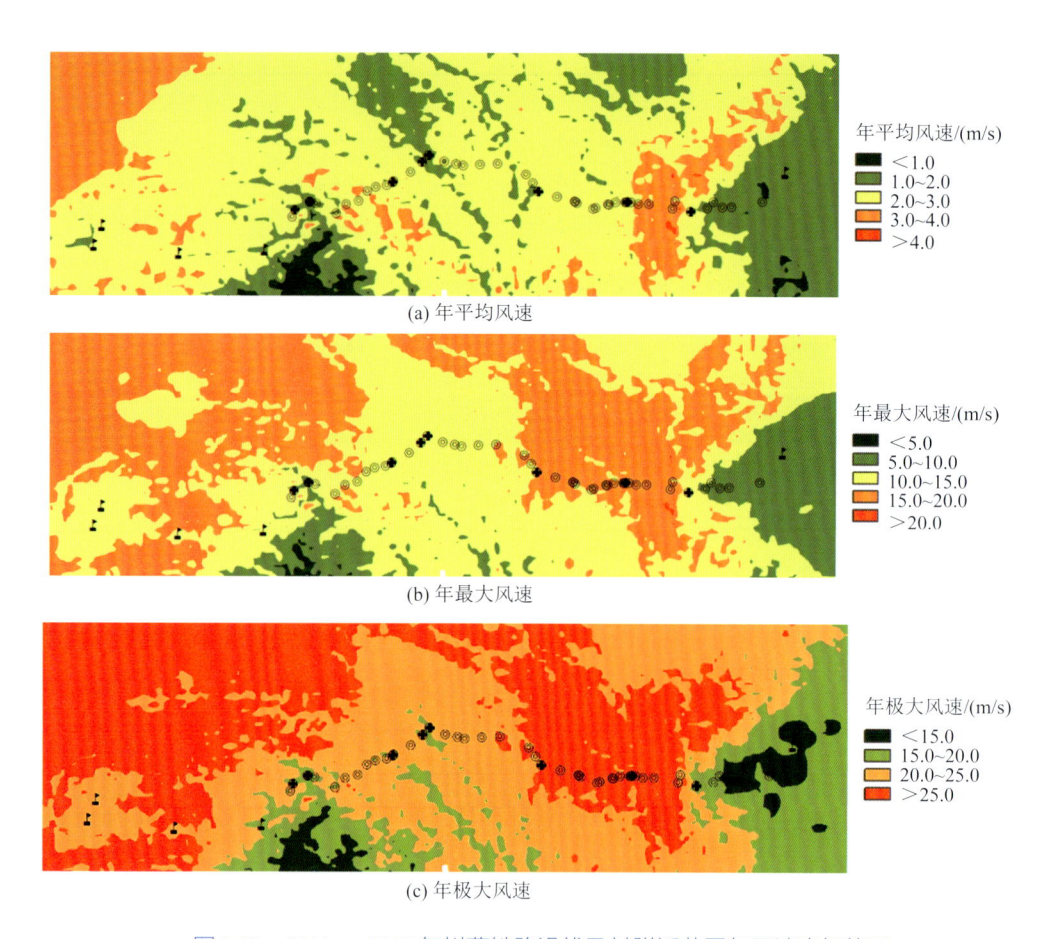

(b) 年最大风速

(c) 年极大风速

图 3.28　2011～2017 年川藏铁路沿线及其附近范围年风速空间格局

3.7　风向

3.7.1　日尺度风向空间变化特征

　　川藏铁路沿线及其附近范围的日最大风速对应的风向的空间分布如图 3.29～图 3.32 所示。铁路西部和中部 2017 年 1 月 1 日大风风向主要为西风、北风或西北风，如拉萨站 1 月 1 日最大风速对应的风向为西风，贡嘎站为西北风，色曲特大桥附近为西北风。研究区域东部风向规律性不强，东风较多。3 月 1 日同 1 月 1 日风向分布具有类似之处，铁路西部和中部风向主要为西风、北风或西北风，东部风向规律性不强。7 月 1 日铁路东部主要为东风和南风。10 月 1 日铁路东部主要为东北风，铁路中部，如色曲特大桥附近为西北风，而拉萨站和贡嘎站风向发生反转，变为东南风。

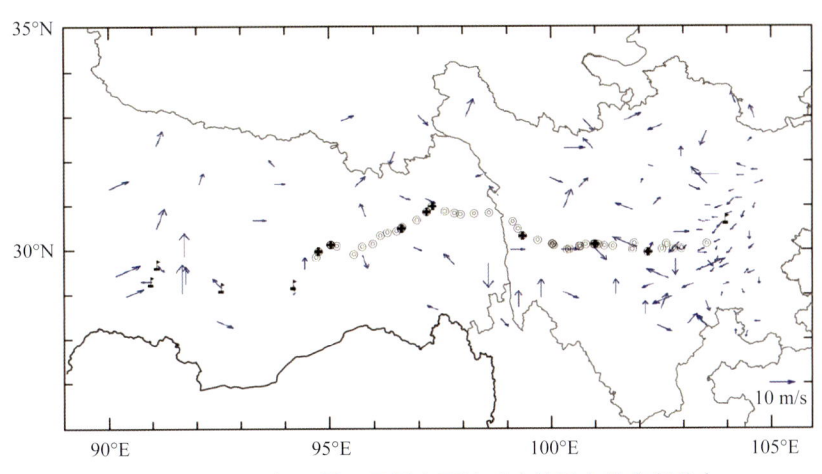

图 3.29　2017 年 1 月 1 日最大风速对应的风向的空间分布

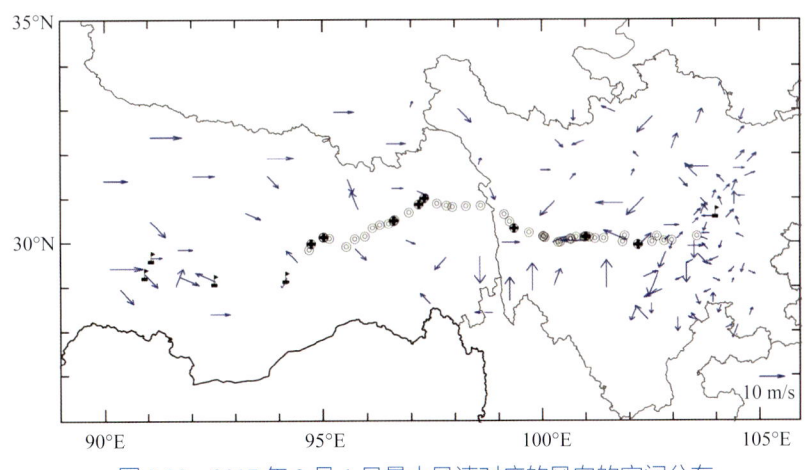

图 3.30　2017 年 3 月 1 日最大风速对应的风向的空间分布

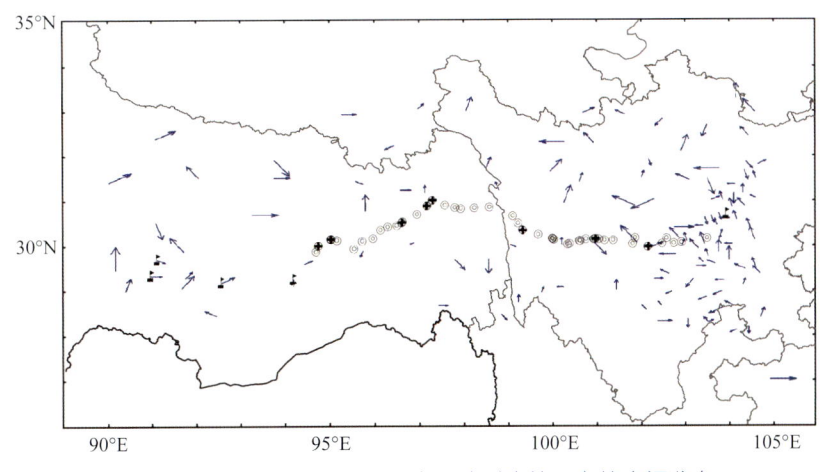

图 3.31　2017 年 7 月 1 日最大风速对应的风向的空间分布

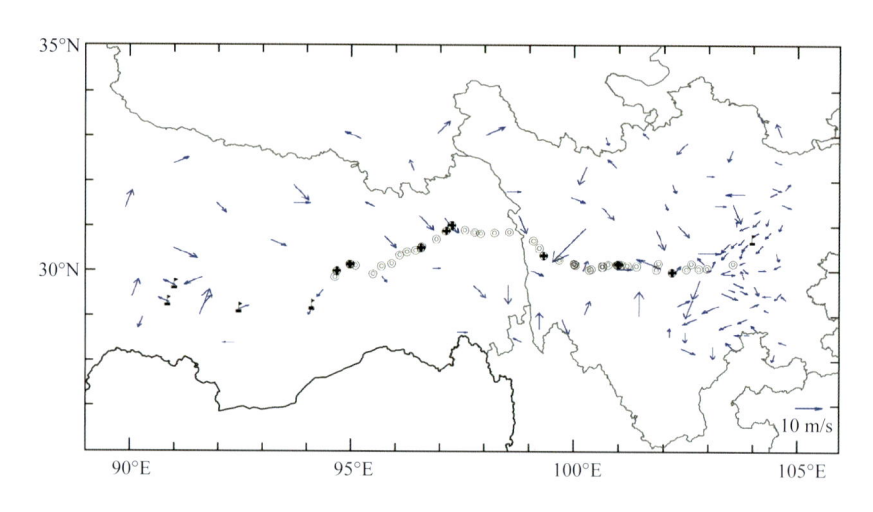

图 3.32　2017 年 10 月 1 日最大风速对应的风向的空间分布

3.7.2　年尺度风向频率及风向空间变化特征

1. 年尺度大风风向频率变化特征

2011～2017 年川藏铁路沿线区域大风主导风向为西风，风向频率约为 15%（图 3.33）。

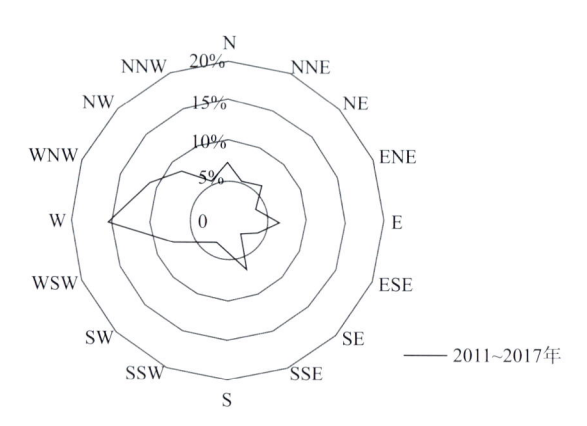

图 3.33　2011～2017 年大风风向玫瑰图

2. 年尺度风向空间变化特征

2011～2017 年川藏铁路沿线的年最大风速对应的风向在空间上的分布如图 3.34 所示。拉萨站、加查站的风向为西风，贡嘎站为西北风，米林站的风向为西南风，通麦隧道附近站点最大风速对应的风向为西北风，色曲特大桥附近最大风速对应的风向为西南风，莫西隧道附近站点风向为东北风，西俄洛隧道附近最大风速对应的风向为西北风，折多山附近最大风速对应的风向为东南风，大渡河特大桥最大风速对应的风向为西南风。

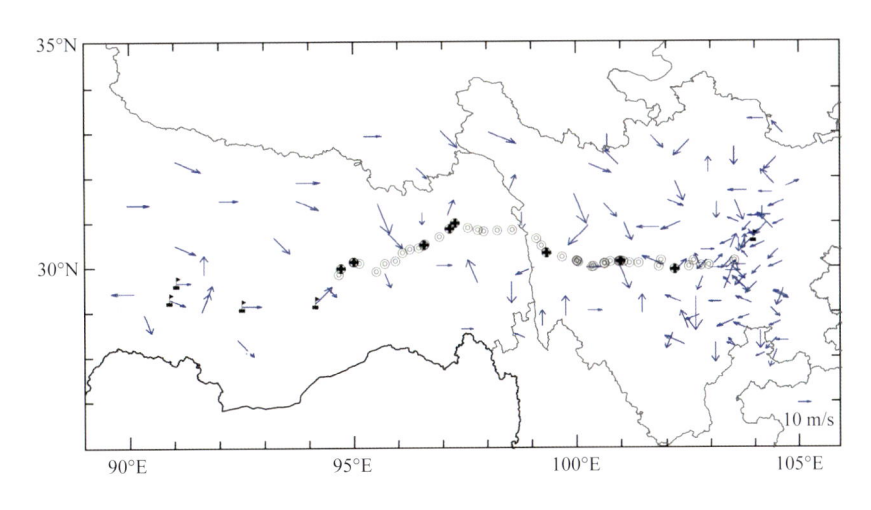

图 3.34　2011～2017 年年最大风速对应的风向的空间分布

3.8　结论

1) 近 30 年川藏铁路沿线及其附近范围降水时空变化特征

在时间尺度上，近 30 年（1988～2017 年）川藏铁路沿线及其附近范围的最大日降水量、年平均降水量和年最大降水量均呈减小趋势，其中，最大日降水量最大值出现在 1993 年的峨眉站，为 524.7 mm；年平均降水量最大值出现在 1990 年（947.5 mm）；年最大降水量最大值出现在 1990 年（2415.2 mm）。空间尺度上，最大日降水量空间分布不均匀，总体呈东多西少的分布格局，其中成都站、周山隧道、尖峰顶隧道、天全隧道、对门山隧道、朱岗山隧道在不同时间尺度上降水量均较大。

2) 近 30 年川藏铁路沿线及其附近范围降雪时空变化特征

在时间尺度上，近 30 年（1988～2017 年）川藏铁路沿线及其附近范围的最大日降雪量呈波动变化，变化范围是 32.4～111.7 mm，平均值为 58.2 mm；年最大积雪深度、年最大雪压、年降雪量、年降雪日数随时间均呈显著下降趋势，变化范围分别为 2.05～6.29 cm、0.07～0.32 g/cm^2、28.15～84.24 mm、9～55 d。其中近 30 年最大日降雪量最大值出现在 1998 年的波密站，为 111.7 mm。空间尺度上，川藏铁路沿线的西北和东部最大日降雪量较小，中部较大，大部分区域大于 60 mm；年降雪量和年降雪日数总体呈西北高、东部低的空间分布格局，并且年降雪量和年降雪日数的最大值均发生在色曲特大桥、米林站和宝灵山隧道出口，大桥的年最大积雪深度和年最大雪压的最大值分别发生在新都桥中桥和则巴特大桥，重要站点和隧道则均为米林站和宝灵山隧道出口。

3）近30年川藏铁路沿线及其附近范围气温时空变化特征

时间尺度上，近30年（1988～2017年）川藏铁路沿线及其附近范围的日最高气温呈先波动上升后波动下降趋势；而年平均气温、年极端最高气温、年极端最低气温均呈波动上升趋势，变化范围分别为10～13℃、30.5～34℃、–11～–6℃。空间尺度上，川藏铁路沿线及其附近范围的气温主要表现为西低东高、北低南高的空间格局。

4）近30年川藏铁路沿线及其附近范围气压时空变化特征

时间尺度上，近30年（1988～2017年）川藏铁路沿线及其附近范围的日平均气压、日最高气压、日最低气压呈波动变化，变化范围分别为810～830 hPa、813～832 hPa、809～826 hPa。冬季和春季气压波动较大，夏季气压最低且波动较小。空间尺度上，海拔越高的地方气压越低，海拔越低的地方气压越高，川藏铁路沿线的气压自东向西越来越低。其中，怒江特大桥、色曲特大桥气压较低，范围为500～600 hPa，而四川成都地区以及周山隧道地区海拔相对较低，气压为900 hPa以上。

5）近30年川藏铁路沿线及其附近范围相对湿度时空变化特征

时间尺度上，2017年川藏铁路沿线及其附近范围日最小相对湿度的变化范围为18%～66%，平均值为41%。每年的5月至6月中旬，日最小相对湿度呈增加趋势，然后显著下降后呈波动变化，10～12月呈下降趋势。近30年的年最大相对湿度、年最小相对湿度和年平均相对湿度均呈显著减小趋势，变化范围分别为90%～95%、9%～15%和63%～71%。空间尺度上，川藏铁路沿线及其附近范围的日、月、季和年尺度上相对湿度总体呈东部高、西部和北部低的分布格局。

6）近30年川藏铁路沿线及其附近范围风速时空变化特征

时间尺度上，2017年川藏铁路沿线及其附近范围的日最大风速呈先波动上升后波动下降然后逐渐趋于平缓的趋势。近30年川藏铁路沿线的春、夏、冬季最大风速均呈明显的上升趋势，且春季>夏季>冬季>秋季，年平均风速为1.3～1.8 m/s，整体呈上升趋势。空间尺度上，年最大风速和年极大风速总体呈东低西高、南低北高的分布格局。

7）近30年川藏铁路沿线及其附近范围风向时空变化特征

2017年1月1日川藏铁路沿线西部和中部的日最大风速对应的风向主要为西风、北风或西北风；7月1日铁路东部主要为东风和南风；10月1日铁路东部主要为东北风，铁路中部，如色曲特大桥附近为西北风，而拉萨站和贡嘎站风向发生反转，变为东南风。2011～2017年川藏铁路沿线区域大风主导风向为西风，风向频率约为15%。

第 4 章

气象灾害变化特征

4.1 大风

4.1.1 大风日数

根据川藏铁路沿线区域1988～2017年平均年大风日数，川西北高原为大风多发区，普遍为20～50 d，局部地区超过50 d，如甘孜高达65.2 d，丹巴为62.5 d，色达为55 d，新龙为50.7 d；西藏境内大风日数普遍为10～30 d，芒康、左贡、波密、林芝、米林一带年大风日数少，不足10 d。另外，铁路沿线东部的四川盆地区域大风日数很少，不足1 d（图4.1）。

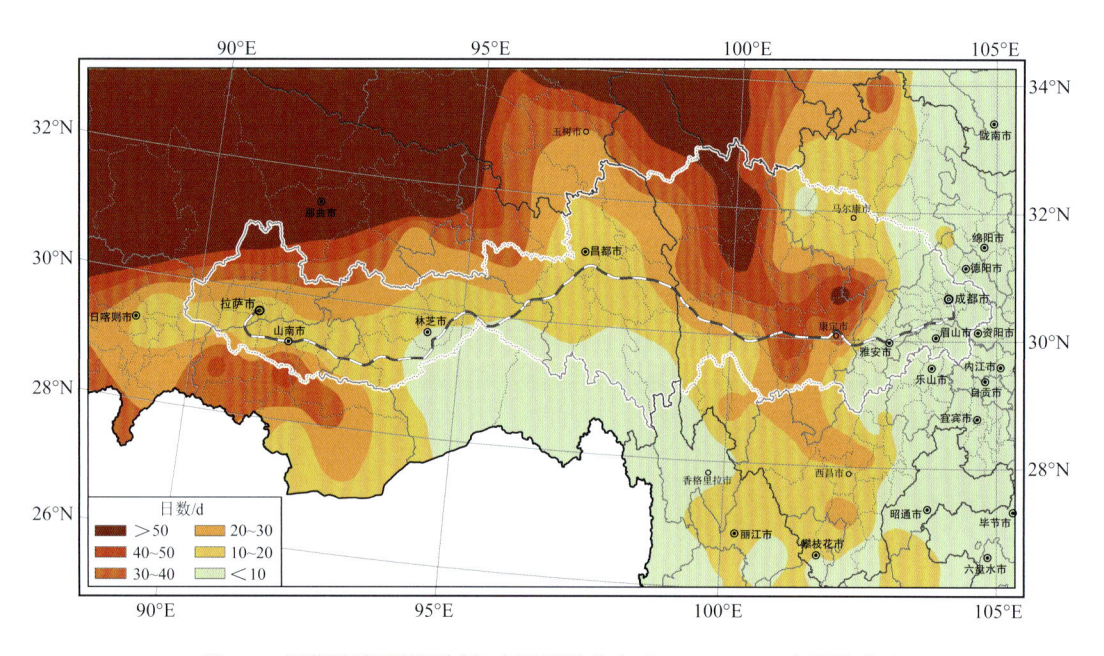

图 4.1　川藏铁路沿线区域年大风日数分布（1988～2017年平均值）

温江至泸定段的年大风日数少，均不足1 d；康定至洛隆段的年大风日数较多，除理塘9.8 d之外，其余都在10 d以上，其中康定、雅江、白玉、洛隆的年大风日数分别为38.9 d、58.2 d、32.6 d、27.9 d；波密至拉萨段，除加查、泽当、贡嘎的年大风日数为12.7 d、14.5 d、15.3 d外，其余均不足10 d。可选方案涉及站点，除芒康、左贡不足10 d外，其余均超过10 d，其中甘孜为65.2 d、道孚为34.7 d（图4.2）。

基于川藏铁路沿线主要气象站点大风日数的逐月演变（图4.3）可知，大部分气象站点的大风日数具有明显的季节变化，春季为大风日数多发期，大风日数最多月份多出现在3月、4月，其中雅江3月大风日数最多可达12.6 d，甘孜4月大风日数最多可达10.5 d；川西高原北部及西藏东北部部分站点，如甘孜、白玉、道孚、洛隆等地月变化呈现双峰型，次峰值出现在秋季。康定新都桥和拉萨的大风日数最多月份出现在2月，

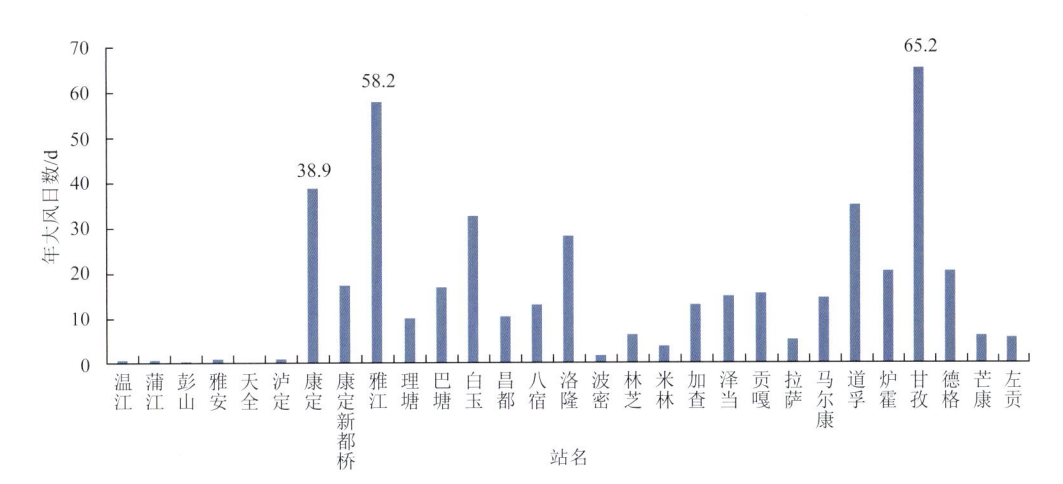

分别为 7.5 d 和 1.1 d。区域东部站点月大风日数均不足 1 d，季节变化不显著（图 4.3）。

图 4.2 川藏铁路沿线主要气象站点年大风日数（1988～2017 年平均值）

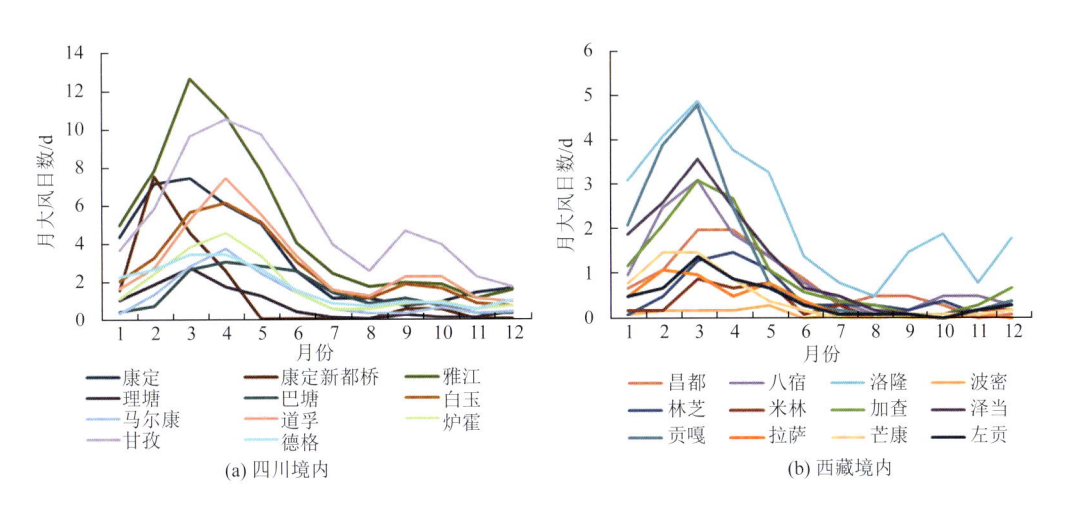

图 4.3 川藏铁路沿线主要气象站点大风日数的逐月演变（1988～2017 年平均值）

1951～2017 年川藏铁路沿线区域年大风日数最大值分布与年大风日数的气候态分布相似，其中，在川西北高原大部分区域年大风日数普遍为 50～150 d，康定和丹巴超过 150 d，尤其康定多达 257 d；年大风日数发生较少的区域最大值不到 50 d，铁路沿线东部部分站点甚至不足 10 d（图 4.4）。

温江至泸定段年大风日数最大值除泸定（41 d）、温江（16 d）之外，其余均不足 10 d；康定至洛隆段年大风日数最大值均超过 50 d，其中康定最多，雅江多达 152 d；波密至拉萨段，除泽当、贡嘎、拉萨分别为 172 d、57 d、65 d 之外，其余站不足 50 d。可选方案涉及站点道孚、德格、甘孜年大风日数最大值为 105～173 d（图 4.5）。

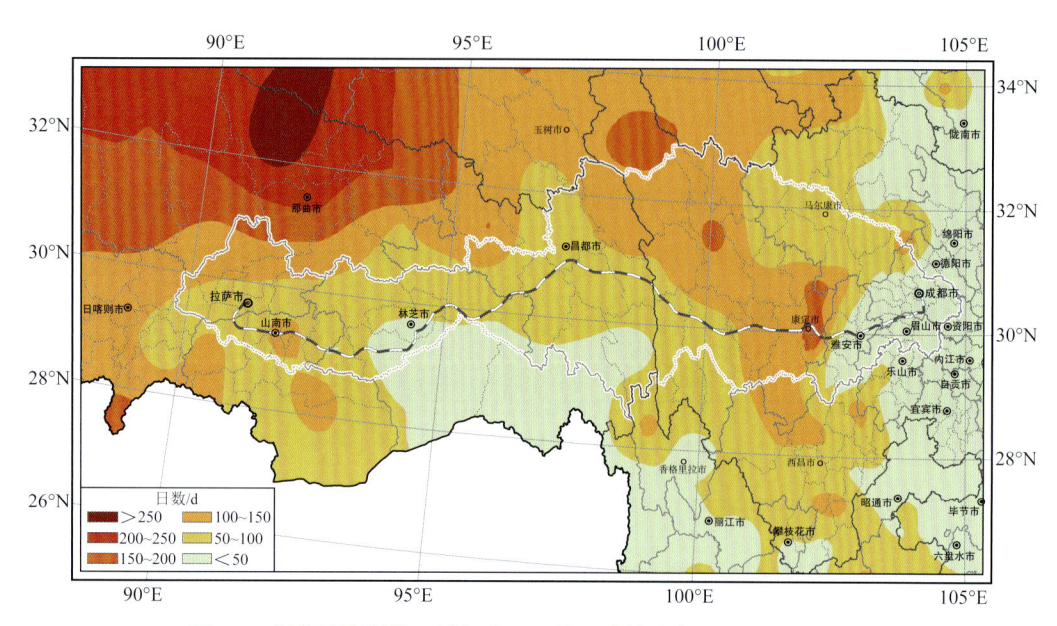

图 4.4　川藏铁路沿线区域年大风日数最大值分布（1951～2017 年）

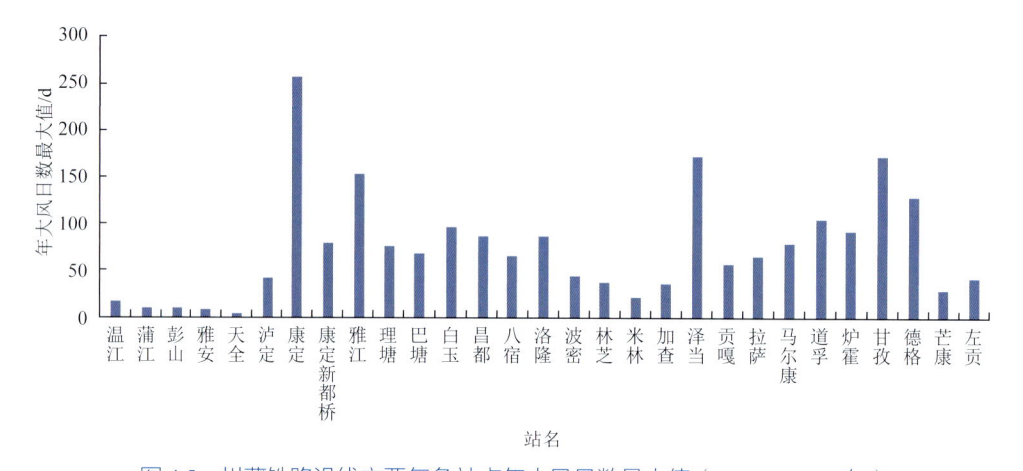

图 4.5　川藏铁路沿线主要气象站点年大风日数最大值（1951～2017 年）

4.1.2　最大风速

基于川藏铁路沿线区域日最大风速的年极大值分布（图 4.6）可知，除沿线区域中部的波密和八宿以及东部地区之外，其余大部分地区的日最大风速年极大值均超过 15 m/s，其中，川西高原北部普遍超过 20 m/s，色达、甘孜甚至超过 25 m/s。蒲江、雅安、康定、雅江、理塘、巴塘、洛隆、林芝、米林、泽当和拉萨年极大值超过 15 m/s，其中林芝、泽当最高，为 25 m/s（图 4.7）。可选方案涉及站点普遍高于 15 m/s，其中甘孜最大，为 28 m/s。

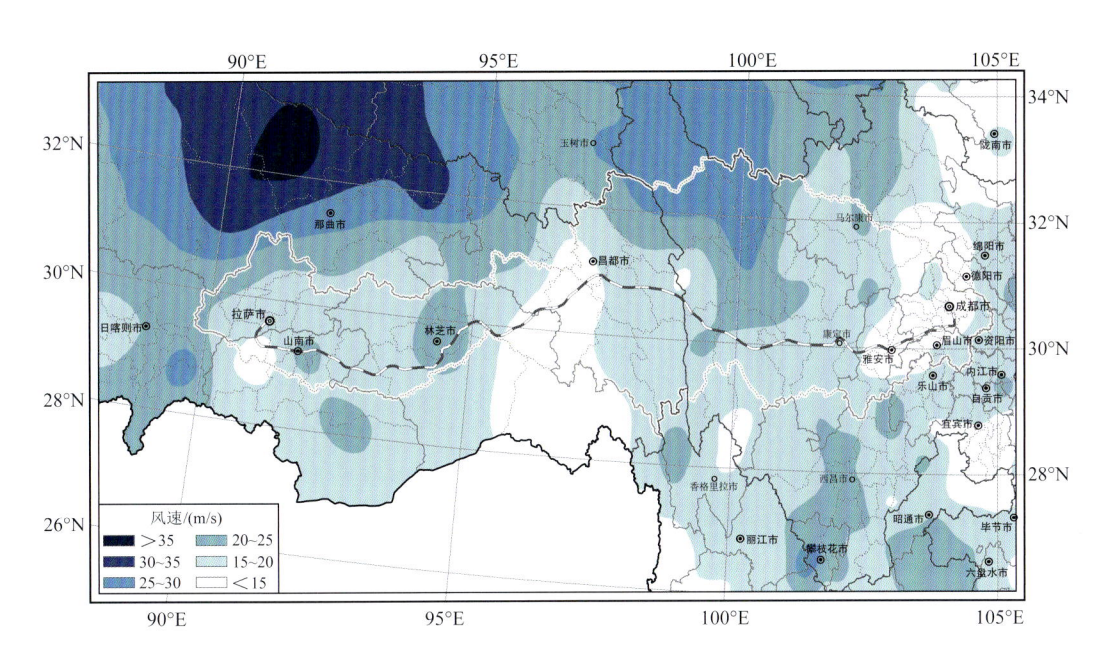

图 4.6　川藏铁路沿线区域日最大风速年极大值分布（1951～2017 年）

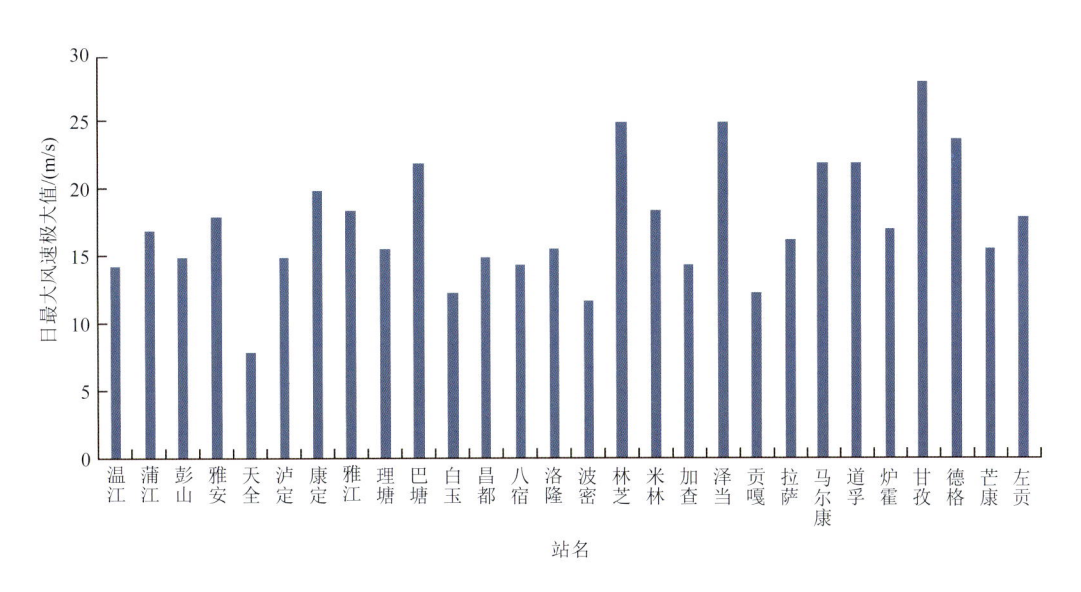

图 4.7　川藏铁路沿线主要气象站点日最大风速年极大值（1951～2017 年）

基于各月从川藏铁路沿线主要气象站点中挑选的日最大风速极大值（图 4.8）可知，除了 1 月、7 月和 8 月的月极大值分别出现在泽当、林芝和巴塘之外，其余 9 个月均出现在甘孜。另外，各月日最大风速极大值均超过 20 m/s，其中 3 月、4 月、6 月和 9 月的日最大风速极大值超过 25 m/s。

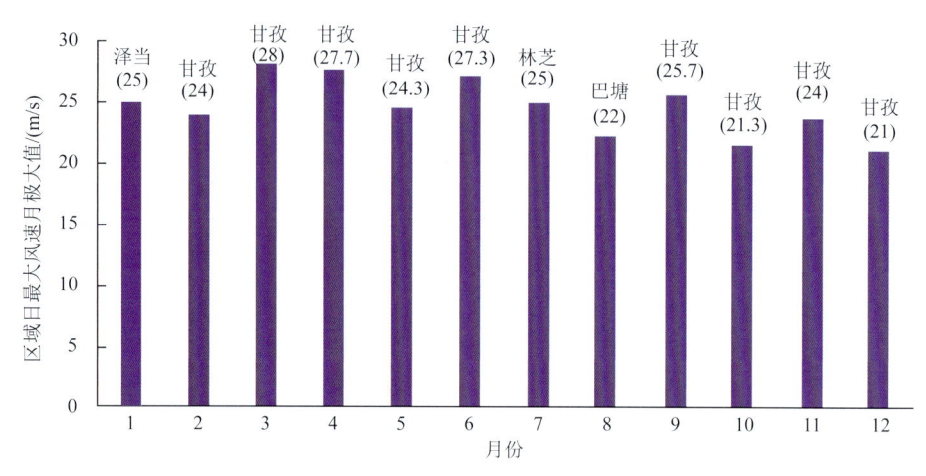

图 4.8　各月川藏铁路沿线主要气象站点挑选的日最大风速极大值（1951～2017 年）

4.1.3　极大风速

川藏铁路沿线区域日极大风速年极大值的空间分布上，川西高原、西藏东部以及铁路沿线区域的西部年极大值一般为 25～30 m/s（图 4.9），川西高原西北部及拉萨、昌都等地超过 30 m/s，其中，甘孜为 33.5 m/s、马尔康为 33.3 m/s、拉萨为 32.3 m/s；其余地区为 20～25 m/s，彭山、雅安、天全、米林、林芝等地不足 20 m/s（图 4.10 和表 4.1）。

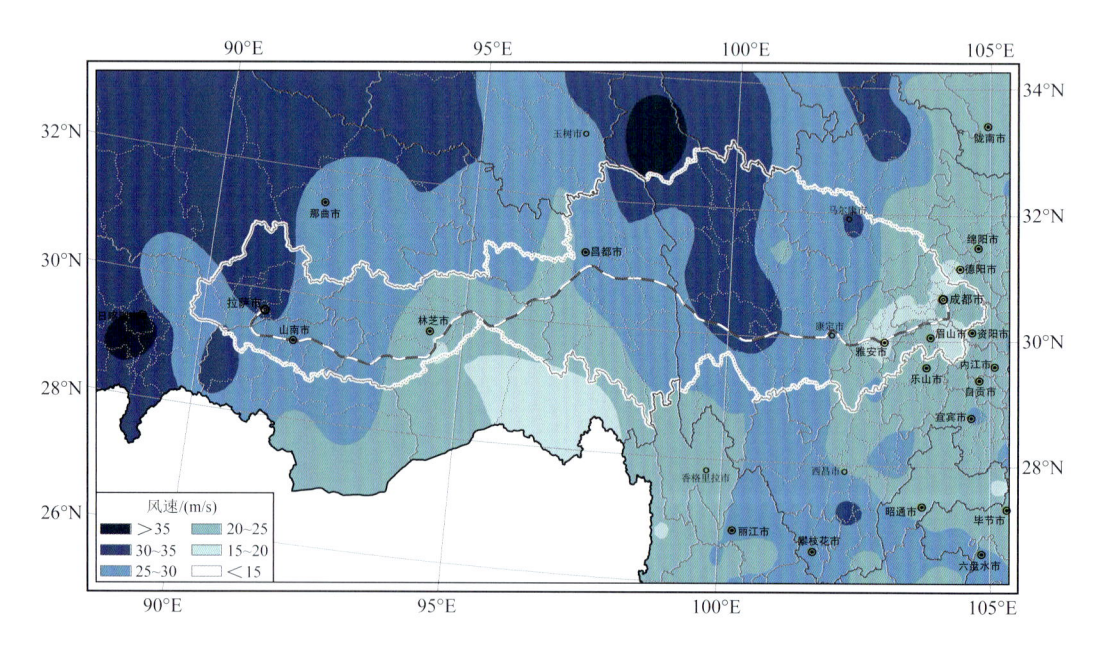

图 4.9　川藏铁路沿线区域日极大风速年极大值分布（1951～2017 年）

第 4 章　气象灾害变化特征

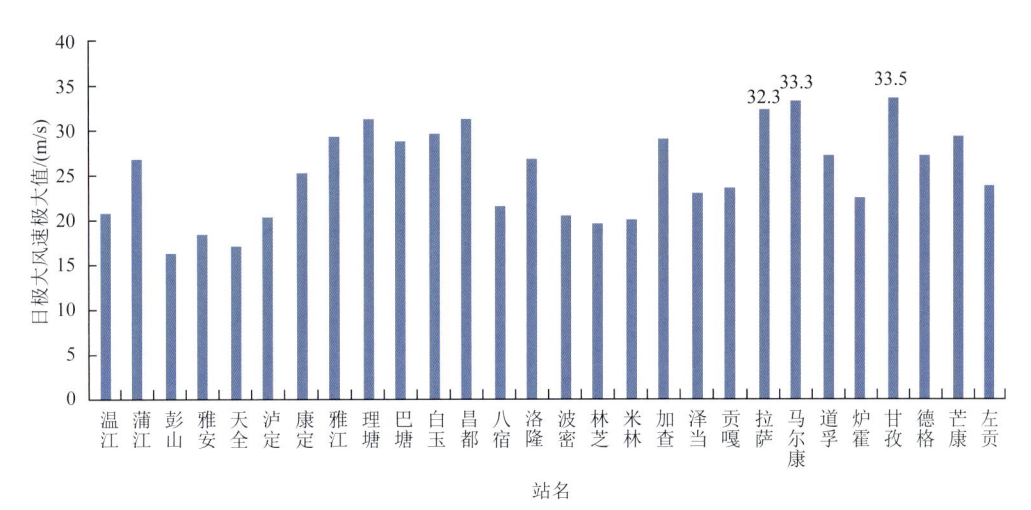

图 4.10　川藏铁路沿线主要气象站点日极大风速极大值（1951～2017 年）

表 4.1　各站日极大风速极大值及其对应的风向和出现日期（1951～2017 年）

站名	日极大风速极大值 /(m/s)	16 方位（风向）	出现日期 年	月	日
温江	20.8	5（E）	2006	7	30
蒲江	26.8	10（SSW）	2006	8	15
彭山	16.2	2（NNE）	2017	7	17
雅安	18.4	12（WSW）	2009	6	2
天全	16.9	3（NE）	2016	7	30
泸定	20.2	3（NE）	2016	8	8
康定	25.3	2（NNE）	2005	6	26
雅江	29.3	12（WSW）	2015	5	12
理塘	31.2	10（SSW）	2017	5	5
巴塘	28.7	15（NW）	2010	4	20
白玉	29.6	7（SE）	2012	2	9
昌都	31.1	11（SW）	1985	3	7
八宿	21.4	16（NNW）	2008	2	10
洛隆	26.6	13（W）	2015	5	7
波密	20.4	3（NE）	2013	8	2
林芝	19.5	13（W）	2010	2	25
米林	19.9	15（NW）	2011	3	6
加查	29.0	14（WNW）	2013	2	7
泽当	22.9	13（W）	2013	1	18
贡嘎	23.5	12（WSW）	2007	6	18
拉萨	32.3	12（WSW）	1974	2	6

115

续表

站名	日极大风速极大值 /(m/s)	16 方位（风向）	出现日期 年	月	日
马尔康	33.3	13(W)	2009	8	28
道孚	27.1	15(NW)	2004	7	17
炉霍	22.3	13(W)	2015	4	14
甘孜	33.5	14(WNW)	2005	6	15
德格	27.1	11(SW)	2012	2	9
芒康	29.3	16(NNW)	2017	3	12
左贡	23.8	4(ENE)	2012	2	11

从各月川藏铁路沿线主要气象站点中挑选出日极大风速的极大值，1月、3月、7月、9月、11月的极大值出现在昌都；4月、6月出现在甘孜，2月、12月出现在拉萨。5月、8月、10月的极大值分别出现在理塘、马尔康、巴塘。除 11 月外，大部分月份的极大值均超过 25 m/s，其中 2～6 月以及 8 月的极大值均超过 30m/s（图 4.11）。

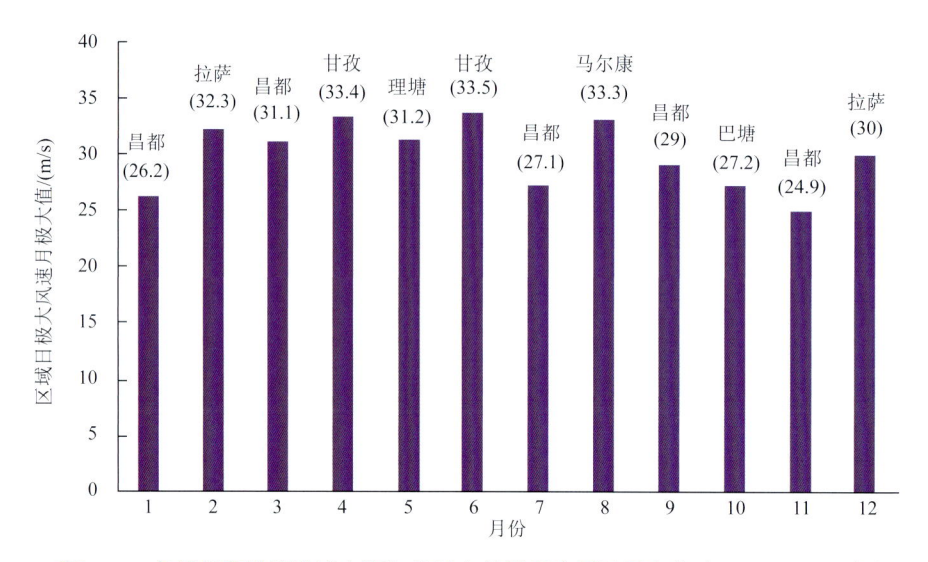

图 4.11　各月川藏铁路沿线主要气象站点的日极大风速极大值（1951～2017 年）

4.2　强降雨

4.2.1　降水日数

川藏铁路沿线区域四川境内的东部和北部以及西藏境内的中部米林至波密一带为降水日数多发区，年降水日数为 150～200 d，四川天全多达 227.1 d；西部部分地区为

70～100 d（图4.12）。各站点有记录以来，年降水日数最大值，四川天全和雅安超过250 d，分别为268 d（1964年）和254 d（1964年）；四川蒲江、康定以及西藏波密、米林超过200 d；除西藏八宿年降水日数最大值为89 d外，其余川藏铁路沿线气象站点年降水日数最大值为100～200 d（图4.13）。

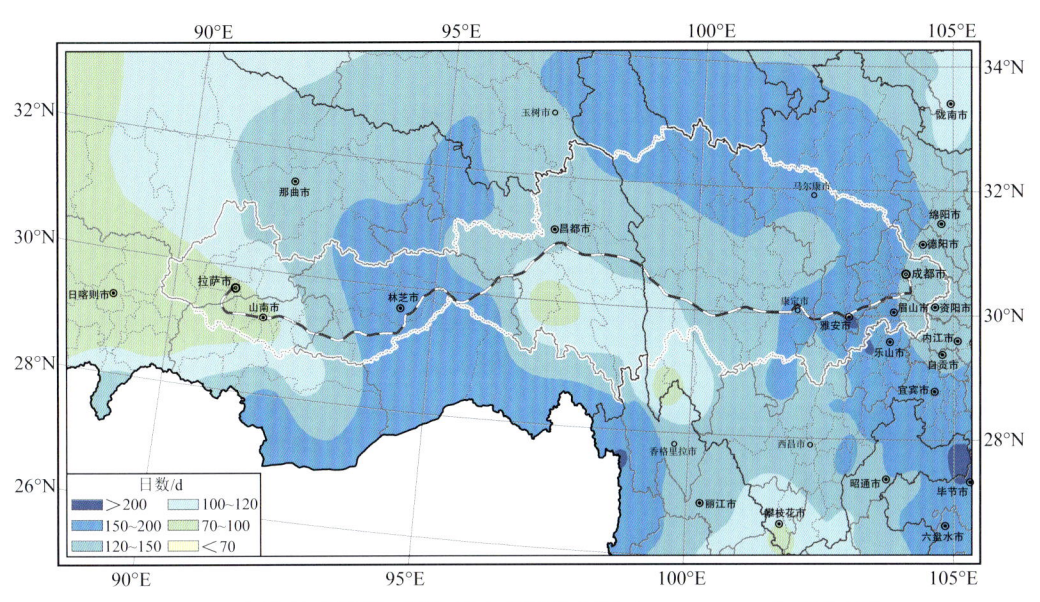

图4.12　川藏铁路沿线区域年降水日数分布图（1988～2017年平均值）

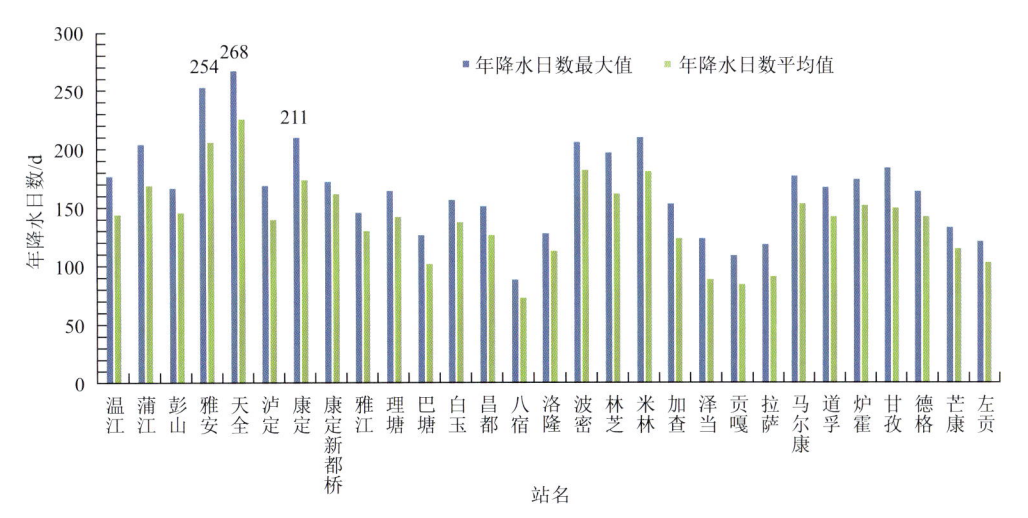

图4.13　川藏铁路沿线主要气象站点年降水日数平均值（1988～2017年）和年降水日数最大值（1951～2017年）

降水日数月变化特征，对于东部降水量较多的地区，如雅安、天全等地，其各月常年降水日数维持在15～25 d，降水日数秋季10月最多，秋雨明显，冬季降水最少，但总体来讲，年内月变化幅度不大。相对来讲，西部降水量较多的地区，如林芝、波密等地，夏季的降水日数多，6月降水日数最大能达到23.6 d左右，冬季的降水日数少，月变化幅度大，季节差异特征明显（图4.14）。

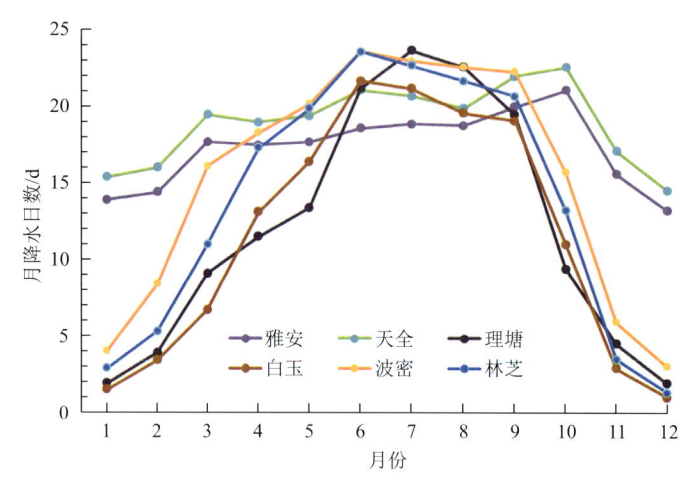

图4.14　川藏铁路沿线区域部分气象站点降水日数月变化特征（1988～2017年平均值）

4.2.2　暴雨日数

川藏铁路沿线区域普遍年暴雨日数不足1 d，暴雨大值区（2～4 d）集中在四川盆地（图4.15）。年暴雨日数最大值，雅安为11 d，天全为10 d，彭山、蒲江和温江为6～8 d，其余站点不足5 d，巴塘、八宿、洛隆、泽当等为0 d（图4.16）。暴雨日数月变化特征，仅对川藏铁路沿线东部站点进行分析，可见暴雨月际变化特征明显，暴雨多出现在4～9月，暴雨日数峰值多出现在7月或8月（图4.17）。

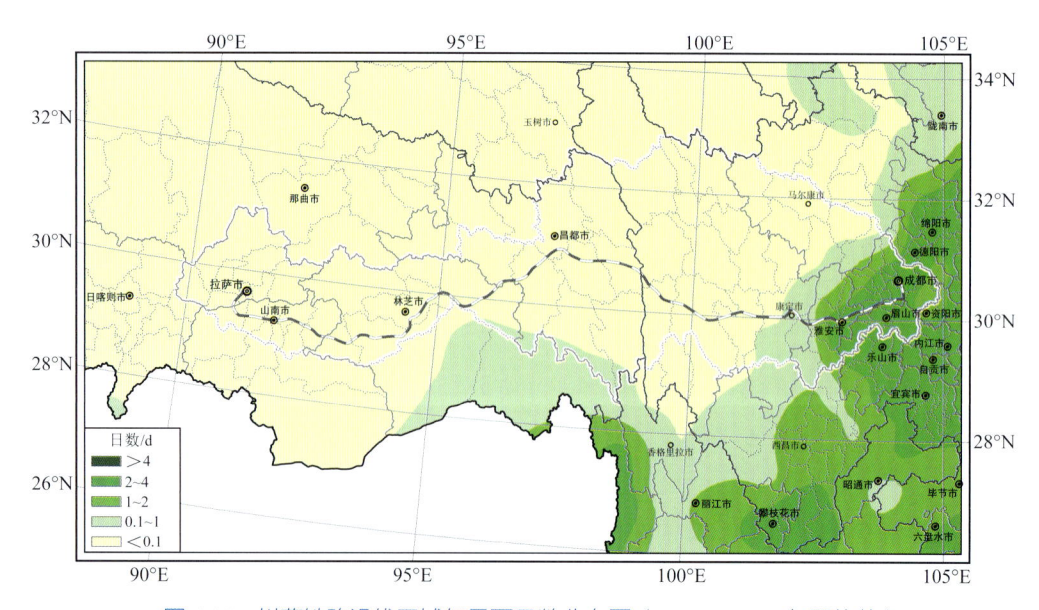

图4.15　川藏铁路沿线区域年暴雨日数分布图（1988～2017年平均值）

第 4 章　气象灾害变化特征

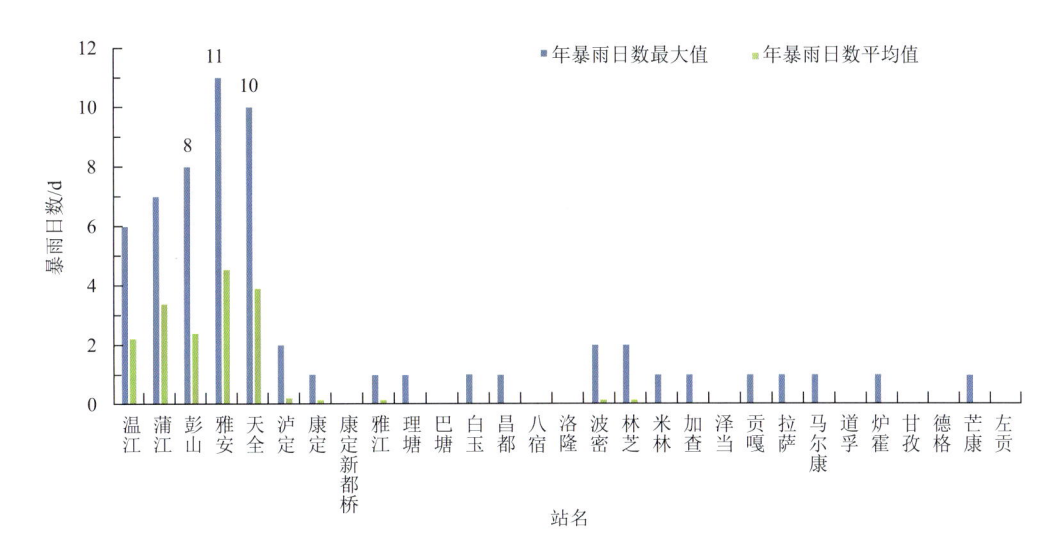

图 4.16　川藏铁路沿线主要气象站点年暴雨日数平均值（1988～2017 年）和年暴雨日数最大值（1951～2017 年）

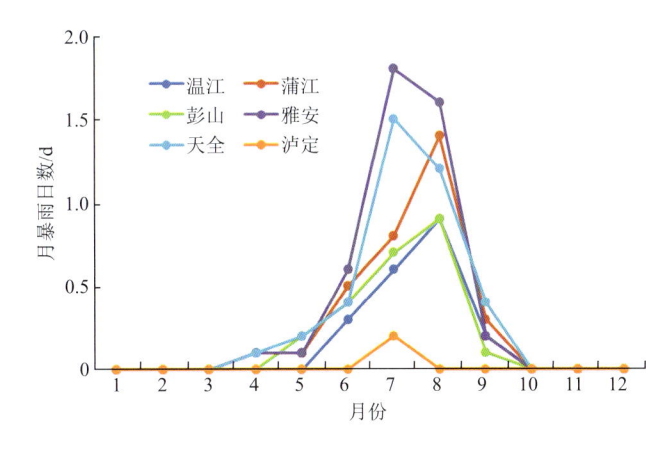

图 4.17　川藏铁路沿线东部主要气象站点暴雨日数月变化特征（1988～2017 年平均值）

4.2.3　降水强度

1951～2017 年，温江的日降水量年极大值高达 356.6 mm（1998 年 7 月 5 日），雅安的日降水量年极大值高达 339.7 mm（1959 年 8 月 12 日），达到特大暴雨量级；蒲江、彭山、天全和波密的日降水量年极大值也曾超过 100 mm，达到大暴雨量级；除了巴塘、八宿、洛隆、泽当、道孚、甘孜、德格和左贡没有超过 50 mm 外，其余站均曾出现过暴雨或以上级别的强降水（图 4.18）。

1951～2017 年，温江、蒲江、彭山、雅安、天全等地均出现过小时降水量超过 60 mm，这会对高速铁路运行产生严重影响，需要降速或停运。泸定、康定、雅江、白玉、

119

昌都和拉萨等地出现过小时降水量大于 20 mm，这也会对高速铁路运行产生一定影响（图 4.18）。可选方案涉及站点大多小时降水量年极大值超过 20 mm。根据四川省气候中心和西藏自治区气候中心对 10 min 降水量年极大值统计，可见区域东部主要气象站点温江、蒲江、彭山、雅安等地 10 min 降水量强度强，一般为 28.5～30.8 mm，彭山最大；天全、雅江、米林、马尔康、炉霍为 20～27 mm，其余地区为 7～20 mm（图 4.19）。

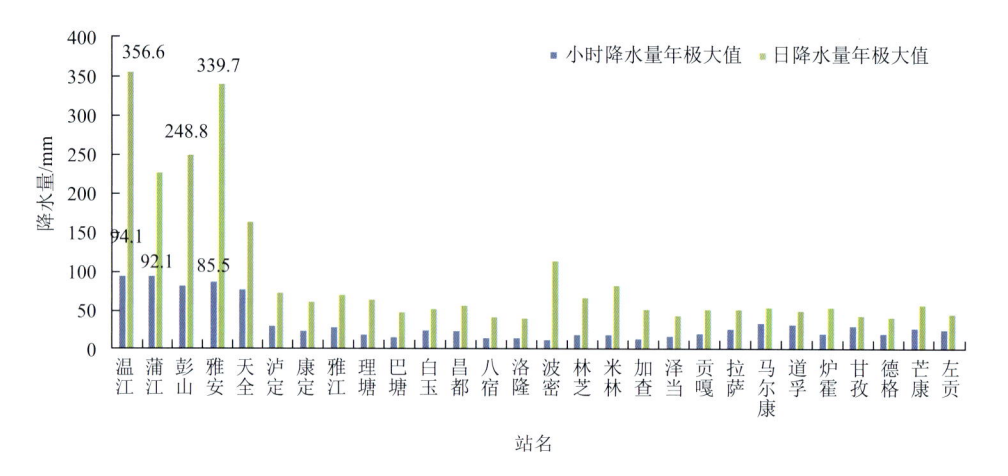

图 4.18　川藏铁路沿线主要气象站点小时降水量年极大值和日降水量年极大值（1951～2017 年）

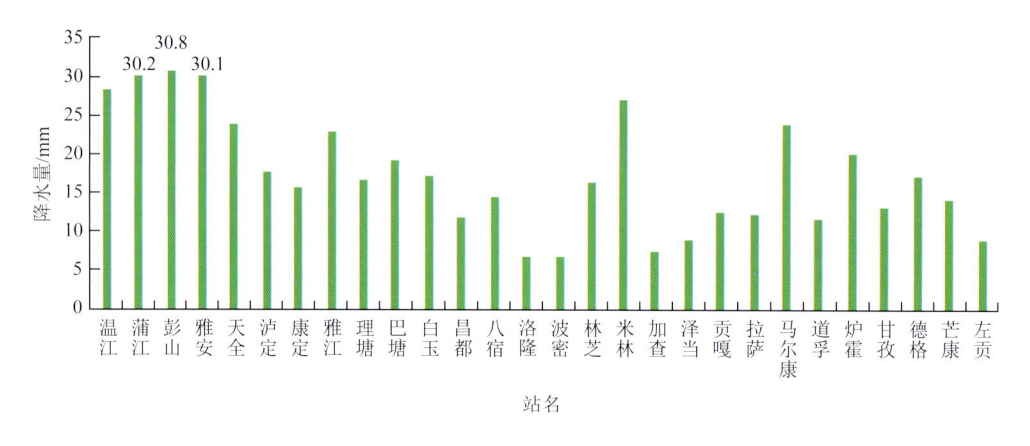

图 4.19　川藏铁路沿线主要气象站点 10 min 降水量年极大值
四川站点：1951～2017 年；西藏站点：2013～2017 年

4.2.4　降水过程

从最长连续降水日数看，沿线所有主要站点均出现过连续 10 d 以上的降水过程，米林、加查、白玉、康定新都桥等曾出现过连续 40 d 以上的降水过程，西藏波密甚至曾经连续 52 d 出现降水（图 4.20）。从过程最大降水量看，沿线所有主要站点均出现过

第4章 气象灾害变化特征

累积降水量超过 100 mm 的降水过程，雅安、天全和温江出现过 500 mm 以上的降水过程，其中雅安最高，达 657.4 mm（图 4.21）。

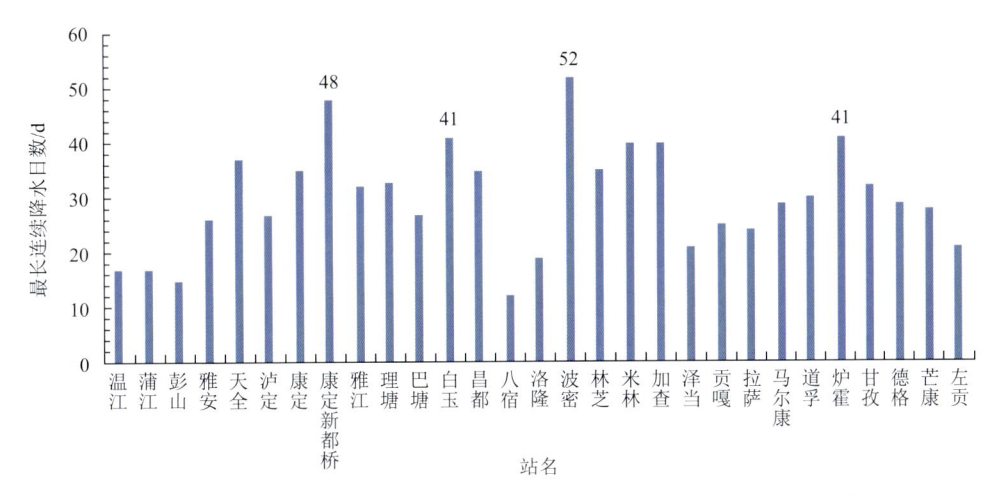

图 4.20 川藏铁路沿线主要气象站点最长连续降水日数（1951～2017 年）

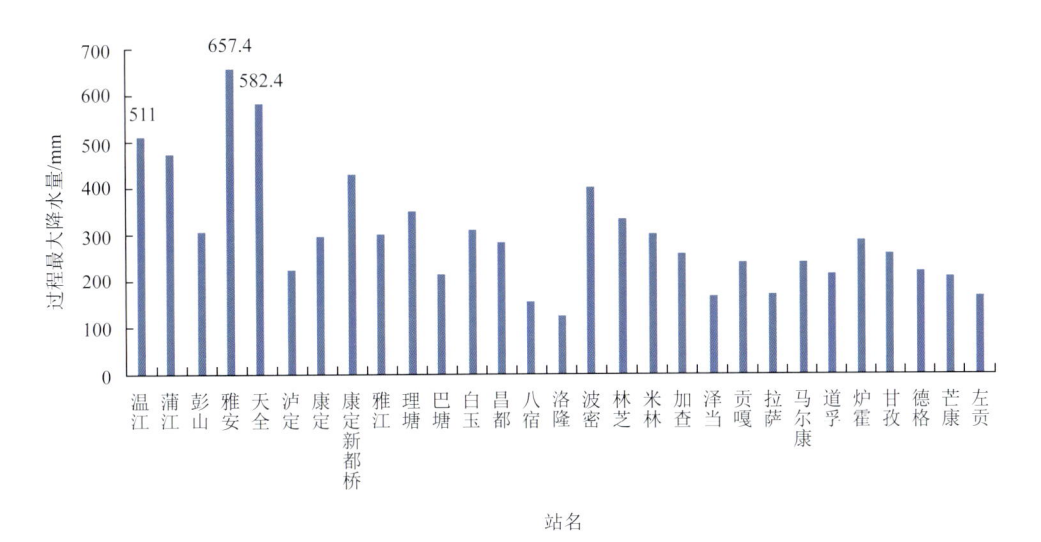

图 4.21 川藏铁路沿线主要气象站点过程最大降水量（1951～2017 年）

4.3 雪

4.3.1 降雪特征

1. 降雪期

川藏铁路沿线区域大部分地区降雪期为 100～250 d。理塘为 272 d，雅江为 97 d，泸定以东地区及巴塘不足 50 d，彭山、温江、蒲江不到 10 d（表 4.2 和图 4.22）。平均降雪初日，泸定以东及巴塘出现较晚，一般在 1 月；理塘出现最早，在 9 月 5 日，其次为洛隆，在 9 月 28 日；其余出现在 10～12 月。平均降雪终日，泸定以东及巴塘出现早，一般在 1 月下旬至 2 月中旬；其余地区降雪终日出现在 3～5 月；理塘最晚，出现在 6 月 2 日（表 4.2）。

川藏铁路康定—理塘、白玉—拉萨段的降雪期长度最大值均超过 200 d。理塘最长，为 363 d，其次是左贡，为 333 d；东部站点一般为 50～100 d（图 4.22）。最长降雪期出现的时段见表 4.3。

表 4.2　川藏铁路沿线主要气象站点降雪期长度及初日、终日时间（1987～2016 年平均值）

站名	降雪期长度 /d	初日 月	初日 日	终日 月	终日 日
温江	8	1	22	1	29
蒲江	8	1	15	1	22
彭山	5	1	21	1	25
雅安	11	1	16	1	26
天全	23	1	10	2	1
泸定	33	1	15	2	16
康定	187	10	23	4	26
雅江	97	12	9	3	14
理塘	272	9	5	6	2
巴塘	40	1	5	2	13
白玉	167	11	7	4	21
昌都	195	10	20	5	1
八宿	148	11	16	4	11
洛隆	234	9	28	5	18
波密	130	11	24	4	1
林芝	143	11	22	4	12
米林	130	11	22	3	30
加查	138	11	29	4	14
泽当	169	11	9	4	25
贡嘎	138	12	8	4	23
拉萨	181	11	3	5	1
马尔康	158	11	13	4	18
道孚	154	11	14	4	15
炉霍	183	10	26	4	25

第 4 章　气象灾害变化特征

续表

站名	降雪期长度 /d	初日 月	初日 日	终日 月	终日 日
甘孜	209	10	14	5	9
德格	201	10	12	4	29
芒康	225	10	5	5	16
左贡	226	10	4	5	16

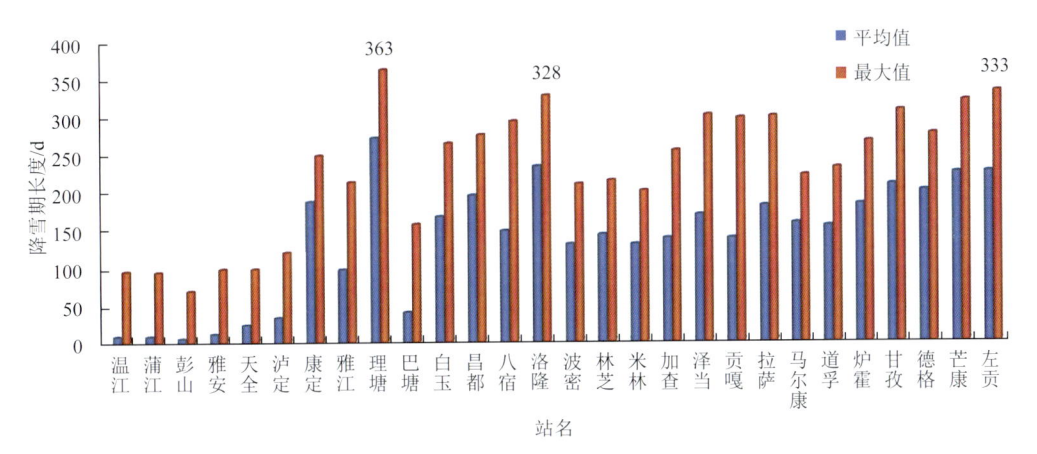

图 4.22　川藏铁路沿线主要气象站点降雪期 1987～2016 年平均值与 1951～2016 年最大值

表 4.3　历史最长降雪期长度及相应的时段（1951～2016 年）

站名	最长降雪期长度 /d	起始日 年	起始日 月	起始日 日	结束日 年	结束日 月	结束日 日
温江	95	1968	12	31	1969	4	4
蒲江	94	1969	1	1	1969	4	4
彭山	69	1966	12	27	1967	3	5
雅安	98	1976	11	16	1977	2	21
天全	98	1976	11	16	1977	2	21
泸定	120	2000	12	12	2001	4	10
康定	249	1974	9	22	1975	5	28
雅江	213	1964	11	20	1965	6	20
理塘	363	1974	7	1	1975	6	28
巴塘	157	1967	11	15	1968	4	19
白玉	265	1967	9	23	1968	6	13
昌都	276	1958	9	2	1959	6	4
八宿	294	1988	7	30	1989	5	19

123

续表

站名	最长降雪期长度 /d	起始日 年	月	日	结束日 年	月	日
洛隆	328	1989	7	31	1990	6	23
波密	210	1976	10	11	1977	5	8
林芝	215	1974	11	13	1975	6	15
米林	201	1983	11	2	1984	5	20
加查	255	1984	7	14	1985	3	25
泽当	302	2005	7	8	2006	5	5
贡嘎	298	1993	7	29	1994	5	22
拉萨	300	1988	7	4	1989	4	29
马尔康	222	1958	10	26	1959	6	4
道孚	232	1972	10	21	1973	6	9
炉霍	267	1981	9	17	1982	6	10
甘孜	308	1971	8	25	1972	6	27
德格	277	1999	7	10	2000	4	11
芒康	321	1981	7	26	1982	6	11
左贡	333	1995	7	14	1996	6	10

2. 降雪日数变化特征

年降雪日数最大值的变化与年降雪日数波动态势相似。理塘与康定站点分别高达 123 d(1991 年) 与 108 d(1976 年)；昌都及洛隆至米林为 71～83 d，天全、白玉、八宿以及加查至拉萨为 30～56 d，温江至雅安、泸定、雅江、巴塘为 13～26 d（图 4.23）。

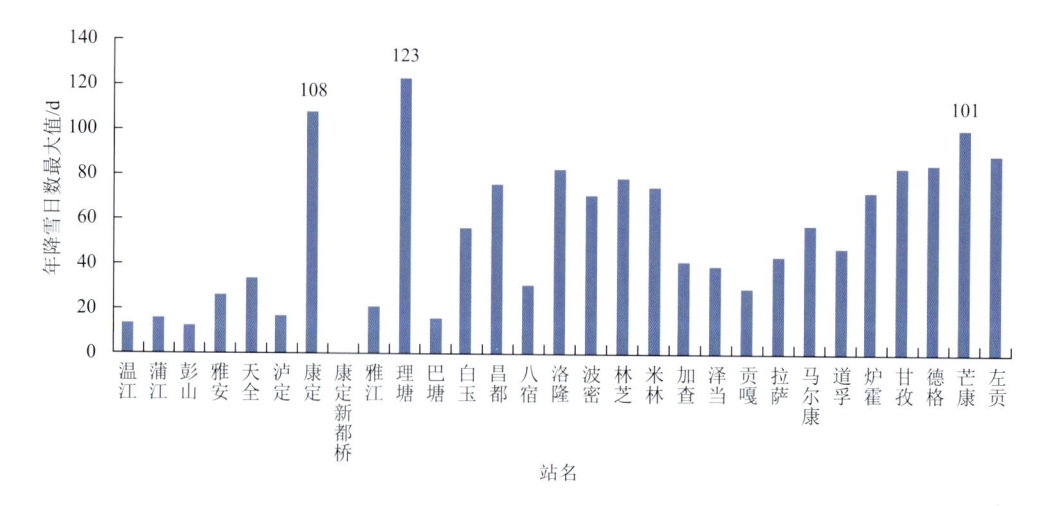

图 4.23 川藏铁路沿线主要气象站点年降雪日数最大值（1951～2016 年）

第 4 章 气象灾害变化特征

川藏铁路沿线各气象站点的降雪日数月变化特征各有不同（图 4.24）。温江至天全段，降雪主要出现在冬季及 3 月，1 月达到峰值，天全 11 月也有降雪 [图 4.24(a)]。泸定至巴塘段，理塘各月均有降雪出现，呈双峰型变化，4 月和 10 月为最高峰和次高峰，4 月高达 16 d；泸定、巴塘降雪出现在 11 月至次年 3 月；雅江延至 4 月；康定除 6～8 月外均有降雪出现；白玉除 7～9 月外，均有降雪出现，双峰明显，最高峰和次高峰出现在 3 月和 11 月 [图 4.24(b)]。昌都至林芝段，昌都除 7～8 月外，均有降雪出现，双峰型峰值出现在 3 月和 11 月；八宿 6～9 月无降雪；洛隆全年均有降雪，且双峰明显，出现在 4 月和 11 月；波密、林芝从 10 月至次年 4 月、5 月有降雪，2 月最多 [图 4.24(c)]。米林至拉萨，降雪大多出现在 10 月至次年 4 月、5 月，泽当、贡嘎 7 月也有降雪，降雪日数月变化均呈双峰型，最高峰出现在 3～4 月 [图 4.24(d)]。

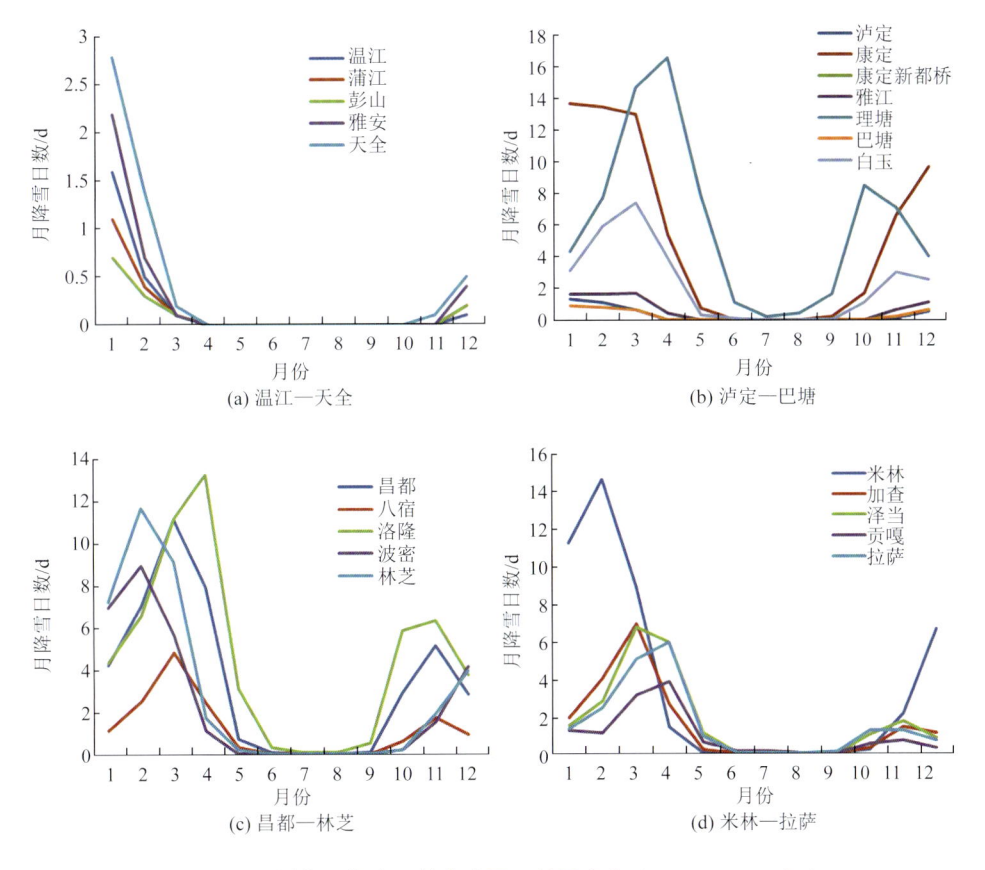

图 4.24 川藏沿线分段站点降雪日数月变化（1987～2016 年）

3. 日降雪量极值特征

川藏铁路沿线的波密站日降雪量极大值为 111.7 mm，其次为米林站（81.8 mm），雅安以东及泸定、巴塘不到 20 mm，康定、雅江、理塘、天全、白玉、贡嘎为 49.8～

58.7 mm，昌都至拉萨其他站点介于 25.2～44.6 mm。可选方案涉及站点均超过 30 mm，最大为芒康（55.0 mm）（表 4.4）。

表 4.4　日降雪量极大值及出现时间和相应风速情况

站名	日降雪量极大值 /mm	出现日期 年	月	日	平均风速 /(m/s)	最大风速 /(m/s)	最大风速的风向（16 方位）	极大风速 /(m/s)	极大风速的风向（16 方位）
温江	7.9	2006	2	16	2.0	6.4	3（NE）	10.6	3（NE）
蒲江	12.8	1964	2	24	1.0	—	—	—	—
彭山	10.6	1990	1	31	0.0	—	—	—	—
雅安	19.1	1977	2	20	1.0	—	—	—	—
天全	49.8	2006	3	12	0.7	3.0	2（NNE）	5.6	3（NE）
泸定	11.5	2016	2	22	1.8	5.1	2（NNE）	7.2	2（NNE）
康定	57.5	2013	9	5	1.8	3.9	9（S）	6.5	10（SSW）
雅江	53.4	1965	6	20	0.7	—	—	—	—
理塘	58.7	1969	9	4	0.0	—	—	—	—
巴塘	17.9	1965	11	2	0.0	—	—	—	—
白玉	50.5	1969	9	5	1.0	—	—	—	—
昌都	44.6	2015	5	17	1.0	6.1	1（N）	7.9	2（NNE）
八宿	31.3	2006	4	14	0.7	—	—	—	—
洛隆	38.3	1985	6	2	2.3	—	—	—	—
波密	111.7	1998	10	20	0.0	—	—	—	—
林芝	34.4	2008	10	27	0.2	2.2	6（ESE）	4.2	8（SSE）
米林	81.8	2008	10	27	1.0	2.3	10（SSW）	4.0	10（SSW）
加查	25.2	2007	3	27	0.9	5.8	5（E）	8.6	5（E）
泽当	26.0	1986	3	24	2.0	7.0	10（SSW）	—	—
贡嘎	50.1	2000	7	14	3.0	—	—	—	—
拉萨	29.3	1985	9	30	2.0	4.7	4（ENE）	8.6	3（NE）
马尔康	33.9	1999	5	20	0.3	2.7	2（NNE）	—	—
道孚	38.0	1971	10	10	0.7	—	—	—	—
炉霍	36.5	1971	10	10	2.3	—	—	—	—
甘孜	31.1	1991	6	3	0.3	5.3	13（W）	—	—
德格	34.5	1994	5	17	0.8	7.3	1（N）	—	—
芒康	55.0	1987	8	9	0.7	—	—	—	—
左贡	37.7	2007	5	15	0.3	2.5	15（NW）	4.3	15（NW）

4. 降雪不利日数

根据气象行业标准《高速铁路运行高影响天气条件等级》（QX/T 334—2016），

35°N 以南地区降雪对高速铁路运行影响等级划分（表 4.5），选择降雪量等级标准，分析降雪影响铁路运行的不利日数。

表 4.5　影响高铁运行的降雪量等级

等级	划分标准	降雪量（H）等级	影响程度
1 级	中雪	$2.5\text{mm} \leqslant H < 5\text{mm}$	有一定影响
2 级	大雪或暴雪	$5\text{mm} \leqslant H < 20\text{mm}$	有较大影响
3 级	大暴雪或特大暴雪	$H \geqslant 20\text{mm}$	有严重影响

理塘和康定因降雪造成的可能影响铁路运行的不利日数最多，分别为 15.1 d 和 13.2 d，有较大、严重影响的日数也最多，为高危险区；其次为洛隆和波密，为 10.8 d 和 8 d；其余站点均不足 6 d。西部的站点不利铁路运行的日数多于东部。可选方案站点的不利日数普遍较多（图 4.25）。

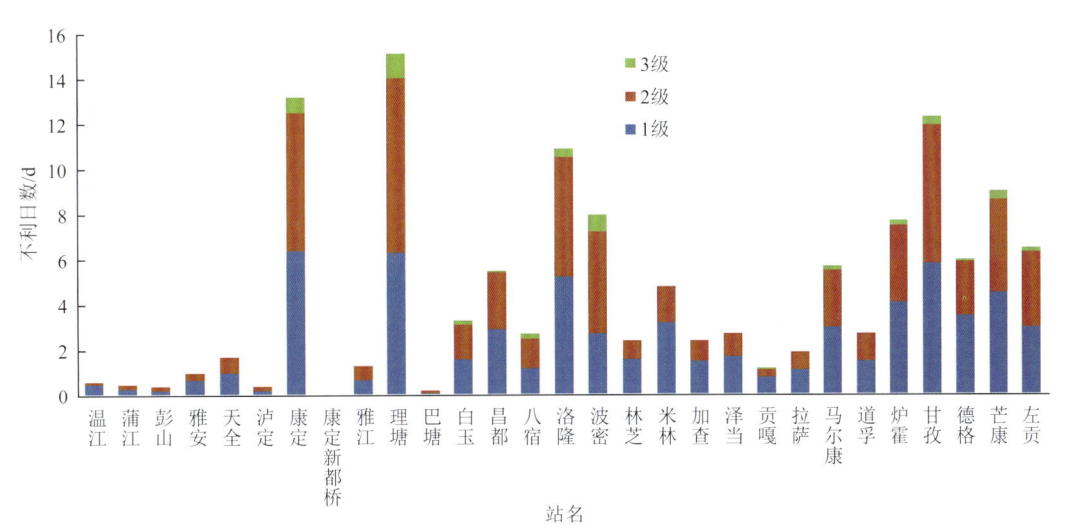

图 4.25　川藏铁路沿线主要气象站点影响铁路运行不同等级的不利日数（1987～2016 年平均值）

4.3.2　积雪特征

1. 积雪期

理塘积雪期长度最长（238 d），其次为康定新都桥（222 d），林芝、白玉、昌都、康定、洛隆为 103～175 d，八宿以西的其他站点介于 45～99 d，泸定以东及巴塘积雪期短，不足 10 d（表 4.6）。可选方案涉及站点为 97～184 d。

理塘积雪期初日最早，平均出现在 9 月 26 日；康定新都桥及洛隆、康定分别出现在 10 月上旬和下旬；雅安以东及泸定、巴塘出现较晚，一般在 1 月下旬至 2 月初；其余站点介于 10 月至次年 1 月之间。积雪期终日，理塘和康定新都桥最晚，平均时间分别出现在 5 月 20 日和 5 月 15 日，康定出现在 4 月 20 日，昌都、拉萨出现在 4 月上旬；天全以东平均时间最早，出现在 1 月下旬；其余站点出现在 2～3 月（表 4.6）。

表 4.6　积雪期长度（1951～2016 年平均值）及平均初日、终日时间

站名	积雪期长度 /d	初日 月	初日 日	终日 月	终日 日
温江	2	1	25	1	26
蒲江	2	1	24	1	25
彭山	1	1	21	1	21
雅安	3	1	24	1	26
天全	9	1	18	1	26
泸定	7	2	1	2	7
康定	173	10	31	4	20
康定新都桥	222	10	7	5	15
雅江	25	1	17	2	10
理塘	238	9	26	5	20
巴塘	2	2	3	2	4
白玉	115	12	1	3	24
昌都	141	11	16	4	4
八宿	54	1	5	2	27
洛隆	175	10	30	4	21
波密	97	12	14	3	19
林芝	103	12	12	3	23
米林	88	12	14	3	10
加查	55	1	14	3	8
泽当	81	1	10	3	30
贡嘎	45	1	19	3	3
拉萨	99	12	27	4	3
马尔康	116	11	30	3	24
道孚	97	12	10	3	15
炉霍	154	11	9	4	10
甘孜	184	11	19	4	25
德格	141	11	19	4	7
芒康	177	11	3	4	27
左贡	160	11	14	4	21

洛隆、拉萨、康定、昌都、康定新都桥、理塘的最长积雪期为 227～334 d，其中理塘最长；雅江及白玉以西大多站点为 128～191 d；其余地区为 36～79 d。可选方

案涉及站点中除道孚为 175 d 外，其余均超过 200 d，其中芒康为 281 d（表 4.7）。

表 4.7 最长积雪期长度及出现时段（1951～2016 年）

站名	最长时间/d	起始年	起始月	起始日	结束年	结束月	结束日
温江	36	1976	12	27	1977	1	31
蒲江	36	1976	12	27	1977	1	31
彭山	36	1976	12	27	1977	1	31
雅安	36	1976	12	27	1977	1	31
天全	49	1966	12	28	1967	2	14
泸定	79	1975	12	14	1976	3	1
康定	230	1994	9	28	1995	5	15
康定新都桥	302	1978	7	5	1979	5	2
雅江	128	1963	12	1	1964	4	6
理塘	334	1975	8	2	1976	6	30
巴塘	56	1956	1	15	1956	3	10
白玉	177	1960	11	6	1961	5	1
昌都	233	1959	10	24	1960	6	12
八宿	157	1986	11	10	1987	4	15
洛隆	227	1981	9	16	1982	4	30
波密	160	1998	10	20	1999	3	28
林芝	191	1954	10	22	1955	4	30
米林	157	2008	10	27	2009	4	1
加查	141	1989	11	21	1990	4	10
泽当	177	1966	10	18	1967	4	12
贡嘎	162	2011	10	30	2012	4	8
拉萨	227	1980	10	15	1981	5	29
马尔康	215	1998	10	18	1999	5	20
道孚	175	1976	10	17	1977	4	9
炉霍	209	1991	10	23	1992	5	18
甘孜	227	1982	10	24	1983	6	7
德格	217	1981	11	6	1982	6	10
芒康	281	1997	7	9	1998	4	15
左贡	223	1987	10	4	1988	5	13

2. 积雪日数

铁路沿线区域年积雪日数总体呈现北多南少态势，北部为 10～75 d，其中色达高达 70.7 d，甘孜为 35.9 d，壤塘为 35.2 d；南部普遍为 1~20 d，其中米林、芒康、左贡为 10~20 d，康定、康定新都桥（采用 1956~1988 年平均值）、理塘局部超过 30 d，东部地区不足 1 d（图 4.26）。

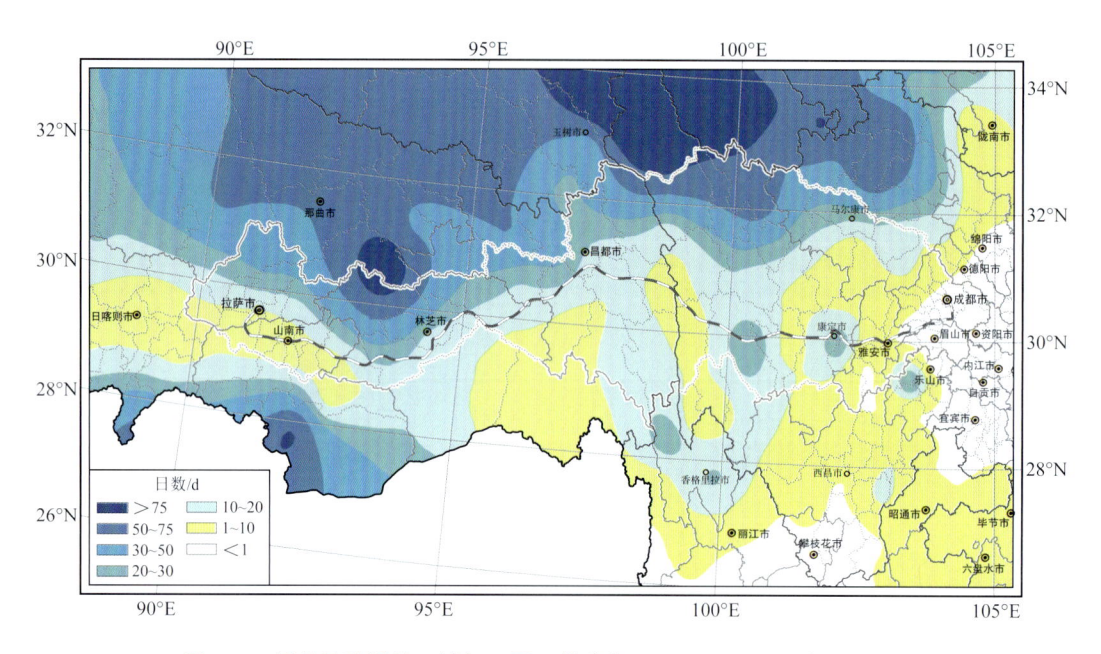

图 4.26　川藏铁路沿线区域年积雪日数分布图（1987~2016 年平均值）

铁路沿线主要站点平均年积雪日数如图 4.27 所示，温江至泸定段年积雪日数少（雅安除外），为 0.2~0.4 d；康定、康定新都桥、理塘积雪日多，分别为 34.9 d、38.5 d、34.4 d；巴塘至米林段，除昌都、洛隆、米林为 11.5 d、19.3 d、14.3 d 外，其余不足 10 d（图 4.27）。

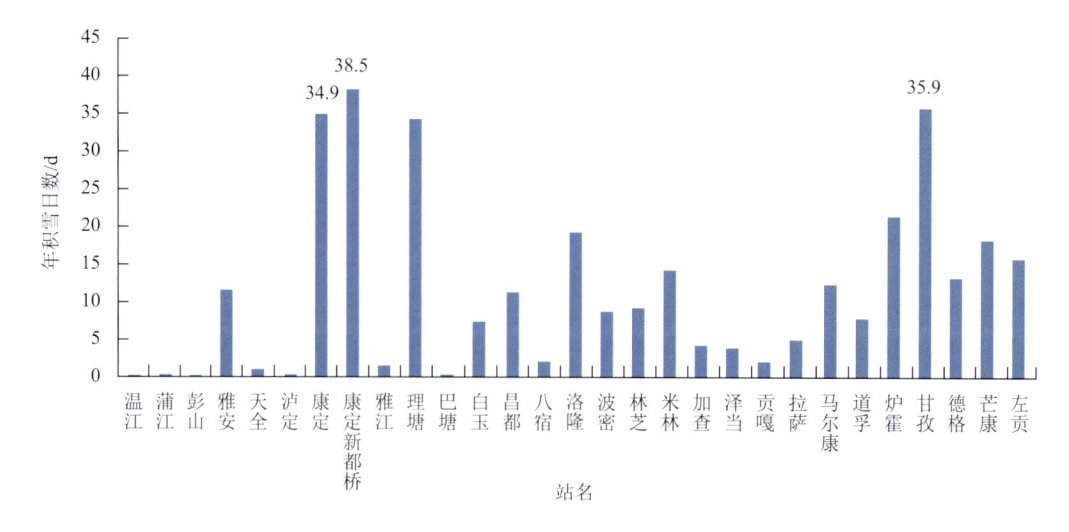

图 4.27　川藏铁路沿线主要气象站点年积雪日数（1987~2016 年平均值）

第 4 章　气象灾害变化特征

年积雪日数最大值与平均值分布基本类似。川藏铁路沿线的温江至雅安及泸定、雅江、巴塘等地年积雪日数少不足 10 d；康定、康定新都桥、理塘年积雪日数最大值均超过 80 d，其中理塘 87 d（1990 年）、康定新都桥 85 d（1982 年）；白玉、昌都及洛隆、波密、林芝、米林年积雪日数最大值为 30～49 d；其余不足 30 d（图 4.28）。可选方案涉及站点，除甘孜（87 d）、炉霍（59 d）年积雪日数最大值较大外，其余为 25～37 d。

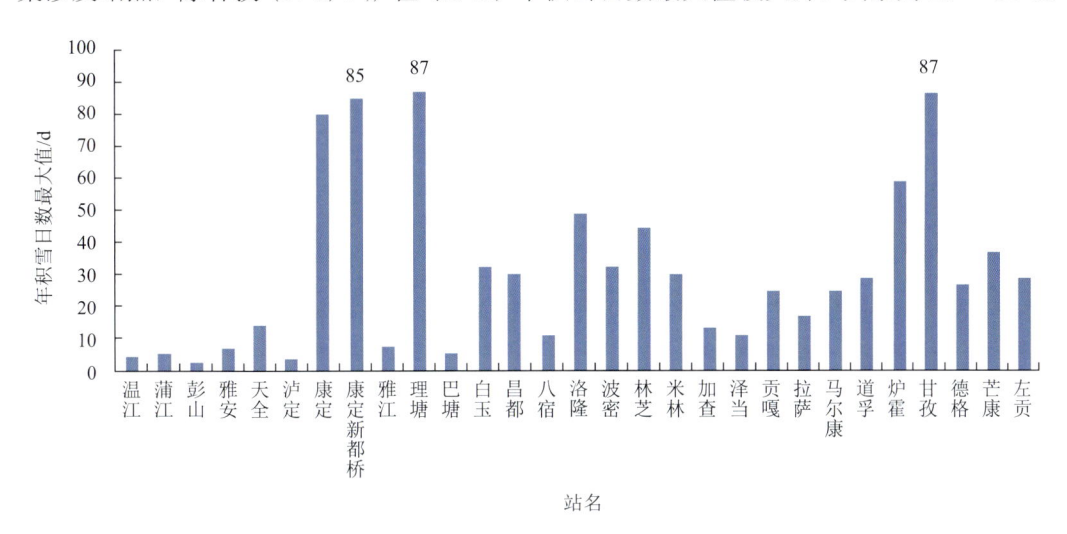

图 4.28　川藏铁路沿线主要气象站点年积雪日数最大值（1951～2016 年）

积雪日数月变化特征在各气象站点各有不同。分四段进行分析：温江—天全各站，积雪主要出现在冬季，1 月积雪日数最多。泸定—巴塘，康定新都桥、理塘除 7 月无积雪外，其余各月均有积雪出现，且在 3 月和 11 月有两个峰值；康定除夏季 6～8 月无积雪出现外，其余各月均有，峰值则出现在 2 和 3 月；泸定和巴塘主要出现在冬季；白玉则出现在 10 月至次年 2 月。昌都—林芝，各站积雪主要出现在 10 月至次年 4 月，昌都、波密、林芝积雪日数峰值月份为 2 月，洛隆、八宿为 3 月，洛隆、昌都和八宿 11 月有次峰值。米林—拉萨，积雪日数主要出现在 10 月至次年 4 月，泽当、贡嘎、拉萨峰值出现在 3 月，米林和加查则出现在 2 月，米林最多，有 6 d（图 4.29）。

3. 积雪深度

川藏铁路沿线区域北部及南部的芒康、左贡平均年最大积雪深度为 5～10cm，局部超过 10cm，如康定为 14.5cm、理塘为 10.7cm、色达为 12.5cm。整个区域东边的中部及西南部普遍不足 5cm（图 4.30）。大多数站点的年极端最大积雪深度小于 20cm，康定最大（54cm），波密、康定新都桥大于等于 30cm，林芝、理塘、八宿为 20～30cm。可选方案涉及站点，芒康、甘孜、炉霍较大，介于 20～28cm，年极端最大积雪深度及出现时间如表 4.8 所示。

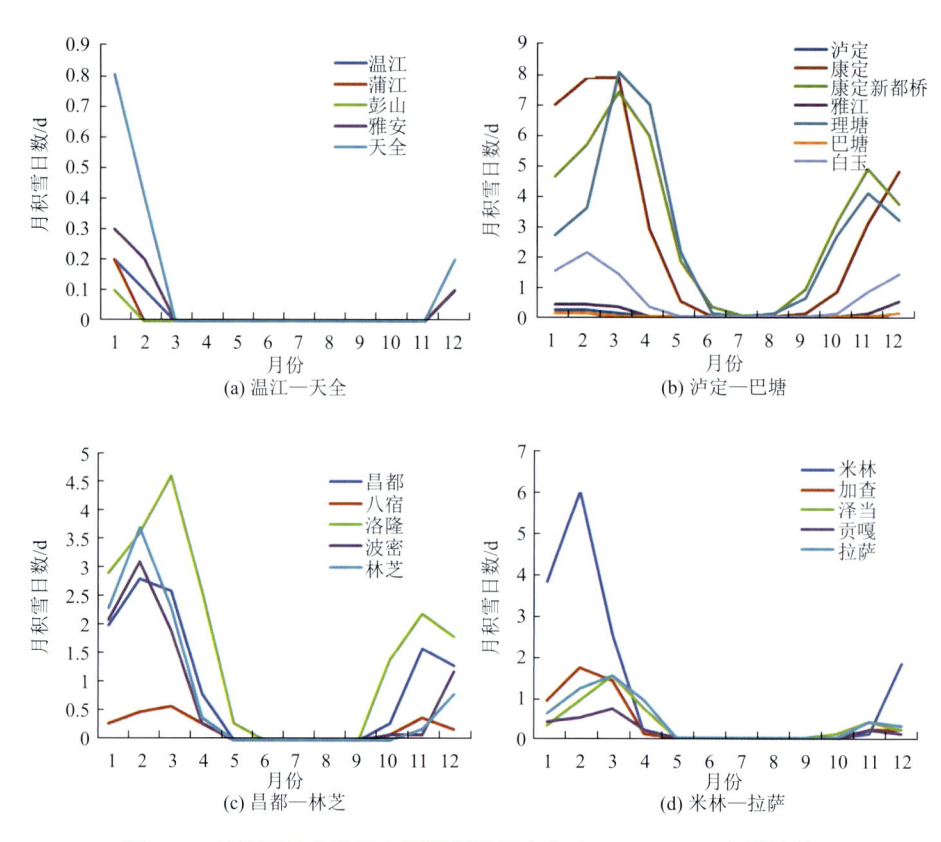

图 4.29　川藏沿线分段站点积雪日数月变化（1987～2016 年平均值）

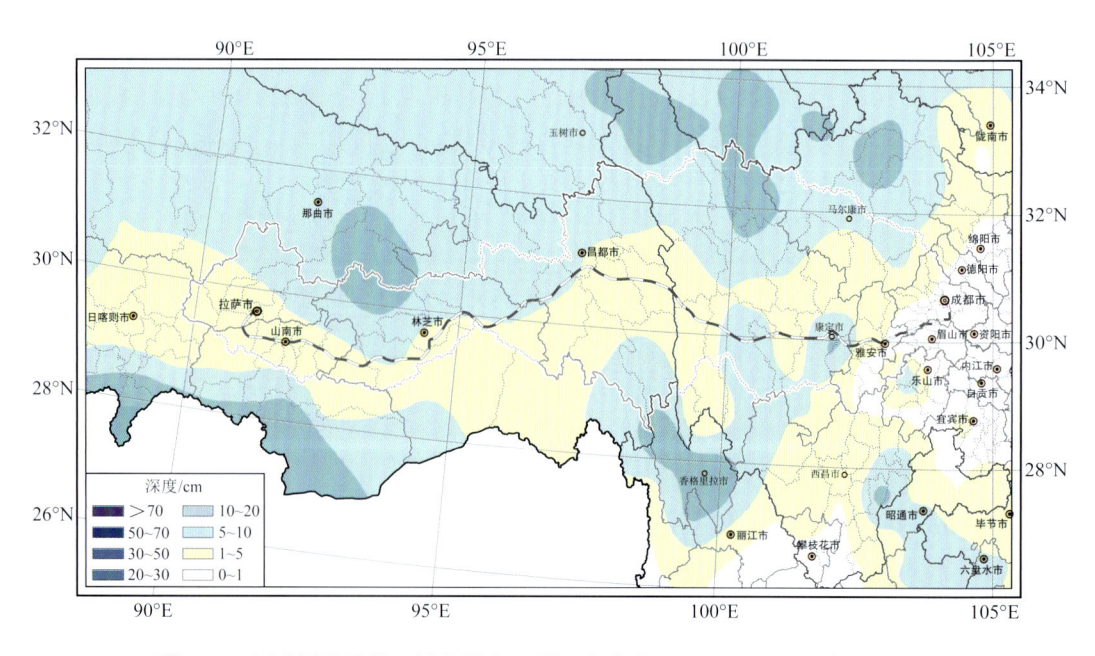

图 4.30　川藏铁路沿线区域年最大积雪深度分布图（1987～2016 年平均值）

表 4.8 川藏铁路沿线主要气象站点年极端最大积雪深度及出现时间（1951～2017 年）

站名	年极端最大积雪深度 /cm	出现日期		
		年	月	日
温江	7	1994	1	18
蒲江	7	1964	2	25
彭山	9	1972	2	6
雅安	8	1991	12	28
天全	15	1986	3	1
泸定	6	1989	2	7
康定	54	1985	3	21
康定新都桥	30	1971	5	5
雅江	7	1990	12	2
理塘	24	1952	10	12
巴塘	4	2006	12	13
白玉	10	1987	12	14
昌都	11	1981	12	12
八宿	20	2006	4	14
洛隆	18	1981	12	12
波密	32	1981	12	12
林芝	25	1954	1	12
米林	17	2009	2	22
加查	7	2001	3	19
泽当	12	1997	3	10
贡嘎	8	1989	3	17
拉萨	13	2015	2	14
马尔康	14	1985	12	20
道孚	14	1992	1	7
炉霍	20	2011	3	10
甘孜	25	2009	11	20
德格	15	1983	3	14
芒康	28	2011	3	25
左贡	17	2011	3	25

4. 积雪不利日数

根据气象行业标准《高速铁路运行高影响天气条件等级》(QX/T 334—2016)，35°N 以南地区积雪对高速铁路运行影响等级划分，选择积雪深度等级标准，分析影响铁路运行的不利日数（表 4.9）。康定及理塘站点因积雪造成的对铁路运行有一定影响的不利日数最多，分别为 12.3 d 及 10 d，对铁路运行有较大、严重及特别严重影响的日数也相对较多，为高危险区；其次为洛隆，为 4.3 d，其余均不足 2 d。可选方案站点不利日数普遍较多，甘孜最多，达 13 d；其次为炉霍，为 6 d（图 4.31）。

表 4.9 影响高铁运行的积雪深度等级

等级	积雪深度（H）划分标准	影响程度
1 级	3cm ≤ H < 10cm	有一定影响
2 级	10cm ≤ H < 20cm	有较大影响
3 级	20cm ≤ H < 30cm	有严重影响
4 级	H ≥ 30cm	特别严重影响

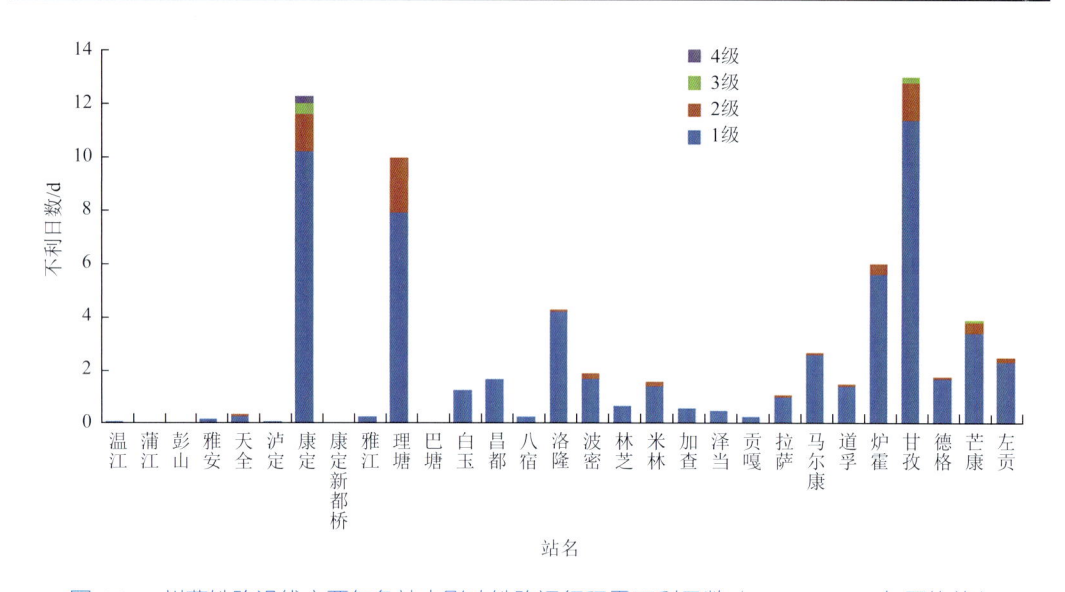

图 4.31 川藏铁路沿线主要气象站点影响铁路运行积雪不利日数（1987～2016 年平均值）

4.3.3 融雪特征

对于温江—巴塘段，理塘融雪期平均开始时间（1951～2017 年平均值）最晚（4月上旬），其次为康定新都桥及康定，出现在 3 月 10 日及 3 月 11 日，其余均出现在 1 月初；白玉—拉萨，除洛隆出现在 3 月中旬、八宿出现在 1 月 30 日外，其余各站点均出现在 2 月中上旬（表 4.10）。

表 4.10 川藏铁路沿线主要气象站点融雪期及出现时段（1951～2017年平均值）

站名	起始融雪期 月	起始融雪期 日	结束融雪期 月	结束融雪期 日	融雪期持续时间 /d
温江	1	1	12	31	365
蒲江	1	1	12	31	365
彭山	1	1	12	31	365
雅安	1	2	12	31	364
天全	1	3	12	31	363
泸定	1	1	12	31	365
康定	3	11	11	28	263
康定新都桥	3	10	11	12	248
雅江	1	15	12	16	336
理塘	4	3	11	1	213
巴塘	1	3	12	29	361
白玉	2	14	11	26	286
昌都	2	22	11	24	276
八宿	1	30	12	20	325
洛隆	3	13	11	14	247
波密	2	2	12	9	311
林芝	2	2	12	19	321
米林	2	5	12	17	316
加查	2	2	12	14	316
泽当	2	10	12	7	301
贡嘎	2	12	11	30	292
拉萨	2	13	12	4	295
马尔康	2	6	12	2	300
道孚	2	15	11	26	285
炉霍	3	1	11	18	263
甘孜	3	7	11	12	251
德格	2	25	11	21	270
芒康	3	28	11	6	224
左贡	3	25	11	5	226

理塘融雪期平均结束时间最早，出现在 11 月 1 日；其次为康定新都桥、洛隆，为 11 月 12 日、11 月 14 日；昌都、白玉、康定、贡嘎出现在 11 月下旬；雅江及八宿以西的其他站点多出现在 12 月上中旬；其余站点出现在年底。融雪期持续时间，理塘最短，为 213 d；洛隆、康定新都桥为 247～248 d；昌都、白玉、贡嘎、康定、拉萨为 263～295 d，其余地区均超过 300 d（表 4.10）。

4.4 冰冻

冰冻天气种类繁多，我国最常见的冰冻天气包括结冰、霜冻、雾凇和雨凇等。冰冻对川藏铁路的建设和运行都有一定程度的影响。

4.4.1 结冰

川藏地区的结冰日数呈西多东少、北多南少的分布特征。川藏铁路沿线区域的西部、北部以及芒康、左贡、理塘等地普遍为 150～200 d；区域东部的四川盆地年结冰日数少，为 50～100 d，东南部甚至不足 10 d；其余地区为 100～150 d（图 4.32）。

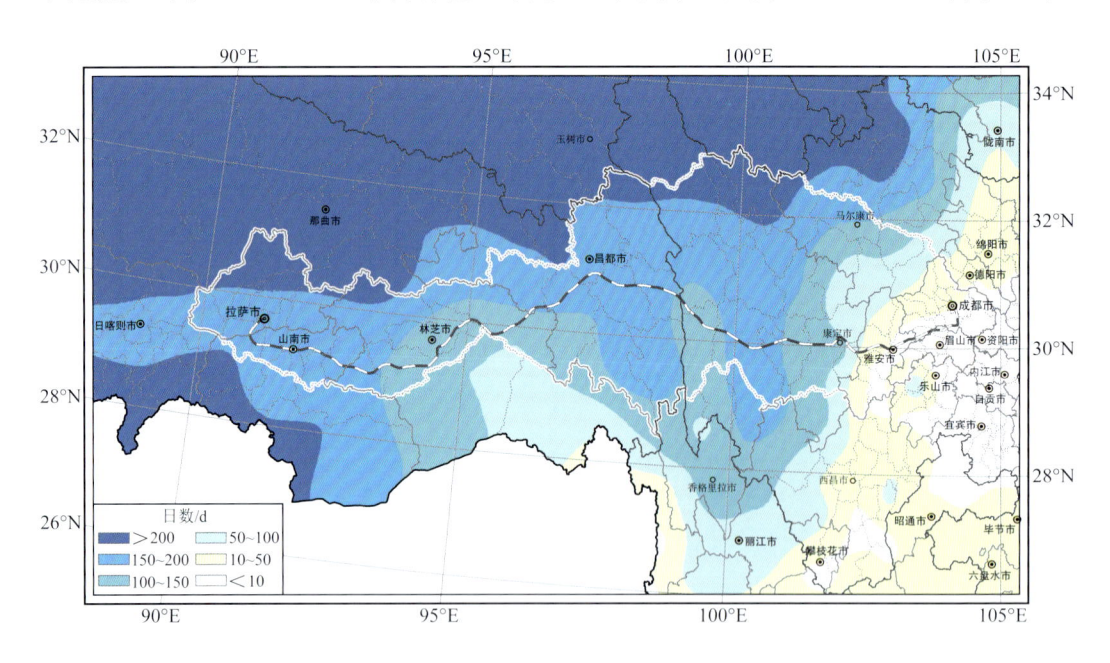

图 4.32 川藏铁路沿线区域年结冰日数分布图（1988～2017 年平均值）

川藏铁路沿线气象站点年结冰日数呈西多东少的空间分布特征，康定以东沿线的年结冰日数少于 15 d，其中雅安最少，仅 2 d。康定及以西沿线的年结冰日数较东部沿线大幅增加，均在 94 d 以上，其中理塘最多，为 204.4 d（图 4.33）。可选方案涉及站点的年结冰日数除马尔康为 137 d 外,其余介于 150～200 d。川藏铁路线沿线各地结冰日数的逐月变化一致,夏季最少,秋季增多,冬季最多,春季逐渐减少;主要集中在 11 月至次年 3 月,月结冰日数均在 20 d 以上(图 4.34)。

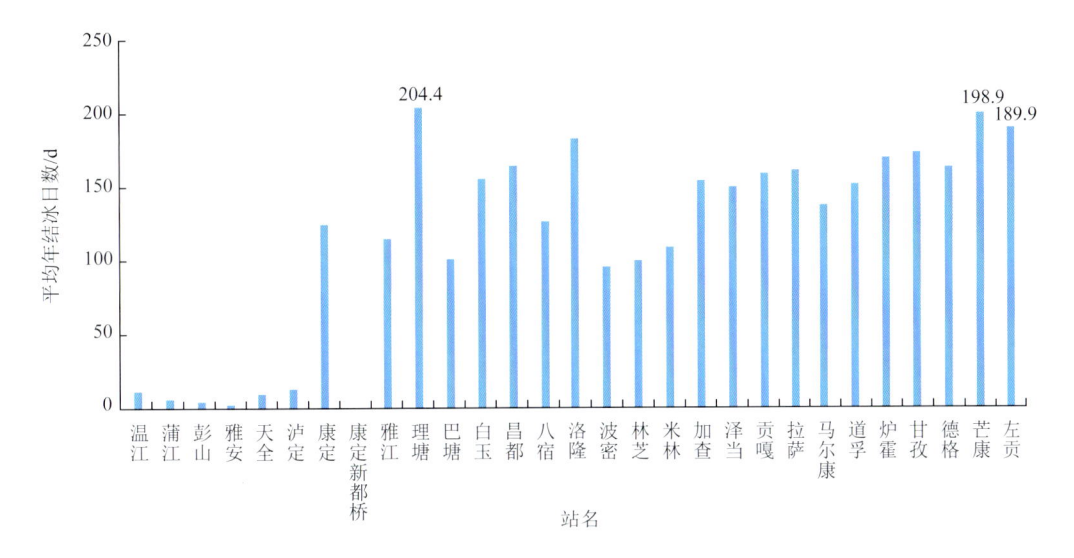

图 4.33　川藏铁路沿线主要气象站点年结冰日数(1988～2017 年平均值)

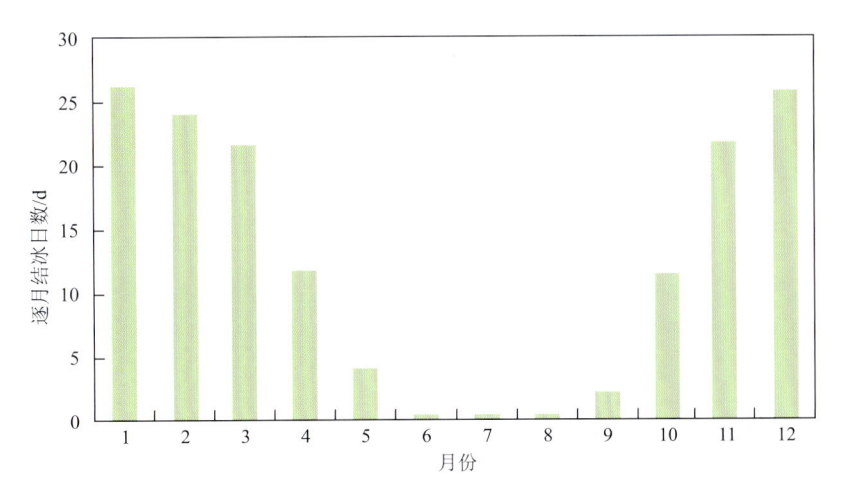

图 4.34　川藏铁路沿线结冰日数月变化

川藏铁路沿线各站点历史最大年结冰日数以康定为界,呈现东少西多的特征(图 4.35)。康定以东沿线历史最大年结冰日数仅 10～30 d,其中温江最多,为 30 d,而雅安最少,仅 10 d。康定及以西沿线历史最大年结冰日数为 100～234 d,其中巴塘最少,为 124 d,而理塘最多(234 d)。

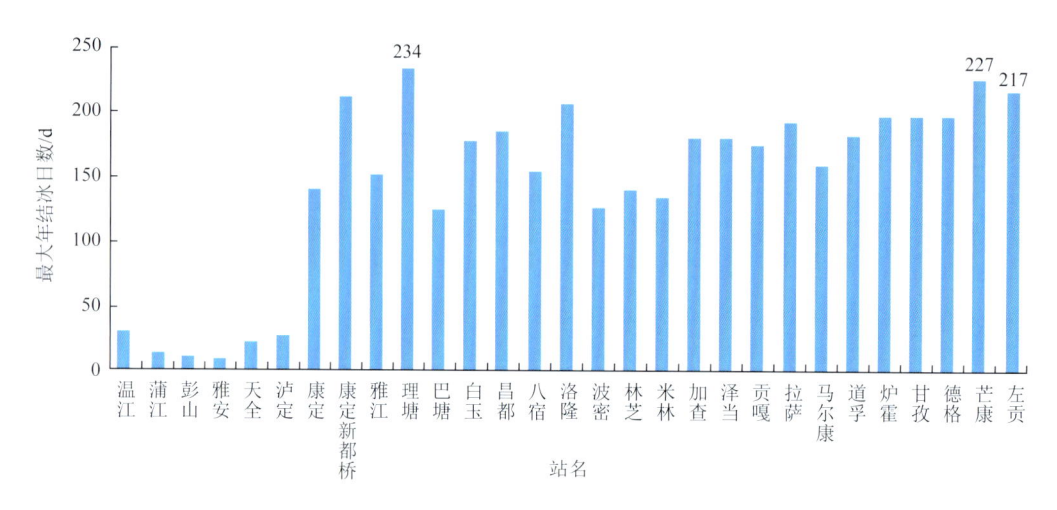

图 4.35　川藏铁路沿线主要气象站点历史最大年结冰日数（1951～2017 年）

4.4.2　霜冻

1988～2017 年川藏铁路沿线区域平均年霜冻日数的空间分布呈四川盆地少而其余大部地区多的特征。四川盆地和西藏八宿县等地年霜冻日数为 10～50 d，区域东南部局部不足 10 d；而其余大部地区普遍在 50 d 以上，川藏北部区域及理塘、芒康等地为 150 d 以上，色达最多，达 235 d（图 4.36）。

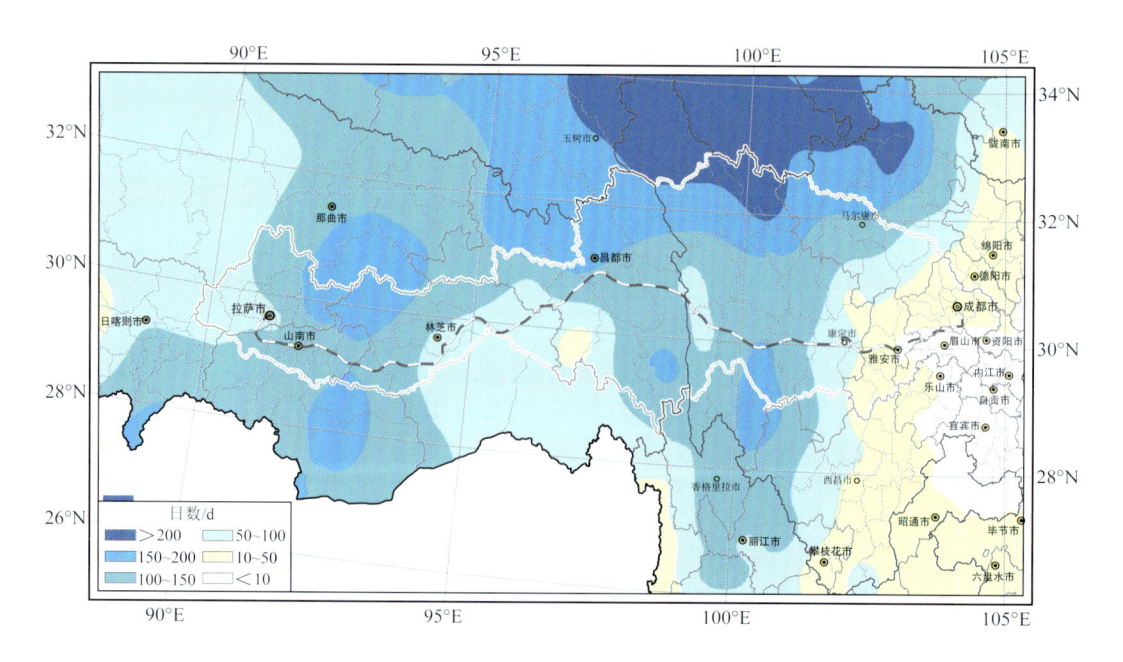

图 4.36　川藏铁路沿线区域年霜冻日数分布图（1988～2017 年平均值）

第 4 章 气象灾害变化特征

川藏铁路沿线气象站点的年霜冻日数也呈东少西多的分布格局（图 4.37）。康定以东沿线年霜冻日数均少于 25 d，其中雅安和蒲江最少，仅 7 d；而泸定最多，为 21 d。康定及其以西沿线年霜冻日数大多在 80 d 以上，其中理塘最多，为 171.7 d。理塘、昌都、加查和贡嘎年霜冻日数都在 135 d 以上。可选方案涉及站点霜冻日数多，为 130～186 d。川藏线沿线各地霜冻日数呈一致的夏少冬多特征，其中 7 月最少，不足 1 d；而 12 月、1 月最多，分别为 26、25 d。10 月至次年 3 月，川藏沿线的月霜冻日数均在 15 d 以上（图 4.38）。

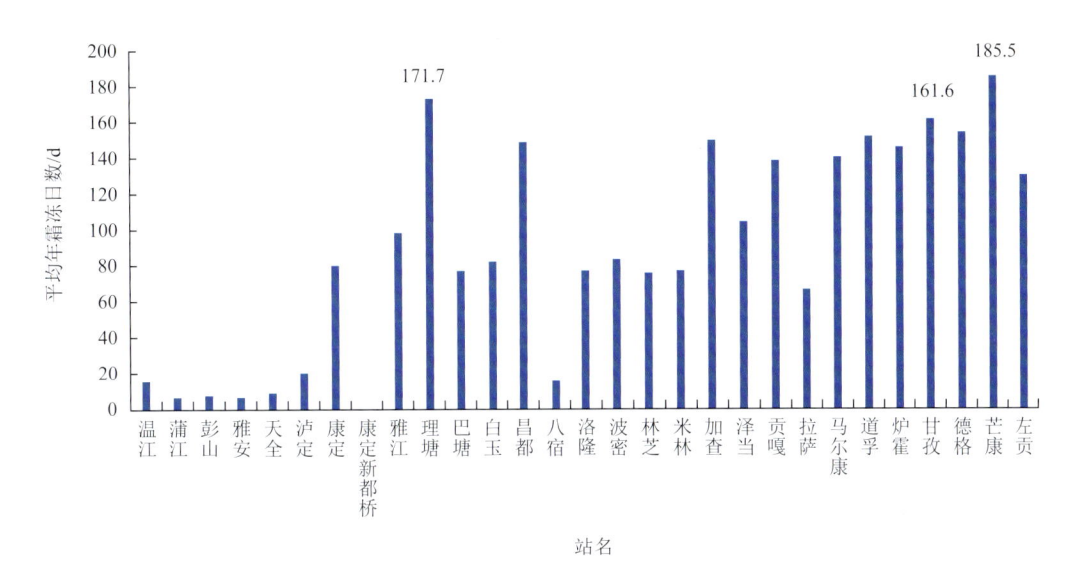

图 4.37 川藏铁路沿线主要气象站点年霜冻日数（1988～2017 年平均值）

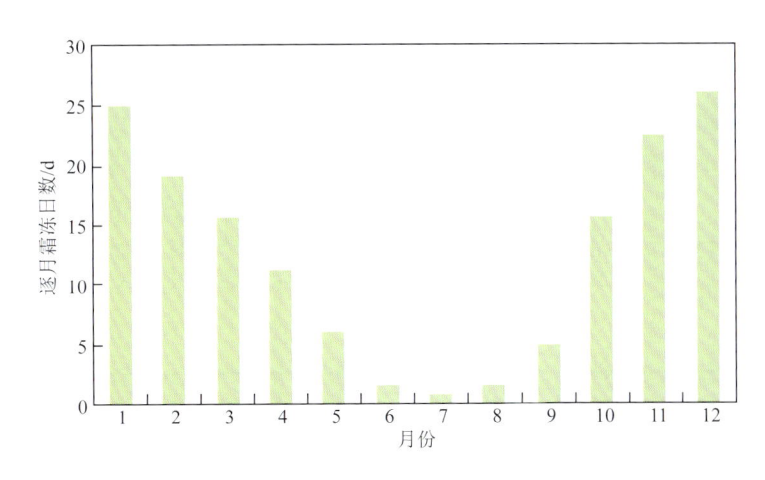

图 4.38 川藏铁路沿线区域平均霜冻日数月变化

川藏铁路线沿线各气象站点历史最大年霜冻日数以康定为界，呈现东少西多的特征（图 4.39）。康定以东历史最大年霜冻日数不足 40 d，其中泸定最多，为 35 d，而彭山最少，仅15 d。康定及以西沿线历史最大年霜冻日数为70～230 d，其中八宿最少，为78 d，而理塘最多，为230 d。康定新都桥、理塘、昌都、洛隆、加查、贡嘎和拉萨的历史最大年霜冻日数超过180 d。可选方案涉及站点中炉霍最少，为166 d；芒康最多，为229 d。

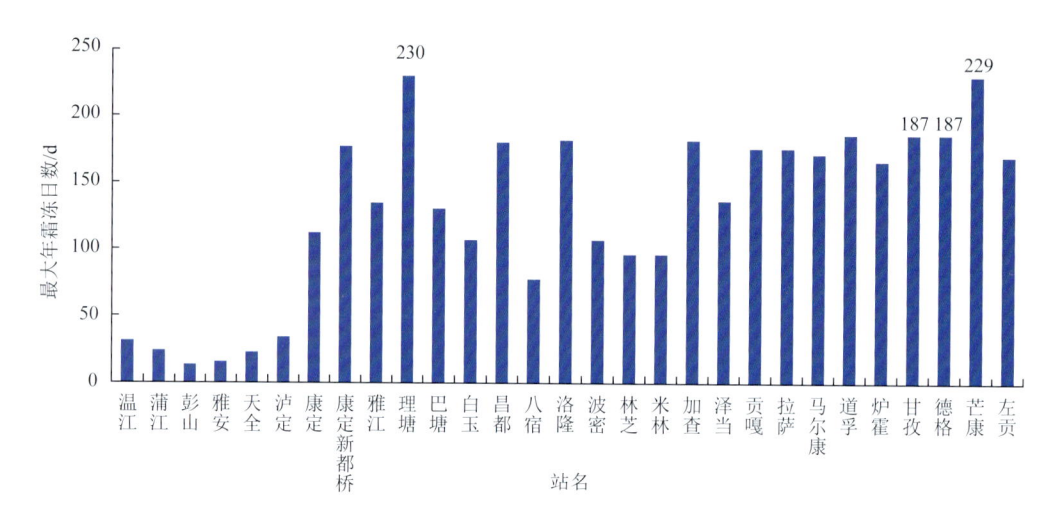

图4.39 川藏铁路沿线主要气象站点历史最大年霜冻日数（1951～2017年）

4.4.3 雾凇和雨凇

川藏铁路沿线地区非雾凇和雨凇的多发区。雾凇主要发生在11月至次年3月。川藏铁路沿线各站点多年平均年雾凇日数不足1 d，其中理塘最多，接近1 d。温江、彭山、天全、康定、康定新都桥、理塘、洛隆、林芝、泽当、贡嘎和拉萨出现雾凇，历史最大年雾凇日数除理塘为23 d外，其余各站点都在5 d及以下（表4.11）。川藏铁路沿线地区雨凇发生更少，仅在康定出现，多年平均年雨凇日数也不足1 d，其余站点基本无雨凇发生。康定历史最大年雨凇日数为3 d。

表4.11 川藏铁路沿线主要气象站点年雾凇日数 （单位：d）

地点	温江	彭山	天全	康定	康定新都桥	理塘	洛隆	林芝	泽当	贡嘎	拉萨
平均值	<0.1	<0.1	<0.1	0.1	<0.1	0.8	0.03	<0.1	0.1	<0.1	<0.1
最大值	2	1	2	5	3	23	1	1	4	3	1

4.5 冻土

季节性冻土层与路基的稳定性关系密切，季节性冻土的反复冻结、融化交替出现，会造成路基严重变形、钢轨高低不平，对铁路运行安全造成影响，是铁路建设中需要考虑解决的问题之一。

4.5.1 冻融期特征

1. 冻结初日

在川藏铁路沿线地区，季节冻融层多年平均冻结初日基本上都在 10 月中旬至 11 月中旬，其中当雄 10 月 14 日最早，马尔康 11 月 18 日最晚（图 4.40）。最早冻结初日与多年平均相比，大部分站点偏早 10~30 d（平均 19 d），但色达偏早了 69 d，最早在 8 月 10 日即开始冻结；最晚冻结初日一般偏晚 12~49 d（平均 29 d），林芝、波密最晚 12 月 25 日才开始冻结。选取拉萨、贡嘎、泽当、林芝、波密、昌都、甘孜、道孚作为代表站点进行近几十年来冻结初日变化趋势分析，可以发现冻结初日呈现越来越晚的趋势，其中贡嘎每 10 年推迟约 9 d 冻结，变化速率最快（图 4.41）。

图 4.40 川藏铁路沿线各站点多年平均冻结初日、最早冻结初日、最晚冻结初日

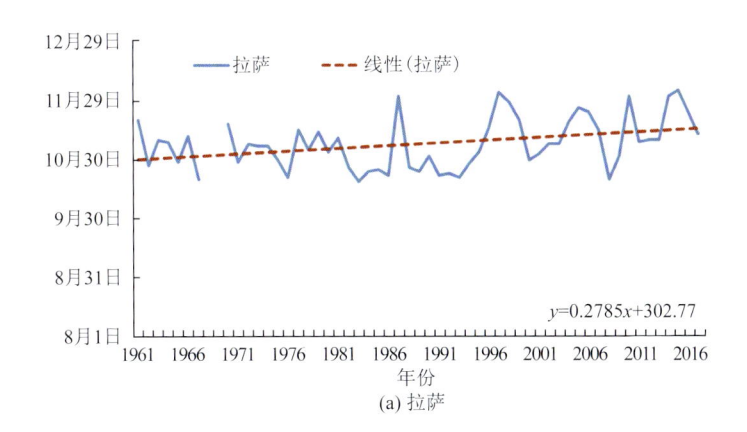

$y = 0.2785x + 302.77$

(a) 拉萨

(b) 贡嘎

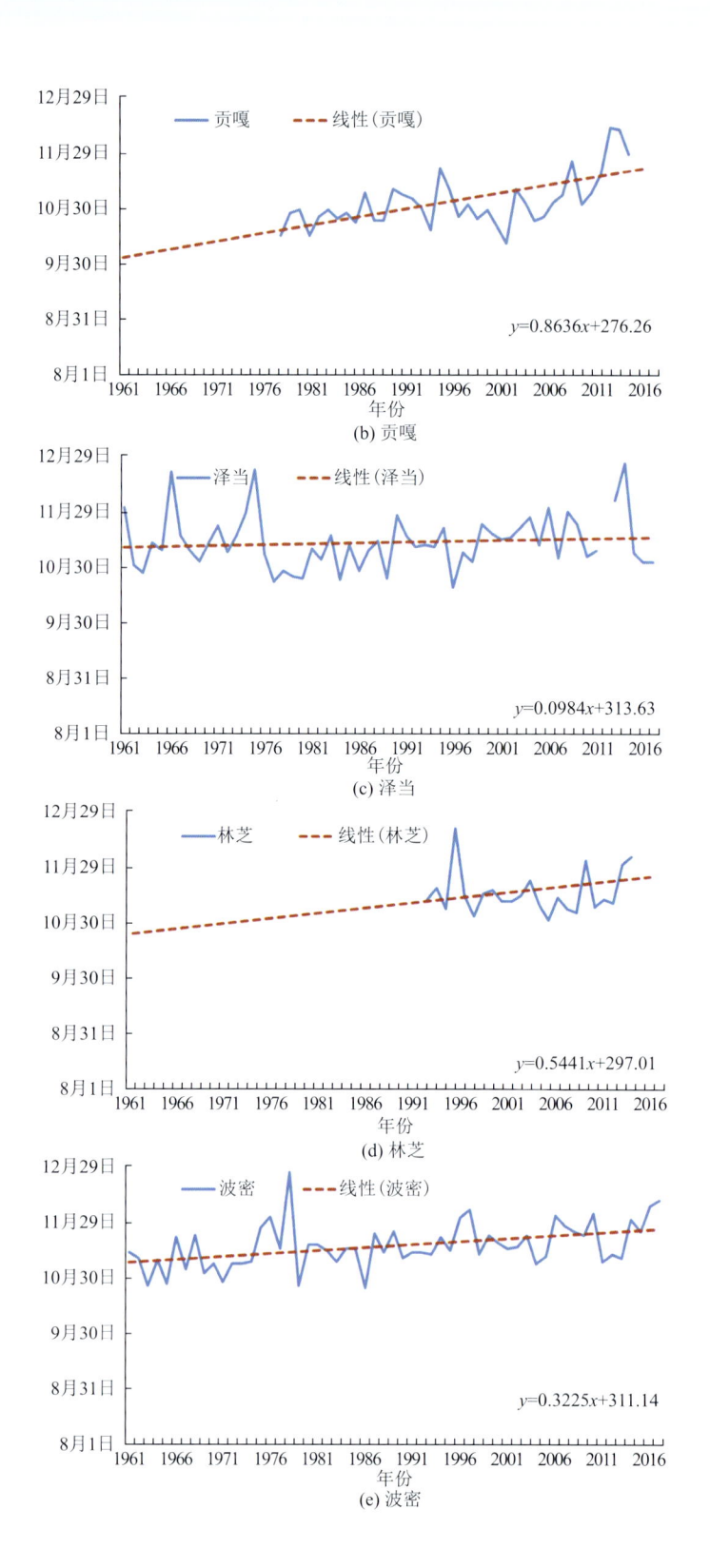

$y=0.8636x+276.26$

(c) 泽当

$y=0.0984x+313.63$

(d) 林芝

$y=0.5441x+297.01$

(e) 波密

$y=0.3225x+311.14$

第4章 气象灾害变化特征

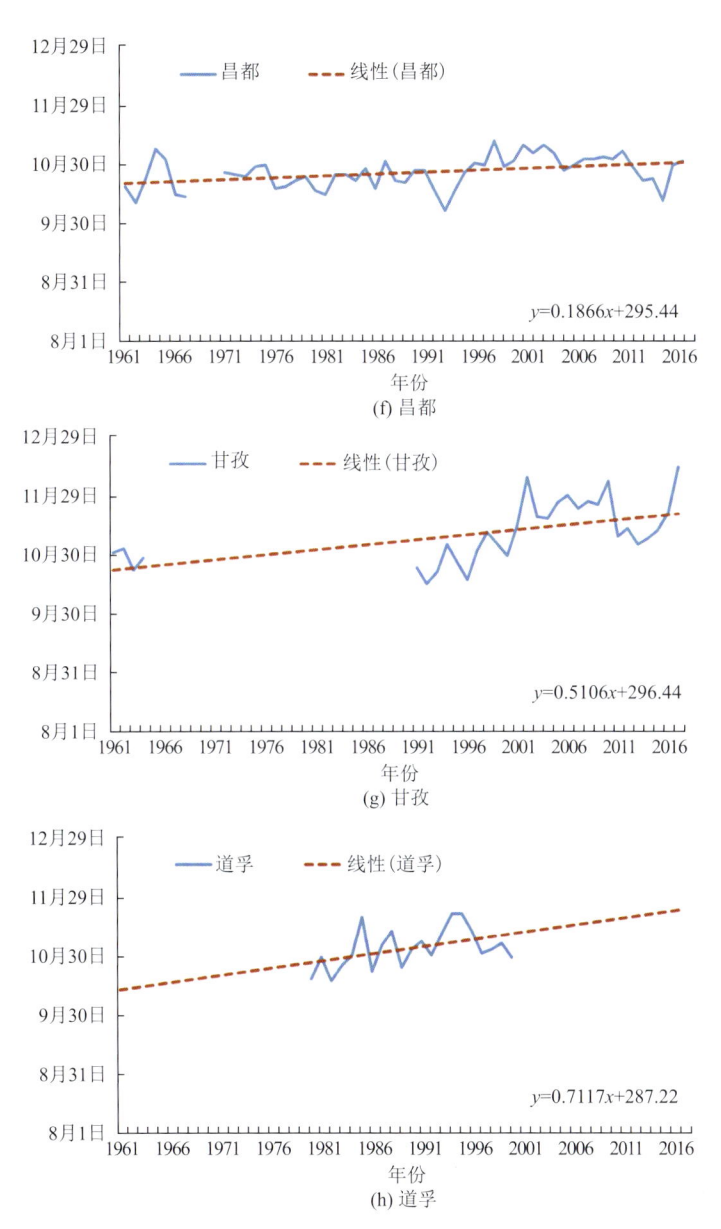

(f) 昌都

$y=0.1866x+295.44$

(g) 甘孜

$y=0.5106x+296.44$

(h) 道孚

$y=0.7117x+287.22$

图 4.41 1961~2017 年川藏铁路沿线代表站点冻结初日历年变化

2. 冻结终日

川藏铁路沿线地区季节冻融层多年平均冻结终日一般在 3 月上旬至 5 月上旬，其中，马尔康、波密、林芝较早解冻，分别为 3 月 2 日、3 月 3 日、3 月 4 日；色达最晚，于 5 月 3 日解冻。各站冻结终日振幅比冻结初日稍偏大，最早冻结终日与多年平均值的差值为 19~56 d（平均 35 d），其中泽当最早在 1 月 11 日就完全解冻；而最晚冻结终日与多年平均值的差值为 19~79 d（平均 39 d），其中色达最晚，6 月 19 日才完全解冻（图

143

4.42)。各代表站点季节冻融层冻结终日呈现越来越提前的趋势，其中道孚每 10 年提前约 18 d，变化速率最快（图 4.43）。

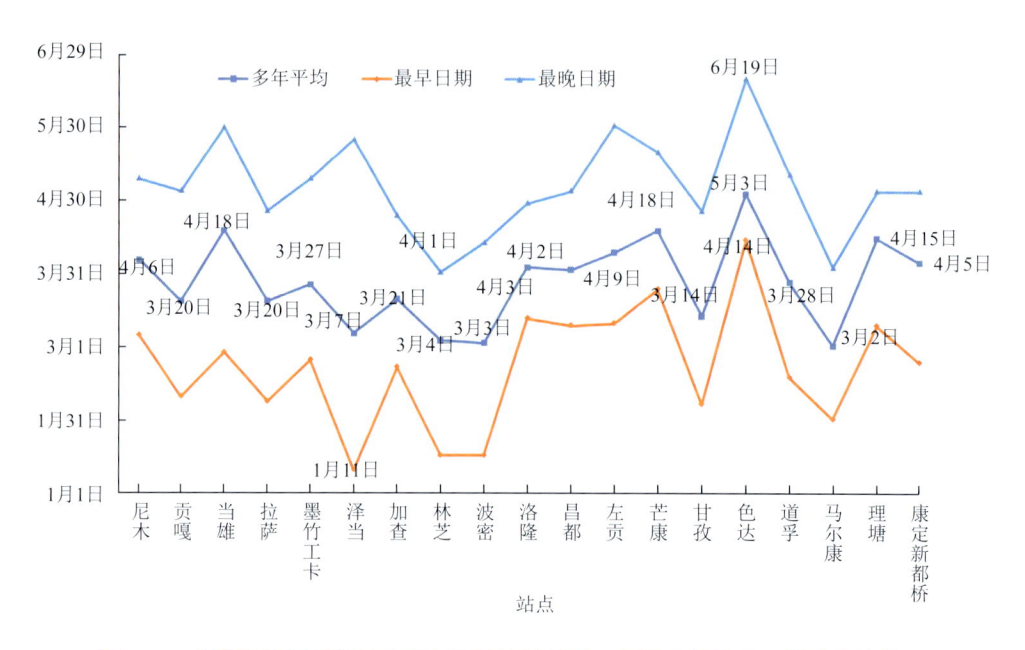

图 4.42　川藏铁路沿线各站点多年平均冻结终日、最早冻结终日、最晚冻结终日

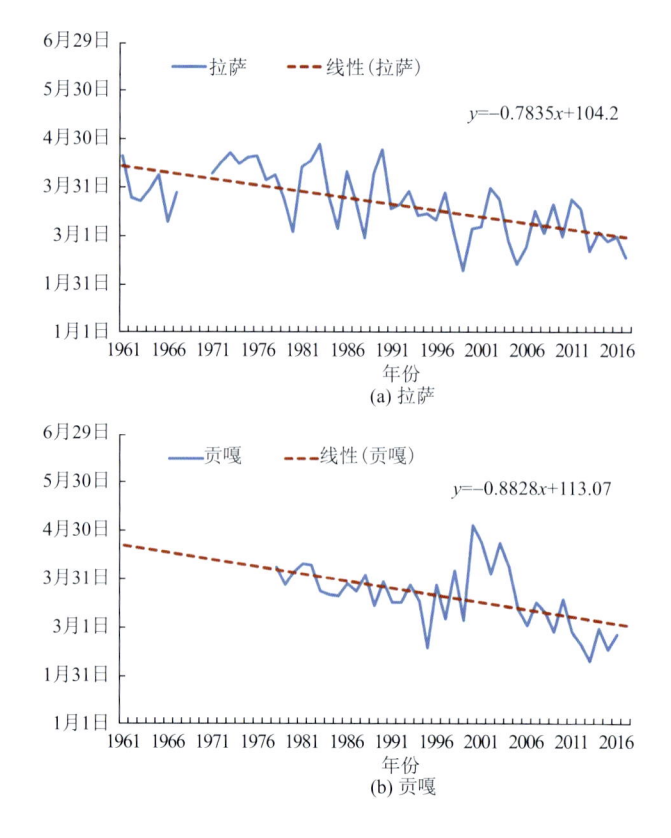

(a) 拉萨

$y=-0.7835x+104.2$

(b) 贡嘎

$y=-0.8828x+113.07$

第 4 章　气象灾害变化特征

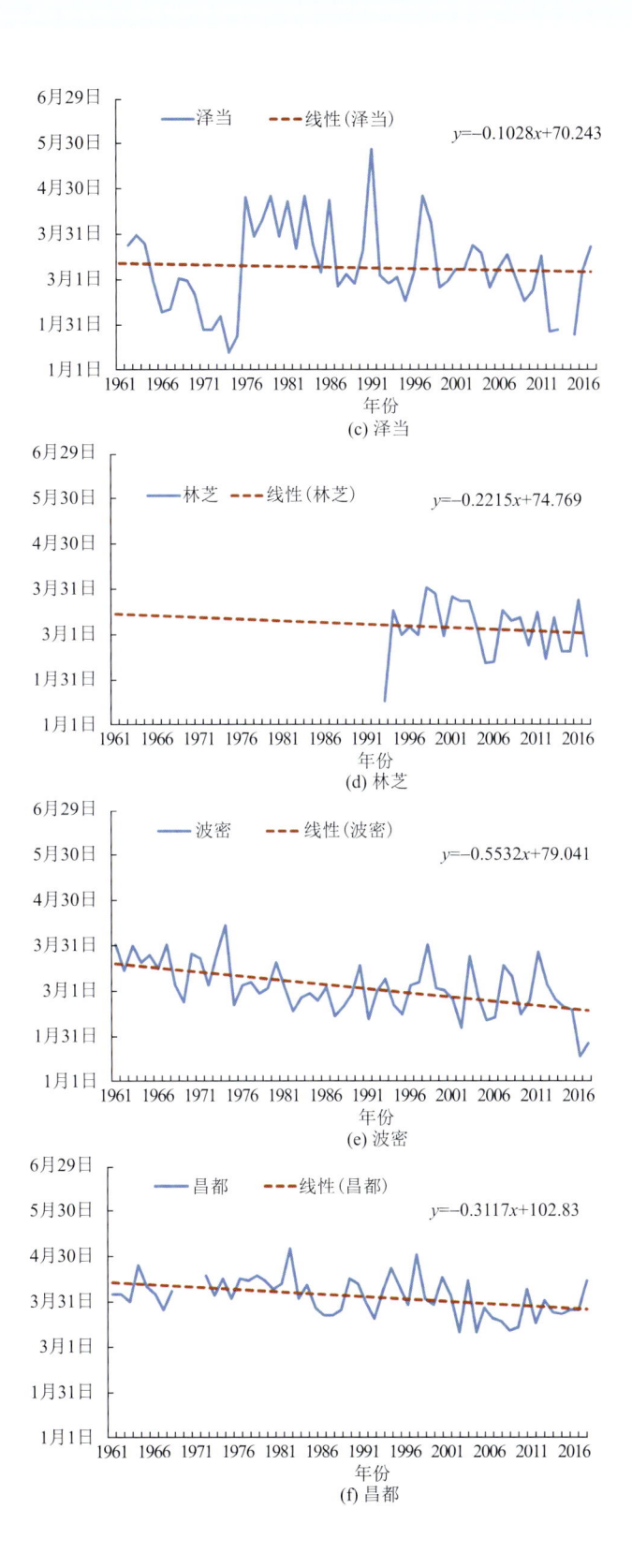

(c) 泽当　$y=-0.1028x+70.243$

(d) 林芝　$y=-0.2215x+74.769$

(e) 波密　$y=-0.5532x+79.041$

(f) 昌都　$y=-0.3117x+102.83$

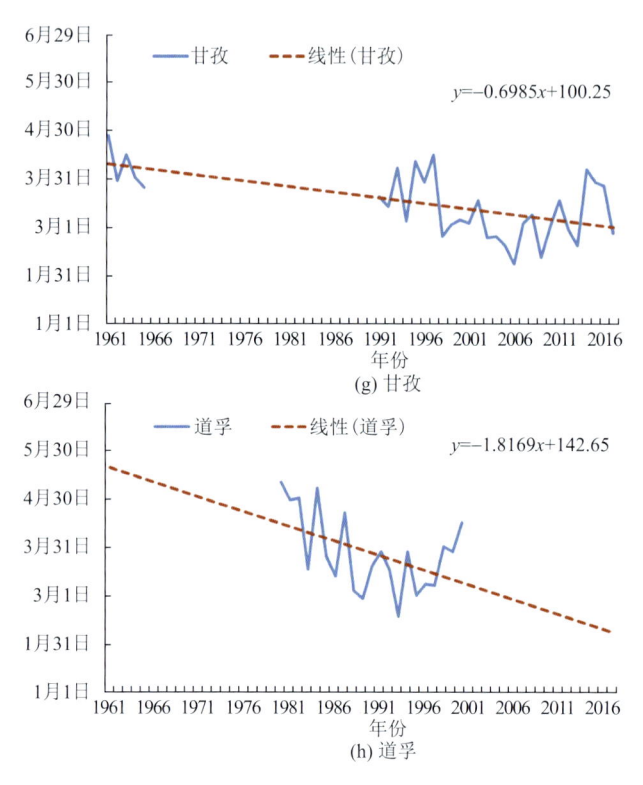

图 4.43　1961～2017 年川藏铁路沿线代表站点冻结终日历年变化

3. 冻结期

川藏铁路沿线地区季节冻融层多年平均冻结期一般为 108～208 d，波密是冻结期最短的地区，色达是冻结期最长的地区。色达最长冻结期达 314 d，林芝仅有 147 d。色达最短冻结期为 149 d，泽当仅有 30 d，波密为 51 d（图 4.44）。

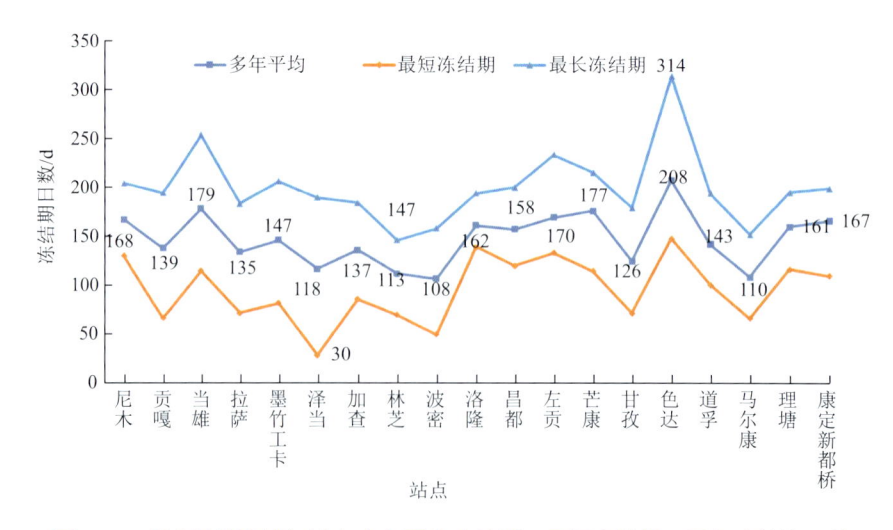

图 4.44　川藏铁路沿线各站点多年平均冻结期、最短冻结期、最长冻结期日数

第 4 章　气象灾害变化特征

最长冻结期日数减去最短冻结期日数反映冻结期年际变化幅度。色达、泽当冻结期变化幅度较大，为 165 d、160 d；当雄、贡嘎、墨竹工卡为 120～140 d；拉萨、波密、甘孜、左贡、芒康为 100～120 d；其余站点不足 100 d，其中洛隆、尼木、林芝、理塘相对其他站点较稳定，少于 80 d。冻结期日数在代表站点也呈现减少趋势，道孚减少最快，平均每 10 年减少约 23 d（图 4.45）。

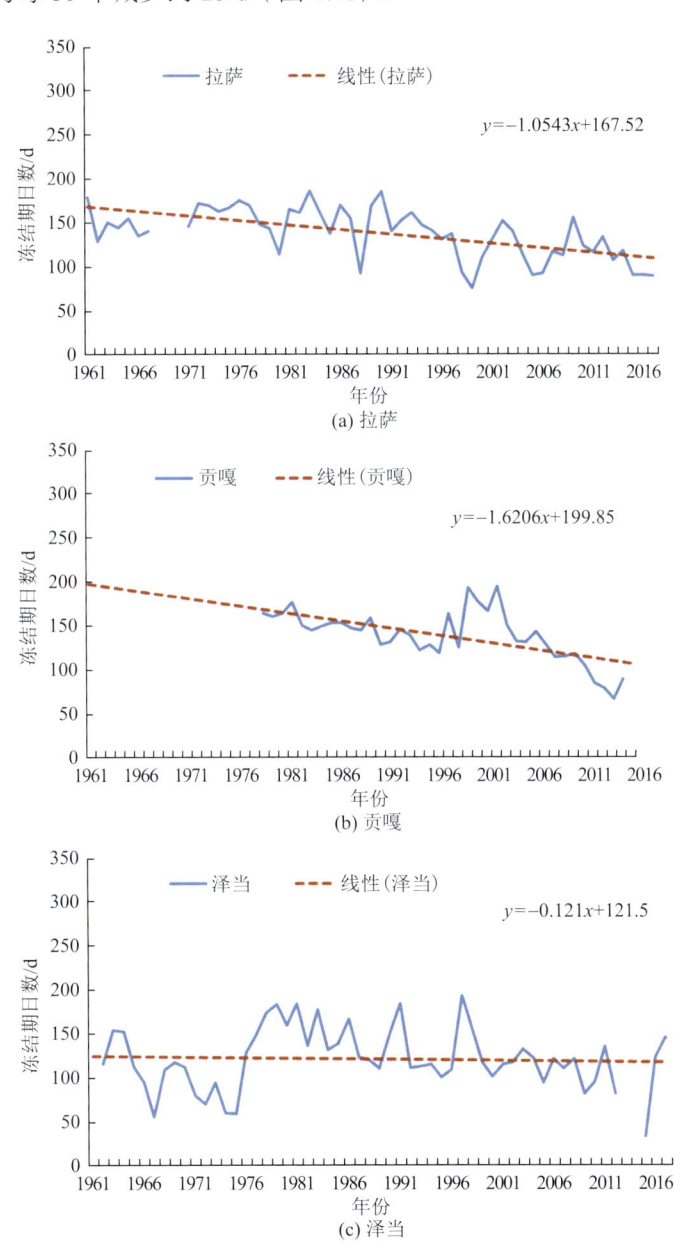

$y=-1.0543x+167.52$

(a) 拉萨

$y=-1.6206x+199.85$

(b) 贡嘎

$y=-0.121x+121.5$

(c) 泽当

(d) 林芝

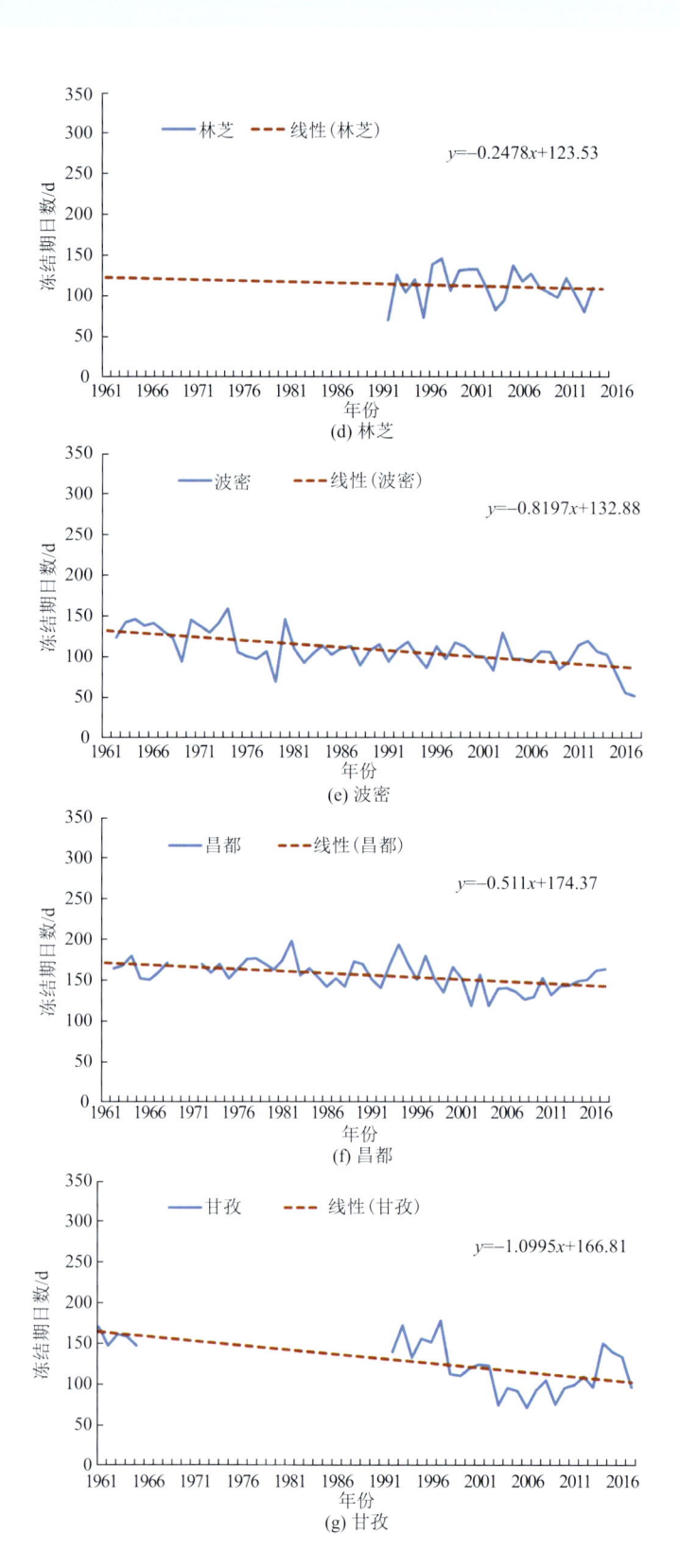

(e) 波密

(f) 昌都

(g) 甘孜

第 4 章 气象灾害变化特征

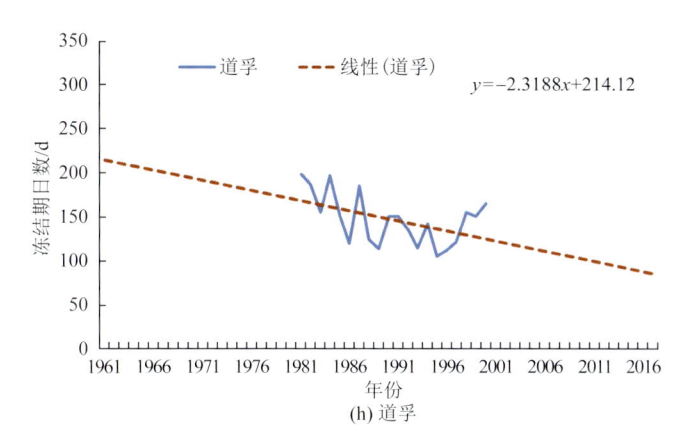

$y=-2.3188x+214.12$

(h) 道孚

图 4.45 1961～2017 年川藏铁路沿线代表站点冻结期日数历年变化

4.5.2 冻结深度

1. 冻结上限

季节冻融层在秋冬季开始冻结时，一般由地表开始向下冻结，但春季解冻时，则是由深层和地表同时解冻。川藏铁路沿线地区除林芝和洛隆没有出现由地表开始解冻外，其余地区均出现过上下土层同时解冻，波密、加查、贡嘎偶尔会出现由地表开始解冻，拉萨、尼木、泽当、马尔康、芒康、康定新都桥多年平均年最大冻结上限为 2～6 cm，其余地区大于 10 cm。其中色达多年平均值达到 73 cm，极大值为 124 cm；其次为理塘，多年平均值为 38 cm，极大值为 43 cm（图 4.46）。

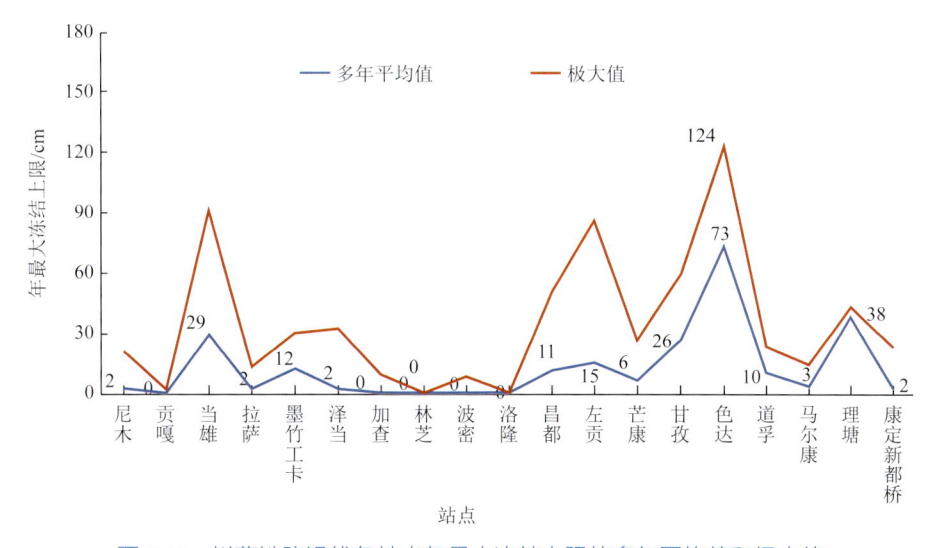

图 4.46 川藏铁路沿线各站点年最大冻结上限的多年平均值和极大值

149

土壤上层解冻后，由于温度的变化，可能在上层又会形成一层新的冻土。川藏铁路沿线地区大部分站点只是偶尔出现两层冻土，但墨竹工卡、甘孜、色达出现两层冻土的年日数分别为 4 d、4 d、13 d，理塘多达 21 d。在极端年份，当雄、墨竹工卡、昌都、左贡、甘孜、色达、道孚、理塘等地会达到 10 d 以上，其中色达、理塘高达 32 d（图 4.47）。

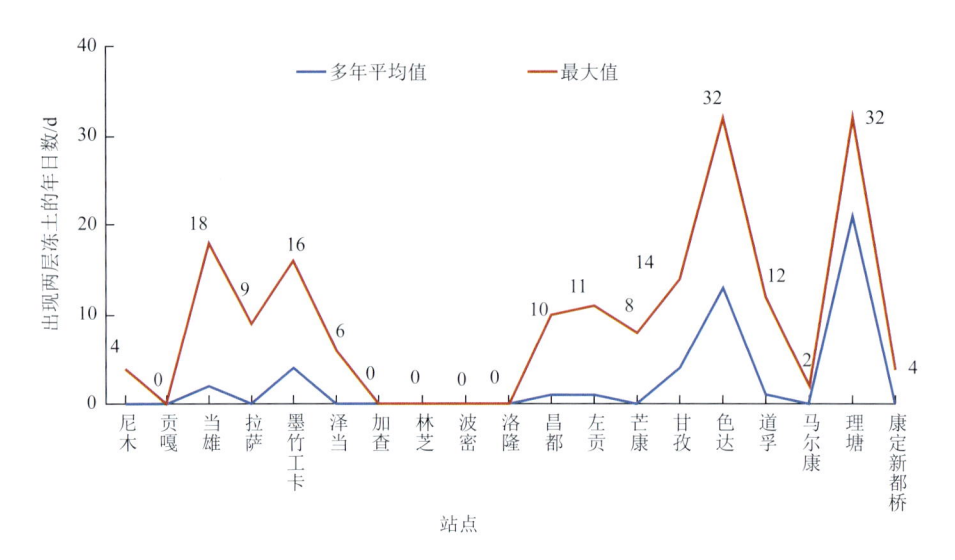

图 4.47　川藏铁路沿线各站点出现两层冻土年日数的多年平均值和最大值

由色达逐日冻结上限深度变化可以发现，从秋季冻结开始，自地表以下都处在冻结状态，但是到 3 月下旬，地表开始解冻，极端年份 2 月下旬即由地表开始解冻，至 5 月中旬完全解冻，之后出现的冻土基本上是因为温度变化而在浅层土壤形成的较薄的冻融层（图 4.48）。

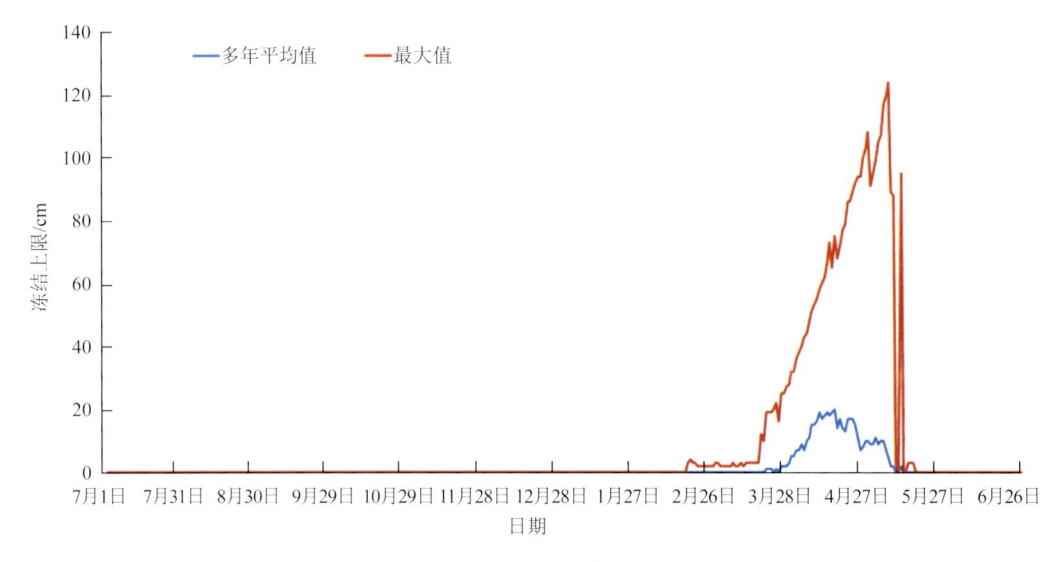

图 4.48　色达逐日冻结上限的多年平均值和最大值

2. 冻结下限

川藏铁路沿线地区各气象站点季节冻融层多年平均年最大冻结深度差异较大，最浅的波密有 9 cm，最深的色达达到 110 cm（图 4.49）。各气象站点年际变化也比较大，色达年最大冻结深度最深曾达到 165 cm，即使在最浅的年份也有 69 cm；在冻结最浅的波密，年最大冻结深度最深的年份是最浅年份的 4 倍，而在泽当地区，二者相差达到 20 倍。用年最大冻结深度最深值减去最浅值反映冻结深度的年际变化程度，可见色达和泽当最大为 96 cm，林芝、加查、波密、马尔康不足 20 cm，其余站点介于 20~66 cm。各代表站点年最大冻结深度变化趋势与前面分析基本一致，各地区均呈减小趋势。

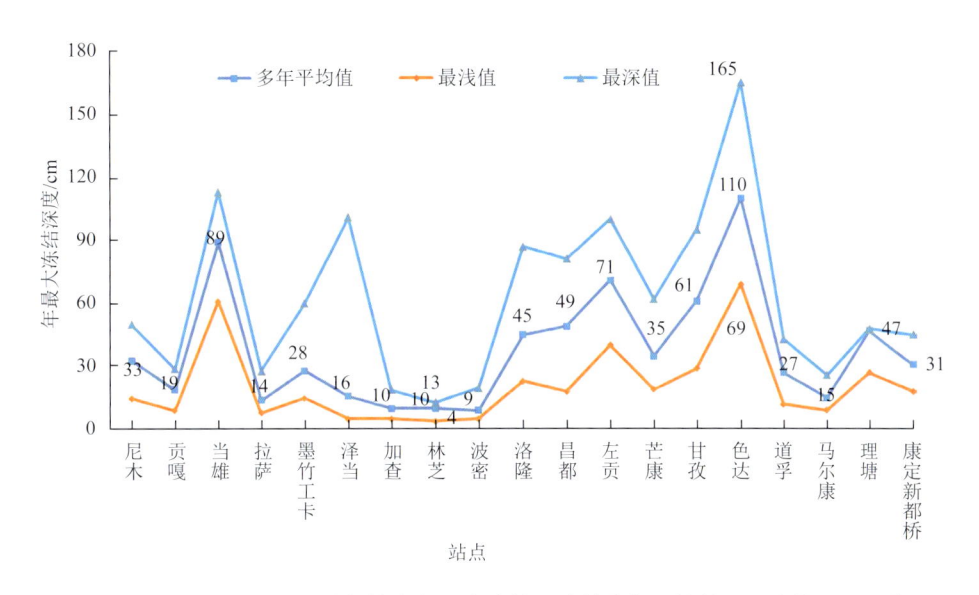

图 4.49 川藏铁路沿线各站点年最大冻结深度的多年平均值、最浅值、最深值

4.5.3 冻结厚度

川藏铁路沿线地区各站点季节冻融层多年平均年最大冻结厚度基本与年最大冻结深度分布一致，但数值略小，最小的波密只有 9 cm，最大的色达达到 89 cm（图 4.50）。各站点年际变化差异也比较大，以最大年份的年最大冻结厚度减去最小年份的年最大冻结厚度来反映冻结厚度的年际变化程度，可见色达最大为 147 cm，其次为泽当（96 cm），林芝、加查、波密、马尔康不足 20 cm，其余站点介于 20~66 cm。

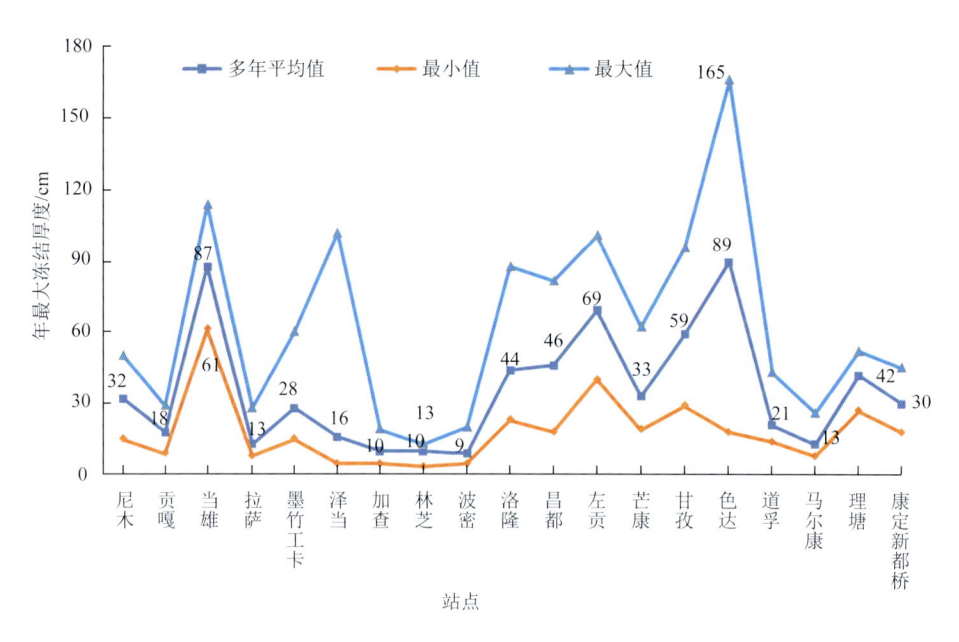

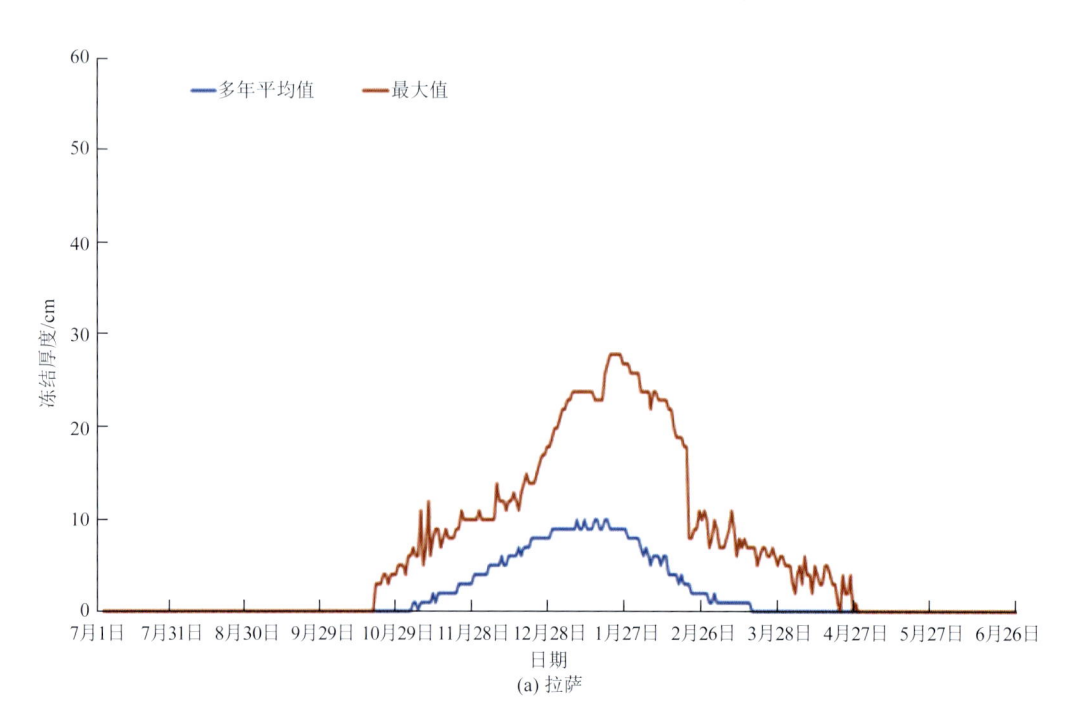

图 4.50　川藏铁路沿线各站点年最大冻结厚度的多年平均值、最小值和最大值

各站点冻结厚度年变化均呈单峰型分布，林芝在 1 月初即达到峰值，而拉萨和昌都在 1 月下旬达到峰值，色达更是在 3 月上旬才达到最大值，然后迅速开始融化。最大冻结厚度峰值出现时间要比多年平均值稍晚 1 个月左右（图 4.51）。

(a) 拉萨

(b) 林芝

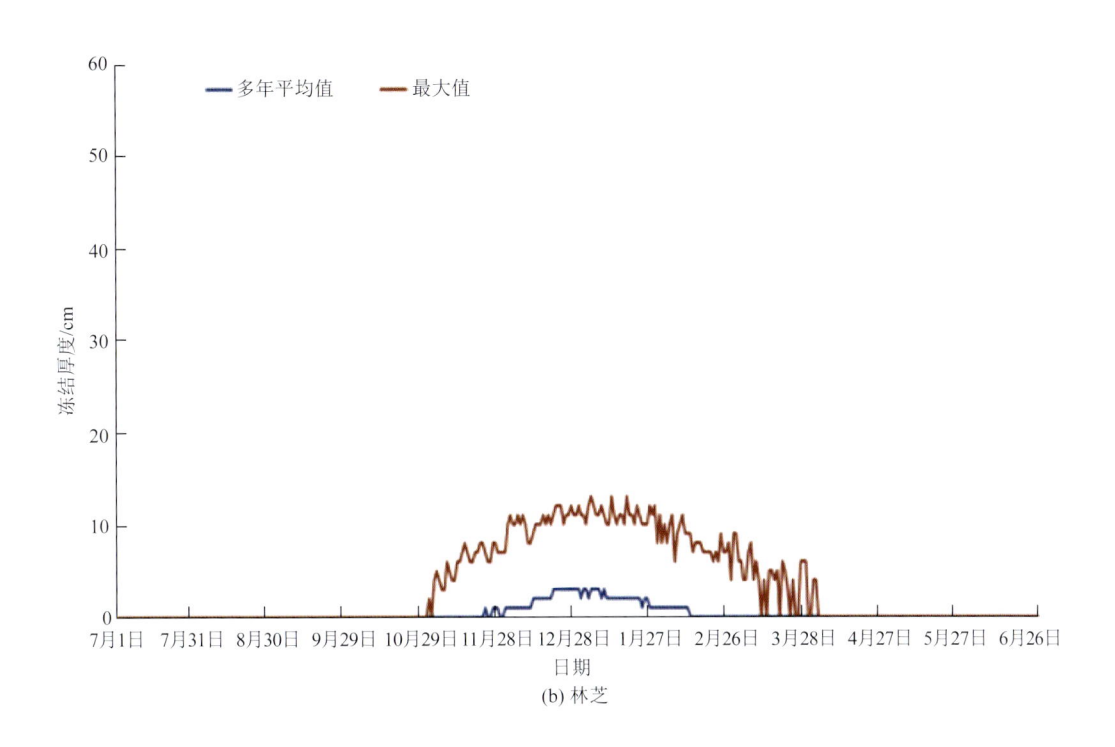

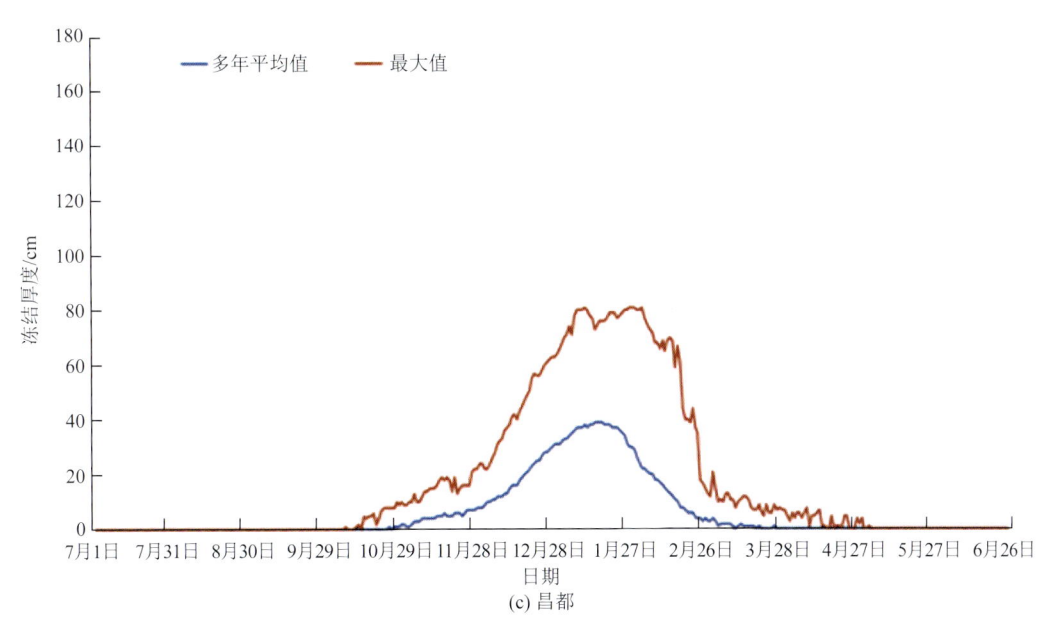

(c) 昌都

(d) 色达

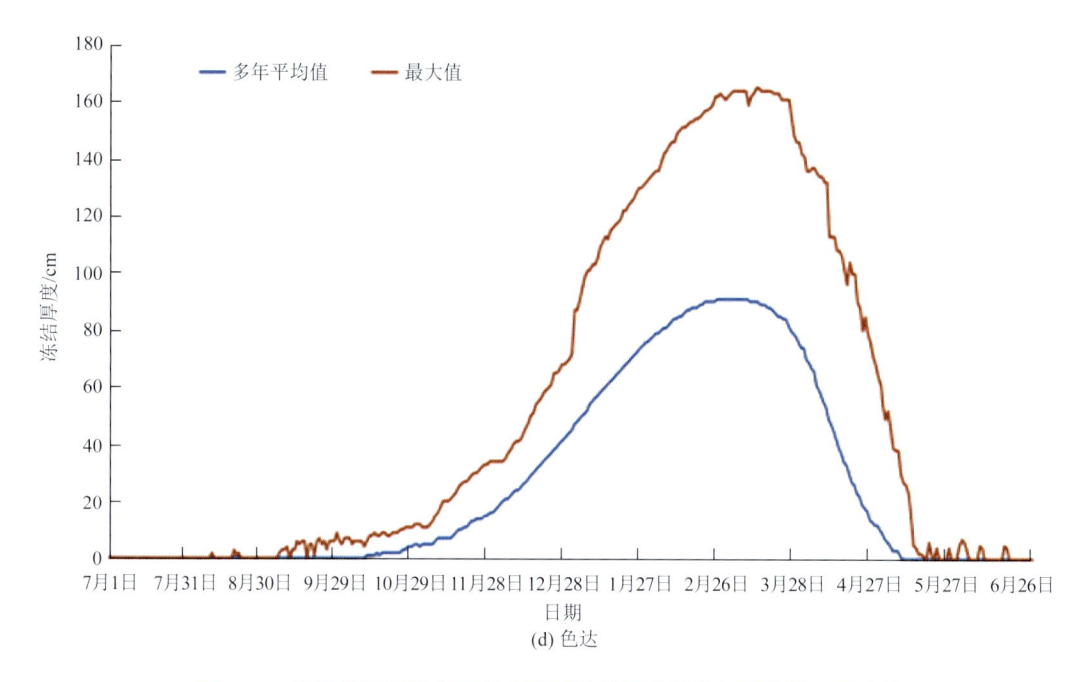

图 4.51　川藏铁路沿线主要站点逐日冻结厚度的多年平均值和最大值

4.6　低温与高温

本节基于中国国家级地面气象站均一化气温日值数据集，从最低气温和低温日数（日最低气温 <−10℃）、最高气温和高温日数（日最高气温 ≥ 35℃）、日较差（同日最高气温与最低气温的差值）分析川藏铁路沿线区域及主要气象站点极端低温、极端高温和日较差特征。

4.6.1　最低气温

1988～2017 年川藏铁路沿线区域年日最低气温最小值的空间分布呈现东高西低的趋势，除东部高于 −10℃外，其余大部地区均低于 −10℃，北部局部地区为 −30～−20℃（图 4.52）。川藏铁路沿线主要气象站点年日最低气温最小值的极小值介于 −30.6～−2.7℃，理塘最低，甘孜、芒康、炉霍、左贡、洛隆、道孚、昌都和波密等站点为 −28.7～−20.3℃，德格、白玉、泽当、马尔康、贡嘎、八宿、加查、拉萨、米林、林芝、雅江、康定、巴塘等站点年日最低气温最小值的极小值为 −19.4～−12.8℃，其余站点为 −7.1～−2.7℃（图 4.53）。

第 4 章　气象灾害变化特征

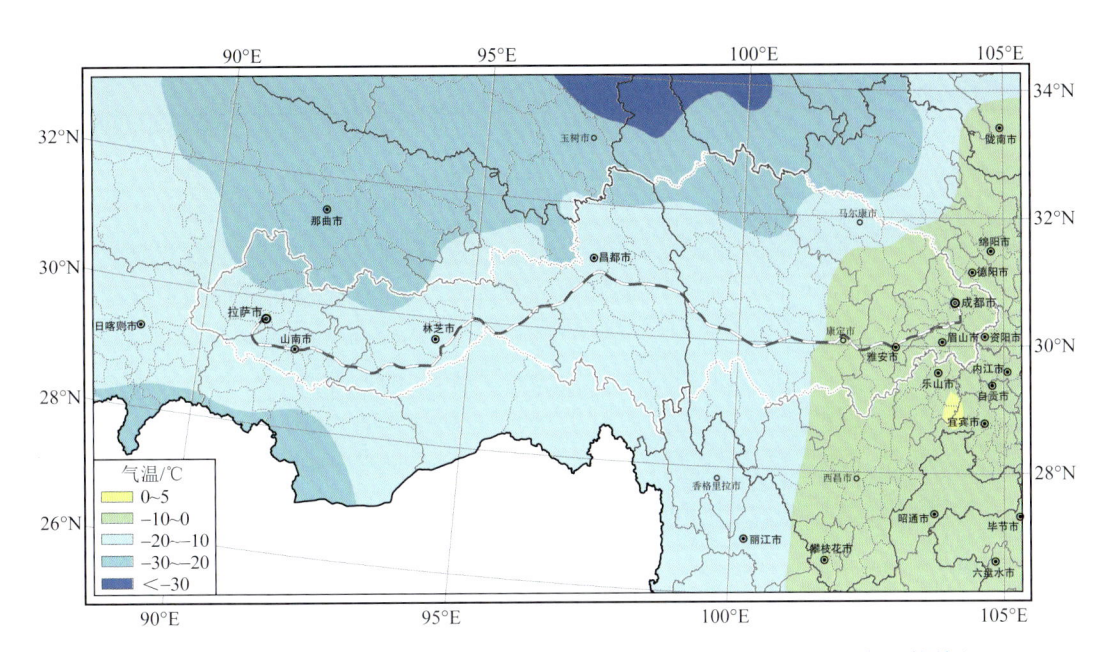

图 4.52　川藏铁路沿线区域年日最低气温最小值分布图（1988～2017 年平均值）

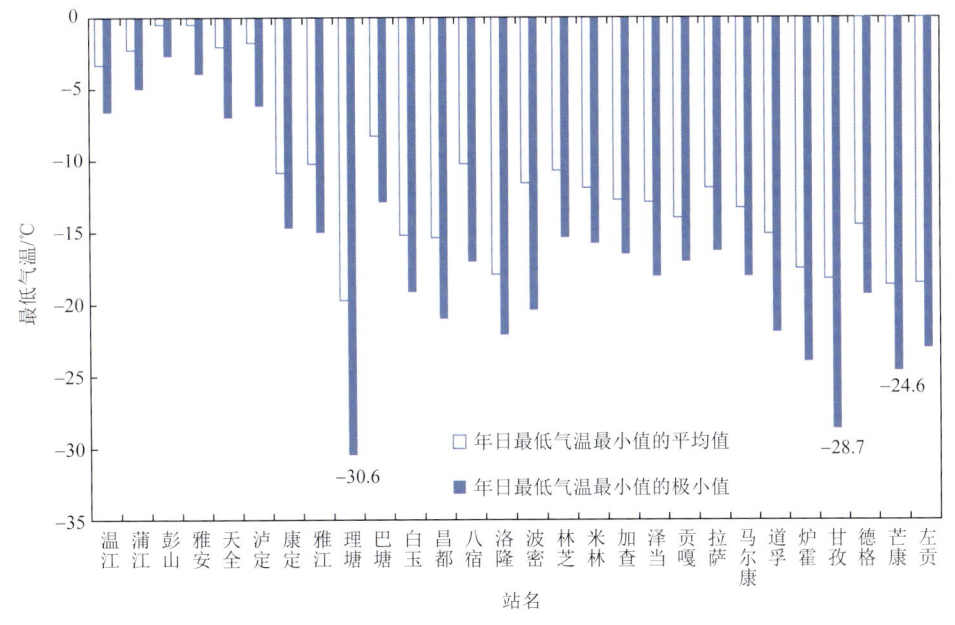

图 4.53　川藏铁路沿线主要气象站点年日最低气温最小值的 1988～2017 年平均值和
1951～2018 年极小值

各主要气象站点年日最低气温极小值出现时间在 1 月和 12 月，20 世纪 80 年代和 60 年代出现频次较高（表 4.12）。主要气象站点不同重现期日最低气温、日最高气温和日较差见表 4.13。

表 4.12　主要气象站点年日最低气温极小值、年日最高气温极大值、年日较差极大值及出现日期

站名	年日最低气温极小值/℃	年	月	日	年日最高气温极大值/℃	年	月	日	年日较差极大值/℃	年	月	日
温江	−6.5	2016	1	25	36.7	2016	8	21	20.6	2013	4	17
蒲江	−4.9	1991	12	28	38.4	2011	6	24	20.9	2013	4	17
彭山	−2.7	1980	1	31	38.6	2006	8	12	17.8	2007	1	30
雅安	−3.9	1975	12	14	38.6	2017	7	10	17.5	1951	5	30
天全	−7.1	1991	12	28	36.9	2017	7	10	21.1	1978	4	10
泸定	−6.2	2016	1	24	37.8	2010	7	29	26.1	2012	4	2
康定	−14.7	1970	1	11	30.1	2007	3	30	25.4	2013	2	16
雅江	−14.9	1963	1	5	37.4	2014	6	3	30.9	1984	2	3
理塘	−30.6	1990	12	5	25.9	2006	7	17	30.0	1954	1	9
巴塘	−12.8	1962	1	3	37.9	2006	7	17	28.2	1970	6	13
白玉	−19.1	1974	1	1	35.6	1983	7	9	33.0	1985	2	20
昌都	−20.9	1959	12	31	33.4	1972	7	8	30.2	1954	3	6
八宿	−16.9	1982	12	26	33.4	2006	7	17	23.4	2001	1	29
洛隆	−22.1	1983	1	4	30.6	2006	7	17	28.4	2001	1	29
波密	−20.3	1962	1	3	31.2	2001	7	8	29.4	1962	11	10
林芝	−15.3	1954	1	16	31.4	2006	7	17	27.0	1954	2	3
米林	−15.8	1983	1	4	29.8	2017	8	5	27.2	1988	2	4
加查	−16.6	1983	1	4	32.5	2009	7	23	30.5	1992	3	26
泽当	−18.1	1983	1	4	30.3	1987	6	12	30.9	2018	1	10
贡嘎	−17.0	1978	1	12	31.2	1987	6	12	32.6	2018	1	10
拉萨	−16.2	1968	1	17	30.5	1998	6	15	28.2	1962	1	18
马尔康	−18.0	1961	1	16	35.7	2013	6	17	30.4	2013	2	28
道孚	−21.9	1965	1	7	33.4	2006	7	17	33.2	2006	1	3
炉霍	−24.0	1989	1	19	31.4	2015	6	28	31.8	2018	1	24
甘孜	−28.7	1964	12	18	31.7	1951	6	2	29.3	1985	2	20
德格	−19.4	1959	12	31	32.1	1987	6	22	30.8	2004	4	30
芒康	−24.6	1983	1	5	26.1	1983	7	8	29.5	2018	1	23
左贡	−23.0	1983	1	5	27.9	2006	7	17	28.2	2001	1	29

表 4.13　主要气象站点不同重现期日最低气温、日最高气温和日较差　（单位：℃）

站名	日最低气温 15 年	日最低气温 30 年	日最低气温 50 年	日最高气温 15 年	日最高气温 30 年	日最高气温 50 年	日较差 15 年	日较差 30 年	日较差 50 年
温江	−4.6	−5.1	−5.4	36.0	36.4	36.7	19.3	19.8	20.2
蒲江	−4.2	−4.8	−5.2	37.6	38.7	39.5	20.0	20.7	21.3
彭山	−2.3	−2.5	−2.6	37.8	38.2	38.5	17.2	17.5	17.6

第 4 章　气象灾害变化特征

续表

站名	日最低气温 15 年	日最低气温 30 年	日最低气温 50 年	日最高气温 15 年	日最高气温 30 年	日最高气温 50 年	日较差 15 年	日较差 30 年	日较差 50 年
雅安	−2.6	−3.2	−3.5	36.9	37.5	37.9	15.8	16.1	16.3
天全	−4.8	−5.4	−5.8	35.7	36.3	36.9	20.1	20.6	20.8
泸定	−4.4	−5.0	−5.4	36.7	37.1	37.3	24.4	24.8	25.2
康定	−13.5	−14.0	−14.3	28.1	28.6	29.0	24.3	25.0	25.4
雅江	−13.1	−13.8	−14.2	36.1	36.5	36.8	30.0	30.4	30.5
理塘	−26.8	−27.9	−28.5	24.7	25.1	25.4	28.3	28.7	29.0
巴塘	−11.6	−12.3	−12.7	37.0	37.4	37.5	26.8	27.2	27.5
白玉	−18.1	−18.6	−18.9	34.2	34.8	35.2	31.0	31.6	32.0
昌都	−18.8	−19.5	−20.0	32.1	32.5	32.8	29.0	29.5	29.8
八宿	−13.0	−13.8	−14.4	32.7	32.9	33.1	22.4	22.7	23.0
洛隆	−20.9	−21.4	−21.8	29.5	30.1	30.4	26.8	27.4	27.8
波密	−15.6	−16.8	−17.7	30.8	31.0	31.2	26.6	27.5	28.3
林芝	−12.5	−12.9	−13.2	29.7	30.1	30.5	24.2	24.6	25.0
米林	−14.4	−14.8	−15.1	28.9	29.3	29.6	25.9	26.4	26.7
加查	−14.9	−15.5	−15.8	31.7	32.0	32.2	29.2	29.9	30.5
泽当	−16.4	−17.0	−17.5	29.8	30.2	30.4	27.9	29.0	29.9
贡嘎	−16.2	−16.9	−17.4	30.5	30.8	31.1	29.0	30.0	30.7
拉萨	−15.6	−16.0	−16.1	29.8	30.1	30.3	27.0	27.8	28.4
马尔康	−16.1	−16.7	−17.1	34.6	35.1	35.4	28.9	29.3	29.5
道孚	−19.0	−20.1	−21.0	32.0	32.4	32.6	31.8	32.2	32.5
炉霍	−21.1	−21.9	−22.4	30.8	31.1	31.3	30.7	31.1	31.4
甘孜	−24.2	−25.8	−27.0	29.5	29.9	30.1	28.1	28.7	29.1
德格	−17.4	−17.9	−18.2	31.1	31.6	31.9	28.0	28.7	29.1
芒康	−21.8	−23.1	−24.1	25.7	25.9	26.0	28.0	28.7	29.1
左贡	−21.3	−22.0	−22.5	27.1	27.4	27.6	27.5	28.0	28.4

《高速铁路运行高影响天气条件等级》(QX/T 334—2016) 定义日最低气温 <−10℃ 时对高速铁路运行有影响，影响程度随温度下降而增加，分为五个等级：0 级，最低气温 $T ≥ −10℃$，无影响；1 级，$−20℃ ≤ T < −10℃$，有一定影响；2 级，$−30℃ ≤ T < −20℃$，有较大影响；3 级，$−40℃ ≤ T < −30℃$，有严重影响；4 级，$T < −40℃$，有特别严重影响，建议列车停止运行。据此标准分析了川藏铁路沿线主要气象站点日最低气温 <−10℃的日数。

1988～2017 年川藏铁路沿线区域年低温日数空间上整体呈北部多、南部少，西部多、东部少的分布特征。东部基本无低温日出现，低温日数 <1 d；北部地区及南部的芒康、左贡等地低温日数为 60～120 d；其余大部分地区低温日数普遍为 1～60 d（图 4.54）。

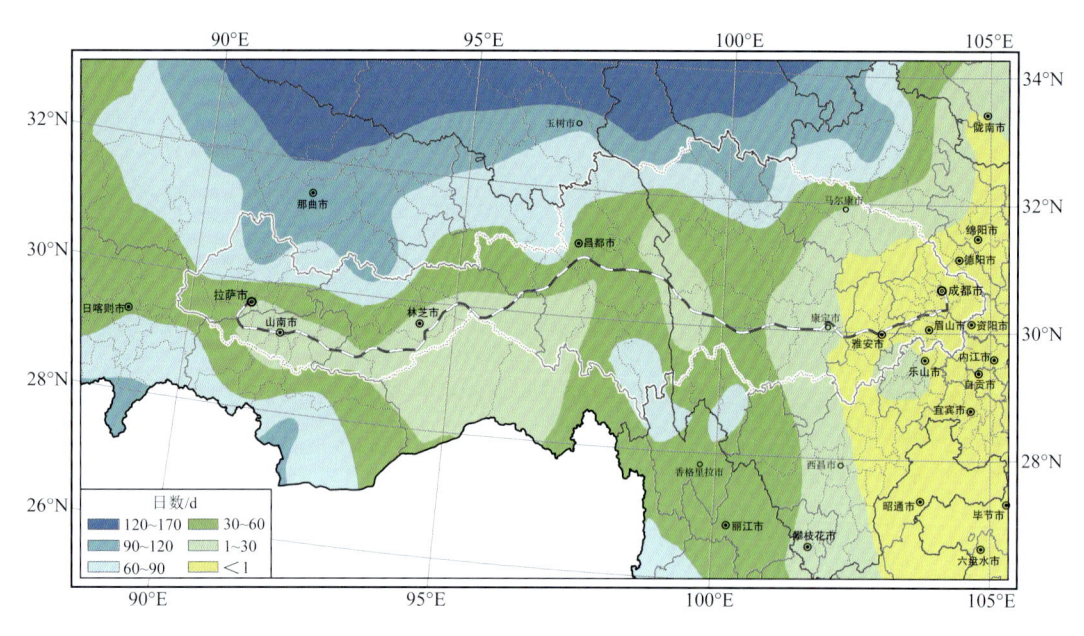

图 4.54　川藏铁路沿线区域年低温日数分布图（1988～2017 年平均值）

川藏铁路沿线主要气象站点年低温日数 1951～2018 年最大值统计表明，除温江、蒲江、彭山、雅安、天全和泸定等站点未出现低温日外，其余站点低温日数为 9～117 d，其中理塘、芒康、左贡最多，分别为 117 d、112 d、98 d；波密、德格、昌都、白玉、道孚、炉霍、甘孜等站点为 54～79 d，八宿、巴塘、康定、林芝、米林、加查、泽当、雅江、马尔康、贡嘎和拉萨等站点为 9～49 d（图 4.55）。

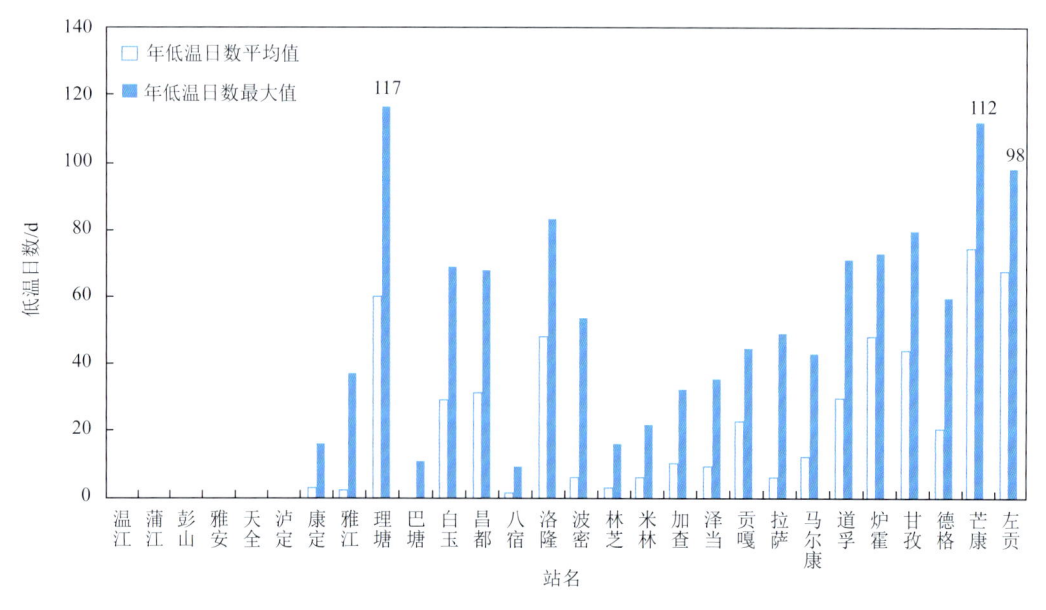

图 4.55　川藏铁路沿线主要气象站点年低温日数 1988～2017 年平均值和 1951～2018 年最大值

4.6.2 最高气温

1988～2017 年川藏铁路沿线区域年日最高气温最大值空间上呈现自西向东逐渐升高的分布特征，西部地区及中部地区的北部、南部达 25～30℃，东部地区及八宿、贡觉、白玉一带为 30～35℃，四川局部为 35～40℃（图 4.56）。川藏铁路沿线主要气象站点年日最高气温 1951～2018 年极大值为 25.9～38.6℃，其中彭山、雅安、蒲江分别为 38.6℃、38.6℃、38.4℃，巴塘、泸定、雅江、天全、温江、马尔康和白玉等站点在 35℃以上，其余站点介于 25～35℃（图 4.57）。主要气象站点的年日最高气温极大值主要出现在夏季，且 2000 年以后出现频次较高（表 4.12）。不同时段（15 年、30 年和 50 年）重现期的日最高气温见表 4.13。

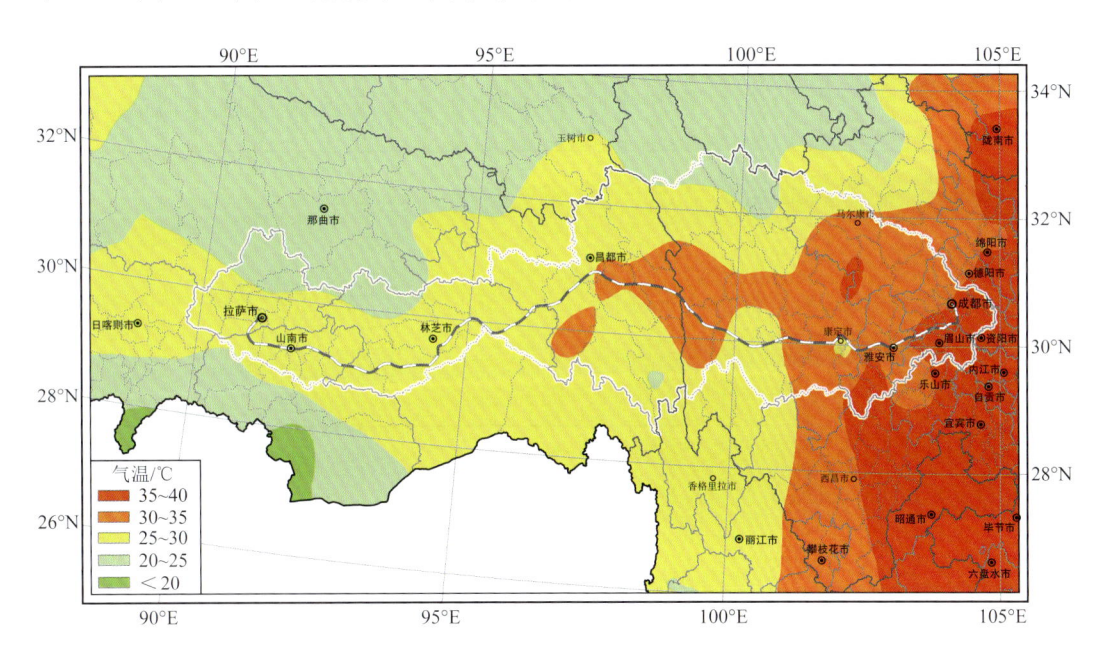

图 4.56　川藏铁路沿线区域年日最高气温最大值分布图（1988～2017 年平均值）

川藏铁路沿线年高温日数（日最高气温 ≥ 35℃）主要出现在东部地区（四川），中部和西部地区较少。主要气象站点年高温日数 1951～2018 年最大值为 1～28 d，其中彭山、蒲江和雅安高温日数最多，分别为 28 d、24 d 和 18 d，泸定、巴塘、温江为 10～13 d，天全、雅江和白玉为 1～5 d，其余各站点未出现高温日（图 4.58）。

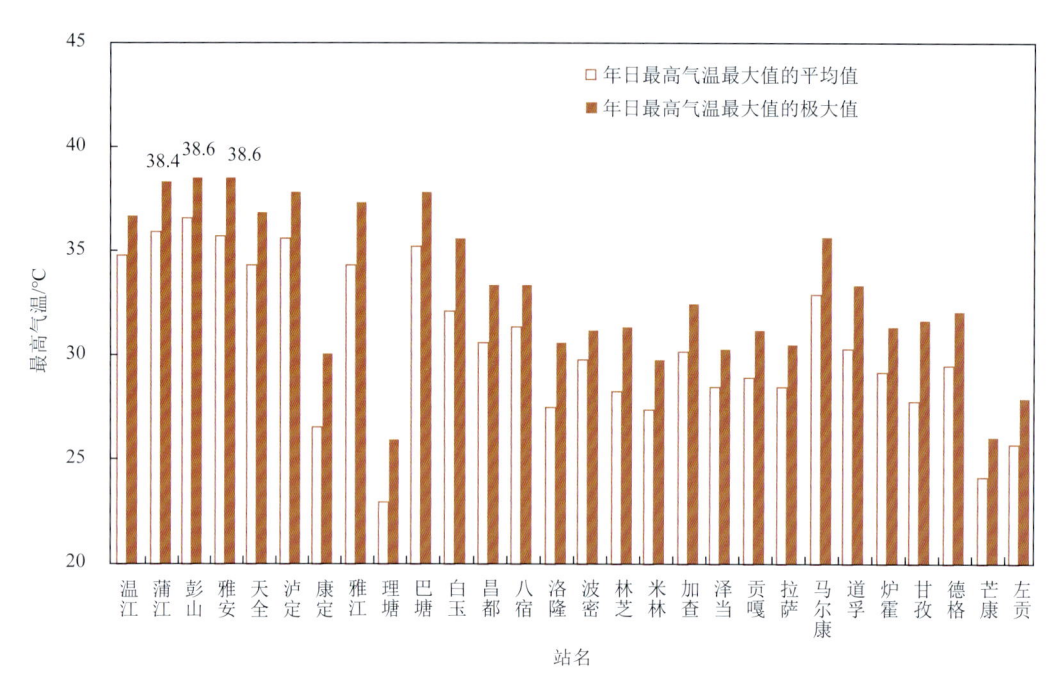

图 4.57　川藏铁路沿线主要气象站点年日最高气温最大值的 1988～2017 年平均值和 1951～2018 年极大值

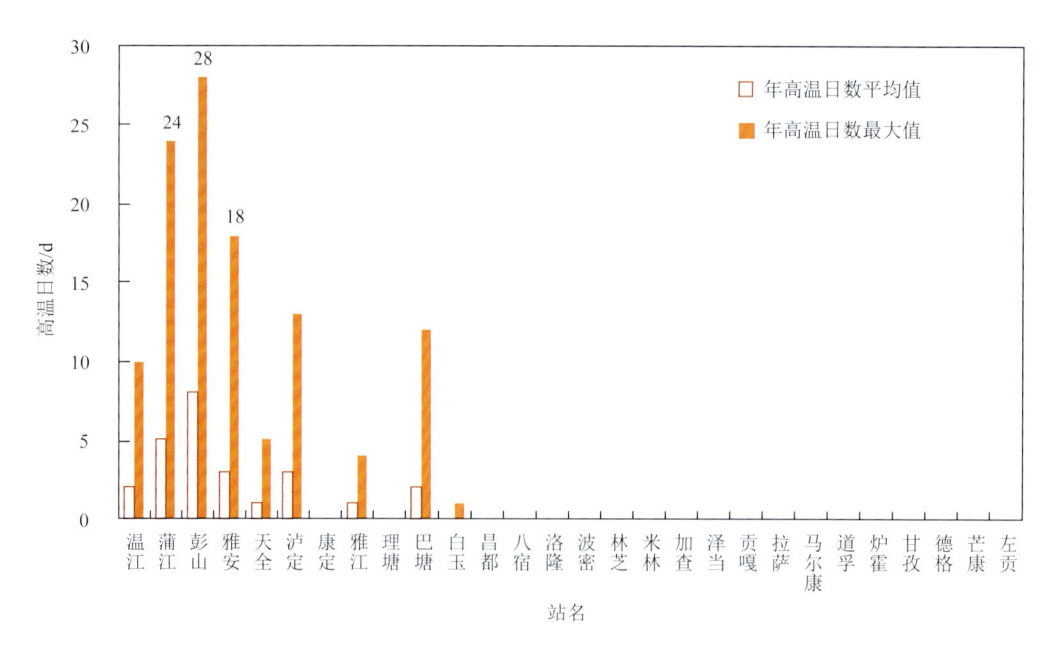

图 4.58　川藏铁路沿线主要气象站点年高温日数 1988～2017 年平均值和 1951～2018 年最大值

4.6.3 气温日较差特征

川藏铁路沿线区域气温年日较差最大值的1988～2017年平均值空间上从东到西呈现小—大—小—大的变化态势，大值区普遍为25～30℃，小值区为20～25℃，东部地区为15～20℃（图4.59）。

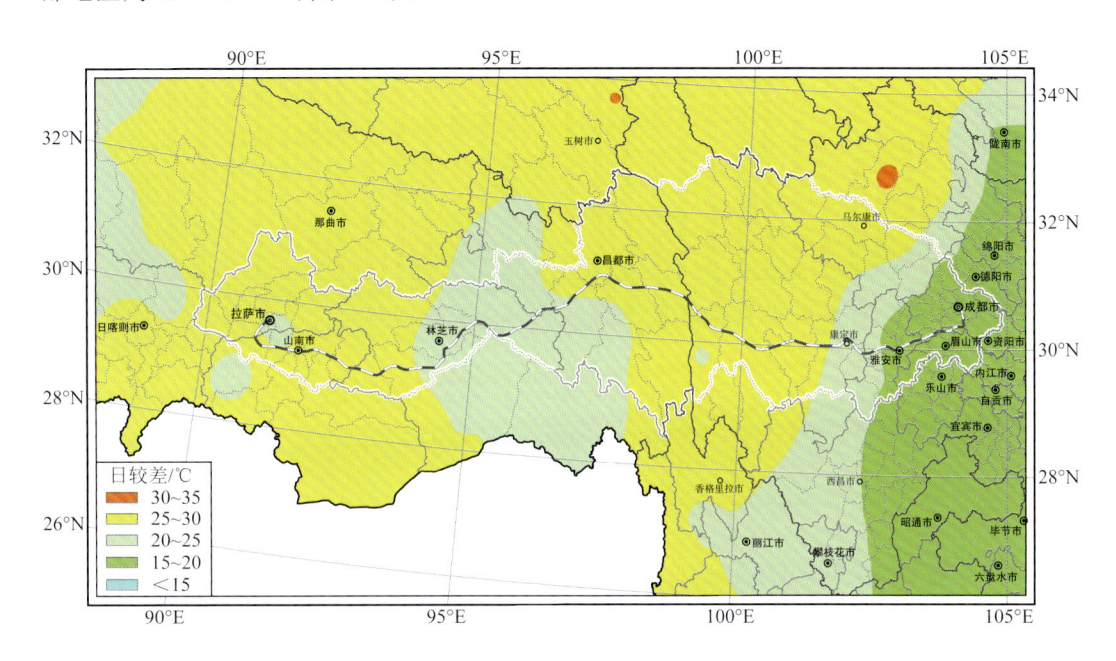

图4.59 川藏铁路沿线区域气温年日较差最大值分布图（1988～2017年平均值）

川藏铁路沿线主要气象站点气温年日较差最大值的1951～2018年极大值为17.5～33.2℃（图4.60）。道孚、白玉、贡嘎、炉霍、泽当、雅江、德格、加查、马尔康、昌都、理塘等站点日较差均高于30℃，其中道孚最高，为33.2℃，白玉为33.0℃，贡嘎为32.6℃；温江、蒲江、天全、八宿、康定、泸定、林芝、米林、巴塘、拉萨、左贡、洛隆、波密、甘孜、芒康等站点气温年日较差极大值为20.6～29.6℃；雅安和彭山气温日较差相对较低，分别为17.5℃和17.8℃。

川藏铁路沿线主要气象站点年日较差极大值出现时间多数在1月、2月和4月（表4.12）。不同时段（15年、30年和50年）重现期日较差见表4.13。川藏铁路沿线主要气象站点冬半年日较差极大值较夏半年高，1～4月、10～12月日较差极大值均超过30℃，5～9月日较差极大值超过27℃（图4.61）。区域日较差极大值1月、3月、12月出现在道孚，2月、10月出现在白玉，5月、11月出现在炉霍，7～9月出现在马尔康，4月出现在德格，6月出现在巴塘。

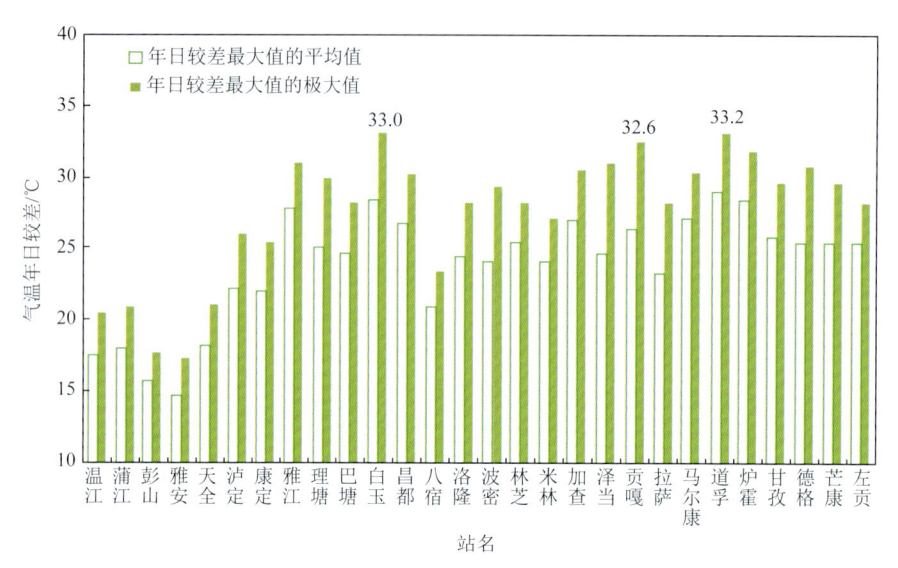

图 4.60 川藏铁路沿线主要气象站点气温年日较差最大值的 1988～2017 年平均值和 1951～2018 年极大值

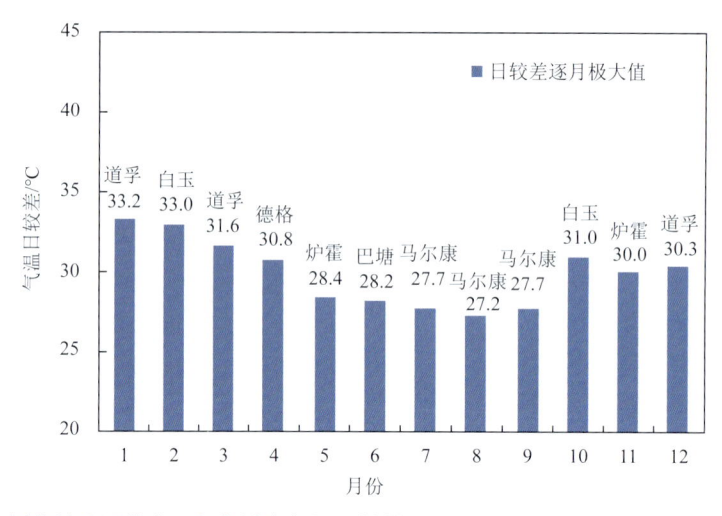

图 4.61 川藏铁路沿线主要气象站点气温日较差逐月极大值及出现站点（1951～2018 年）

4.7 雾与霾

4.7.1 雾特征

川藏铁路沿线区域东部为雾多发区，年雾日数为 10～50 d，温江多达 60.3 d，北部为 1～5 d，其余大部分地区不足 1 d 或基本没有雾出现（图 4.62）。温江、彭山有记录以来年雾日数最大值超过 100 d，分别为 174 d、103 d，蒲江、雅安分别为 64 d、67 d，康定为 41 d，其余川藏铁路沿线气象站点不足 10 d，雅江、巴塘、泽当、拉萨、马尔康、炉霍等地无雾发生（图 4.63）。

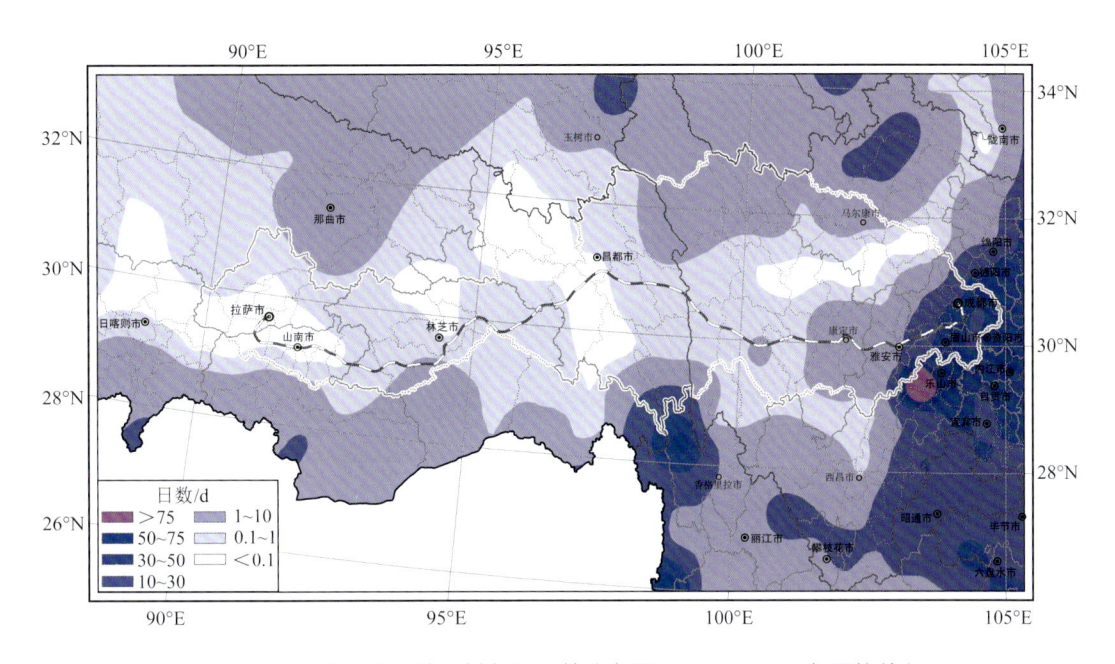

图 4.62　川藏铁路沿线区域年雾日数分布图（1988～2017 年平均值）

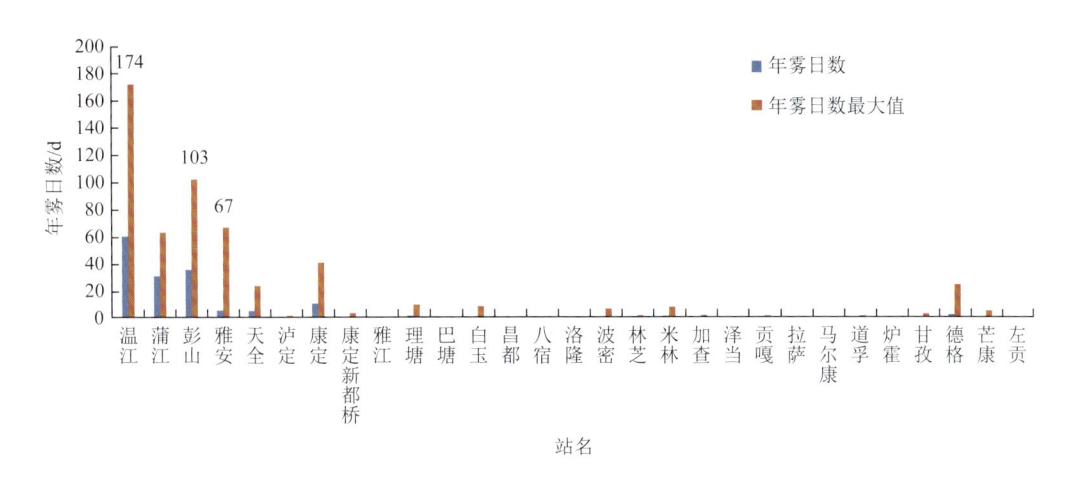

图 4.63　川藏铁路沿线主要气象站点年雾日数（1988～2017 年平均值）和年雾日数最大值（1954～2017 年）

对于川藏铁路沿线东部站点来说，雾日数的月变化特征明显，总体呈现冬多夏少的特征，雾日数最多月份出现在 12 月，温江最多达 10.1 d；康定则呈现秋夏多、冬季少的特征，波动特征明显，9 月为雾日数最多月份（图 4.64）。

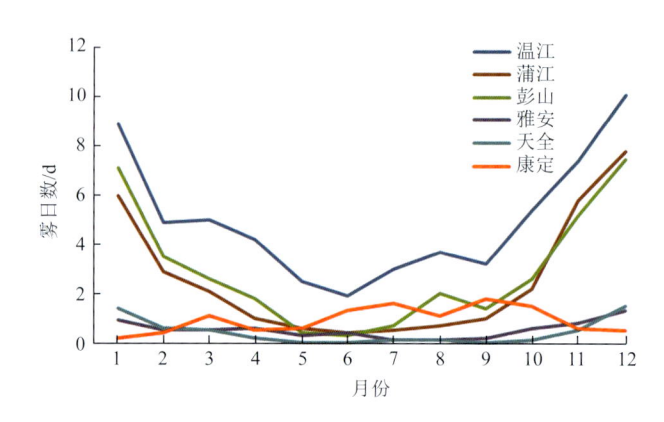

图 4.64　川藏铁路沿线东部主要气象站点雾日数月变化特征（1988～2017 年平均值）

4.7.2　霾特征

川藏铁路沿线区域东部四川盆地年霾日数较多，普遍为 5～15 d，向西迅速递减，中西部大部分地区不足 1 d 或基本没有霾出现（图 4.65）。年霾日数最大值，蒲江最大为 78 d，雅安、彭山、温江为 58～66 d，天全、泸定分别为 24 d、17 d，其余站点不足 10 d，雅江、米林、贡嘎无霾发生（图 4.66）。

对于川藏铁路沿线东部站点来说，霾日数的月变化特征总体呈现冬春多、夏秋（6～10 月）少的特征，霾日数最多月份出现在 2 月或 3 月（图 4.67）。

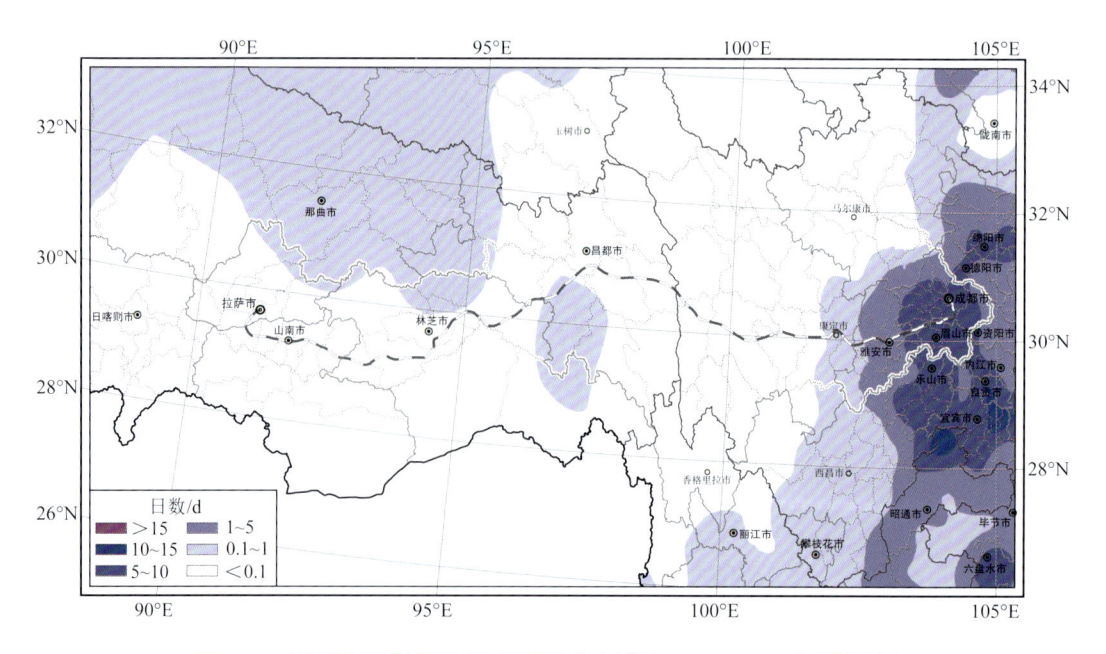

图 4.65　川藏铁路沿线区域年霾日数分布图（1988～2017 年平均值）

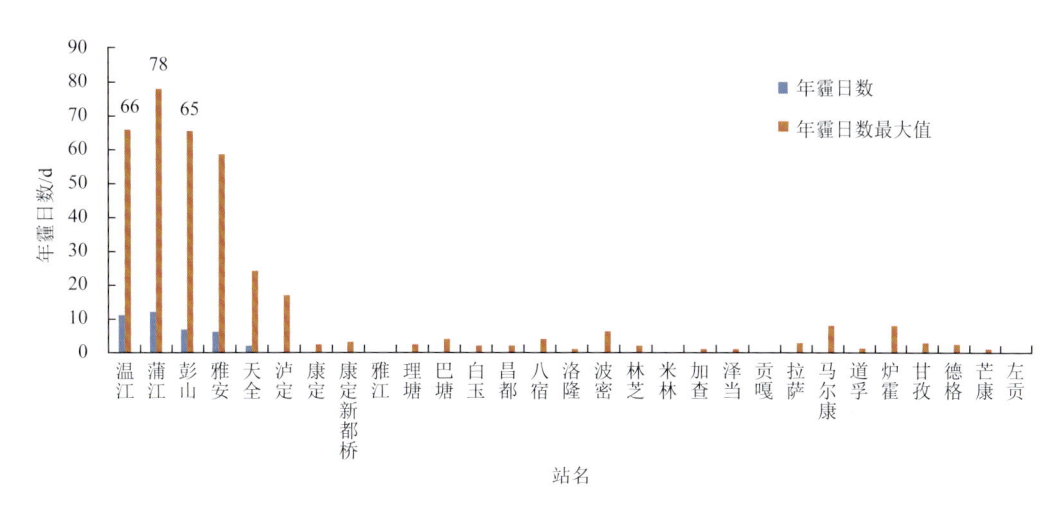

图 4.66　川藏铁路沿线主要气象站点年霾日数（1988～2017 年平均值）和最大值（1954～2017 年）

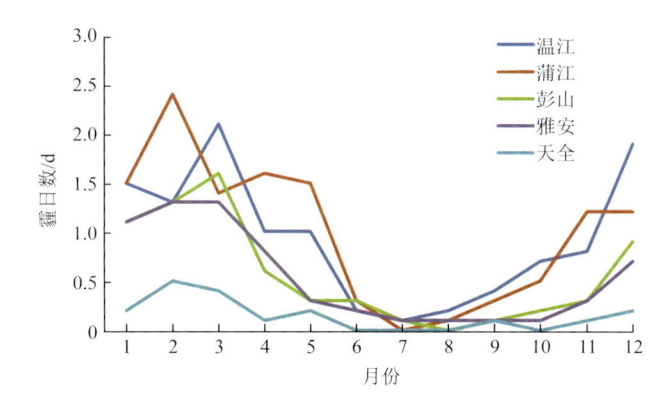

图 4.67　川藏铁路沿线东部主要气象站点霾日数月变化特征（1988～2017 年平均值）

4.8　沙尘暴

4.8.1　沙尘日数

沙尘日数根据天气观测记录一日出现浮尘、扬沙、沙尘暴等现象进行日数统计。川藏铁路沿线大部分区域非沙尘天气多发区，大部分地区不足 1 d，康定、雅江、波密、洛隆等地基本无沙尘天气出现，西部地区大部为 1～5 天，加查、拉萨分别为 5.2 d、5.1 d，泽当、贡嘎沙尘天气较多，分别为 12 d、15.3 d（图 4.68 和图 4.69），可选方案站点年沙尘日数也较少，不足 1 d。各站点年沙尘日数最大值，以昌都最多，为 94 d，米林至拉萨、康定新都桥、蒲江年沙尘日数最大值在 40 d 以上，其余地区不足 20 d。

可选方案站点中甘孜、左贡、炉霍分别为 78 d、67 d、52 d（图 4.69），最大值年份大多出现在 20 世纪 50～80 年代，仅加查出现在 2016 年。

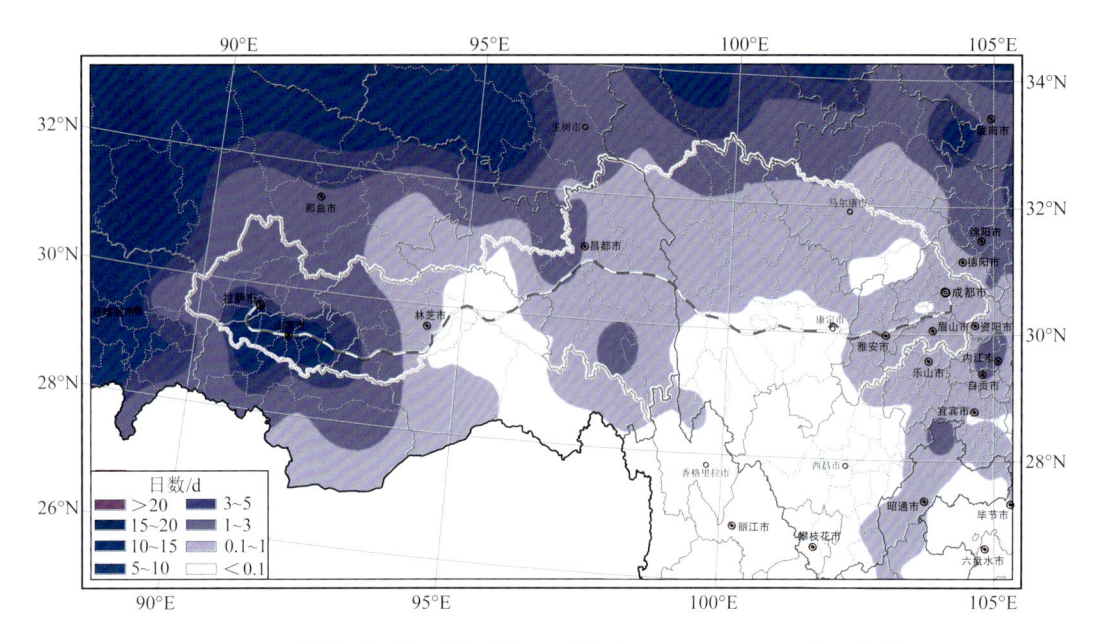

图 4.68　川藏铁路沿线区域年沙尘日数分布图（1988～2017 年平均值）

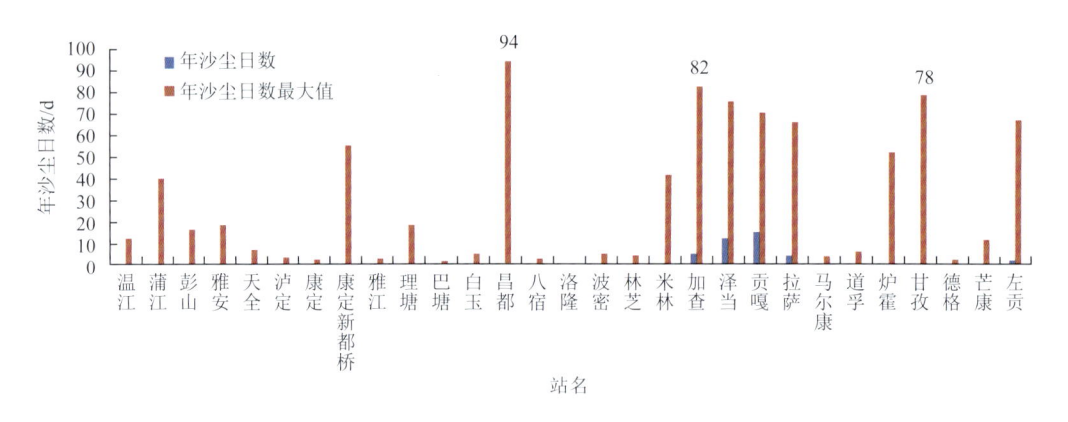

图 4.69　川藏铁路沿线主要气象站点年沙尘日数（1988～2017 年平均值）和年沙尘日数最大值（1954～2017 年）

沙尘日数的月变化特征：白玉至温江，沙尘天气主要出现在春季，其他各月几乎没有，康定新都桥仅在 1 月出现；昌都至米林，各月基本无沙尘天气出现；加查至拉萨，冬春多、夏秋少，全年最大值出现在 1 月或 2 月。加查除 6 月、泽当除 9 月外，其余各月均有沙尘天气出现（图 4.70）。

第 4 章 气象灾害变化特征

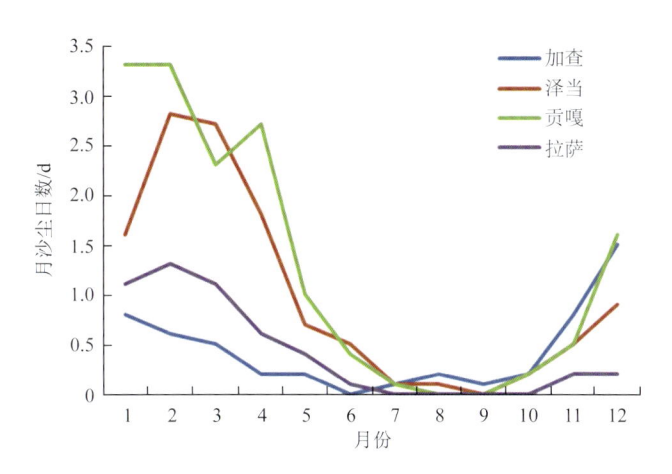

图 4.70 川藏铁路沿线西部主要气象站点沙尘日数月变化特征（1988～2017 年平均值）

4.8.2 沙尘暴日数

川藏铁路沿线区域年沙尘暴日数仅西部不足 1 d，其他地方基本没有出现（图 4.71）。基于 1954～2017 年川藏铁路沿线站点的年沙尘暴日数最大值可知，昌都为 32 d（1958年）、泽当为 32 d（1984 年）、拉萨为 27 d（1955 年）、贡嘎为 17 d（1982 年）、康定新都桥为 9 d（1956 年）；可选方案涉及站点中甘孜为 70 d（1954 年）、左贡为 13 d（1978 年）、炉霍为 9 d（1984 年）；其余地区不足 5 d，或没有沙尘暴出现。

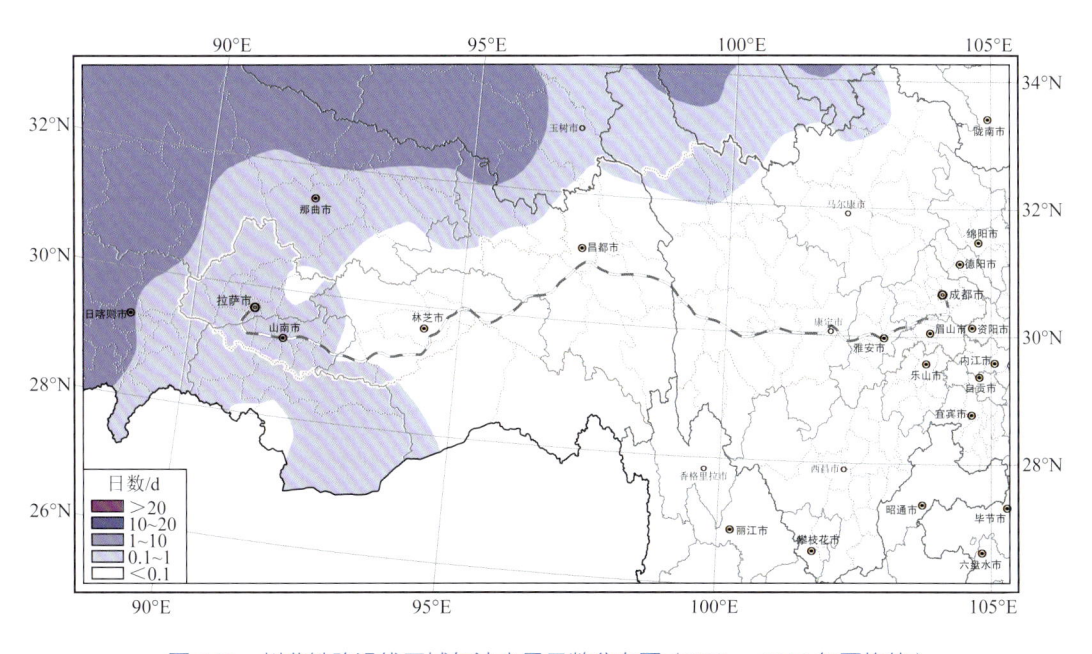

图 4.71 川藏铁路沿线区域年沙尘暴日数分布图（1988～2017 年平均值）

4.9 雷电

4.9.1 雷暴日数

川藏铁路沿线区域年雷暴日数由东向西呈现少—多—少—多的态势。西部地区以及康定至昌都之间的区域为雷暴多发区，普遍在 45 d 以上，其中色达（75.2 d）、贡嘎（75.1 d）、琼结（75.1 d）、墨竹工卡（73.8 d）、当雄（71.9 d）超过 70 d；东部的四川盆地及左贡、八宿、洛隆、波密、林芝、米林一带一般不足 35 d（图 4.72）。

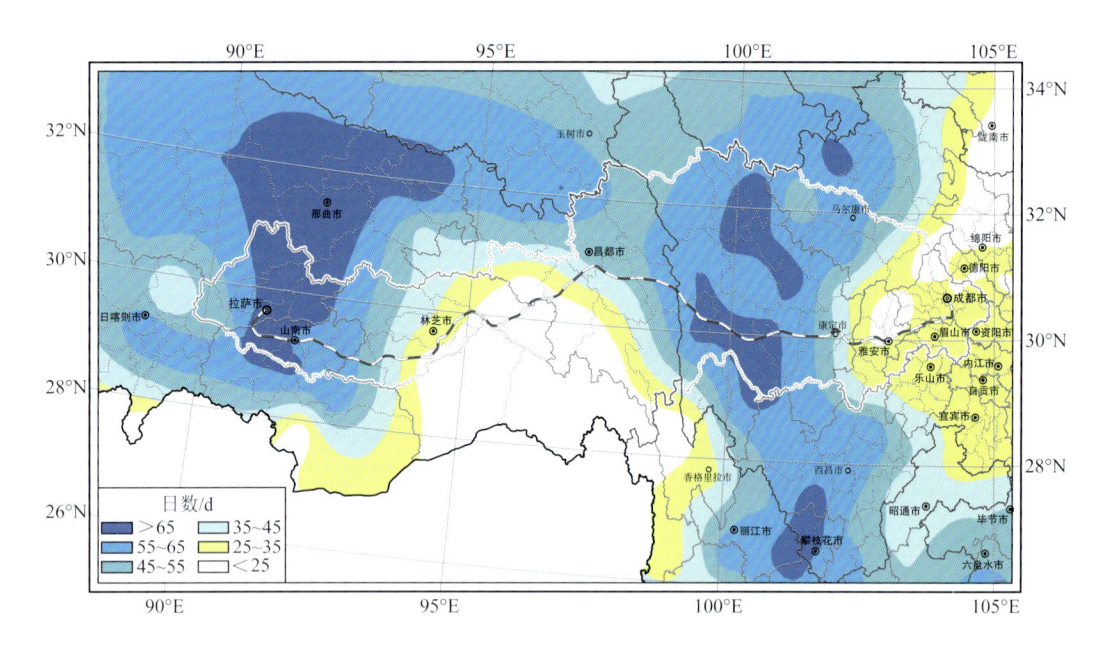

图 4.72　川藏铁路沿线区域年雷暴日数分布图（1984～2013 年平均值）

有记录以来年雷暴日数最大值空间分布大体与年雷暴日数空间分布一致；年雷暴日数多发区，其最大值分布也是高中心，一般为 75～95 d，其中色达（109 d）、雅江（106 d）、白玉（103 d）、道孚（102 d）等地超过 100 d；其余地区一般也在 30～75 d（表 4.14）。

表 4.14　1984～2013 年川藏铁路沿线主要气象站点雷暴日数统计表　　（单位：d）

省区	站名	6月平均值	7月平均值	8月平均值	夏季平均值	年平均值	年最大值
四川	温江	2.3	9.1	8.2	19.6	27.3	51
四川	蒲江	2.4	7.9	8	18.3	26.3	52
四川	彭山	2.6	7.7	8	18.3	26.6	53
四川	雅安	2.5	8.7	8.9	20.1	29.5	53
四川	天全	2.4	6.8	7.6	16.8	24.3	45

续表

省区	站名	6月平均值	7月平均值	8月平均值	夏季平均值	年平均值	年最大值
四川	泸定	4.2	4.3	4.4	12.9	24.5	44
四川	康定	10.4	5.2	4	19.6	44.2	73
四川	雅江	14	11.8	10.7	36.5	64.0	106
四川	理塘	15.5	15.6	13.5	44.6	69.0	95
四川	巴塘	12.7	15.2	12.9	40.8	67.8	98
四川	白玉	13.2	11.9	10.9	36	65.2	103
西藏	昌都	9.5	11.5	9.7	30.7	48.8	68
西藏	八宿	1.8	3.8	4	9.6	11.6	29
西藏	洛隆	2.9	4.9	5.2	13	19.7	34
西藏	波密	0.5	1.8	2.6	4.9	7.3	29
西藏	林芝	3.1	3.4	4.4	10.9	29.1	67
西藏	米林	1.6	2.2	2.1	5.9	16.1	38
西藏	加查	14.8	12.8	10.9	38.5	60.8	80
西藏	泽当	9.8	15.1	13.1	38	54.8	91
西藏	贡嘎	13	19.9	17.1	50	75.1	98
西藏	拉萨	12.6	18.7	16.1	47.4	69.3	90
四川	马尔康	10.2	8.3	8	26.5	56.1	84
四川	道孚	14.3	11.4	9.4	35.1	69.6	102
四川	炉霍	14.8	13	12	39.8	69.0	99
四川	甘孜	15.5	13.6	10.8	39.9	66.6	96
四川	德格	11.3	9.8	8.5	29.6	55.8	90
西藏	芒康	8.4	13.3	12.1	33.8	45.9	58
西藏	左贡	4.3	8.1	7.5	19.9	24.4	36

夏季是雷暴天气出现较多的季节，其分布大体与年雷暴日数分布一致。夏季多发区雷暴日数一般为 20～45 d，其中琼结（54.8 d）、贡嘎（50 d）、墨竹工卡（47.7 d）、当雄（47.7 d）、拉萨（47.4 d）超过 45 d（图 4.73）。

从川藏铁路沿线区域平均各月雷暴日数可以看出，雷暴天气出现在 2～11 月，其中 5～9 月为多发期，7 月最多（图 4.74）。

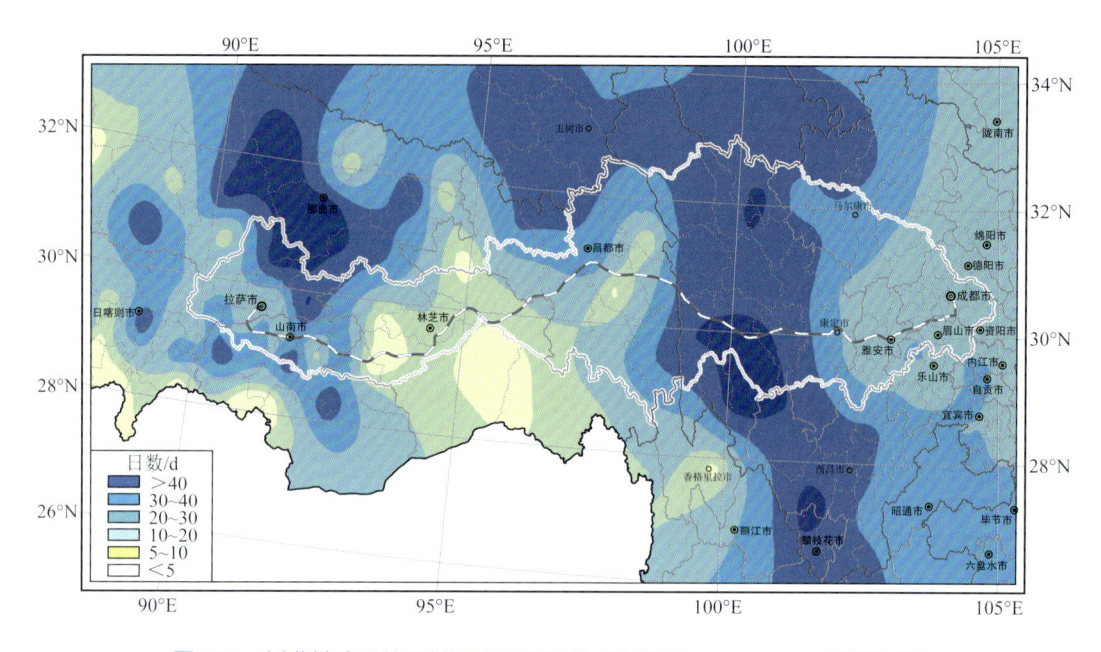

图4.73　川藏铁路沿线区域夏季雷暴日数分布图（1984～2013年平均值）

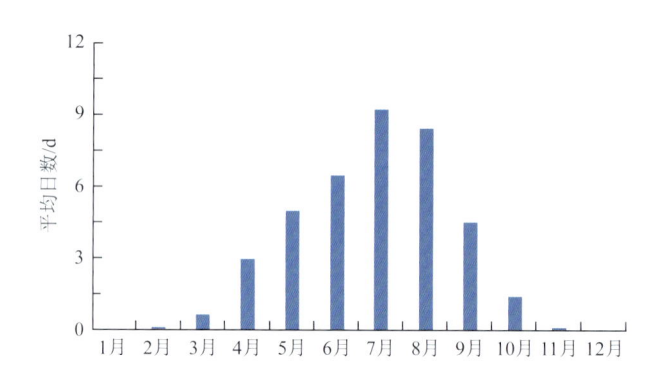

图4.74　川藏铁路沿线区域平均月雷暴日数变化（1984～2013年平均值）

　　川藏铁路沿线大部分地区雷暴多出现在5～9月，占全年雷暴日数的比例平均为86%（图4.75）。各地月际峰值大多出现在6～8月，其中6月有4个站，分别为康定（10.4 d）、雅江（14.0 d）、白玉（13.2 d）、加查（14.8 d）；7月有7个站，分别为温江（9.1 d）、理塘（15.6 d）、巴塘（15.2 d）、昌都（11.5 d）、泽当（15.1 d）、贡嘎（19.9 d）、拉萨（18.7 d）；8月有7个站，分别为蒲江（8.0 d）、彭山（8.0 d）、雅安（8.9 d）、天全（7.6 d）、八宿（4.0 d）、洛隆（5.2 d）、波密（2.6 d）。另外，林芝（4.8 d）和米林（3.5 d）峰值出现在4月，泸定（4.9 d）出现在5月。基于川藏铁路沿线可选方案涉及站点平均雷暴日数的月际变化可知，仍然以5～9月偏多，峰值主要出现在6月，有马尔康（10.2 d，与5月并列）、道孚（14.3 d）、炉霍（14.8 d）、甘孜（15.5 d）、德格（11.3 d）；芒康峰值出现在7月，为13.3 d（图4.76）。

170

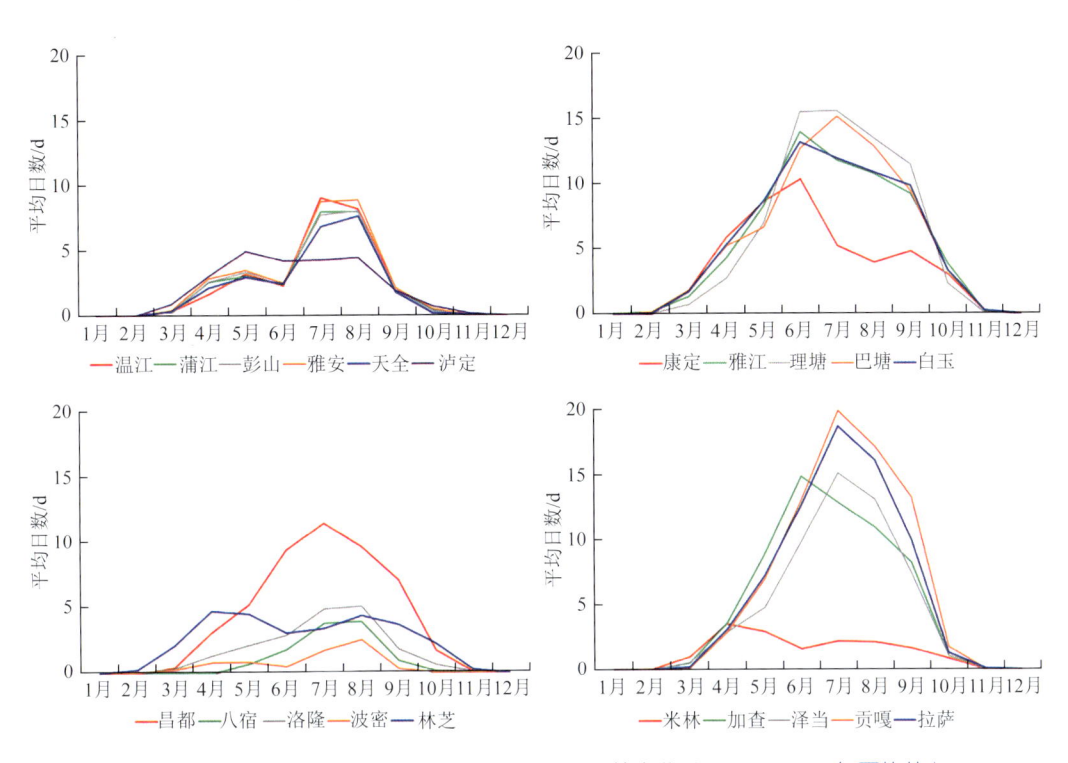

图 4.75　川藏铁路沿线主要气象站点月雷暴日数变化（1984～2013 年平均值）

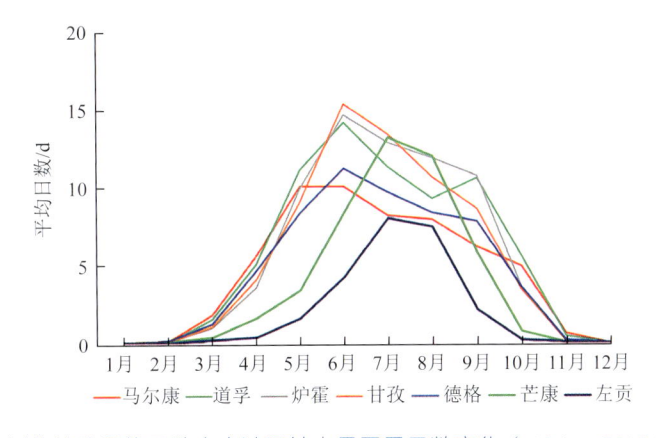

图 4.76　川藏铁路沿线可选方案涉及站点月雷暴日数变化（1984～2013 年平均值）

4.9.2　雷电密度

中国气象局气象探测中心依据国家闪电定位网地闪监测资料分析，四川省全年雷电活动频繁，雷电活动季节较长，高发期为 4～10 月，通常 7 月雷电次数最多。2012～2017 年川藏铁路沿线区域雅安以东地区雷电发生频次高，平均密度一般为

1.35～6.50 次 /(km²·a)，川西高原为 0.15～0.50 次 /(km²·a)，雅江等地为 0.50～1.35 次 /(km²·a)。西藏自治区不属于雷电活动高发区，雷电活动主要集中在夏季，通常 7 月雷电次数最多，年平均密度值相对较低，高值区域也比较分散，川藏铁路沿线西段发生频次较高，察雅及贡觉、加查至拉萨一带为 0.15～1.35 次 /(km²·a)（图 4.77）。

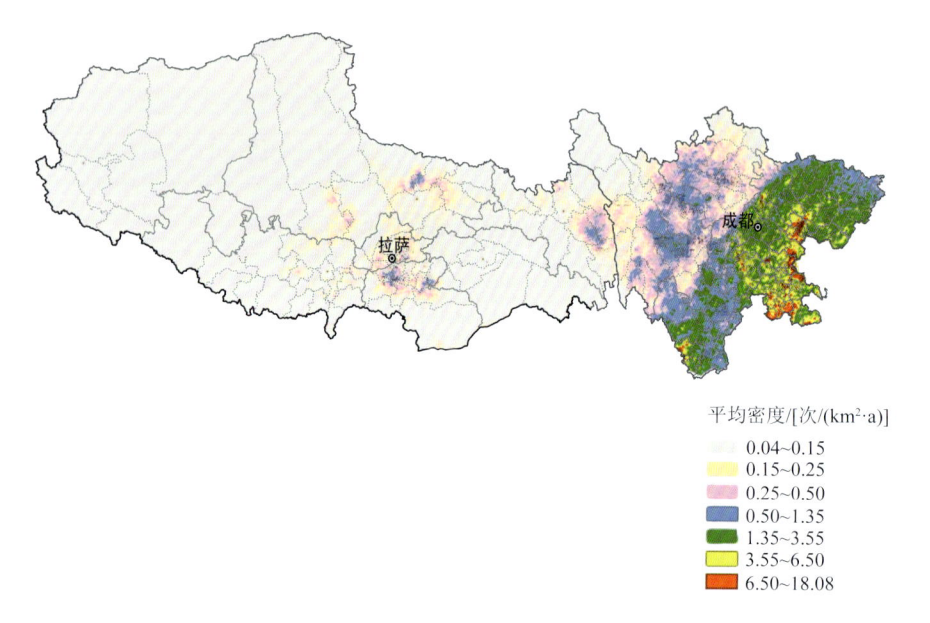

图 4.77　2012～2017 年雷电年平均密度图

4.10　冰雹

冰雹是影响铁路运行的主要气象灾害之一，尤其是直径较大的冰雹对铁路有较大的影响，大的冰雹会砸坏电网或信号设备，影响列车运行。青藏高原为冰雹多发区，川藏铁路经过区域位于高原冰雹多发区的南缘，局部地区冰雹发生频繁。

4.10.1　冰雹日数

除泸定至成都东部区域、波密、八宿等地年冰雹日数不足 1 d 外，川藏铁路沿线区域大部地区年冰雹日数普遍为 1～5 d，北部地区及芒康等地年冰雹日数为 5～10 d（图 4.78），康定新都桥、理塘年冰雹日数超过 15 d，分别为 15.1、16.3 d。可选方案涉及站点的年冰雹日数为 3～7 d（图 4.78）。基于各站点有记录以来年冰雹日数最大值可知，康定、雅江、白玉、昌都、林芝、贡嘎、拉萨等地为 10～16 d；康定新都桥和理塘分别为 28 d 和 31 d；其余站点不足 10 d，其中泸定至温江，仅有 1～2 d。可选方案涉及站点普遍为 12～20 d，芒康最多，达 26 d（图 4.79）。

第 4 章 气象灾害变化特征

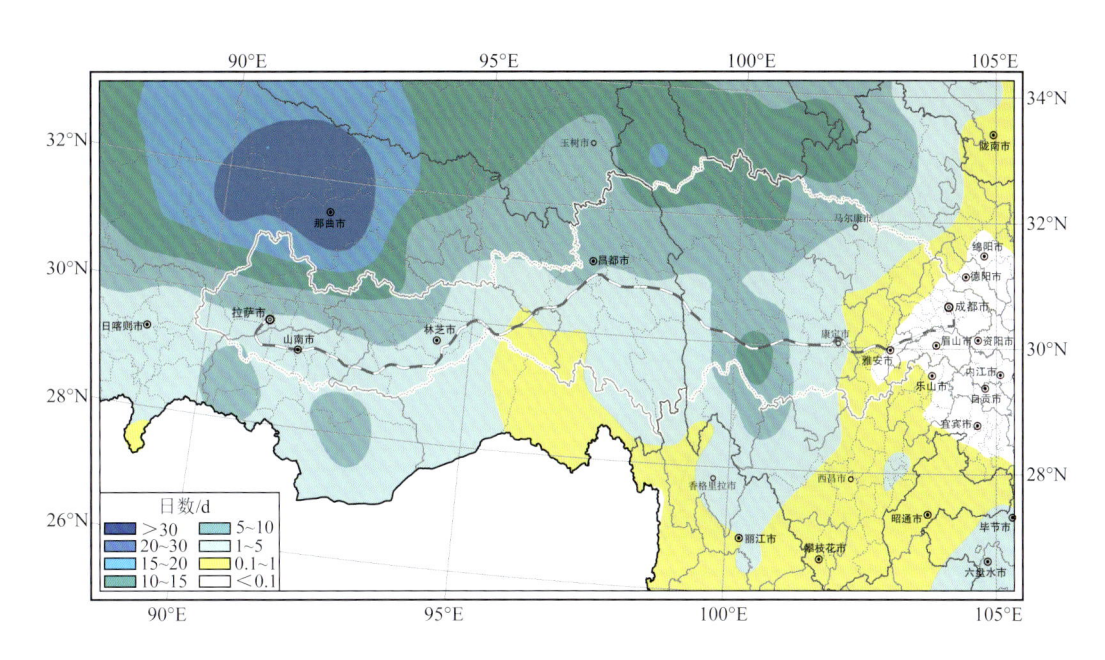

图 4.78 川藏铁路沿线区域年冰雹日数分布图（1988～2017 年平均值）

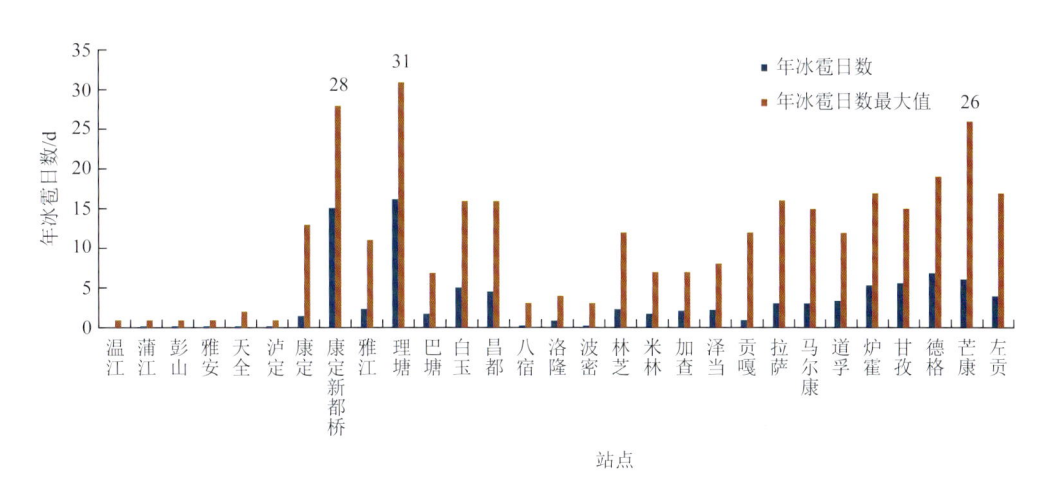

图 4.79 川藏铁路沿线主要气象站点年冰雹日数（1988～2017 年平均值）和年冰雹日数最大值（1951～2017 年）

4.10.2 月际变化

康定至拉萨各地冰雹发生月际变化较大，大多数站点双峰变化特征明显，且春季出现月最大峰值的站点较多（图 4.80）。具体特点：康定至白玉，各站点均有两个峰值出现，康定冰雹出现在 3～6 月和 10 月；康定新都桥、白玉冰雹集中出现在 3～10 月，最大峰值分别出现在 5 月和 6 月，次峰值出现在 9 月和 10 月；理塘出现在 5～10 月，最大峰值和次峰值出现在 6 月（4.6 d）和 9 月；雅江出现在 4～7 月和 9～10 月，巴塘出现在 3～7 月和 9～10 月。昌都至林芝，各月冰雹日数少，各站特征不同。波密出现在春季；昌都出现在 4～10 月，但 5 月、9 月各有峰值；八宿在 6 月和 10 月出现冰雹；洛隆则出现在 5 月及 7～10 月；林芝出现在 2～7 月及 10～11 月。米林至拉萨，各月冰雹日数也较少，冰雹大多发生在 4～10 月，米林出现在 3～5 月和 10 月；月最大值多出现在春季，泽当出现在 7 月。

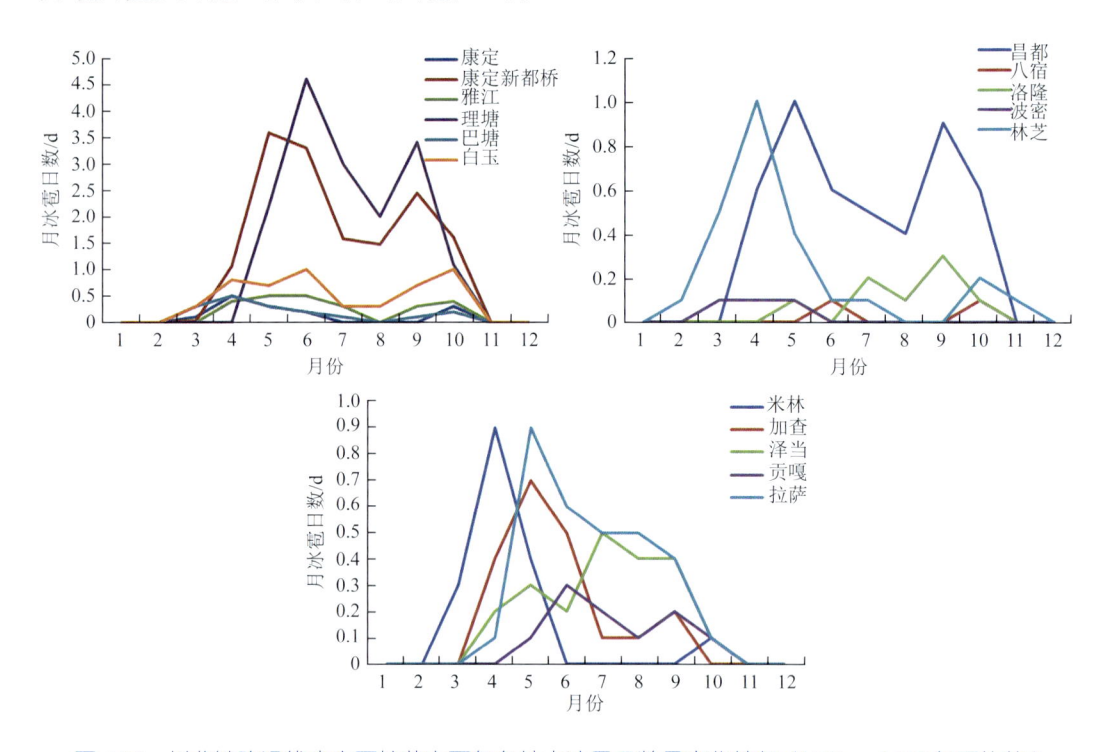

图 4.80　川藏铁路沿线康定至拉萨主要气象站点冰雹日数月变化特征（1988～2017 年平均值）

4.11　结论

本章针对川藏铁路沿线区域及沿线主要气象站点的大风、强降雨、雪、冰冻、冻土、低温与高温、雾与霾、沙尘暴、雷电、冰雹等气象灾害，从气象灾害识别及灾害发生频次、强度、过程持续时间等方面确定指标，开展平均值、极值、重现期、变化趋势等方面的统计分析，对气象灾害时空格局分布特征进行分析，结论如下。

1. 大风

川藏铁路沿线区域处于青藏高原大风日数频发区的南缘，川西北高原及沿线区域西北部大风日数发生频繁，特别要关注大风对川藏铁路建设的影响。年大风日数普遍

第 4 章 气象灾害变化特征

为 20～50 d，甘孜、雅江多达 65.2 d 和 58.2 d。芒康、左贡、波密、林芝、米林一带年大风日数少，四川盆地大风日数很少。年大风日数最大值的高值区一般为 100～150 d。川藏铁路沿线的中西部地区大风日数的季节变化明显，春季为大风日数多发期，峰值多出现在 3 月、4 月，川西高原北部及西藏东北部部分站点月变化呈现双峰型，次峰值出现在秋季。

日最大风速年极大值主要在川西高原北部，普遍超过 20 m/s。日极大风速年极大值的高值区主要分布在川西高原、西藏东部以及铁路沿线区域的西部，一般为 25～30 m/s，局地超过 30 m/s。

雅安—林芝段铁路穿山越谷，需修建多座铁路大桥，桥位所处位置地形复杂，局部地形的动力和热力作用对气流影响导致桥址处的风环境复杂多变，且桥面距谷底较高，风荷载对桥梁结构的抗风稳定和运行影响大，具有一定风险；沿线需要建设大量隧道，在隧道的出口复杂横风环境对列车运行影响大。因此，在铁路规划、建设和运营中需重点考虑以上影响因素。

2. 强降雨

川藏铁路沿线四川境内的东部、北部区域以及西藏境内的中部区域（米林至波密一带）为降水多发区，尤其四川境内的东南部年降水量高达 800～1200 mm；这些地区年降水日数也多，大于 150 d；西部降水量较多的地区，如林芝、波密等地降水月变化幅度较大，夏多冬少；东部降水量较多的地区月变化平稳，秋雨明显。

暴雨多发生在川藏铁路沿线的东部，其中雅安、天全等地为暴雨中心，暴雨多出现在 4～9 月，峰值出现在 7 月或 8 月。铁路沿线的温江和雅安的年日降水量极大值高达 356.6 mm 和 339.7 mm，彭山站的 10 min 降水量极大值为 30.8 mm。川藏铁路沿线主要站点最长连续降水日数均在 10 d 以上，米林、加查、白玉以及康定新都桥均超过 40 d；过程最大降水量均超过 100 mm，且雅安、天全和温江出现过 500 mm 以上的降水过程，其中雅安高达 657.4 mm。应关注强降雨及其引发的泥石流、滑坡灾害对川藏铁路建设的影响。

3. 雪

雪为川藏铁路沿线区域主要气象灾害之一，降雪、积雪、融雪对建设施工和材料运输、车站、房屋基础设施、道路路基、安全运行等方面均有较大影响。川藏铁路沿线区域的理塘、康定、洛隆、波密等地年降雪量大、降雪日频繁、影响铁路运行的降雪和积雪不利日数多、年最大积雪深度大、积雪日数多，应特别加强雪灾的防范措施。

康定以西降雪期长，普遍为 100～250 d。理塘、白玉、昌都、洛隆、加查、泽当、贡嘎、拉萨降雪日数月变化特征为双峰型，峰值多出现在春季 3 月或 4 月，次峰值出现在 10 月或 11 月。夏季为降雪少发季节，但理塘及洛隆全年均有降雪。川藏铁路沿线的东部地区降雪期短，降雪日数少，主要出现在冬季及 3 月，1 月达峰值。

康定、理塘、洛隆、波密年降雪量为 50～150 mm，且年降雪量最大值均超过

200 mm，理塘最大；但川藏铁路沿线的东部、中部、西南部的雅鲁藏布江河谷一带年降雪量少。

川藏铁路沿线积雪期长的区域分布在康定以西，普遍为 50～150 d。康定新都桥、理塘积雪期长，超过 200 天，年积雪日数也多，超过 30 d。北部及南部的康定、理塘等地平均年最大积雪深度为 5～15cm，其余地区不足 5cm。

川藏铁路沿线的西部地区因降雪或积雪可能造成的铁路运行不利日数多于东部盆地区域，其中理塘及康定最多，为高危险区，其次为洛隆和波密。就融雪期持续时间而言，理塘持续时间最短，为 213 d，开始最晚、结束最早；洛隆、康定新都桥、昌都、白玉、贡嘎、拉萨为 240～300 d；康定、康定新都桥、洛隆开始出现在 3 月，结束在 11 月，其余地区均在 1 月或 2 月出现，11 月或 12 月结束。

4. 冰冻

川藏铁路沿线结冰日数、霜冻日数多，雾凇、雨凇日数少。年结冰日数除东部少发外，一般为 100～150 d，理塘、芒康及西部、北部为 150～200 d；结冰日数主要集中在 11 月至次年 3 月，夏季最少。年霜冻日数多，高值区位于川西高原北部、沿线区域西藏境内的东部和西部，大多为 100～200 d，月变化呈冬多夏少态势。

5. 冻土

在川藏铁路沿线地区季节冻融层一般在 10 月中旬至 11 月中旬开始冻结，在 1～2 月达到冻土盛期，3 月上旬至 5 月上旬陆续解冻，冻结日数一般为 108～208 d。波密是每年冻结期最短的地区，色达是冻结期最长的地区。色达、泽当冻土冻结期年际变化较大，分别为 165 d、160 d；当雄、贡嘎、墨竹工卡为 120～140 d；拉萨、波密、甘孜、左贡、芒康为 100～120 d；而洛隆、尼木、林芝、理塘相对其他站点较稳定，少于 80 d。各站季节冻融层多年平均最大冻结深度差异较大，最浅的波密只有 9cm，最深的色达达到 110cm。色达和泽当冻结深度的年际变化最大，为 96cm，林芝、加查、波密、马尔康不足 20cm，其余站点介于 20～66cm。冻结厚度与冻结深度差别不大，在大部分地区都有由表层开始解冻的现象出现。受全球变暖影响，站点冻土均有冻结越来越迟、解冻越来越早、冻结期越来越短、冻结深度和厚度越来越小的趋势。在工程设计过程中需考虑未来时期相关情况的进一步发展。

6. 低温与高温

川藏铁路沿线冬季除四川外，大部地区易受低温天气影响；夏季高温天气主要影响四川。气温日较差各月极大值均大于 27℃。平均年日最低气温最小值大多站点普遍为 −20～−10℃；理塘极小值最低，达 −30.6℃；日最低气温 <−10℃ 的年低温日数的最大值康定至拉萨铁路沿线站点普遍为 10～80 d，理塘、芒康、左贡、洛隆发生频繁，分别为 117 d、112 d、98 d、83 d。

白玉以东站点年日最高气温极大值大多超过 35℃，尤其彭山、雅安，最高达

38.6℃；彭山、蒲江年高温日数（日最高气温≥35℃）最大值分别为28 d、24 d。气温年日较差最大值的多年平均值从东到西呈现小—大—小—大的变化态势，大值区普遍为25～30℃。贡嘎、泽当、加查、白玉、昌都、雅江、理塘等站年日较差极大值高于30℃。冬半年日较差月极大值（≥30℃）较夏半年（≥27℃）高。施工阶段需重点关注气温日较差大于30℃对材料的影响。

7. 雾与霾

川藏铁路沿线东部四川盆地雾霾发生频繁，呈现冬多夏少明显特征。其中12月雾日数最多，年雾日数普遍为10～50 d，其中温江最大年雾日数多达174 d；年霾日数为5～15 d，2月或3月霾日数最多。

8. 沙尘暴

川藏铁路沿线大部分地区沙尘及沙尘暴天气发生少。仅西部加查、拉萨、泽当、贡嘎沙尘日数为5～15 d，这些地区年沙尘日数和沙尘暴日数历史最大值也很多，为高风险区；除这些站点外，米林、康定新都桥、蒲江、昌都等地年沙尘日数或年沙尘暴日数历史最大值日数也较多。

加查至拉萨为沙尘多发区，呈现冬春多、夏季少的特征，峰值出现在1月或2月；其中加查除6月、泽当除9月外，其余各月均有沙尘天气出现。川藏铁路沿线的东部为沙尘暴少发区，沙尘天气主要出现在春季，而中部昌都至米林，各月基本无沙尘天气出现。

9. 雷电

川藏铁路沿线区域的西部地区以及康定至昌都之间的大片区域为雷暴高值区，为45～75 d。雷暴天气出现在2～11月，大部分地区5～9月发生频繁，占全年雷暴日数的比例平均为86%，月峰值大多出现在6～8月。国家闪电定位网地闪监测资料表明，川藏铁路沿线通常7月地闪次数最多，尤其雅安以东地区发生频次高，一般为1.35～6.5次/(km²·a)，为雷电高发区，雷电活动季节较长，高发期为4～10月。

10. 冰雹

川藏铁路沿线年冰雹日数普遍为1～5 d，但康定新都桥、理塘年冰雹日数多，超过15 d，年冰雹日数最大值分别为28 d、31 d；泸定以东地区及波密、八宿等地为冰雹低发区。冰雹月际变化特征复杂，康定至拉萨冰雹出现在2～11月，各站具体出现时间有较大差异；大多站点双峰变化特征明显，且月最大峰值多出现在春季。

11. 分段需要关注的主要气象灾害

川藏铁路沿线成都至雅安段主要关注的气象灾害包括：雷电、强降雨、雾、冰冻（霜冻、结冰）、霾、高温等。

川藏铁路沿线雅安至林芝段主要关注的气象灾害包括：大风、雪、冰冻（霜冻、结冰、雾凇）、低温、雷电、强降雨、冰雹等。

川藏铁路沿线林芝至拉萨段主要关注的气象灾害包括：冰冻（霜冻、结冰）、低温、雷电、雪、大风、沙尘暴、降雨、冰雹等。

可选方案涉及的站点气象灾害多发，主要关注的气象灾害包括：大风、雪、冰冻（霜冻、结冰）、低温、雷电、降雨、冰雹等。

由于本章主要基于气象观测站点分析，加上研究区域中西部气象观测站点稀少，尤其在复杂地形下，其代表性有限，请酌情考虑。

第 5 章

未来百年气象变化特征

5.1 降水

基于 CMIP5 中 5 个全球气候模式对 RCP2.6、RCP4.5 和 RCP8.5 排放路径的模拟结果，预估了不同气候情景下 21 世纪前期（2016～2035 年）、中期（2046～2065 年）和后期（2080～2099 年）川藏铁路沿线及其附近范围降水的日、年和年代际的变化特征及其空间分布格局。未来百年降水产品相关概念如表 5.1 所示。

表 5.1 降水产品相关概念

降水产品	定义
最大日降水量	一年中最大日降水量
年平均降水量	评估时段内，年总降水量的平均值
年最大降水量	评估时段内，年降水量最大的年份对应的降水量
年最小降水量	评估时段内，年降水量最小的年份对应的降水量
说明	时间动态上：指研究区域内每个降水产品所有格点的平均值随时间的变化 空间动态上：指每个降水产品在未来不同时段 [21 世纪前期（2016～2035 年）、中期（2046～2065 年）、后期（2080～2099 年）] 的平均值

5.1.1 未来最大日降水量时空变化特征

1. 最大日降水量时间特征及其变化趋势

RCP2.6、RCP4.5 和 RCP8.5 气候情景下，未来川藏铁路沿线及其附近范围的最大日降水量特征及其变化趋势如图 5.1 所示。2016～2099 年的最大日降水量呈弱上升趋势，其中，RCP8.5 气候情景下的最大日降水量上升趋势较为明显。不同气候情景下不同时段的最大日降水量波动较大，2016～2099 年最大日降水量的最小值在 60 mm 左右，最大值可达 140 mm 左右。

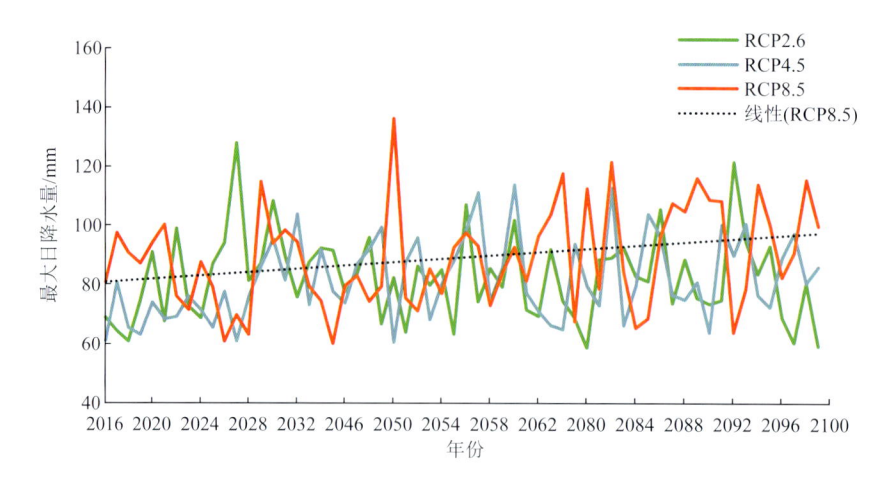

图 5.1 不同气候情景下未来川藏铁路沿线及其附近范围的最大日降水量特征及其变化趋势

2. 最大日降水量空间特征及其变化趋势

21世纪前期，RCP2.6、RCP4.5和RCP8.5情景下未来最大日降水量变化特征相似，最大日降水量小于50 mm的范围最大，其次为50～100 mm的范围（图5.2）。川藏铁路沿线及其附近范围的最大日降水量呈南高北低、东高西低的分布格局。川藏铁路沿线的两端及其附近的最大日降水量相对较高，为50～100 mm。与RCP2.6和RCP4.5情景相比，RCP8.5情景下最大日降水量略高。

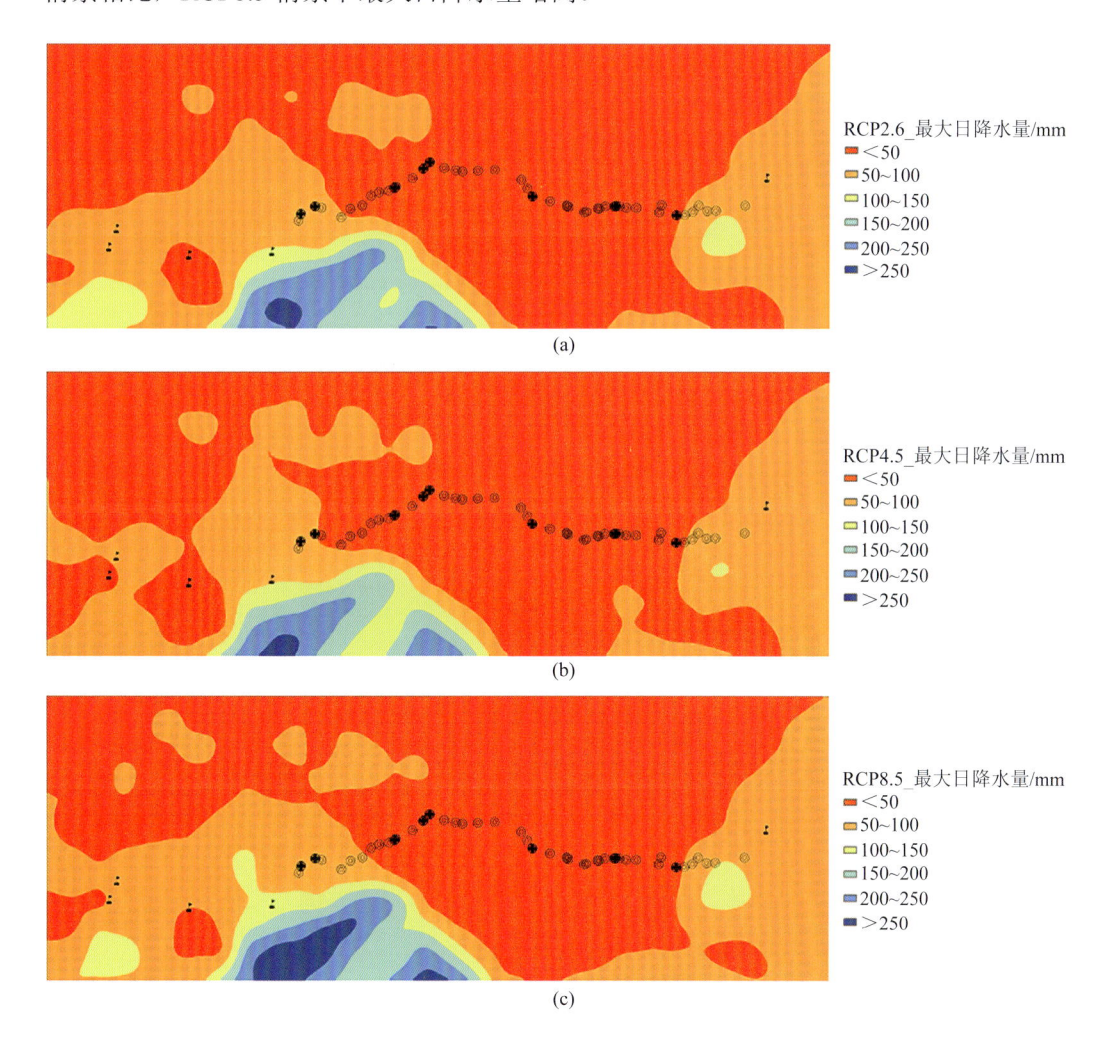

图 5.2　不同气候情景下21世纪前期川藏铁路沿线及其附近范围的最大日降水量的空间格局

21世纪中期和后期，最大日降水量的空间特征呈南高北低、东高西低的分布格局（图5.3和图5.4）。三种排放情景下川藏铁路沿线及其附近范围的最大日降水量特征类似。其中，21世纪中期，川藏铁路沿线多数隧道和桥位的最大日降水量小于50 mm，最大日降水量为 50～100 mm 的站点和隧道包括川藏铁路沿线东部的成都站、周山隧道、尖峰顶隧道、天全隧道、对门山隧道、朱岗山隧道和二郎山隧道以及西边的米林站；三种排放情景下最大日降水量之间的差异不显著，其中 RCP4.5 情景下东部最大日降水量略微高于 RCP2.6 和 RCP8.5。21 世纪后期，RCP8.5 情景下最大日降水量较 RCP2.6 和 RCP4.5 高，在周山隧道、尖峰顶隧道和天全隧道达 100～150 mm；RCP8.5 情景下最大日降水量 50～100 mm 的范围较 RCP2.6 和 RCP4.5 情景大；川藏铁路沿线的大多数隧道和桥位最大日降水量小于 50 mm，只有东部部分隧道的最大日降水量为 50～100 mm。

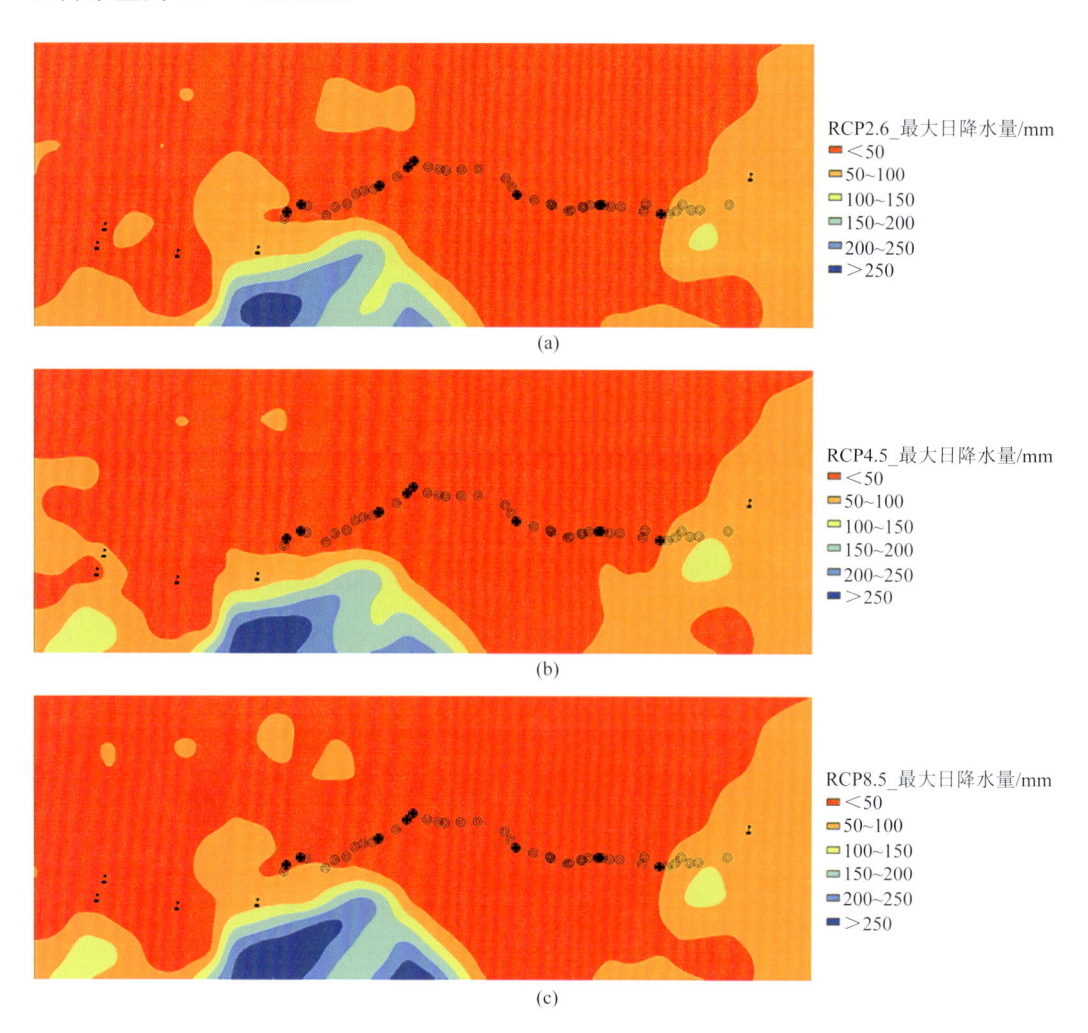

图 5.3　不同气候情景下 21 世纪中期川藏铁路沿线及其附近范围的最大日降水量的空间格局

第 5 章 未来百年气象变化特征

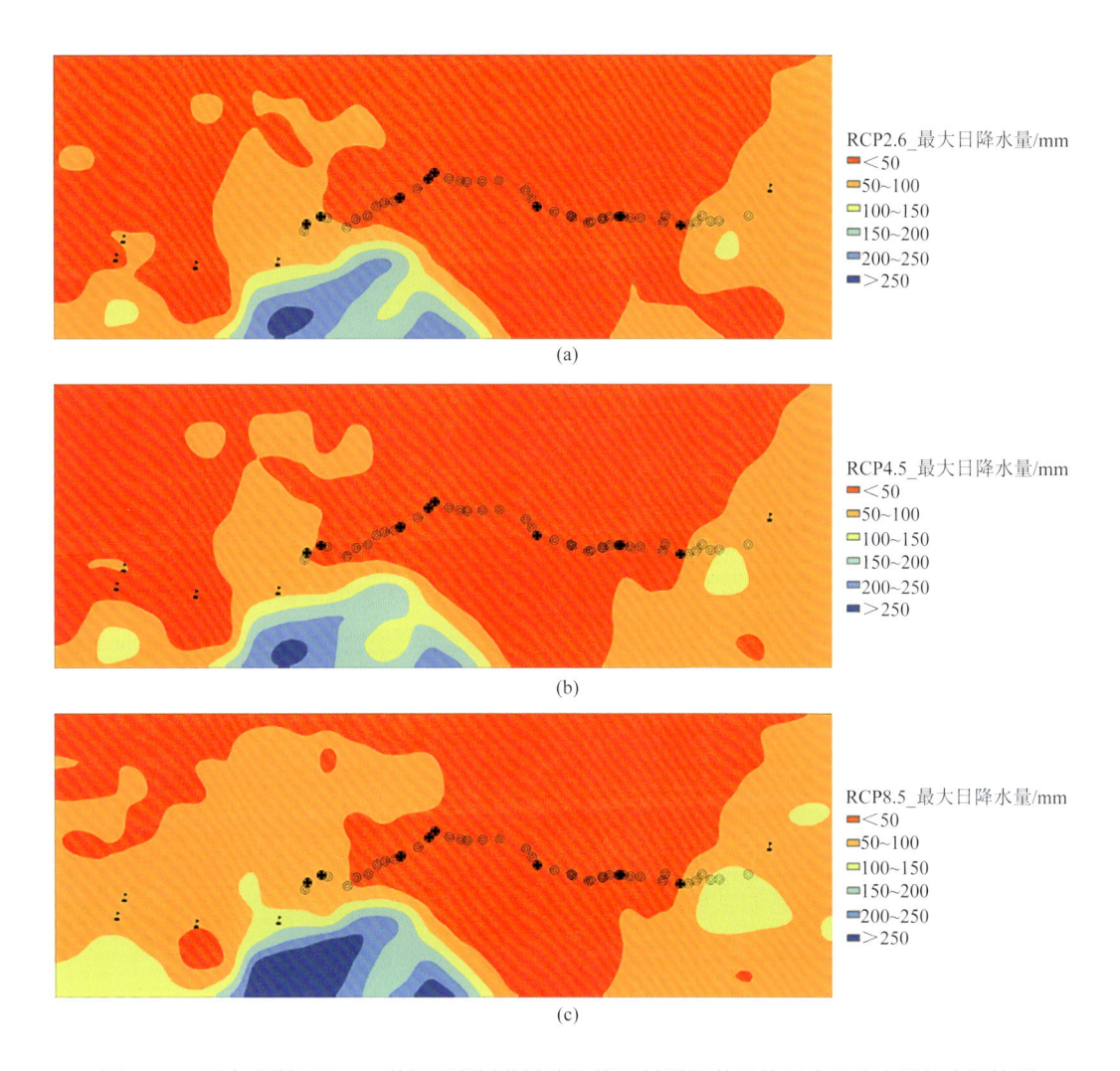

图 5.4 不同气候情景下 21 世纪后期川藏铁路沿线及其附近范围的最大日降水量的空间格局

5.1.2 未来年平均降水量时空变化特征

1. 年平均降水量时间特征及其变化趋势

未来川藏铁路沿线及其附近范围的年平均降水量随时间呈增加趋势。其中，RCP8.5 气候情景下，随时间变化，年平均降水量增加趋势最为明显，尤其是 2080～2099 年，增加最显著（图 5.5）。

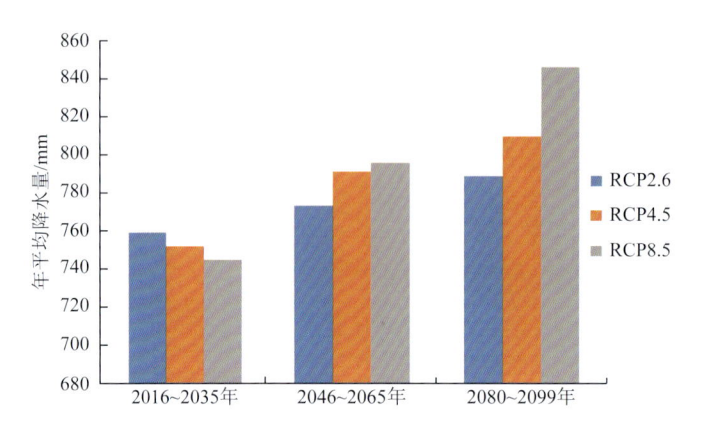

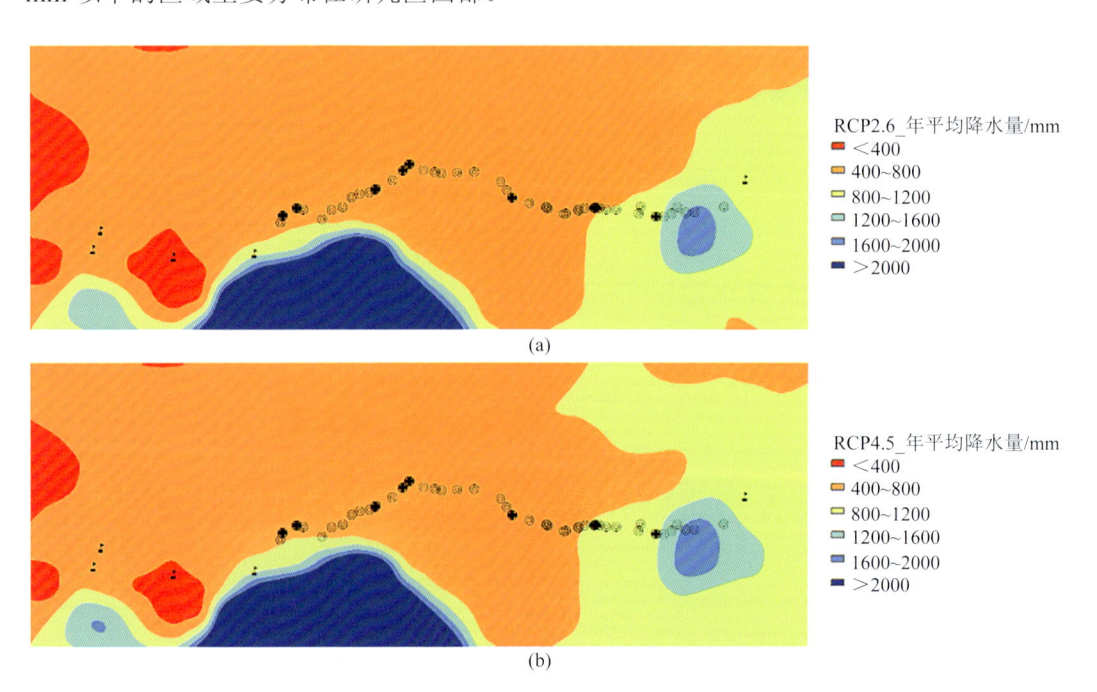

图 5.5　不同气候情景下 21 世纪不同时期川藏铁路沿线及其附近范围的年平均降水量

2. 年平均降水量空间特征及其变化趋势

不同气候情景下，21 世纪前期、中期和后期川藏铁路沿线及其附近范围年平均降水量在空间上均呈南多北少、东多西少的分布格局（图 5.6～图 5.8）。21 世纪前期，年平均降水量以 400～1200 mm 为主。其中，川藏铁路沿线东部的周山隧道、尖峰顶隧道、天全隧道、对门山隧道、朱岗山隧道和二郎山隧道的年平均降水量较多，在 1200 mm 以上，尤其在 RCP2.6 情景下，尖峰顶隧道的年平均降水量为 1600～2000 mm，RCP4.5 情景下，尖峰顶隧道和天全隧道的年平均降水量为 1600～2000 mm，RCP8.5 情景下，所有隧道的年平均降水量均在 1600 mm 以上。年平均降水量在 400 mm 以下的区域主要分布在研究区西部。

第 5 章　未来百年气象变化特征

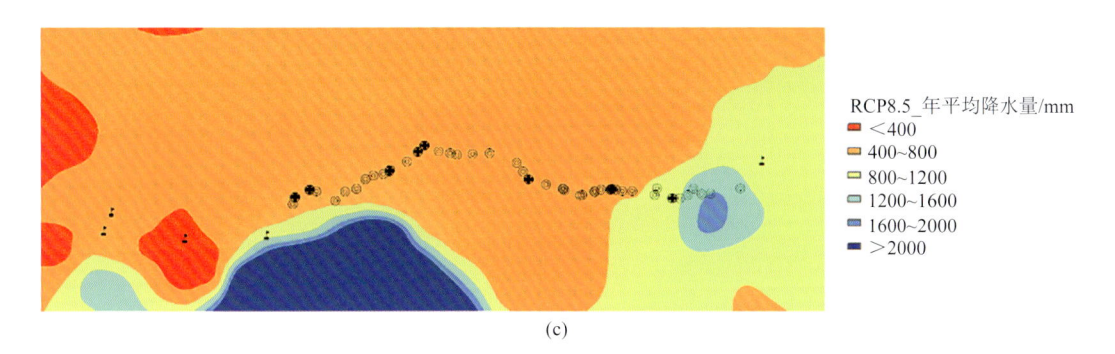

(c)

图 5.6　不同气候情景下 21 世纪前期川藏铁路沿线及其附近范围的年平均降水量的空间格局

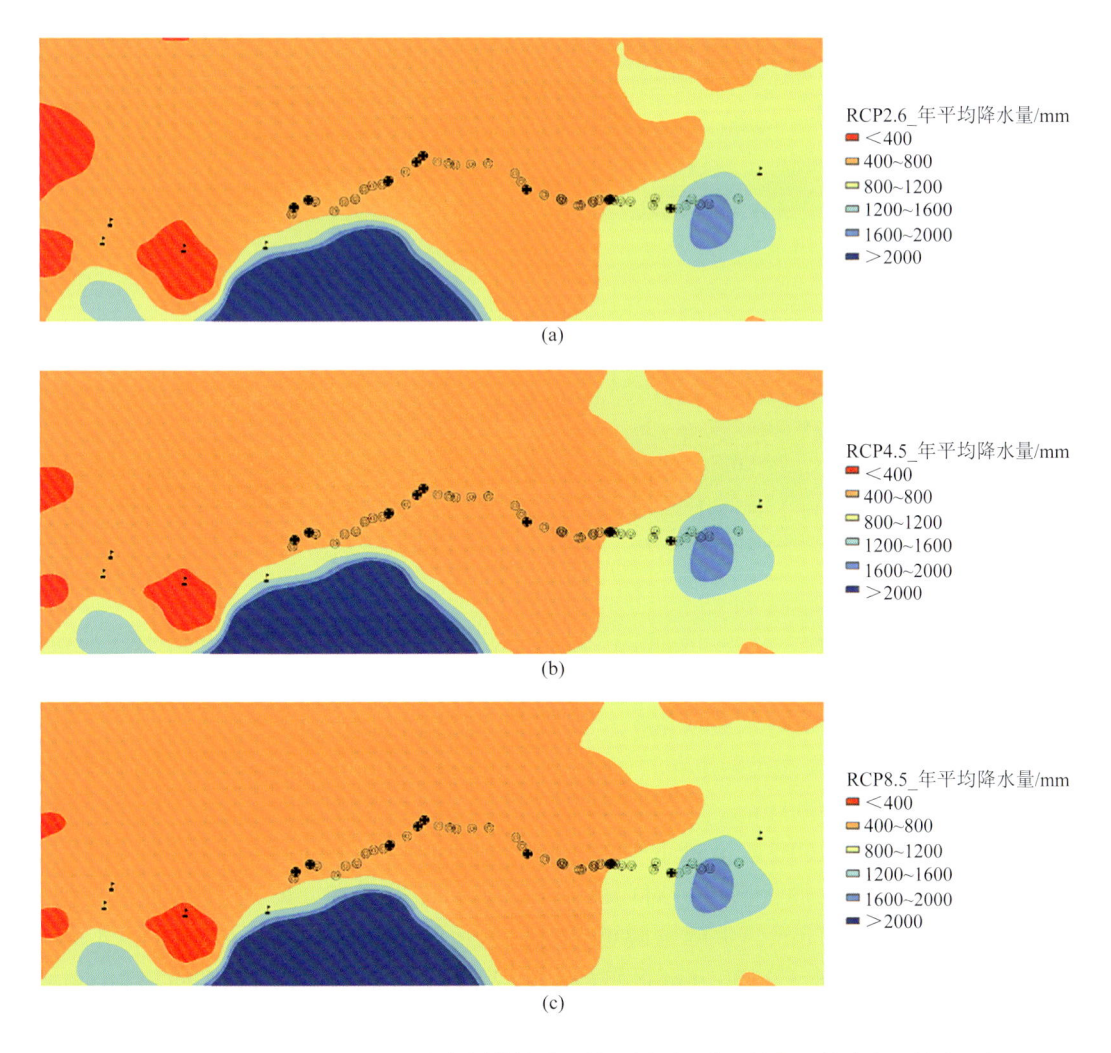

(a)

(b)

(c)

图 5.7　不同气候情景下 21 世纪中期川藏铁路沿线及其附近范围的年平均降水量的空间格局

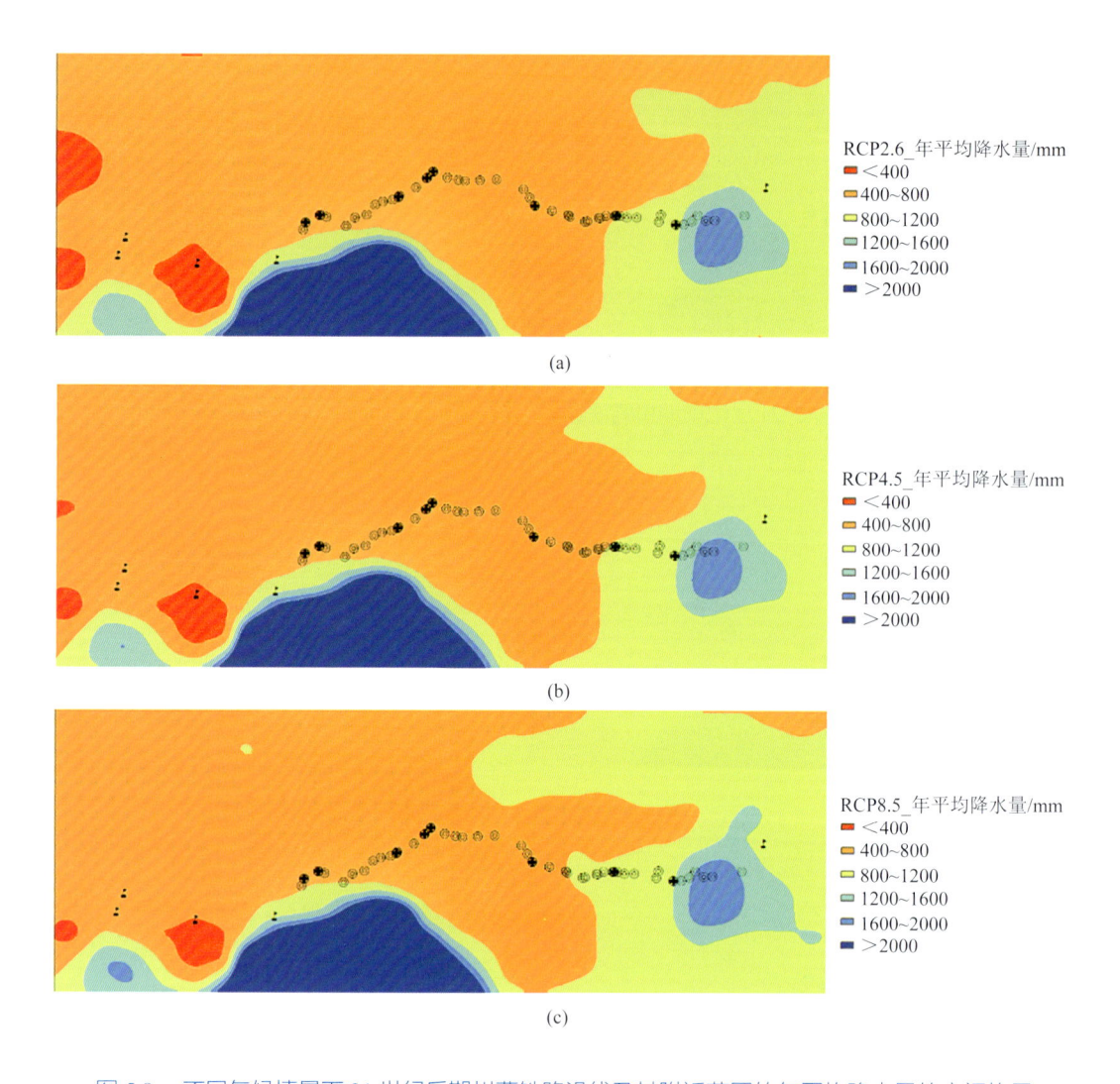

图 5.8　不同气候情景下 21 世纪后期川藏铁路沿线及其附近范围的年平均降水量的空间格局

21 世纪中期年平均降水量以 400～1200 mm 为主，周山隧道、尖峰顶隧道、天全隧道、对门山隧道、朱岗山隧道和二郎山隧道为 1200～2000 mm，其中尖峰顶隧道和天全隧道为 1600～2000 mm。

21 世纪后期，RCP2.6 情景下年平均降水量 400～800 mm 占主要区域，其次是 800～1200 mm。周山隧道、对门山隧道、朱岗山隧道和二郎山隧道的年平均降水量达 1200～1600 mm，尖峰顶隧道和天全隧道达 1600～2000 mm。RCP4.5 和 RCP8.5 情景下，800～1200 mm 区域较 RCP2.6 情景大，其他特征与 RCP2.6 情景基本一致（图 5.8）。

5.1.3 未来年最大降水量时空变化特征

1. 年最大降水量时间特征及其变化趋势

川藏铁路沿线及其附近范围的年最大降水量随时间呈增加趋势。其中，RCP8.5 情景下，年最大降水量增加趋势明显，2080～2099 年增加趋势更明显（图 5.9）。

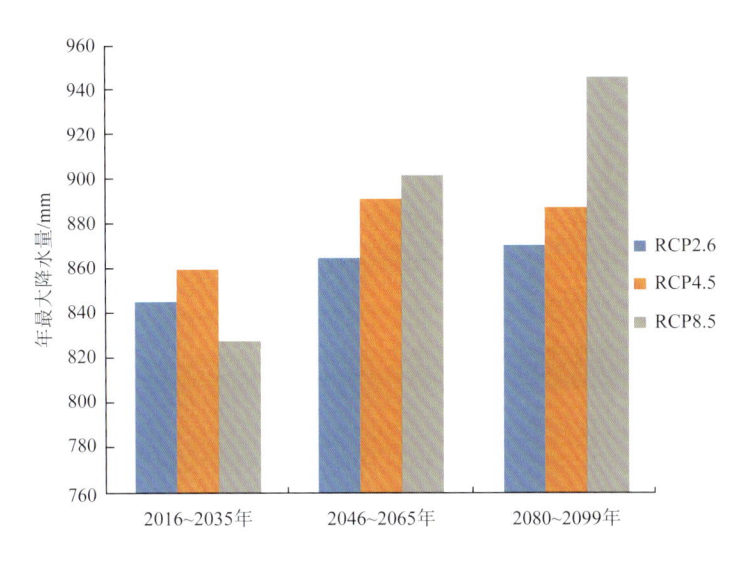

图 5.9　不同气候情景下 21 世纪不同时期川藏铁路沿线及其附近范围的年最大降水量

2. 年最大降水量空间特征及其变化趋势

三种气候情景下，21 世纪前期、中期和后期川藏铁路沿线及其附近范围的年最大降水量空间分布特征基本一致，呈南多北少、东多西少的分布格局（图 5.10～图 5.12）。

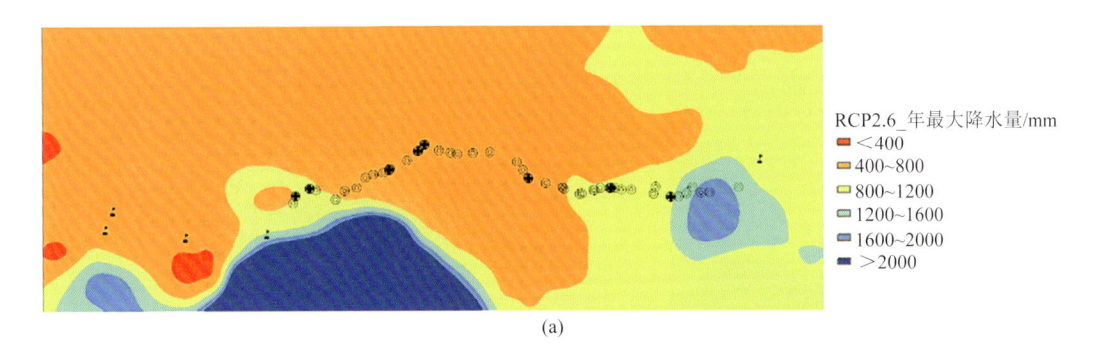

(a)

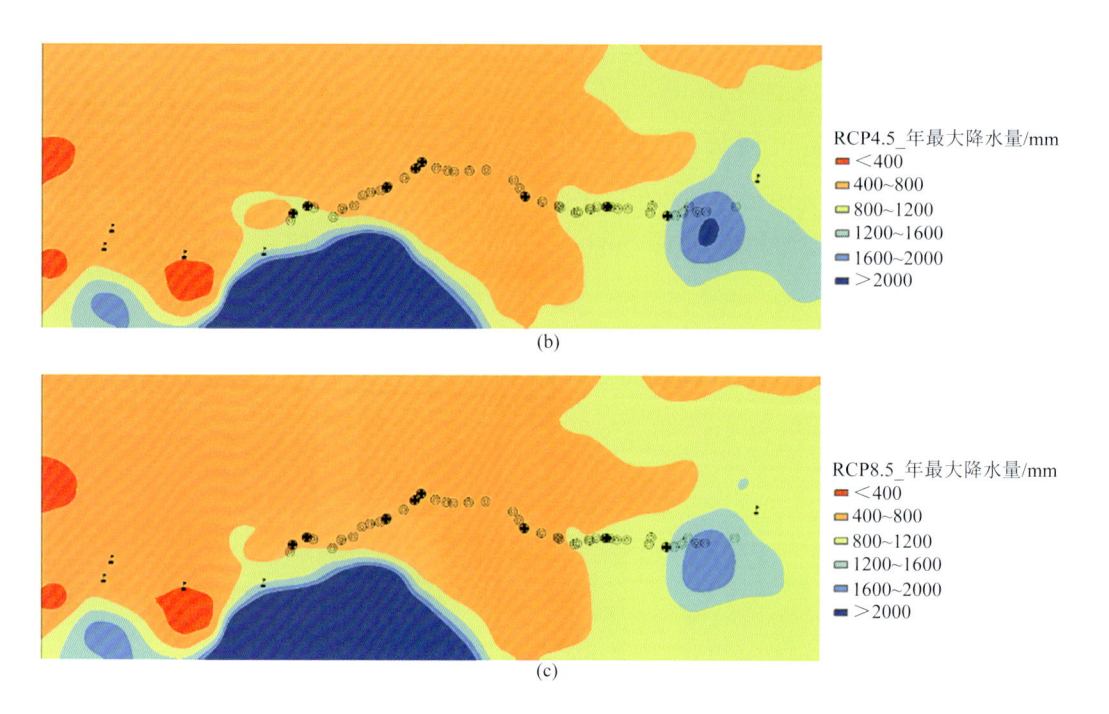

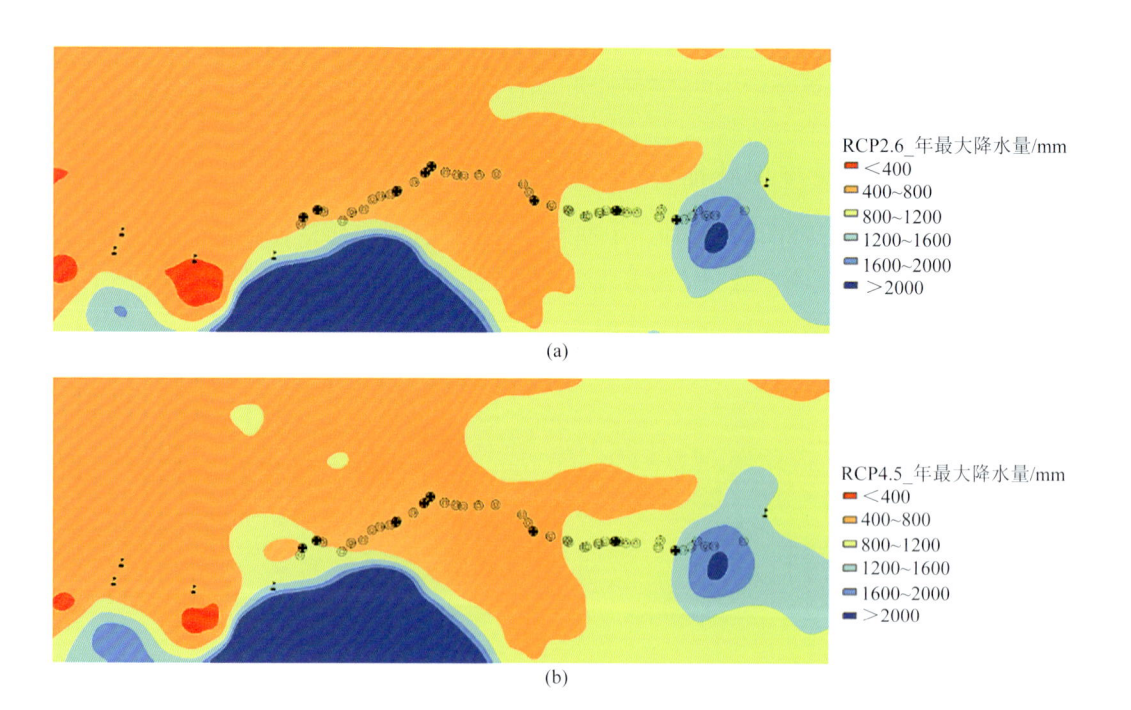

图 5.10　不同气候情景下 21 世纪前期川藏铁路沿线及其附近范围的年最大降水量的空间格局

第 5 章 未来百年气象变化特征

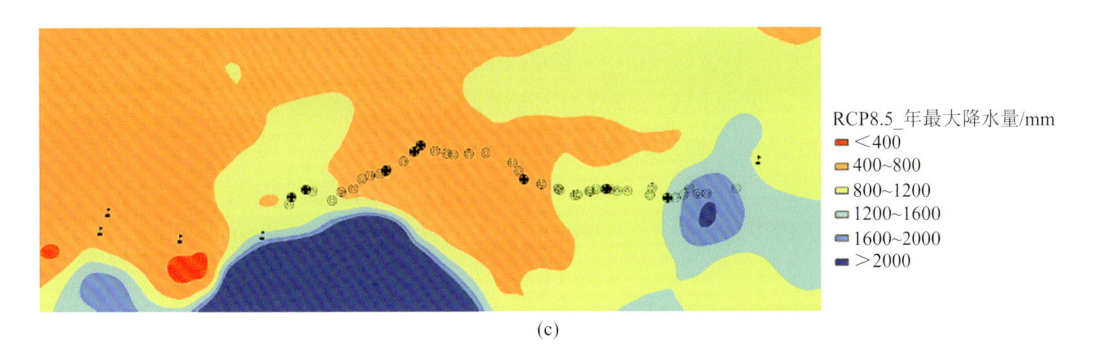

(c)

图 5.11 不同气候情景下 21 世纪中期川藏铁路沿线及其附近范围的年最大降水量的空间格局

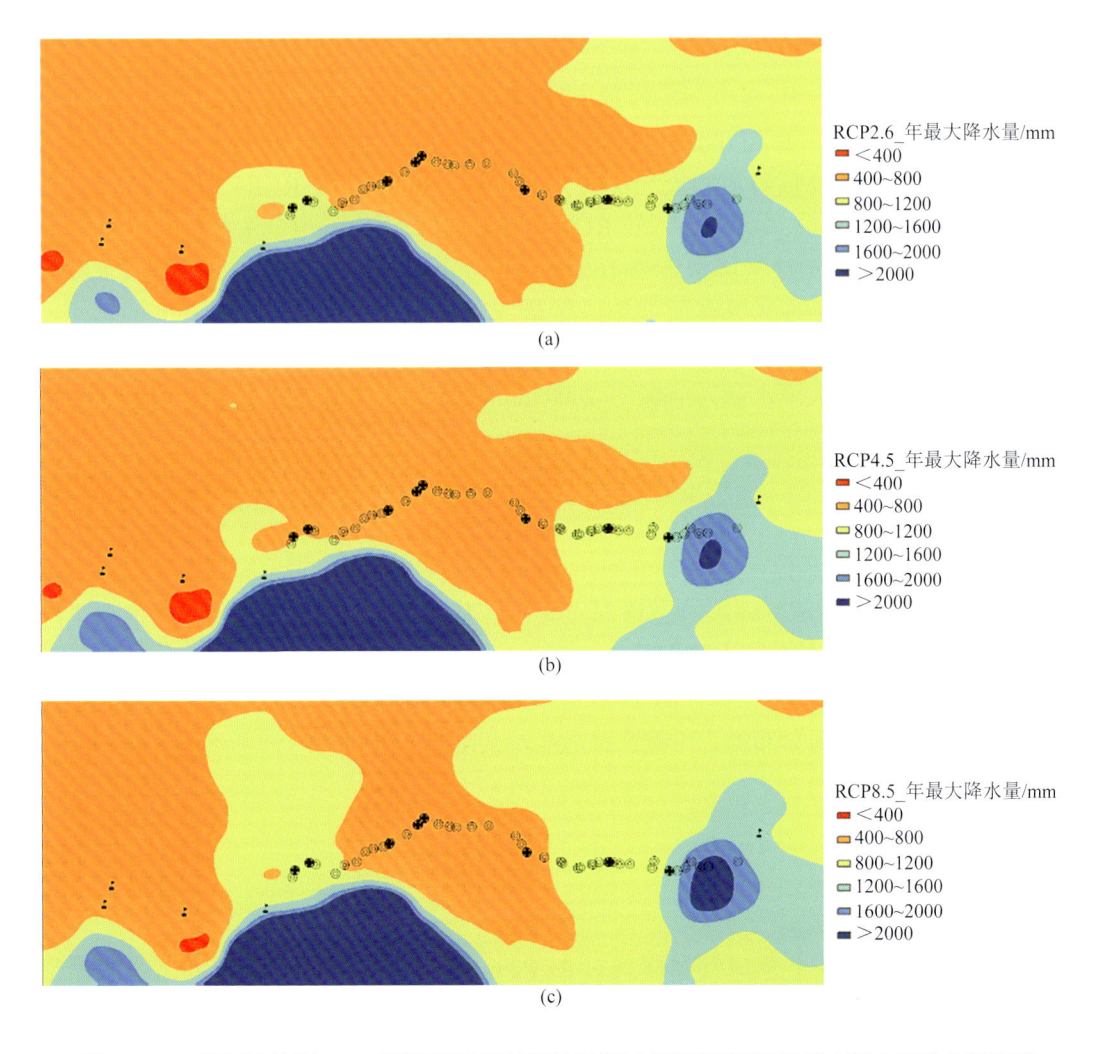

(a)

(b)

(c)

图 5.12 不同气候情景下 21 世纪后期川藏铁路沿线及其附近范围的年最大降水量的空间格局

189

1)21世纪前期

21世纪前期年最大降水量以 400～1200 mm 为主。其中，川藏铁路沿线东部的周山隧道、尖峰顶隧道、天全隧道、对门山隧道、朱岗山隧道和二郎山隧道年最大降水量较高，在 1200 mm 以上。RCP2.6 情景下，尖峰顶隧道和天全隧道年最大降水量为 1600～2000 mm；RCP4.5 情景下，尖峰顶隧道、天全隧道、对门山隧道年最大降水量为 1600～2000 mm；RCP8.5 情景下，尖峰顶隧道和天全隧道在 1600 mm 以上（图 5.10）。

2)21世纪中期

21世纪中期年最大降水量以 400～1200 mm 为主，周山隧道、尖峰顶隧道、天全隧道、对门山隧道、朱岗山隧道、二郎山隧道、宝灵山隧道和大渡河特大桥以及米林站的最大降水量为 1200～2000 mm，其中尖峰顶隧道、天全隧道和对门山隧道为 1600～2000 mm（图 5.11）。

3)21世纪后期

RCP2.6 情景下，年最大降水量 400～800 mm 占主要区域，其次是 800～1200 mm。周山隧道、对门山隧道、朱岗山隧道和二郎山隧道的年最大降水量为 1200～1600 mm，尖峰顶隧道和天全隧道为 1600～2000 mm。RCP4.5 情景下，年最大降水量主要为 800～1200 mm，较 RCP2.6 情景高。周山隧道、尖峰顶隧道、天全隧道、对门山隧道的年最大降水量为 1600～2000 mm。RCP8.5 情景下，年最大降水量为 800～1200 mm 的区域有所增加，年最大降水量为 1200～1600 mm 的站点、隧道和大桥有成都站、二郎山隧道、宝灵山隧道和大渡河特大桥。周山隧道、对门山隧道和朱岗山隧道的年最大降水量为 1600～2000 mm，尖峰顶隧道和天全隧道超过 2000 mm（图 5.12）。

5.1.4 小结

未来不同气候情景下降水时空格局及其演变趋势差异较大。在 RCP8.5 情景下，2016～2099 年最大日降水量略有上升，而在 RCP2.6 和 RCP4.5 情景下变化不明显。与 RCP2.6 和 RCP4.5 情景相比，RCP8.5 情景下，21 世纪后期年平均降水量、年最大降水量均较大。在空间分布上，川藏铁路沿线及其附近范围的降水量基本呈南多北少、东多西少的分布格局。

5.2 降雪

基于 CMIP5 中 5 个全球气候模式对 RCP2.6、RCP4.5 和 RCP8.5 排放路径的模拟结果，预估了不同气候情景下 21 世纪前期（2016～2035 年）、中期（2046～2065 年）和后期（2080～2099 年）川藏铁路沿线及其附近范围降雪的日、年和年代际的变化特征及其空间分布格局。未来百年降雪产品相关概念如表 5.2 所示。

第 5 章　未来百年气象变化特征

表 5.2　降雪产品相关概念

降雪产品	定义
最大日降雪量	一年中最大日降雪量
年降雪量	一年中降雪量的总和
最大年降雪量	评估时段内年降雪量最大的年份对应的降雪量
最小年降雪量	评估时段内年降雪量最小的年份对应的降雪量
年降雪日数	一年中降雪日数的总和
说明	时间动态上：指研究区域内每个降雪产品所有格点的平均值随时间的变化 空间动态上：指每个降雪产品在未来不同时段 [21 世纪前期（2016～2035 年）、中期（2046～2065 年）、后期（2080～2099 年）] 的平均值

5.2.1　未来最大日降雪量时空变化特征

1. 最大日降雪量时间特征及其变化趋势

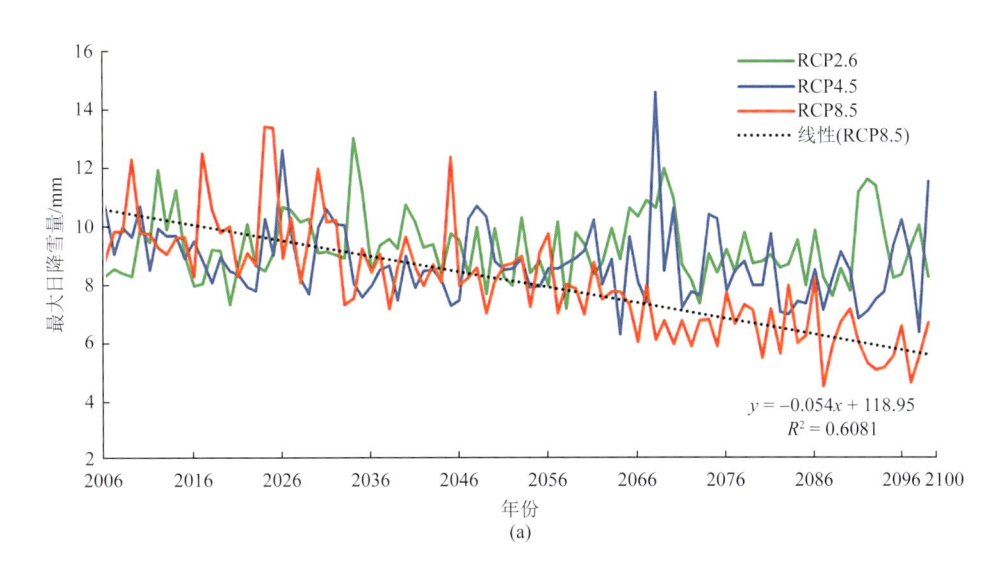

未来不同气候情景下川藏铁路沿线及其附近范围最大日降雪量随时间变化如图 5.13 所示。RCP2.6 和 RCP4.5 情景下，最大日降雪量在 2006～2099 年呈波动变化，变化范围分别是 7.2～13.0 mm 和 6.3～14.6 mm，平均值分别为 9.3 mm 和 8.8 mm；RCP8.5 情景下，最大日降雪量随时间变化呈显著减小趋势，21 世纪后期的减小最为明显 [图 5.13(b)]。

（图中公式：$y = -0.054x + 118.95$，$R^2 = 0.6081$）

(a)

(b)

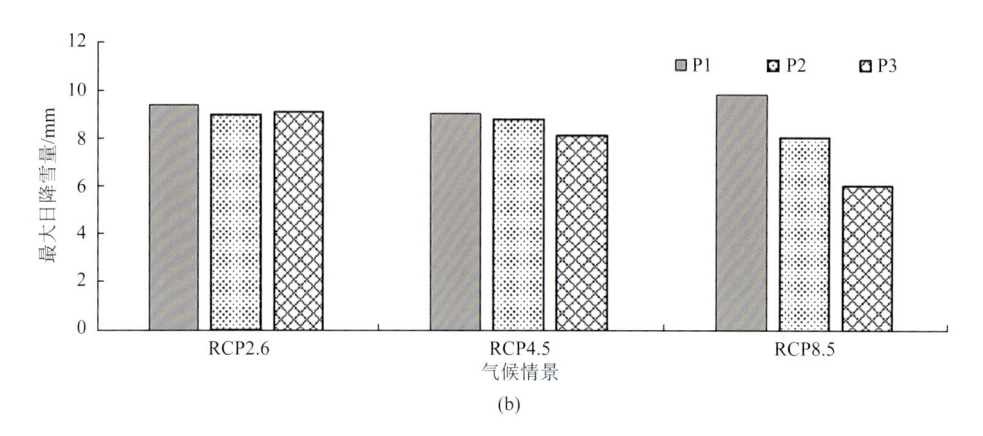

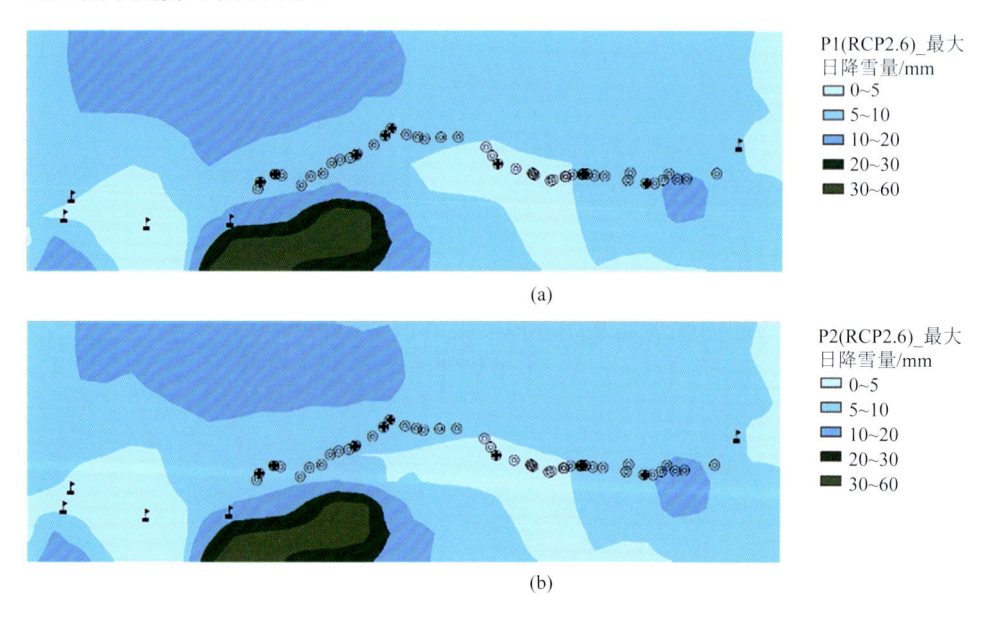

图 5.13　不同气候情景下不同时段川藏铁路沿线及其附近范围的最大日降雪量

RCP2.6、RCP4.5、RCP8.5 分别代表低、中、高的温室气体排放情景；P1、P2、P3 分别代表 21 世纪前期（2016～2035 年）、中期（2046～2065 年）、后期（2080～2099 年），后同

2. 最大日降雪量空间特征及其变化趋势

RCP2.6、RCP4.5 和 RCP8.5 情景下，未来川藏铁路沿线及其附近范围的降雪主要集中在铁路沿线中部，大部分区域最大日降雪量均小于 20 mm，川藏铁路设置站点（除加查外）、大桥和隧道处的最大日降雪量小于 10 mm。其中，墨脱县和察隅县在 21 世纪前期、中期和后期最大日降雪量为 30～60 mm，随着时间推移，最大日降雪量呈减小趋势（图 5.14）。

第 5 章　未来百年气象变化特征

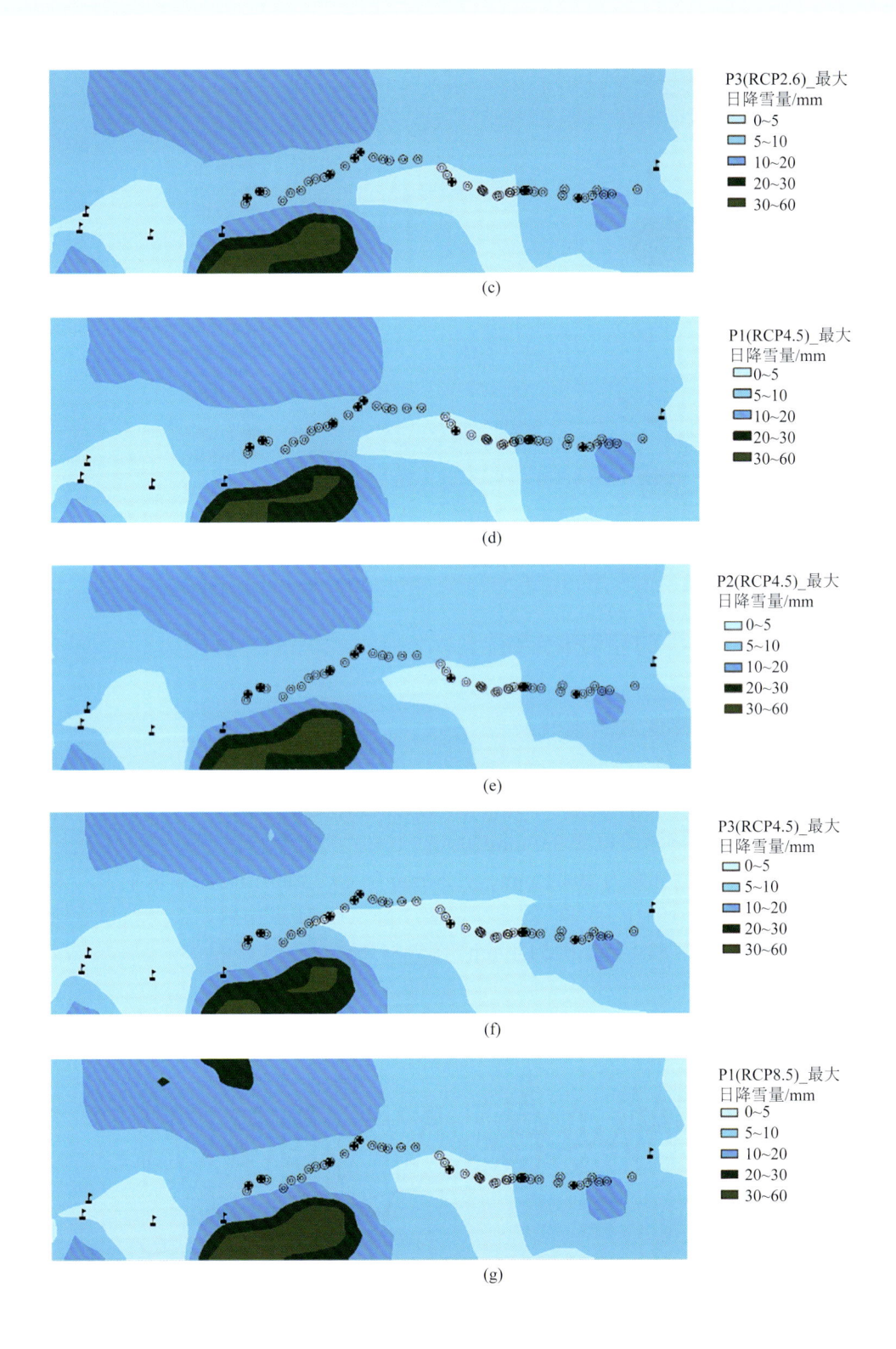

(c) P3(RCP2.6)_最大日降雪量/mm
0~5
5~10
10~20
20~30
30~60

(d) P1(RCP4.5)_最大日降雪量/mm
0~5
5~10
10~20
20~30
30~60

(e) P2(RCP4.5)_最大日降雪量/mm
0~5
5~10
10~20
20~30
30~60

(f) P3(RCP4.5)_最大日降雪量/mm
0~5
5~10
10~20
20~30
30~60

(g) P1(RCP8.5)_最大日降雪量/mm
0~5
5~10
10~20
20~30
30~60

193

(h)

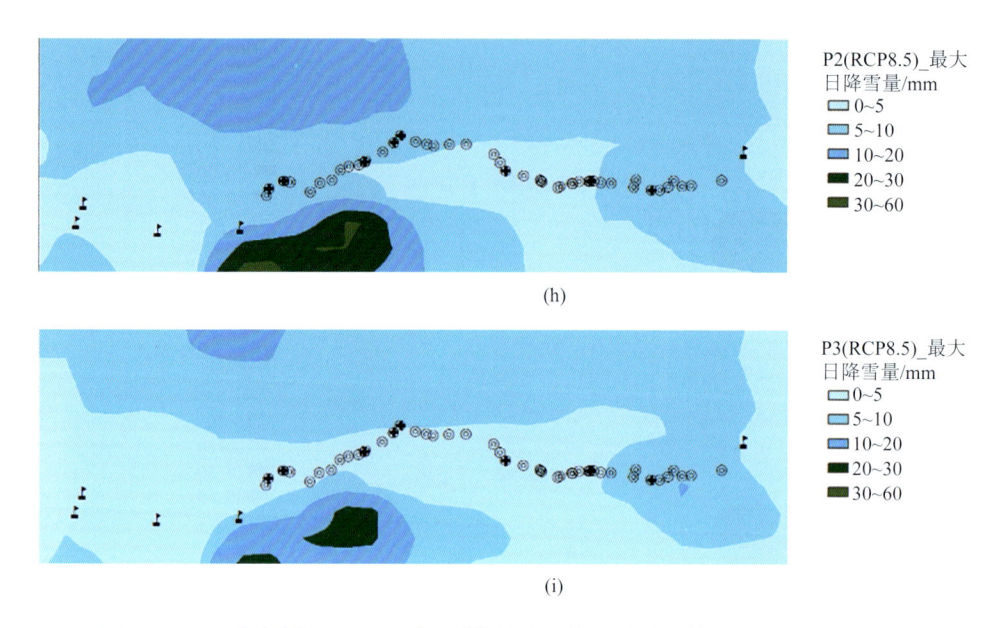

(i)

图 5.14　不同气候情景下不同时段川藏铁路沿线及其附近范围的最大日降雪量的空间格局

5.2.2　未来年降雪量时空变化特征

1. 年降雪量时间特征及其变化趋势

不同气候情景下，2006～2099 年川藏铁路沿线及其附近范围的年降雪量呈下降趋势［图 5.15(a)］。RCP2.6 情景下，年降雪量随时间推移变化不显著［图 5.15(b)］；RCP4.5 情景下，未来年降雪量以约 3.0 mm/10a（R^2=0.40）的速率显著下降，在 21 世纪前期、中期和后期平均值分别为 104.1 mm、95.3 mm 和 89.2 mm；RCP8.5 情景下，未来年降雪量以约 8.2 mm/10a（R^2=0.90）的速率显著下降，在 21 世纪前期、中期和后期平均值分别为 106.6 mm、83.1 mm 和 54.4 mm［图 5.15(b)］。

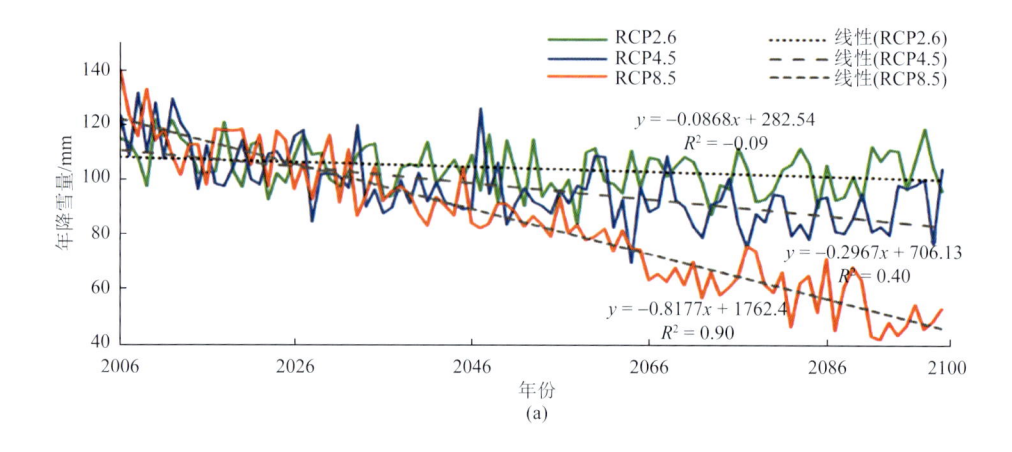

(a)

第 5 章 未来百年气象变化特征

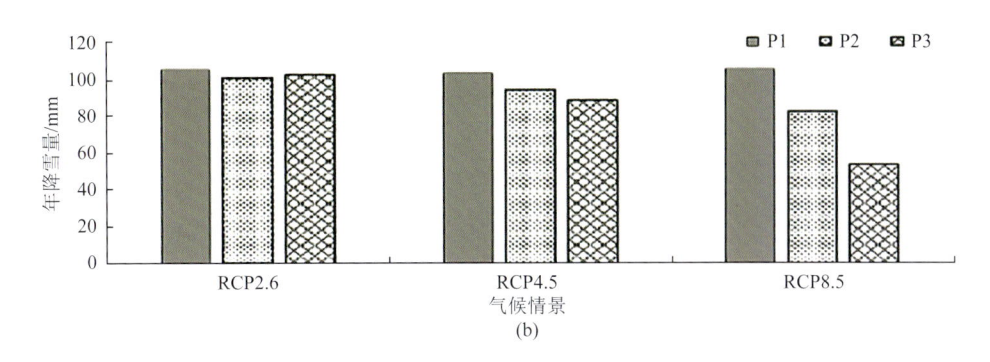

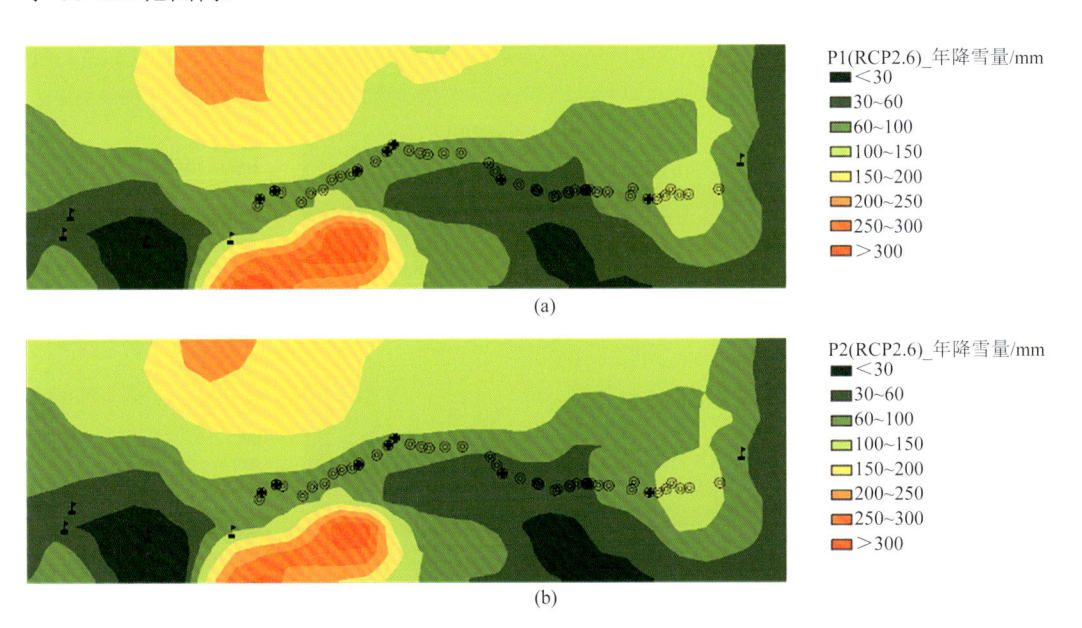

图 5.15 不同气候情景下不同时段未来川藏铁路沿线及其附近范围的年降雪量

2. 年降雪量空间特征及其变化趋势

不同气候情景下，21 世纪前期、中期和后期川藏铁路沿线及其附近范围的年降雪量的空间分布呈南北高、东西低的分布格局，高值区主要分布在南部的墨脱县、察隅县和北部的巴青县（图 5.16）。RCP2.6、RCP4.5 和 RCP8.5 情景下，21 世纪前期、中期和后期的年降雪量高值区（大于 200 mm）空间分布范围呈减小趋势。川藏铁路沿线大部分站点均分布在年降雪量 60～100 mm 范围内，仅米林站、二郎山隧道、朱岗山隧道、对门山隧道、天全隧道、尖峰顶隧道和周口隧道分布在年降雪量 100～150 mm 范围内。RCP8.5 情景下，21 世纪后期，川藏铁路沿线大部分站点均分布在年降雪量小于 60 mm 范围内。

(c)

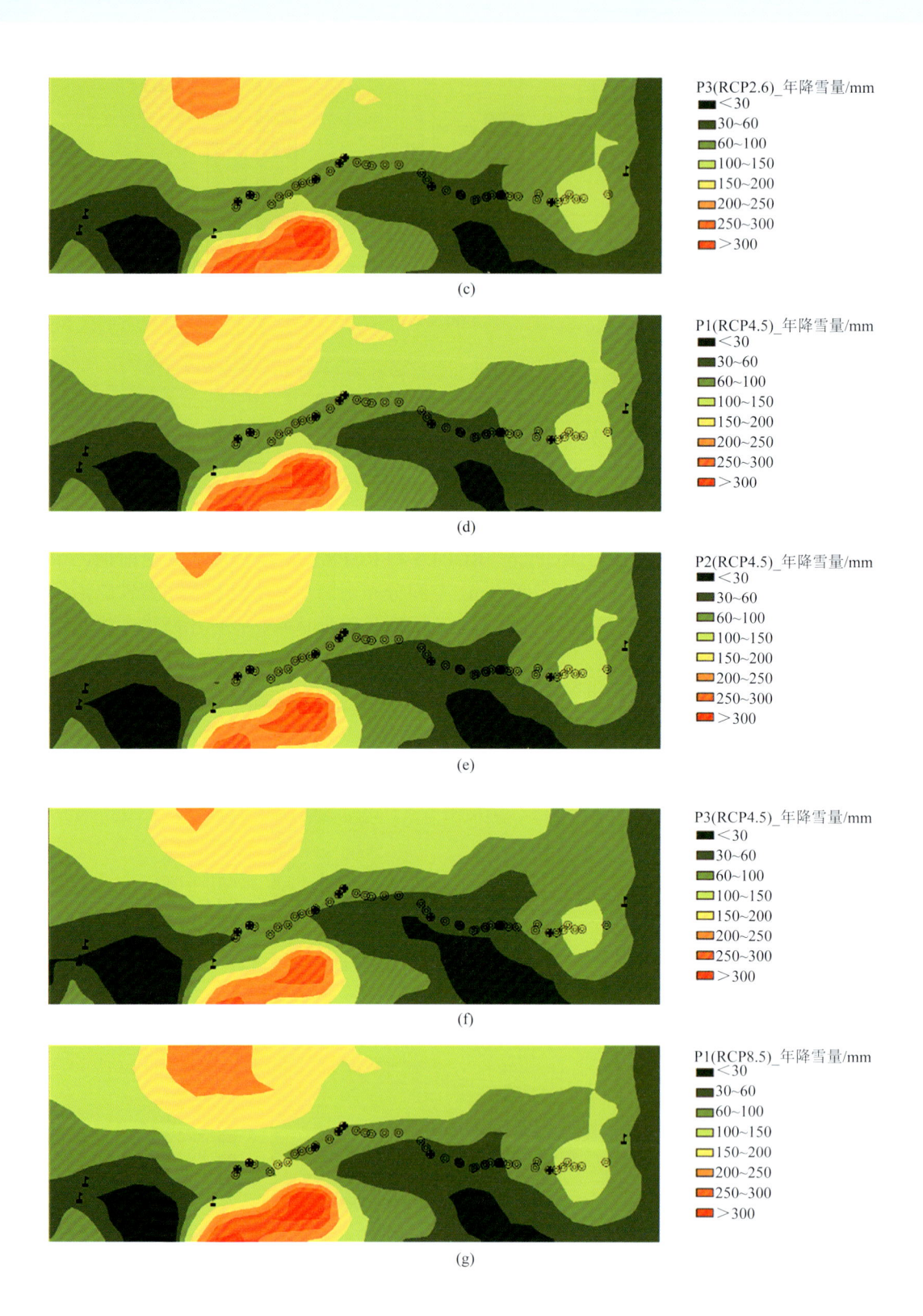

(d)

(e)

(f)

(g)

第 5 章 未来百年气象变化特征

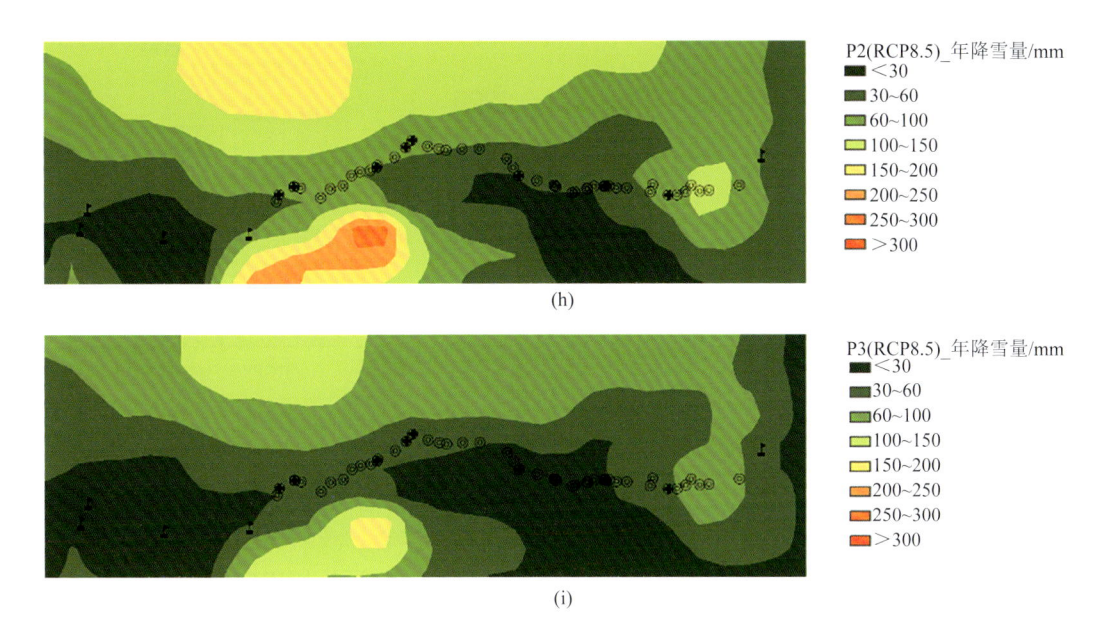

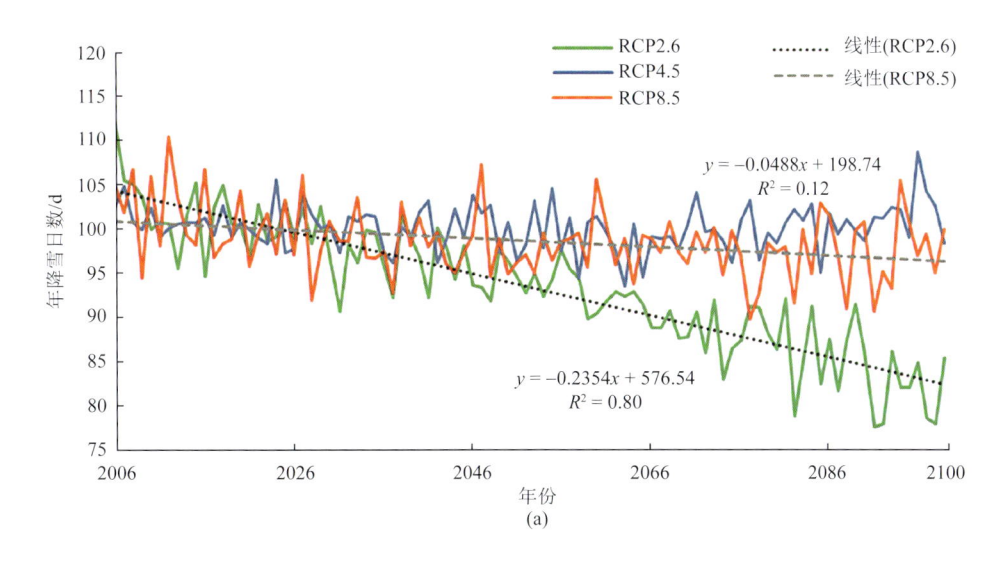

图 5.16 不同气候情景下不同时段川藏铁路沿线及其附近范围的年降雪量的空间格局

5.2.3 未来年降雪日数时空变化特征

1. 年降雪日数时间特征及其变化趋势

不同气候情景下，2006～2099 年川藏铁路沿线及其附近范围的年降雪日数呈下降趋势［图 5.17（a）］。RCP2.6 情景下，年降雪日数随时间推移下降最显著，未来以约 2.4 d/10a（R^2=0.80）的速率下降，在 21 世纪前期、中期和后期平均值分别为 99 d、94 d 和 84 d

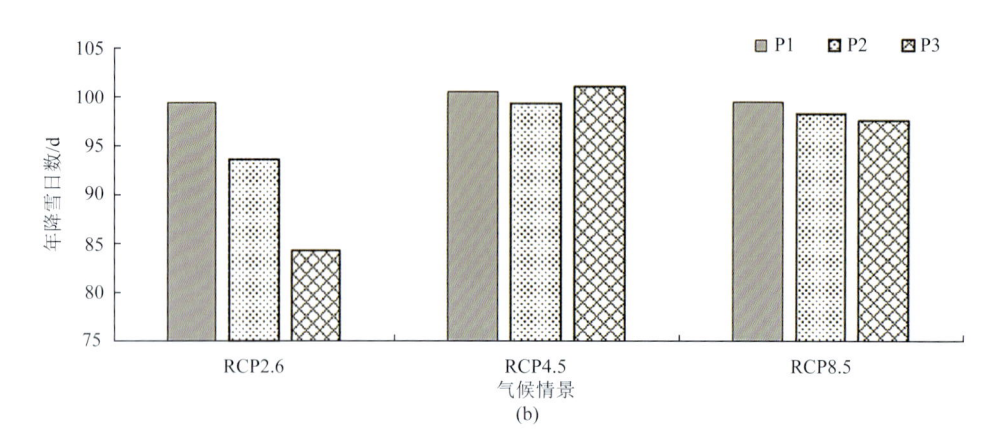

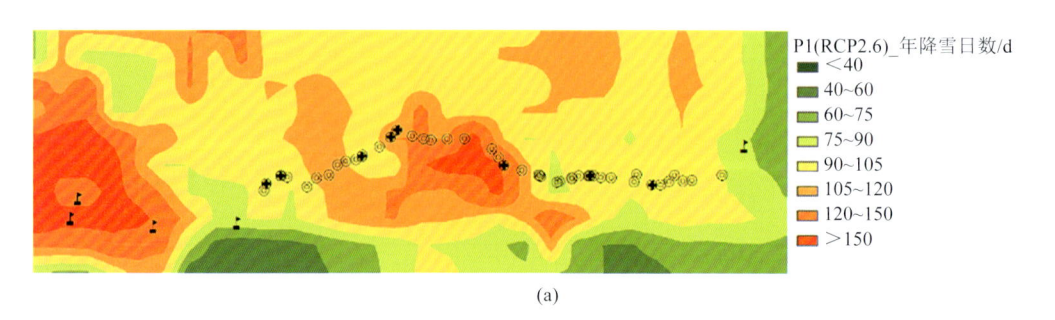

图 5.17 不同气候情景下不同时段川藏铁路沿线及其附近范围的年降雪日数

[图 5.17(b)]。RCP4.5 情景下，未来年降雪日数变化不显著，波动范围是 94～109 d，在 21 世纪前期、中期和后期平均值分别为 101 d、99 d 和 101 d。RCP8.5 情景下，未来年降雪日数随时间推移以约 0.5 d/10a（R^2=0.12）的速率下降，在 21 世纪前期、中期和后期平均值分别为 100 d、98.3 d 和 97.6 d[图 5.17(b)]。

2. 年降雪日数空间特征及其变化趋势

不同气候情景下，21 世纪前期、中期和后期川藏铁路沿线及其附近范围年降雪日数的空间分布如图 5.18 所示，呈中部和西部高、东部和南部低的分布格局，高值区（大于 150d）主要分布在西部的当雄县、林周县、堆龙德庆区、曲水县、贡嘎县、扎囊县、乃东区、桑日县、墨竹工卡县和中部的巴塘县、芒康县部分区域。21 世纪前期、中期和后期，年降雪日数高值区分布范围呈 RCP2.6≈RCP4.5＞RCP8.5。川藏铁路沿线中仅贡嘎站的年降雪日数大于 150 d，拉萨站、加查站、芒康山隧道、红拉山隧道、嘎益隧道、东达山隧道、贡觉隧道、格聂山隧道、莫西隧道、列衣大桥和义敦隧道的年降雪日数为 120～150 d，多木格隧道、多吉隧道、伯舒拉岭隧道、察达隧道、邦达隧道、色曲特大桥、澜沧江大桥、昌都隧道和海子山隧道的年降雪日数为 105～120 d，其他大部分站点年降雪日数为 90～105 d。

(a)

第 5 章 未来百年气象变化特征

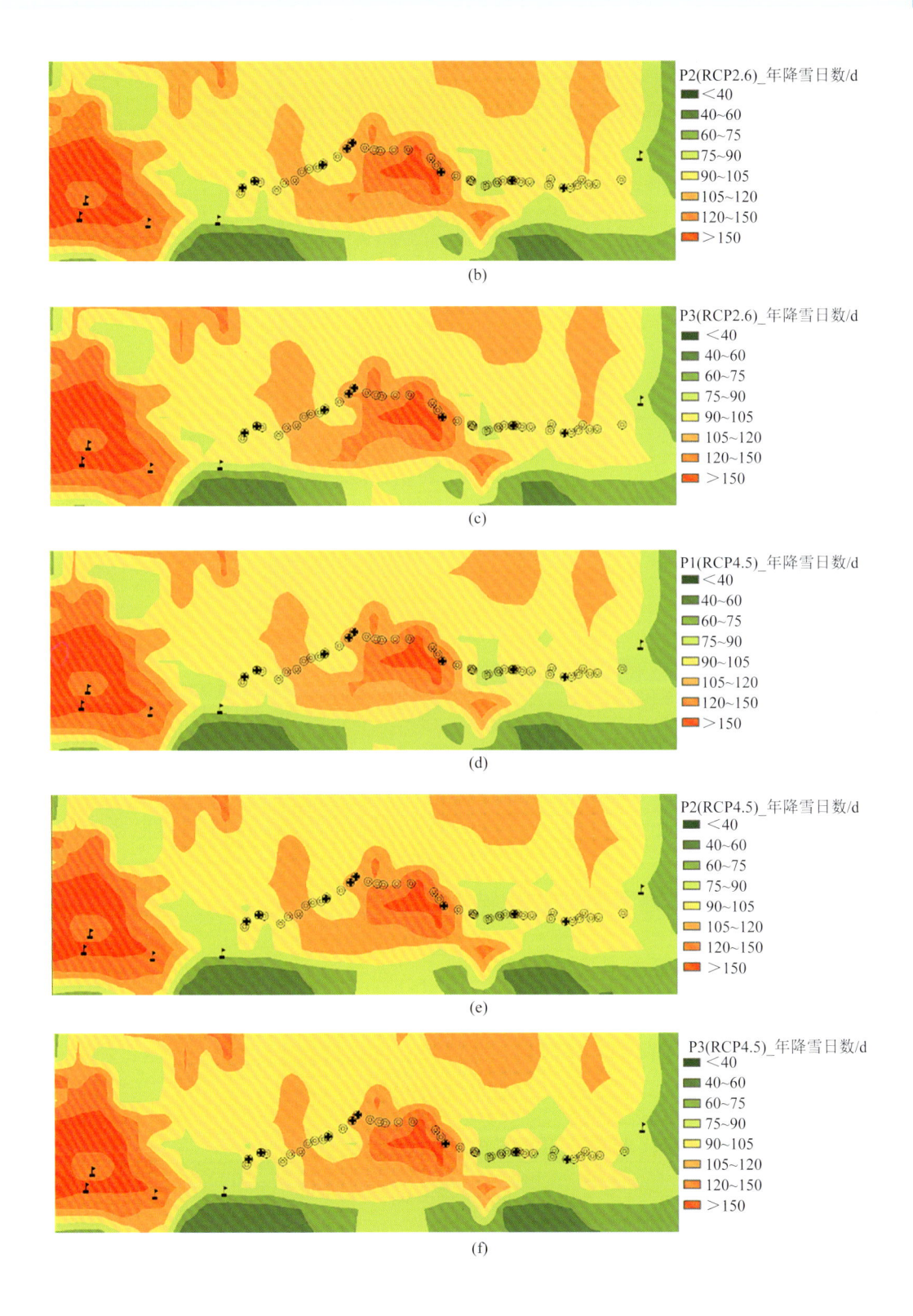

(b) P2(RCP2.6)_年降雪日数/d

(c) P3(RCP2.6)_年降雪日数/d

(d) P1(RCP4.5)_年降雪日数/d

(e) P2(RCP4.5)_年降雪日数/d

(f) P3(RCP4.5)_年降雪日数/d

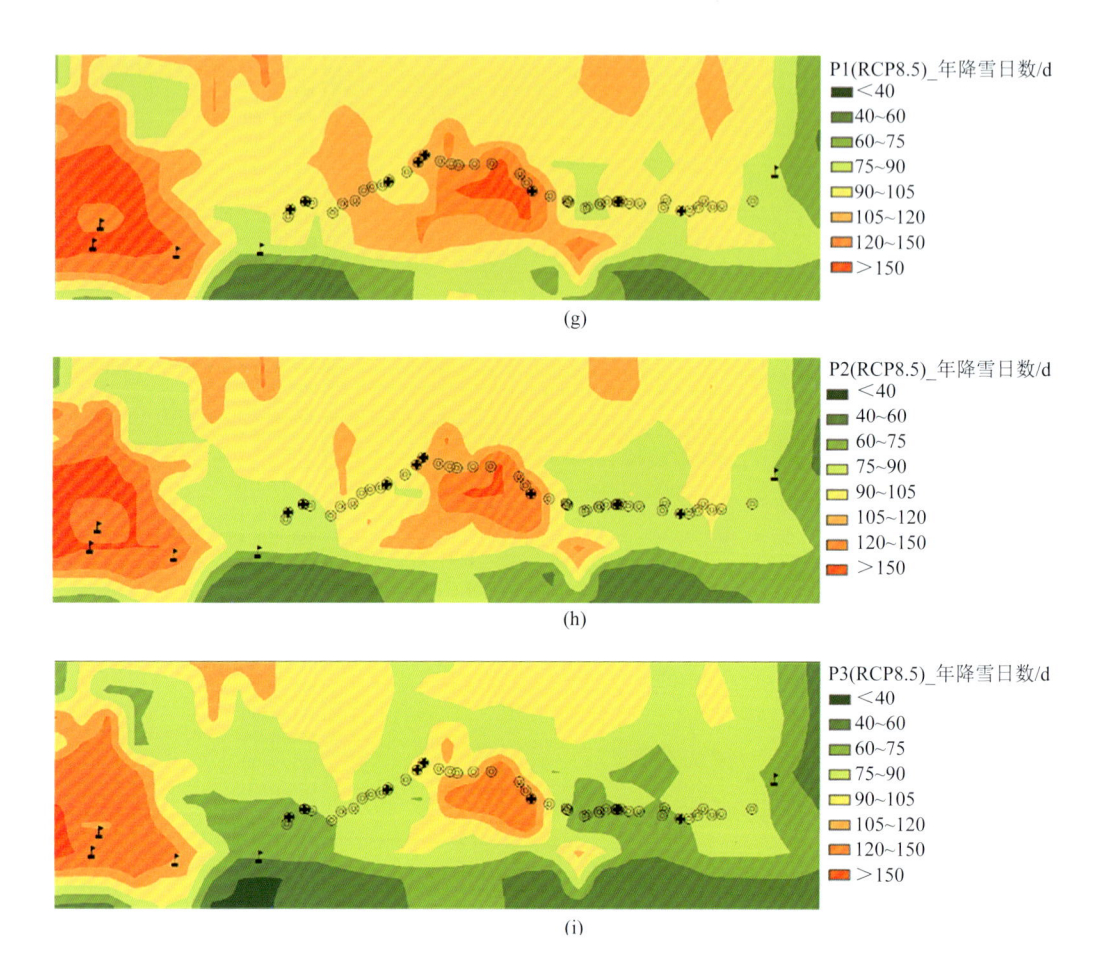

图 5.18　不同气候情景下不同时段川藏铁路沿线及其附近范围的年降雪日数的空间格局

5.2.4　未来年极端降雪时空变化特征

1. 年极端降雪特征及其变化趋势

RCP2.6、RCP4.5 和 RCP8.5 情景下，川藏铁路沿线及其附近范围的最大年降雪量呈增加趋势，分别为 143.1 mm、145.4 mm 和 148.7 mm；而最小年降雪量呈减小趋势（表 5.3）。

表 5.3　不同气候情景下年极端降雪量

气候情景	最大年降雪量 /mm	最小年降雪量 /mm
RCP2.6	143.1	73.2
RCP4.5	145.4	64.5
RCP8.5	148.7	37.8

2. 年极端降雪空间特征及其变化趋势

不同气候情景下，21 世纪前期、中期和后期川藏铁路沿线及其附近范围的最大年降雪量和最小年降雪量的空间分布呈南北高、东西低的分布格局，高值区（大于 300 mm）主要分布在南部的墨脱县和察隅县（图 5.19 和图 5.20）。川藏铁路沿线大部分站点的最大年降雪量为 100～150 mm。最小年降雪量在空间上呈北高、东西低的分布格局，高值区（大于 150 mm）主要分布在南部的墨脱县和察隅县，低值区（小于 20 mm）主要分布在南部的扎囊县、乃东区、曲松县、桑日县、加查县、朗县、隆子县、稻城县、木里藏族自治县。川藏铁路沿线大部分站点的最小年降雪量为 30～60 mm。

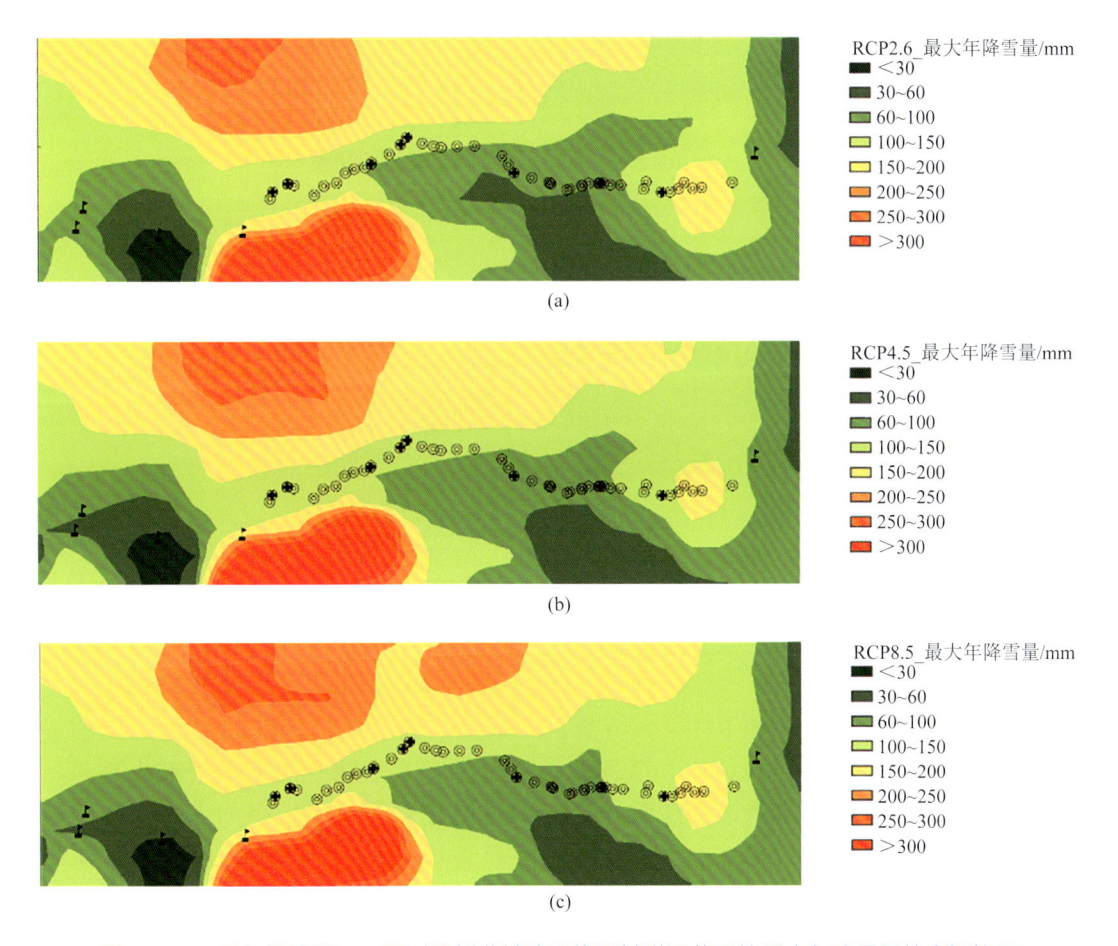

图 5.19 不同气候情景下不同时段川藏铁路沿线及其附近范围的最大年降雪量的空间格局

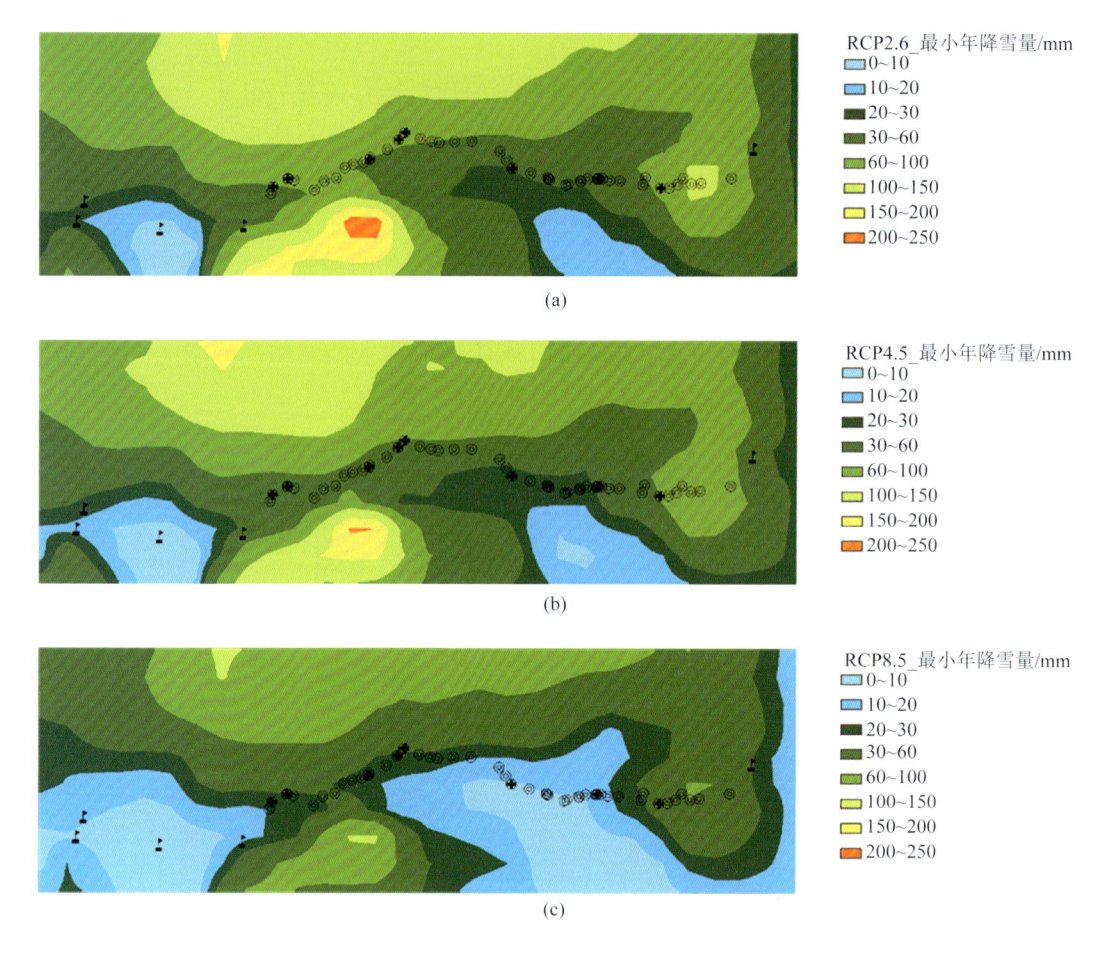

图 5.20　不同气候情景下不同时段川藏铁路沿线及其附近范围的最小年降雪量的空间格局

5.2.5　小结

在时间上，RCP2.6 和 RCP4.5 情景下，未来川藏铁路沿线及其附近范围的最大日降雪量呈波动变化；RCP8.5 情景下，最大日降雪量随时间呈显著减小趋势，在 21 世纪后期的减小趋势最为明显。川藏铁路沿线及其附近范围的未来年降雪量和年降雪日数在 2006～2099 年呈波动下降趋势，尤其是 RCP8.5 情景下，年降雪量以约 8.2 mm/10a 的速率显著减小，而年降雪日数在 RCP2.6 情景下的减小速率（约 2.4 d/10a）最快。不同气候情景下，最大年降雪量呈增加趋势，而最小年降雪量呈减小趋势。

在空间上，未来不同情景下川藏铁路沿线及其附近范围的 1～4 月和 11～12 月的降雪量在空间上呈南部和东部高、西北低的分布格局，5～10 月降雪量呈北高南低的分布格局；年降雪量、年降雪日数、最大年降雪量和最小降雪量在空间上均呈南北高、东西低的分布格局，其中季降雪量和最大季降雪量高值区分布范围呈春季＞夏季＞秋季＞冬季；未来年降雪量高值区（大于 200 mm）空间分布范围呈减小趋势，川藏铁路沿线大部分站点均分布在年降雪量 60～100 mm 范围内，仅米林站、二郎山隧道、朱岗山隧道、对门山隧道、天全隧道、尖峰顶隧道和周口隧道分布在年降雪量 100～150 mm 范围内；年降雪日数高值区（大于 150 d）分布范围呈 RCP2.6≈RCP4.5＞RCP8.5，川藏铁路沿线区域仅贡嘎站的年降雪日数大于 150 d；川藏铁路沿线大部分站点的最大年降雪量和最小年降雪量分别为 100～150 mm 和 30～60 mm。

5.3 气温

基于 CMIP5 中 5 个全球气候模式对 RCP2.6、RCP4.5 和 RCP8.5 排放路径的模拟结果，预估了不同气候情景下 21 世纪前期（2016～2035 年）、中期（2046～2065 年）和后期（2080～2099 年）川藏铁路沿线及其附近范围气温的日、年和年代际的变化特征及其空间分布格局。未来百年气温产品相关概念如表 5.4 所示。

表 5.4　气温产品相关概念

气温产品	定义
日最高气温	每日气温的最大值
日最低气温	每日气温的最小值
气温日较差	日最高气温与日最低气温之差
年平均气温	一年中每月平均气温的平均值
说明	时间动态上：指研究区域内每个气温产品所有格点的平均值随时间的变化 空间动态上：指每个气温产品在未来不同时段 [21 世纪前期（2016～2035 年）、中期（2046～2065 年）、后期（2080～2099 年）] 的平均值

5.3.1　未来日最低气温时空变化特征

1. 日最低气温时间特征及其变化趋势

在三种气候情景下，21 世纪前期、中期和后期川藏铁路沿线及其附近范围的日最低气温最低为 –22.85℃，最高为 –16.92℃（图 5.21）。RCP4.5 和 RCP8.5 情景下，日最低气温后期＞中期＞前期，RCP2.6 情景下，日最低气温呈中期＞后期＞前期。

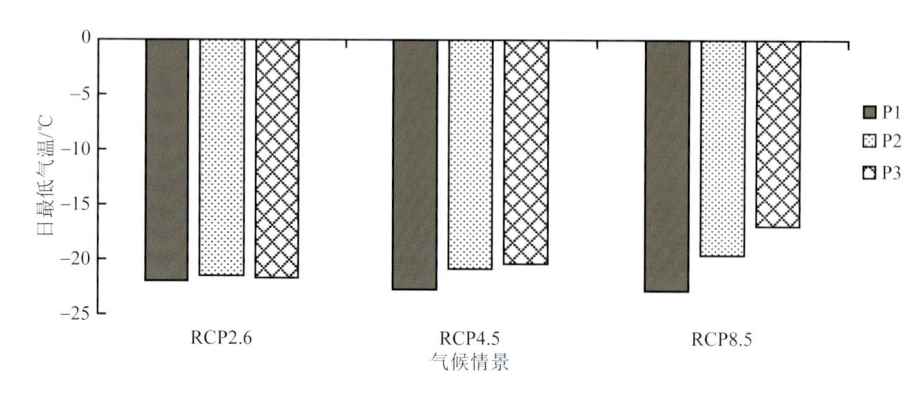

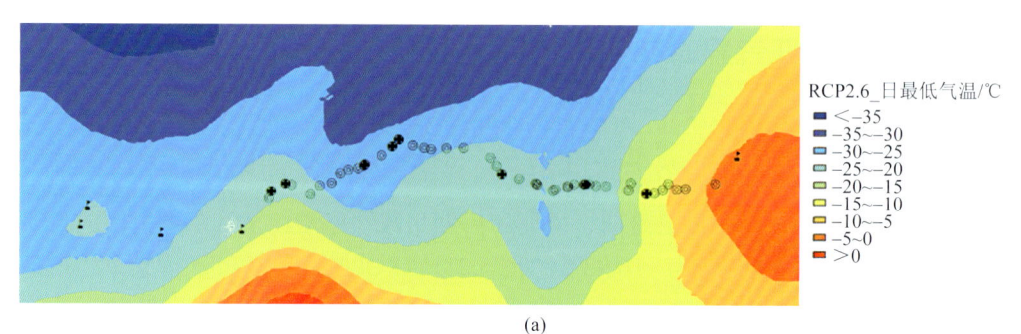

图 5.21　不同气候情景下不同时段川藏铁路沿线及其附近范围的日最低气温

2. 日最低气温空间特征及其变化趋势

三种排放情景下 21 世纪前期（2016～2035 年）、中期（2046～2065 年）和后期（2080～2099 年）川藏铁路沿线及其附近范围的日最低气温变化特征相似，其中，日最低气温基本小于 0℃，川藏铁路沿线关键站点日最低气温主要集中在 –30～–20℃；川藏铁路沿线的北部气温较南部低，西部气温较东部低（图 5.22～图 5.24）。RCP2.6 情景下，铁路沿线的东部气温较高，其中成都站和周山隧道日最低气温最高，为 –5～0℃；尖峰顶隧道和天全隧道日最低气温次之，为 –10～–5℃；昌都隧道附近日最低气温最低，为 –30～–25℃。RCP4.5 情景下，21 世纪前期，川藏铁路沿线的低温站点数增加且东部日最低气温较低，其中成都站、周山隧道、尖峰顶隧道、天全隧道、对门山隧道和朱岗山隧道日最低气温为 –10～–5℃。RCP8.5 情景下，川藏铁路沿线东侧日最低气温中成都站、周山隧道、尖峰顶隧道和天全隧道为 –10～–5℃。21 世纪中期和后期，RCP4.5 情景与 RCP2.6 情景差异不显著；RCP8.5 情景下，川藏铁路沿线及其附近范围的日最低气温有所上升，较为明显的是尖峰顶隧道，日最低气温在 RCP8.5 情景下为 –5～0℃，二郎山隧道、大渡河特大桥和宝灵山隧道日最低气温为 –10～–5℃，日最低气温为 –20℃～–15℃ 的站点数呈增加趋势。

(a)

第 5 章 未来百年气象变化特征

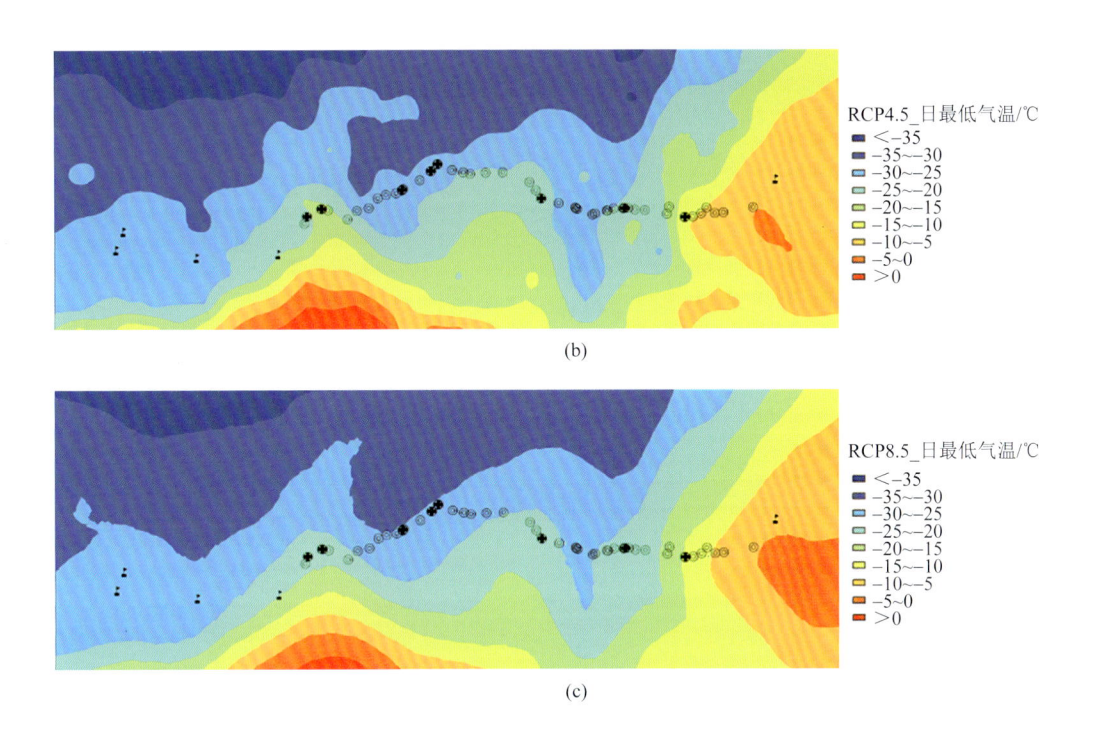

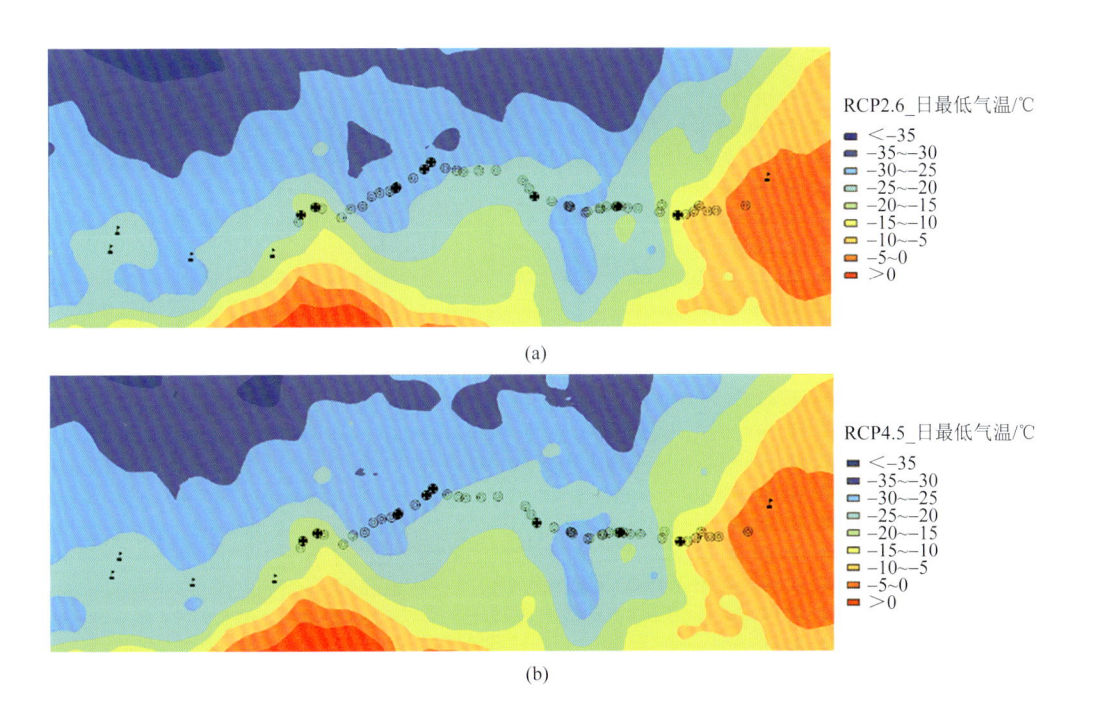

图 5.22 不同气候情景下 21 世纪前期川藏铁路沿线及其附近范围的日最低气温的空间格局

(c)

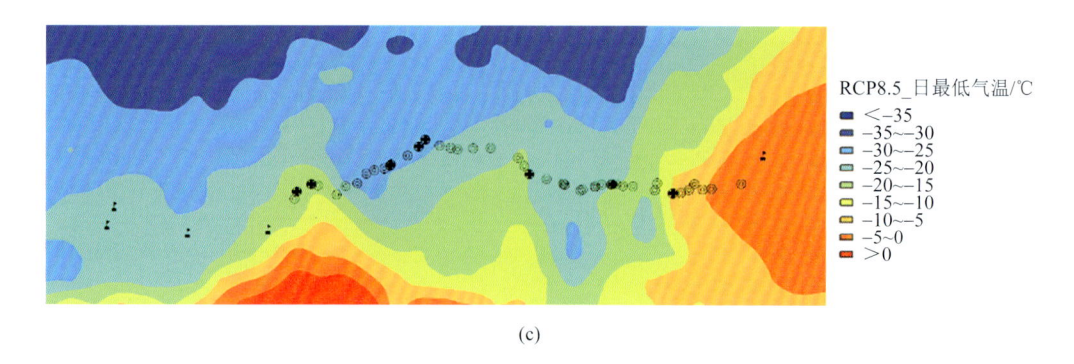

图 5.23 不同气候情景下 21 世纪中期川藏铁路沿线及其附近范围的日最低气温的空间格局

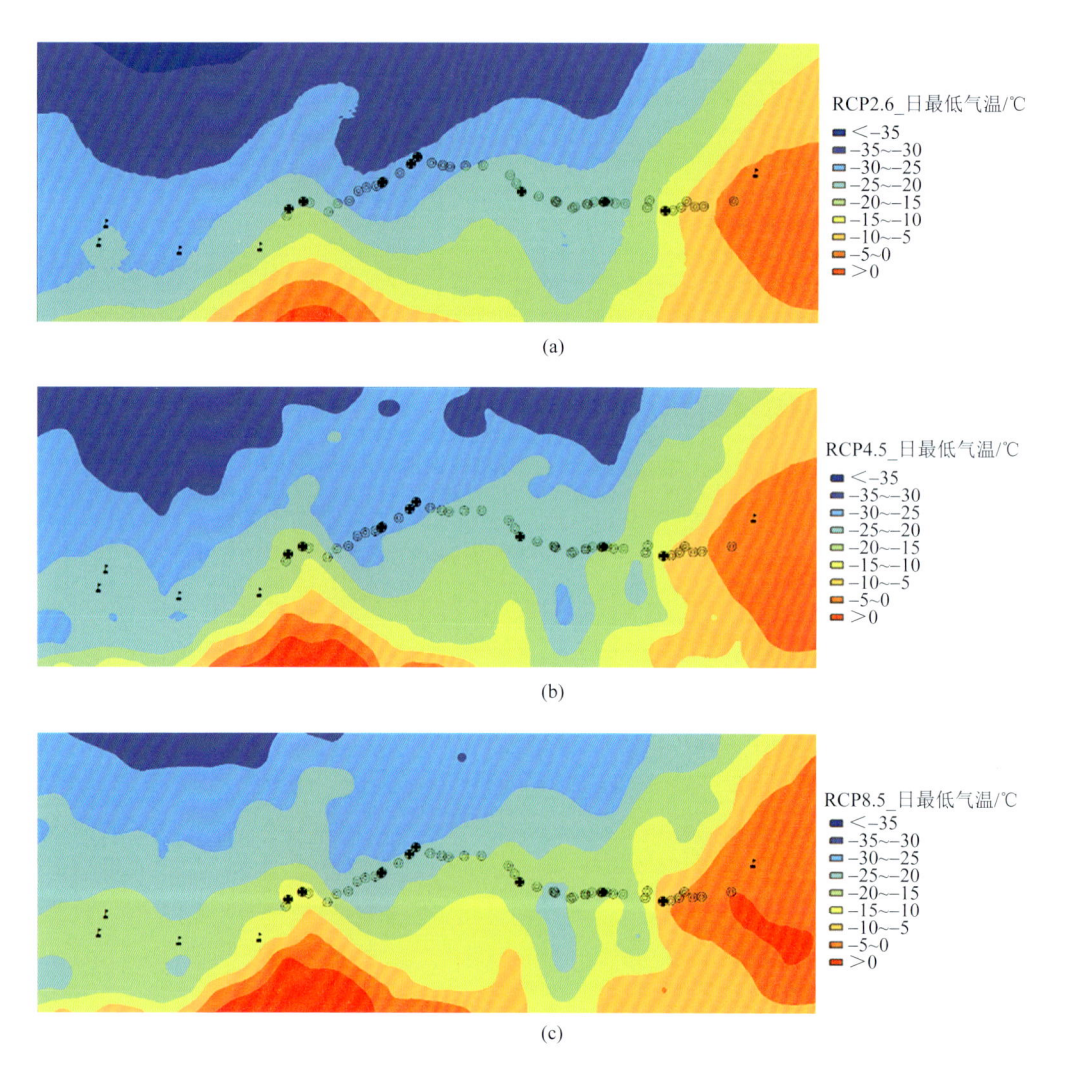

(a)

(b)

(c)

图 5.24 不同气候情景下 21 世纪后期川藏铁路沿线及其附近范围的日最低气温的空间格局

5.3.2 未来日最高气温时空变化特征

1. 日最高气温时间特征及其变化趋势

三种气候情景下，三个时段中 21 世纪前期、中期和后期川藏铁路沿线及其附近范围的日最高气温最低为 28.25℃，最高为 32.95℃（图 5.25）。在 RCP2.6、RCP4.5 和 RCP8.5 情景下，日最高气温均呈后期＞中期＞前期。

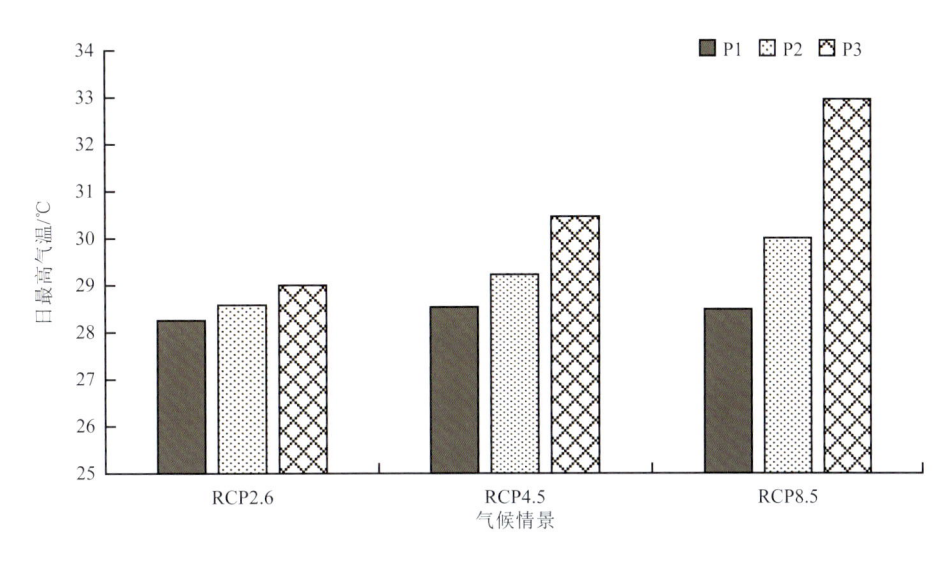

图 5.25　不同气候情景下不同时段川藏铁路沿线及其附近范围的日最高气温

2. 日最高气温空间特征及其变化趋势

21 世纪前期、中期和后期，三种气候情景下川藏铁路沿线及其附近范围的日最高气温变化特征相似，日最高气温范围主要为 20～30℃。川藏铁路沿线的北部气温较南部低，西部较东部低（图 5.26～图 5.28）。RCP2.6 情景下，川藏铁路沿线的东部气温较高，其中成都站、周山隧道和尖峰顶隧道日最高气温最高，为 35～40℃；天全隧道、对门山隧道、朱岗山隧道、二郎山隧道、宝灵山隧道和大渡河特大桥日最高气温次之，为 30～35℃；昌都隧道附近日最高气温最低，为 20℃以下。RCP4.5 情景下，日最高气温与 RCP2.6 情景基本一致，不同在于尖峰顶隧道日最高气温在 RCP4.5 情景下为 30～35℃，红拉山隧道日最高气温较 RCP2.6 情景升高到 25～30℃。RCP8.5 情景下，21 世纪前期川藏铁路沿线日最高气温较 RCP2.6 情景下红拉山隧道的日最高气温有所上升，达 25～30℃；21 世纪中期成都站日最高气温有所上升，达 40℃以上，拉萨站和贡嘎站日最高气温上升为 30～35℃；21 世纪后期红拉山隧道的日最高气温有所上升，为 25～30℃。

(a)

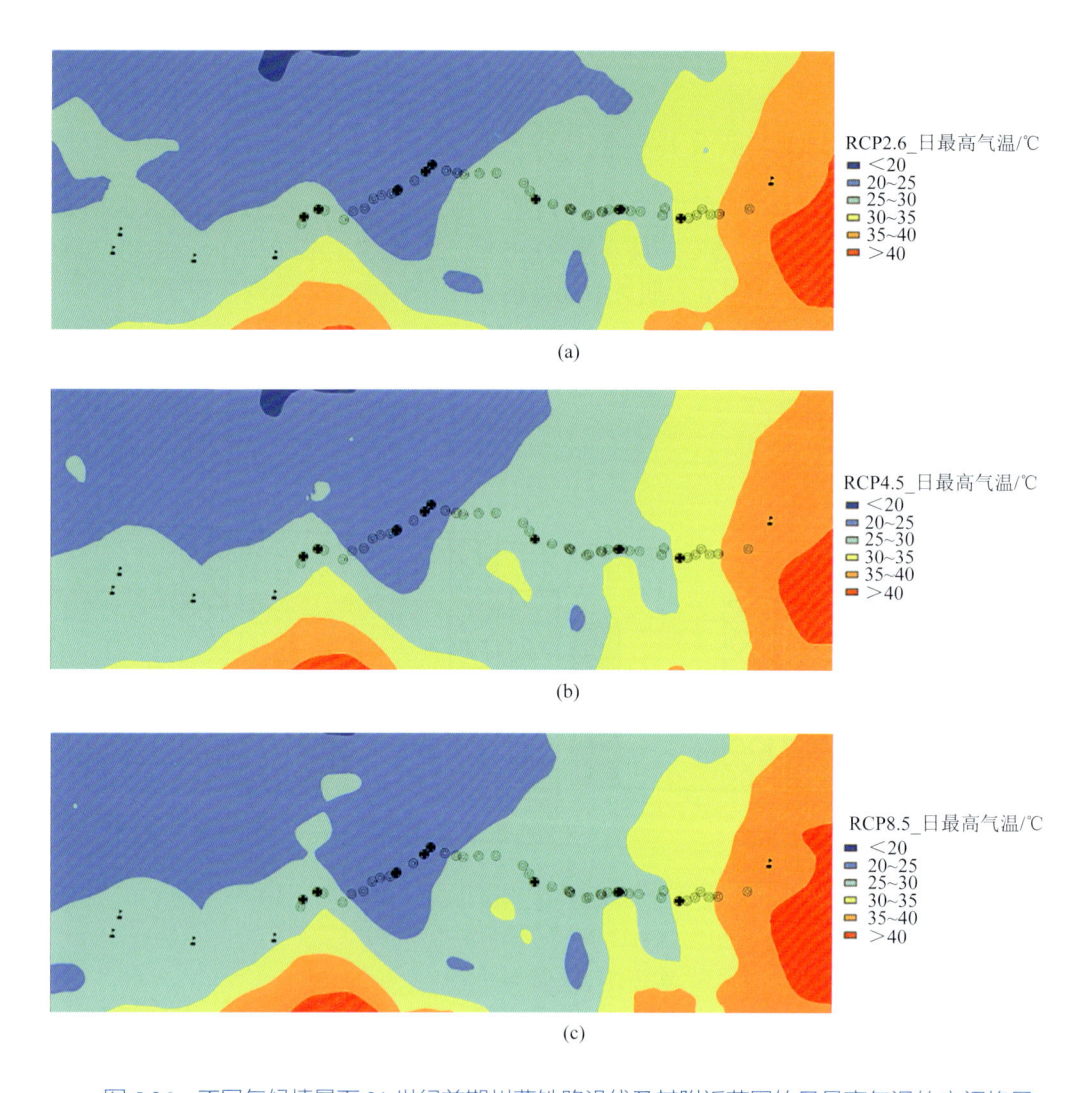

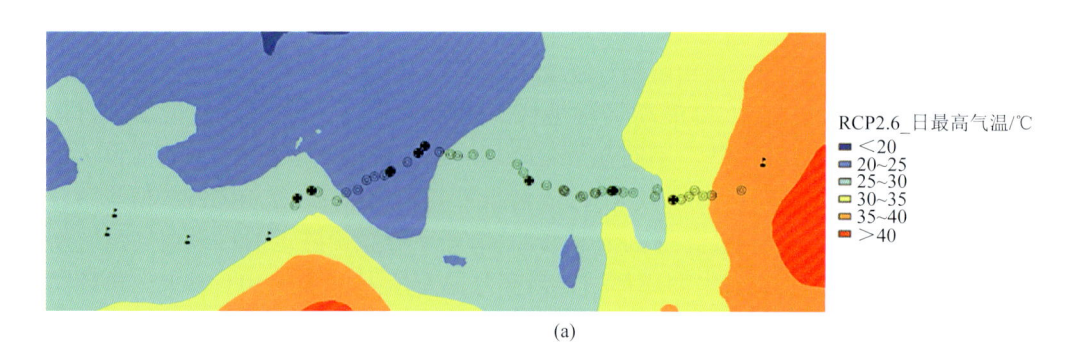

(b)

(c)

图 5.26　不同气候情景下 21 世纪前期川藏铁路沿线及其附近范围的日最高气温的空间格局

(a)

第 5 章 未来百年气象变化特征

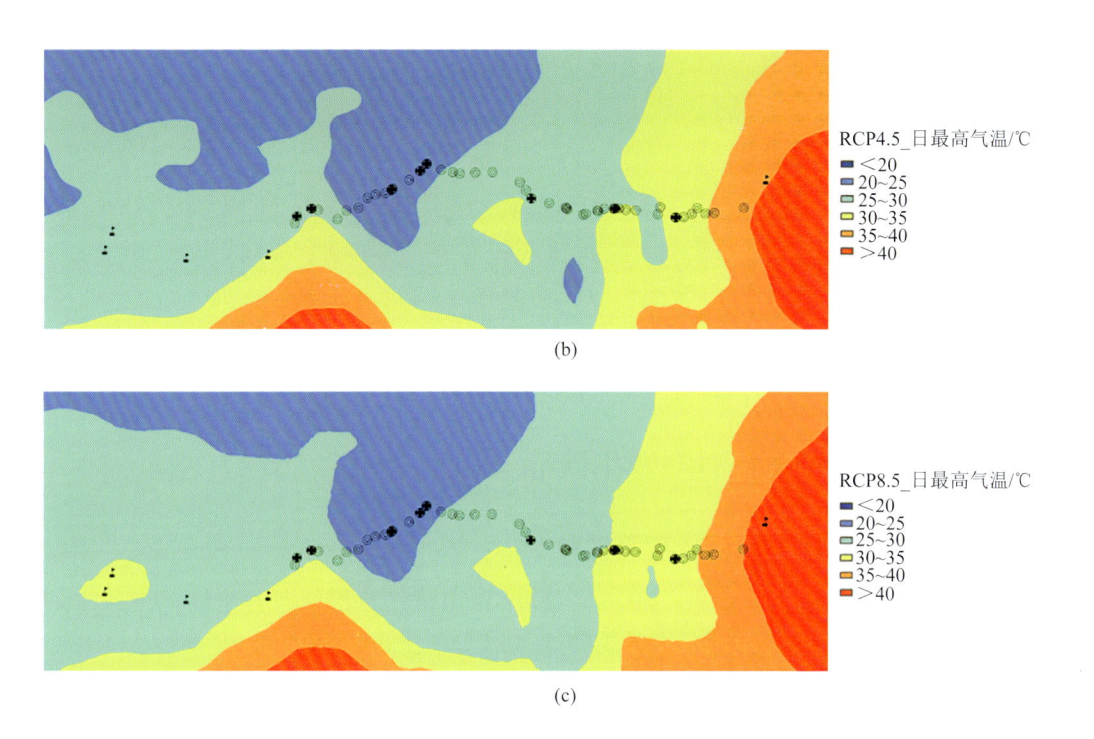

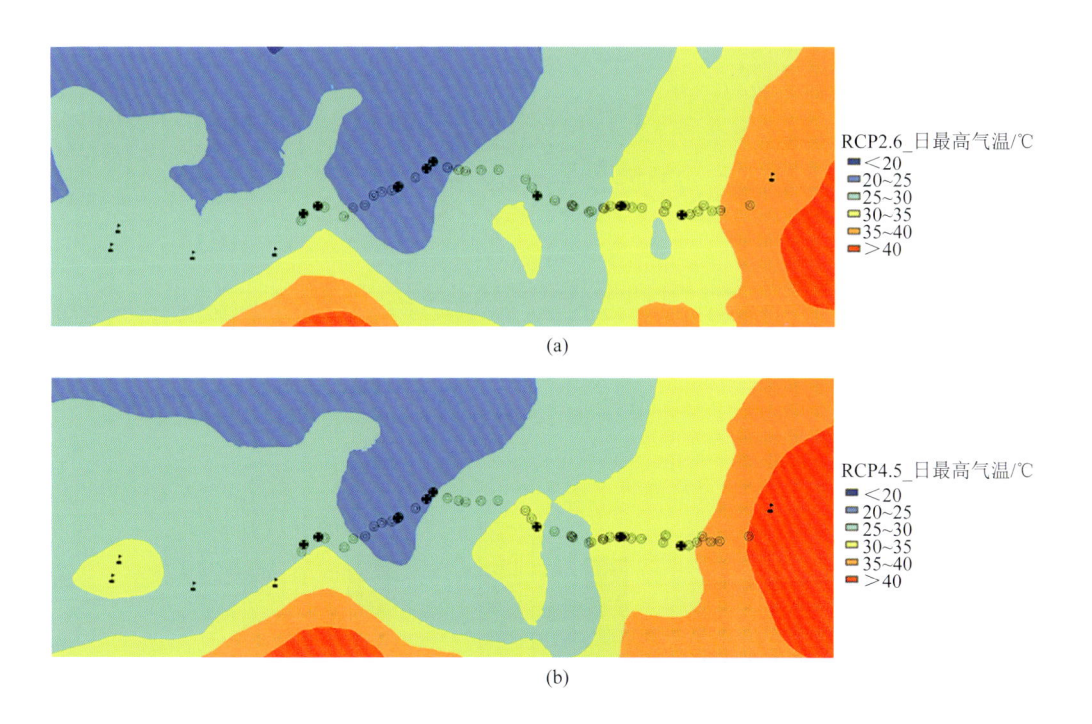

(b)

(c)

图 5.27 不同气候情景下 21 世纪中期川藏铁路沿线及其附近范围的日最高气温的空间格局

(a)

(b)

209

(c)

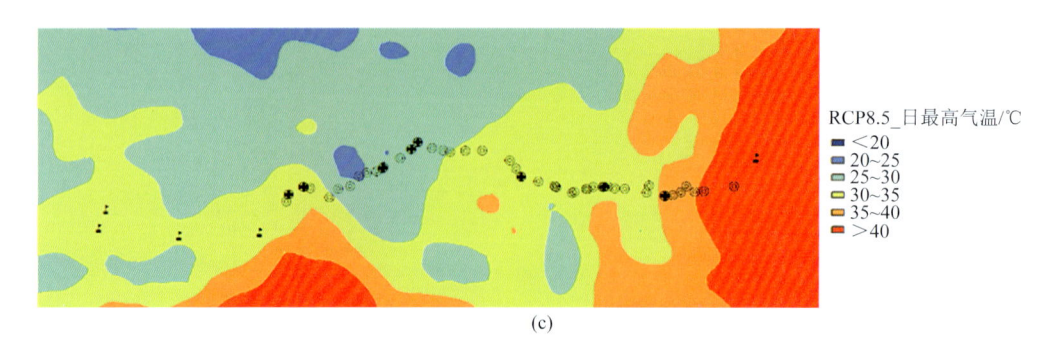

图 5.28　不同气候情景下 21 世纪后期川藏铁路沿线及其附近范围的日最高气温的空间格局

5.3.3　未来年平均气温时空变化特征

1. 年平均气温时间特征及其变化趋势

在 RCP2.6 和 RCP4.5 情景下，2016～2099 年川藏铁路沿线及其附近范围年平均气温呈波动上升趋势，变化范围分别是 3.60～4.87℃和 3.30～5.94℃，平均值为 4.18℃和 4.84℃；在 RCP8.5 情景下，年平均气温随时间呈显著上升趋势，在 21 世纪后期增大最明显（图 5.29）。

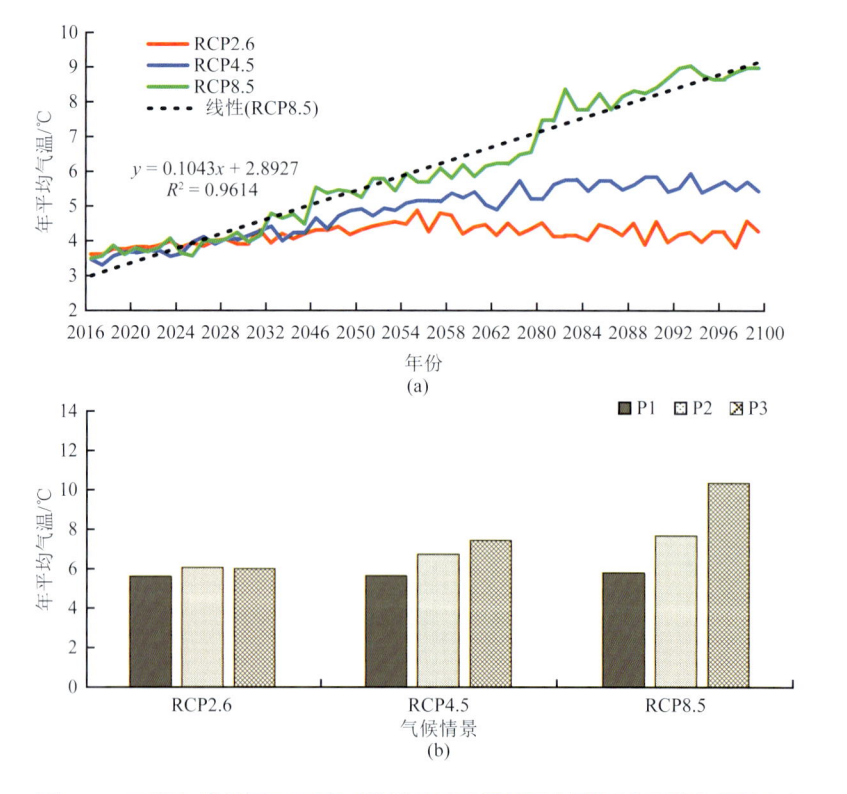

(a)

(b)

图 5.29　不同气候情景下不同时段川藏铁路沿线及其附近范围的年平均气温

2. 年平均气温空间特征及其变化趋势

21世纪前期、中期和后期，川藏铁路沿线及其附近范围的年平均气温呈东高西低、南高北低的分布格局（图5.30～图5.32）。21世纪前期和中期，RCP2.6、RCP4.5、RCP8.5情景下年平均气温分布范围以0～10℃为主。21世纪前期，三种气候情景下年平均气温整体变化较小，但21世纪中期，RCP8.5情景下年平均气温为15～20℃的范围有所增加。21世纪后期，RCP2.6、RCP4.5、RCP8.5情景下年平均气温分布范围分别以5～10℃为主、0～10℃为主、5～15℃为主（图5.32）。成都站和周山隧道在RCP2.6和RCP4.5情景下年平均气温范围为15～20℃，为整个研究区温度最大的站点，RCP8.5情景下年平均气温大于20℃。总体而言，RCP8.5情景下年平均气温整体较高。

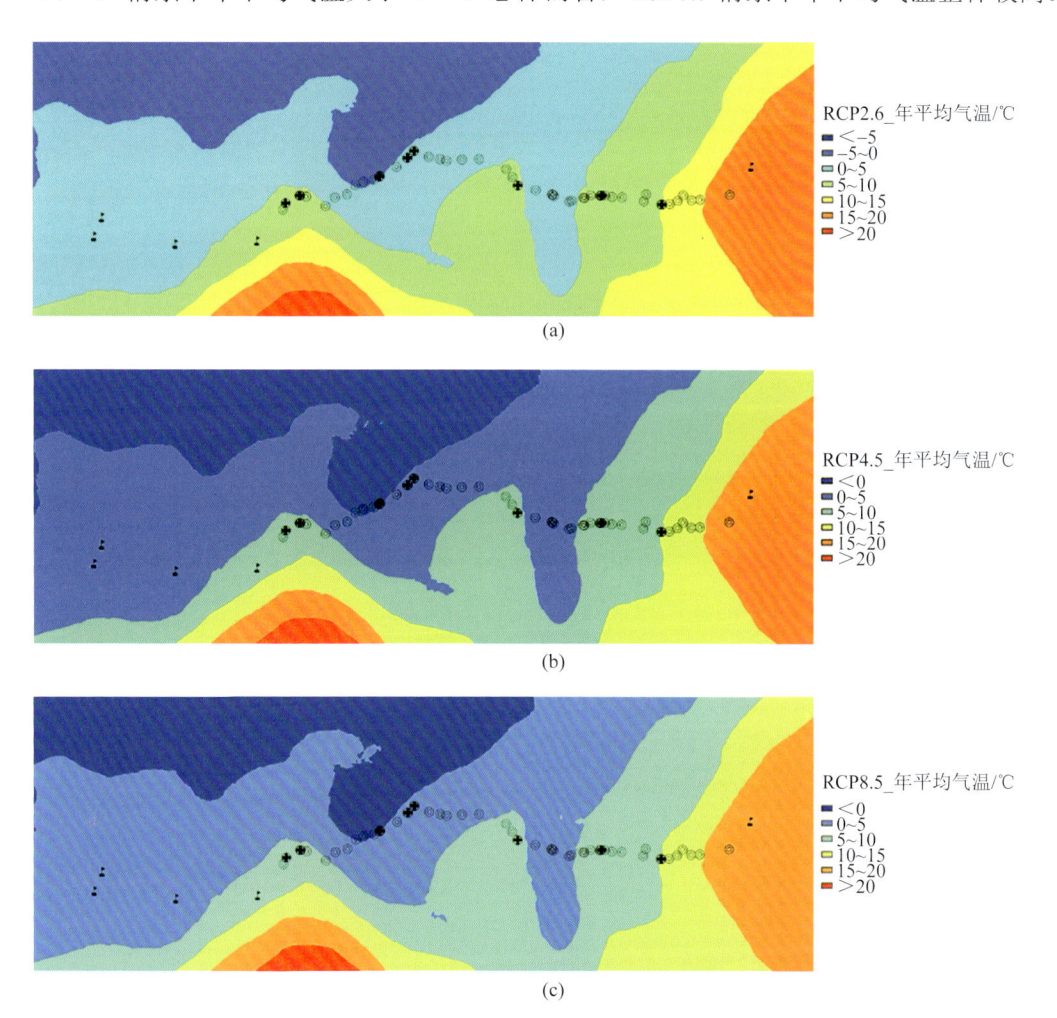

图5.30　不同气候情景下21世纪前期川藏铁路沿线及其附近范围的年平均气温的空间格局

(a)

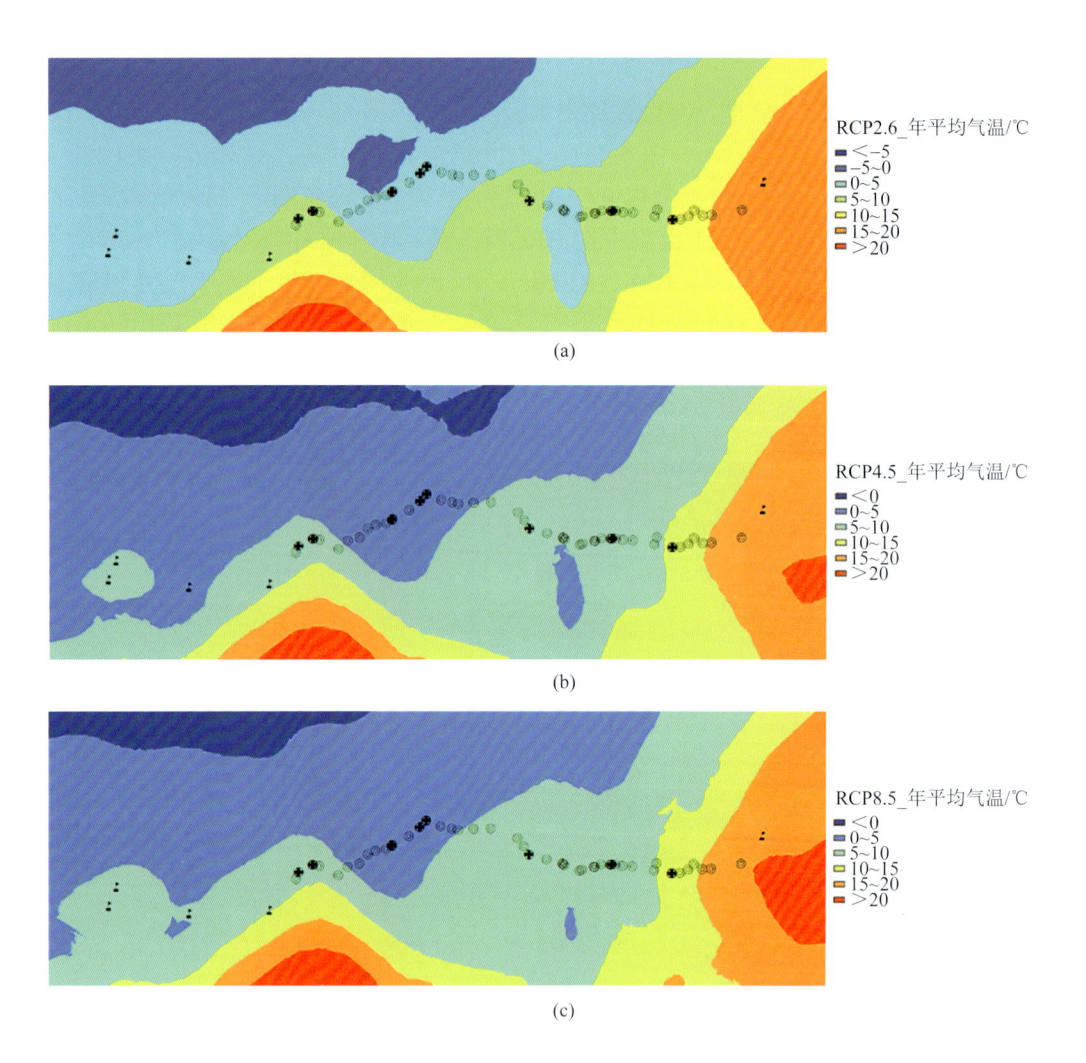

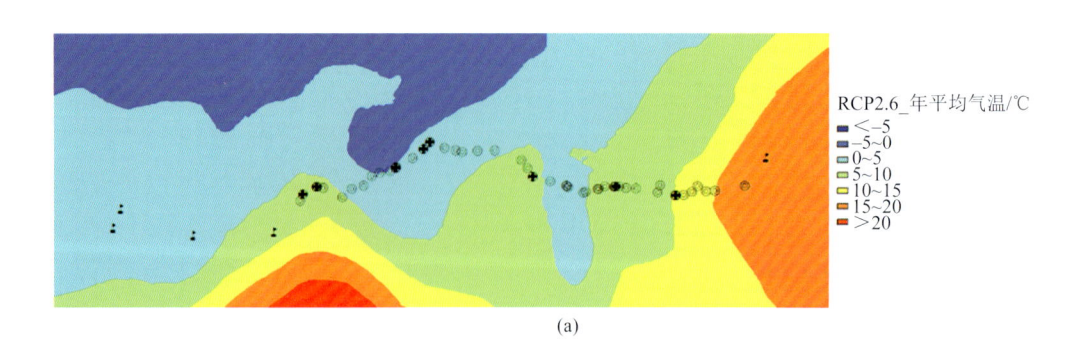

(b)

(c)

图 5.31　不同气候情景下 21 世纪中期川藏铁路沿线及其附近范围的年平均气温的空间格局

(a)

第 5 章 未来百年气象变化特征

(b)

RCP4.5_年平均气温/℃
- <0
- 0~5
- 5~10
- 10~15
- 15~20
- >20

(c)

RCP8.5_年平均气温/℃
- <0
- 0~5
- 5~10
- 10~15
- 15~20
- >20

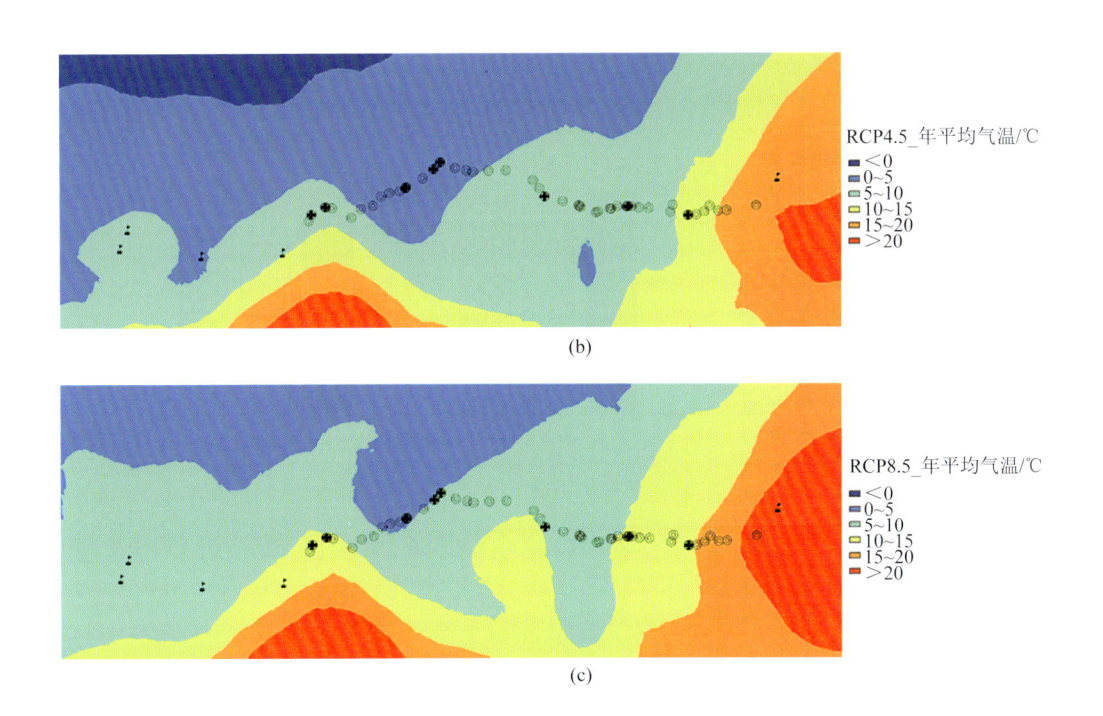

图 5.32 不同气候情景下 21 世纪后期川藏铁路沿线及其附近范围的年平均气温的空间格局

5.3.4 未来气温最大日较差时空变化特征

1. 气温最大日较差特征及其变化趋势

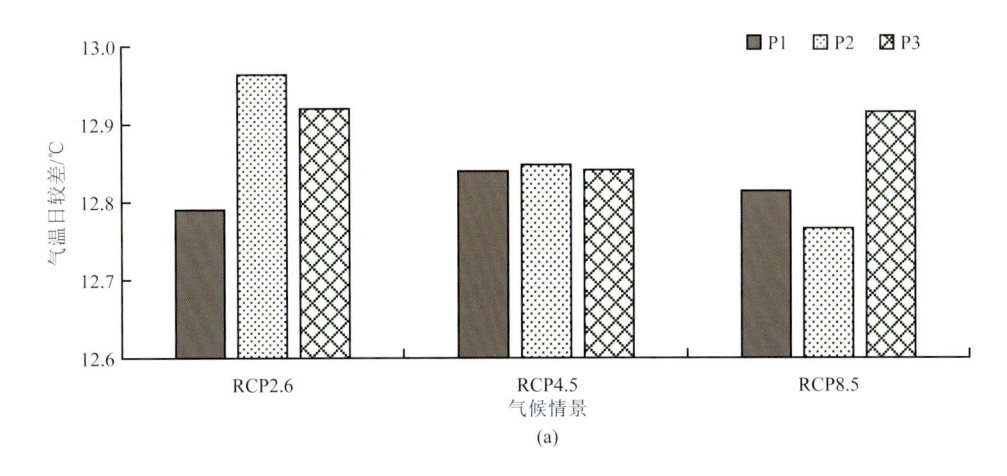

不同气候情景下，21 世纪前期、中期和后期川藏铁路沿线及其附近范围的气温日较差整体处于 12 ~ 13℃，最大值为 12.96℃，最小值为 12.76℃。气温最大日较差整体处于 21 ~ 22℃，最大值为 22.35℃，最小值为 21.35℃（图 5.33）。

(a)

213

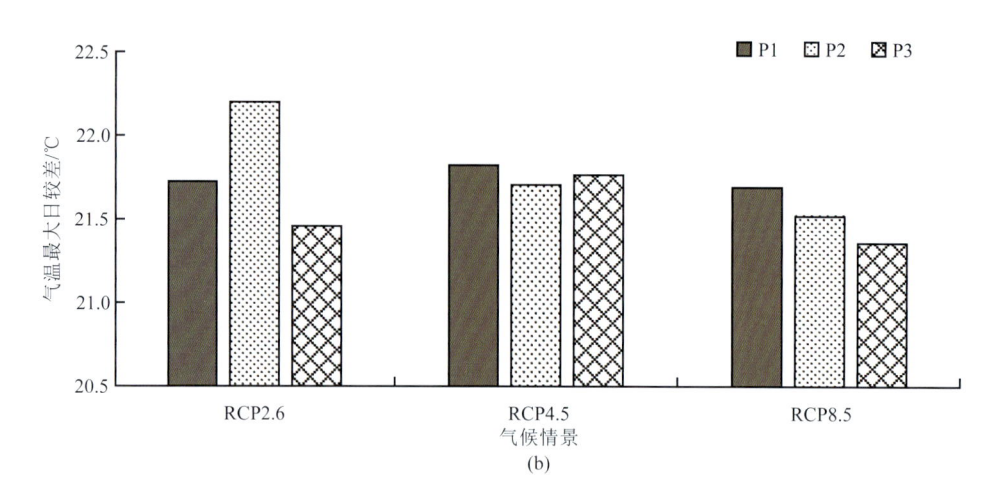

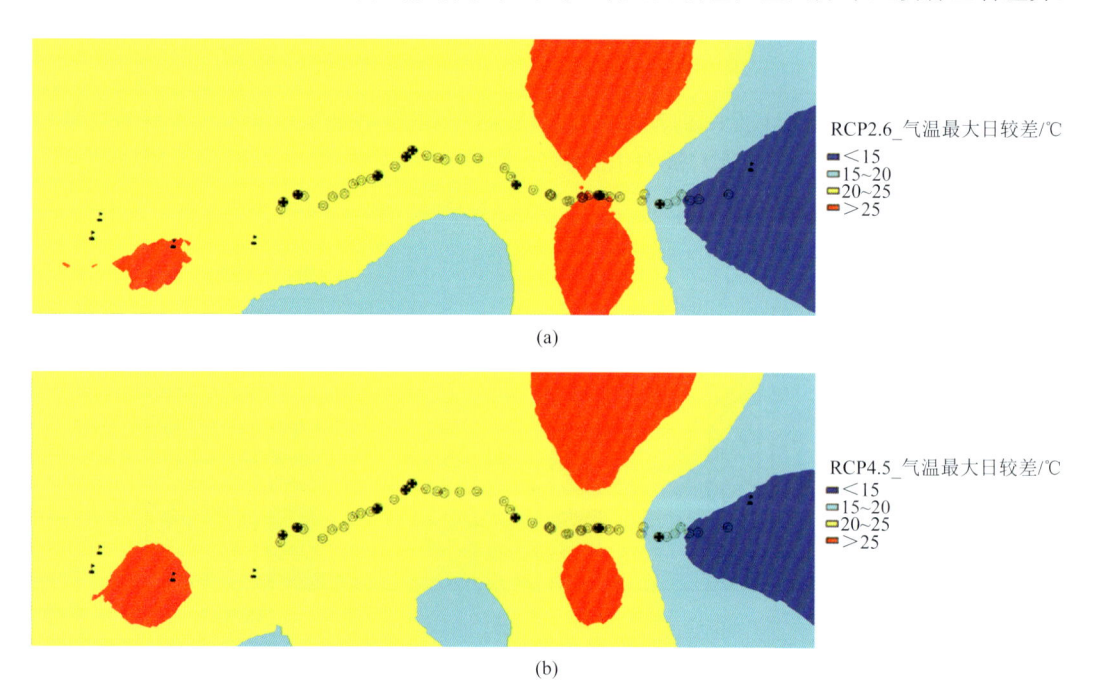

图 5.33　不同气候情景下不同时段川藏铁路沿线及其附近范围的气温日较差 (a) 和气温最大日较差 (b)

2. 气温最大日较差空间特征及其变化趋势

不同气候情景下，21 世纪前期、中期和后期川藏铁路沿线东侧和南侧气温最大日较差比较小，北侧和西侧的气温最大日较差较大（图 5.34～图 5.36）。其中，气温最大日较差主要为 20～25℃，成都站、周山隧道、尖峰顶隧道和天全隧道气温最大日较差主要小于 15℃；对门山隧道、朱岗山隧道、二郎山隧道、宝灵山隧道和大渡河特大桥气温最大日较差为 15～20℃。三种气候情景下的气温最大日较差在空间分布上没有显著差异。

第 5 章 未来百年气象变化特征

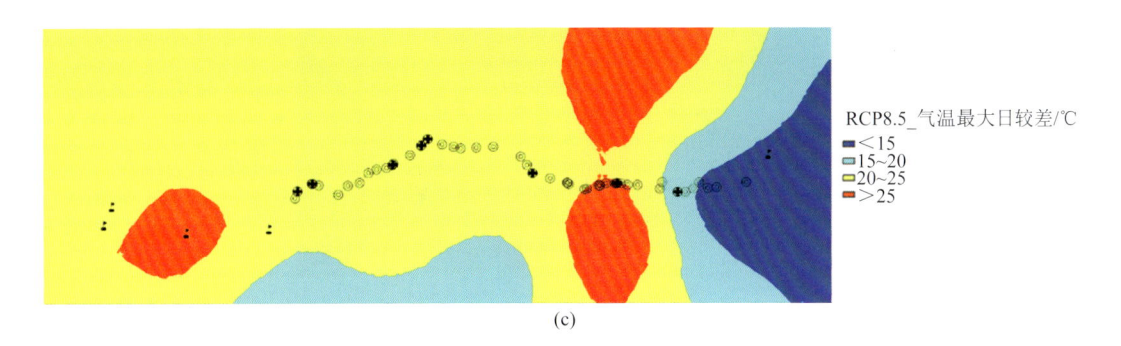

(c)

图 5.34 不同气候情景下 21 世纪前期川藏铁路沿线及其附近范围的气温最大日较差的空间格局

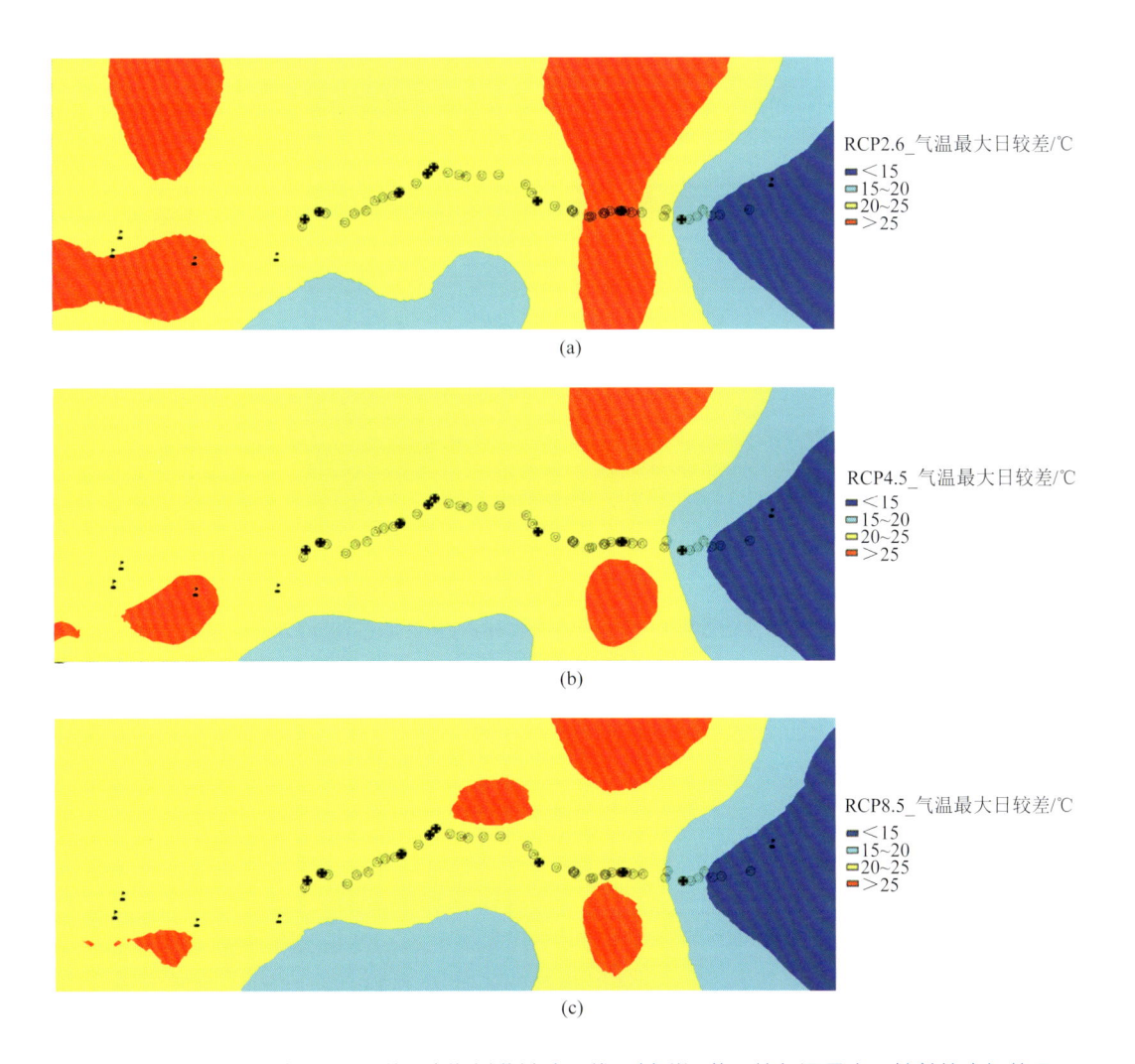

(a)

(b)

(c)

图 5.35 不同气候情景下 21 世纪中期川藏铁路沿线及其附近范围的气温最大日较差的空间格局

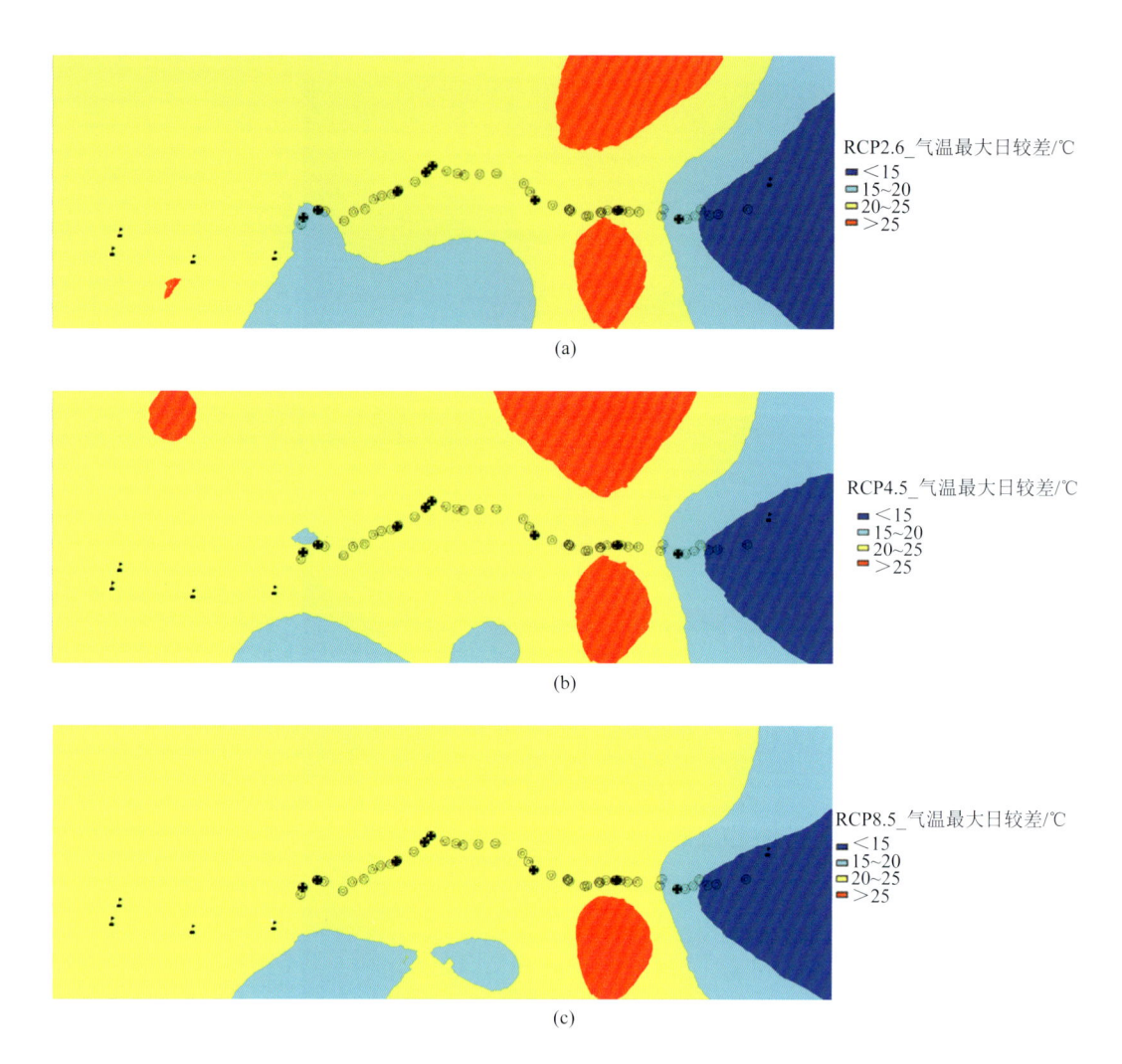

图 5.36　不同气候情景下 21 世纪后期川藏铁路沿线及其附近范围的气温最大日较差的空间格局

5.3.5　小结

在时间上，不同气候情景下，未来川藏铁路沿线及其附近范围的日最低气温和日最高气温均随时间呈增加趋势。其中，在 RCP2.6 和 RCP4.5 情景下，年平均气温呈波动上升趋势，至 21 世纪中叶增加速度明显减缓；而在 RCP8.5 情景下，年平均气温随时间呈明显上升趋势。不同气候情景下，气温日较差和气温最大日较差在时间上均无明显一致的变化规律。

在空间上，不同气候情景下，未来川藏铁路沿线及其附近范围的日最低气温、日最高气温和年平均气温的空间分布格局特征基本相似，均呈北低南高、西低东高的分布特征。其中成都站、周山隧道的日最低气温、日最高气温和年平均气温相对较高，而色曲特大桥站点附近气温相对较低。

5.4 气压

基于 CMIP5 中 5 个全球气候模式对 RCP2.6、RCP4.5 和 RCP8.5 排放路径的模拟结果，预估了不同气候情景下 21 世纪前期（2016～2035 年）、中期（2046～2065 年）和后期（2080～2099 年）川藏铁路沿线及其附近范围气压的日、年和年代际的变化特征及其空间分布格局。未来百年气压产品相关概念如表 5.5 所示。

表 5.5 气压产品相关概念

气压产品	定义
日平均气压	评估时段内日气压的平均值
年平均气压	评估时段内日平均气压的平均值
年最高气压	评估时段内日平均气压的最大值
年最低气压	评估时段内日平均气压的最小值
说明	时间动态上：指研究区域内每个气压产品所有格点的平均值随时间的变化 空间动态上：指每个气压产品在未来不同时段 [21 世纪前期（2016～2035 年）、中期（2046～2065 年）、后期（2080～2099 年）] 的平均值

5.4.1 未来日平均气压特征及其变化趋势

三种气候情景下，2016～2099 年川藏铁路沿线及其附近范围日平均气压在不同排放情景下差异较大，但均呈不同程度的增加趋势，其中，RCP8.5 情景下川藏铁路沿线及其附近范围的日平均气压上升趋势较明显。除 RCP8.5 情景外，不同情景下不同时段，日平均气压波动较小，主要分布在 660 hPa 左右（图 5.37）。

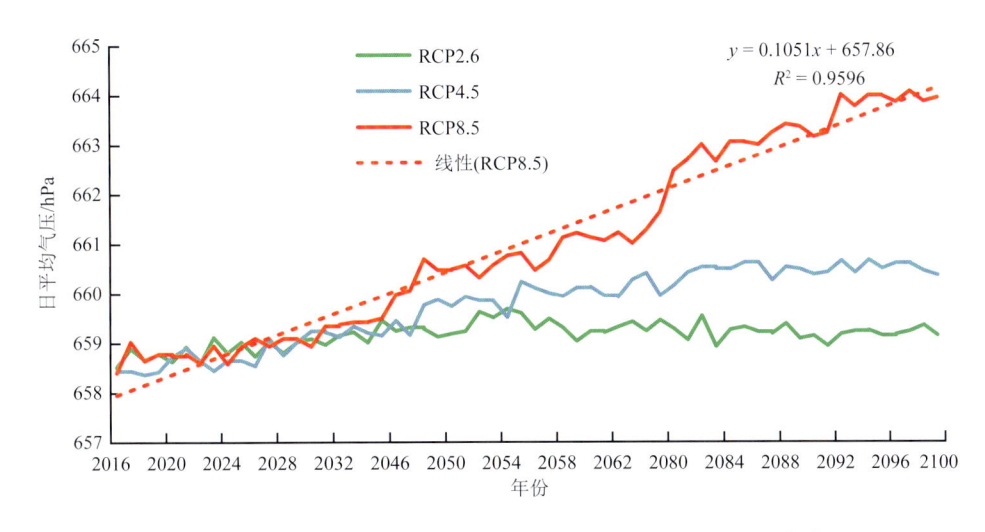

图 5.37 不同气候情景下川藏铁路沿线及其附近范围的日平均气压

5.4.2 未来年平均气压时空变化特征

1. 年平均气压时间特征及其变化趋势

川藏铁路沿线及其附近范围的年平均气压随时间呈增加趋势。其中RCP8.5情景下，年平均气压随时间变化得更明显，2080～2099年增加最显著（图5.38）。

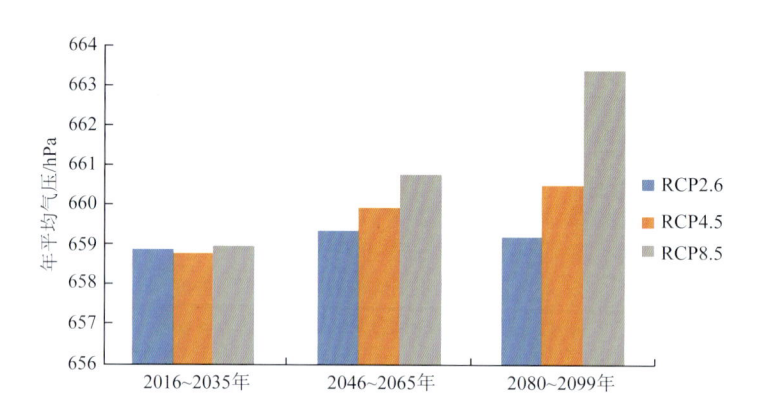

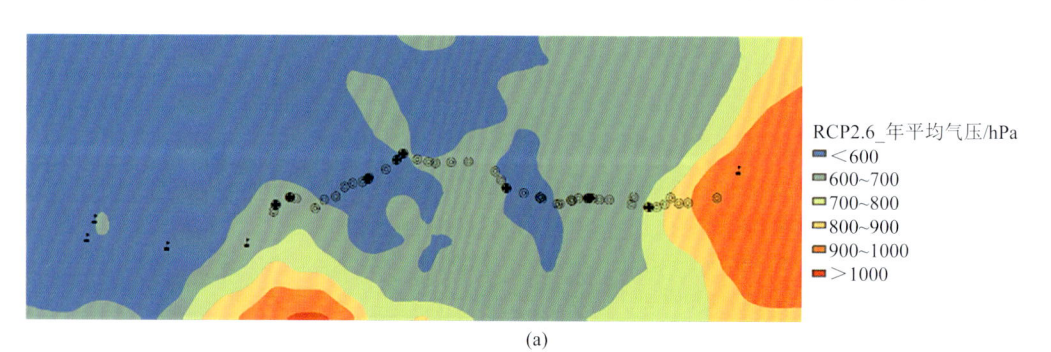

图 5.38　不同气候情景下不同时段川藏铁路沿线及其附近范围的年平均气压

2. 年平均气压空间特征及其变化趋势

RCP2.6、RCP4.5、RCP8.5情景下，未来川藏铁路沿线及其附近范围的年平均气压呈西北低、东南高的空间格局（图5.39～图5.41）。21世纪前期和中期，年平均气压为1000 hPa及以上的区域基本没有。川藏铁路沿线东部属于气压相对较高的区域，900～1000 hPa的区域主要分布在川藏铁路沿线的东部地区，该区域关键站点有成都站和周山隧道。年平均气压为800～900 hPa的关键站点有尖峰顶隧道、天全隧道和对门山隧道。年平均气压为700～800 hPa的关键站点有朱岗山隧道、二郎山隧道、宝灵山隧道和大渡河特大桥。其余铁路沿线年平均气压分布在700 hPa以下。年平均气压为500～550 hPa的区域较少，且主要分布在川藏铁路沿线的北侧。但是，21世纪中期，三种排放情景微小的差异是，年平均气压低值区分布范围有微小的变化，RCP2.6情景下的年平均气压低值区范围较RCP4.5大，RCP8.5低值区分布范围最小（图5.40）。

(a)

第 5 章 未来百年气象变化特征

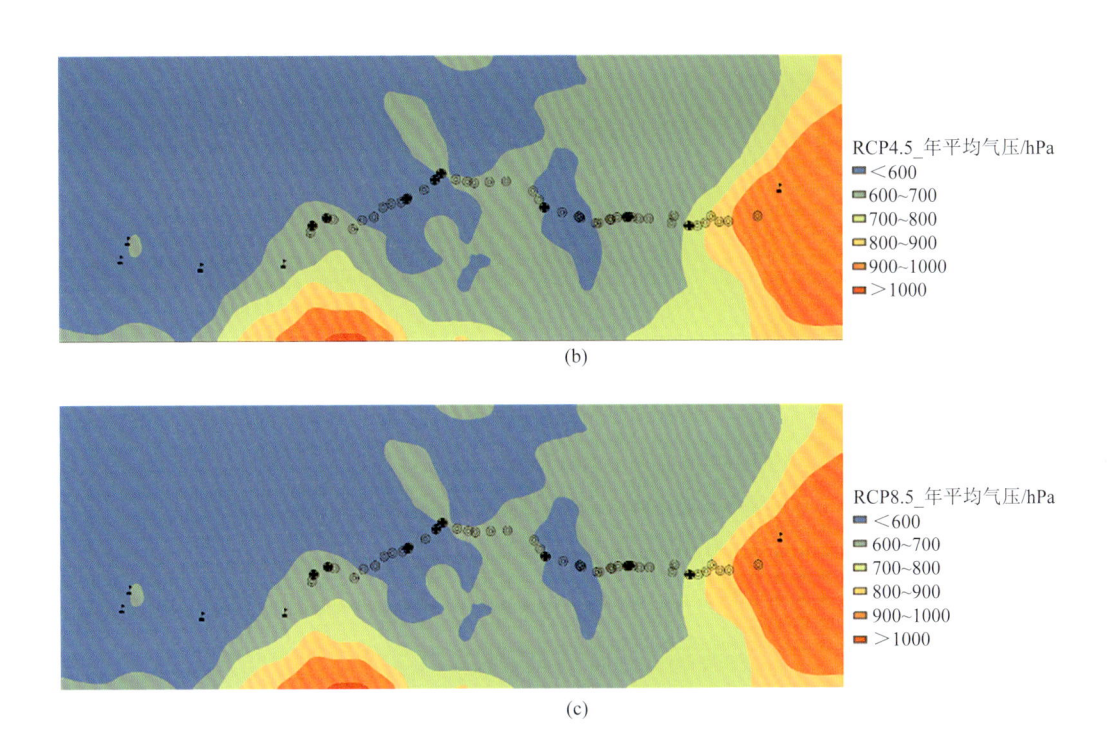

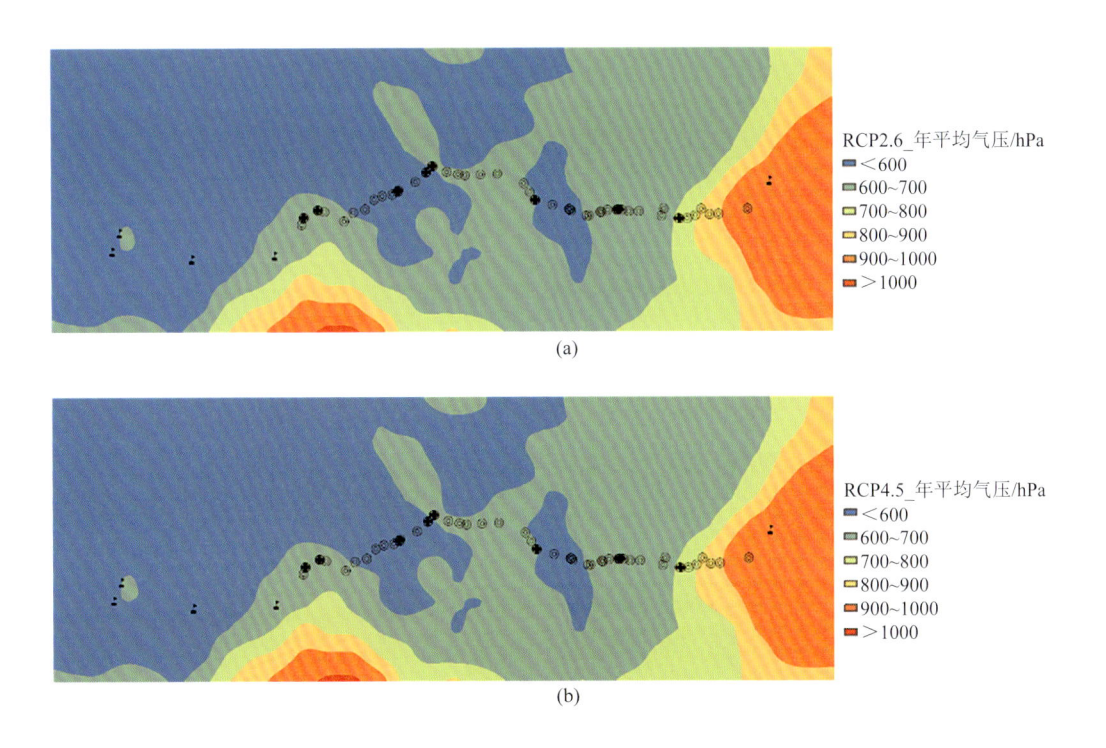

图 5.39 不同气候情景下 21 世纪前期川藏铁路沿线及其附近范围的年平均气压的空间格局

(c)

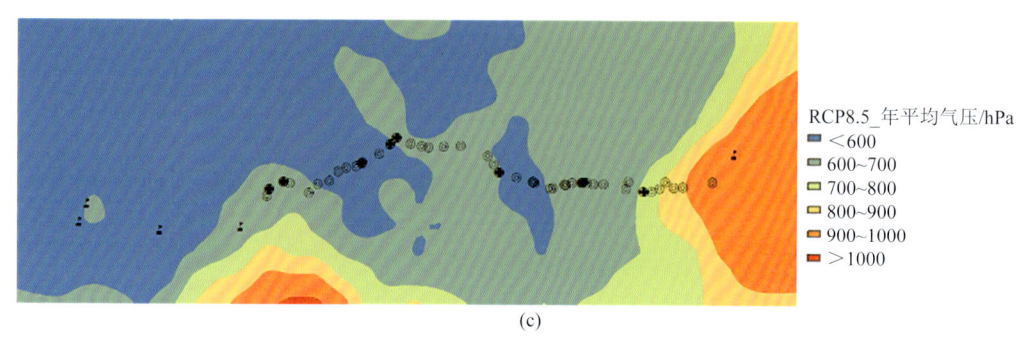

图 5.40　不同气候情景下 21 世纪中期川藏铁路沿线及其附近范围的年平均气压的空间格局

21 世纪后期，川藏铁路沿线附近以 700 hPa 以下气压为主。三种排放情景下，年平均气压低值区分布范围有减小的趋势。RCP2.6 情景到 RCP8.5 情景，拉萨站气压由 600~700 hPa 上升到 700~800 hPa（图 5.41）。

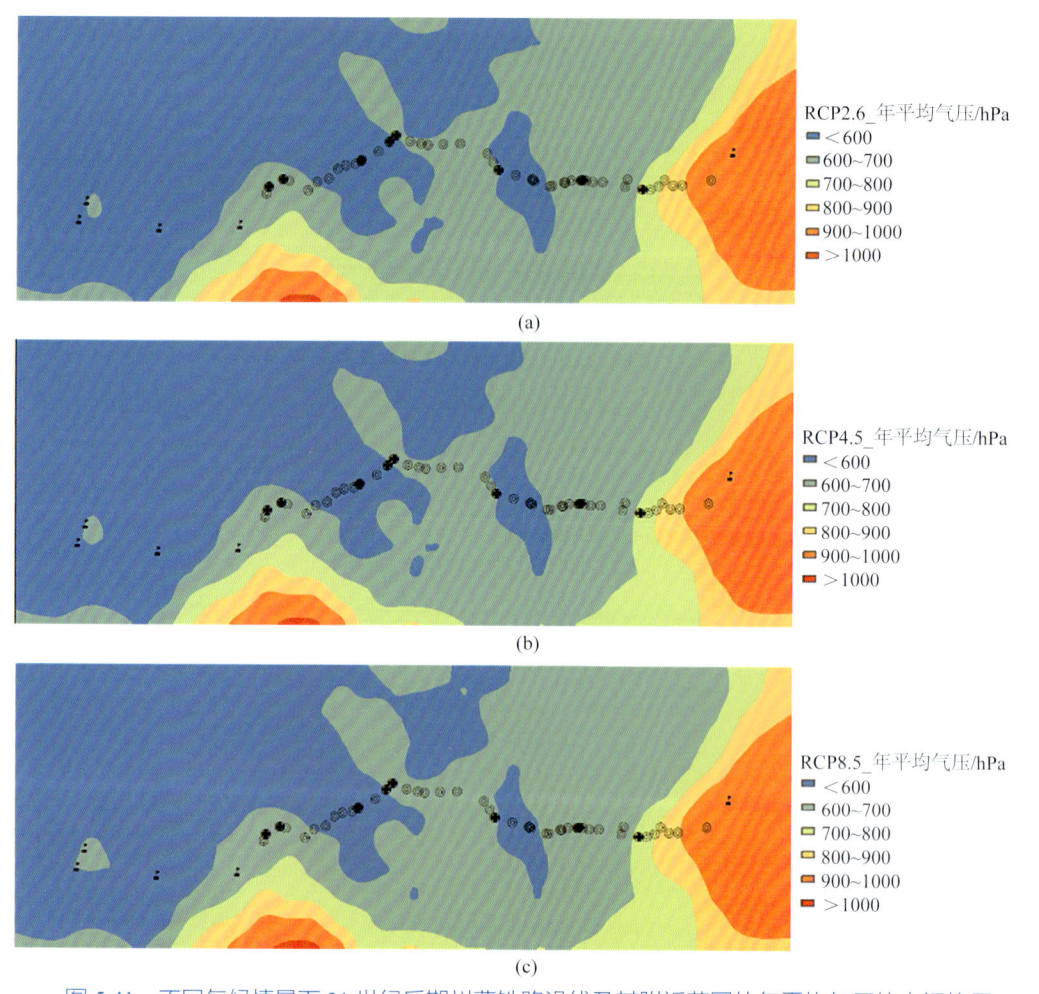

(a)

(b)

(c)

图 5.41　不同气候情景下 21 世纪后期川藏铁路沿线及其附近范围的年平均气压的空间格局

5.4.3 未来年最低气压时空变化特征

1. 年最低气压时间特征及其变化趋势

不同气候情景下,川藏铁路沿线及其附近范围年最低气压随时间呈增加趋势,其中 RCP8.5 情景下随时间呈明显增加趋势,尤其是 2080~2099 年(图 5.42)。

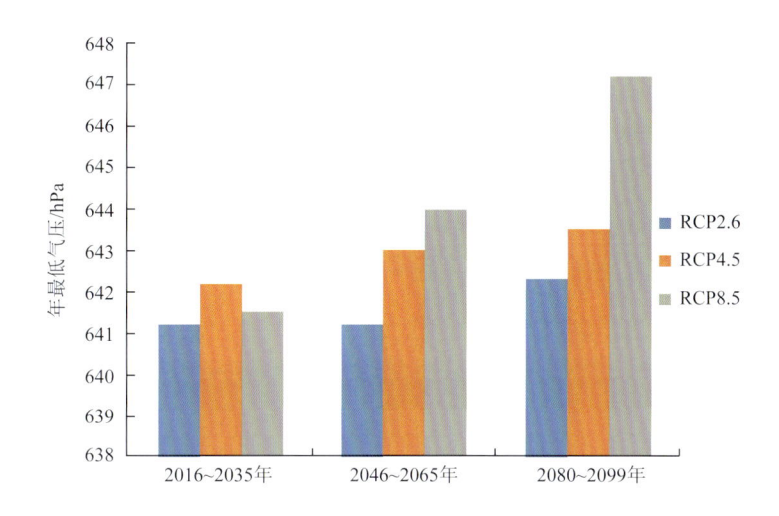

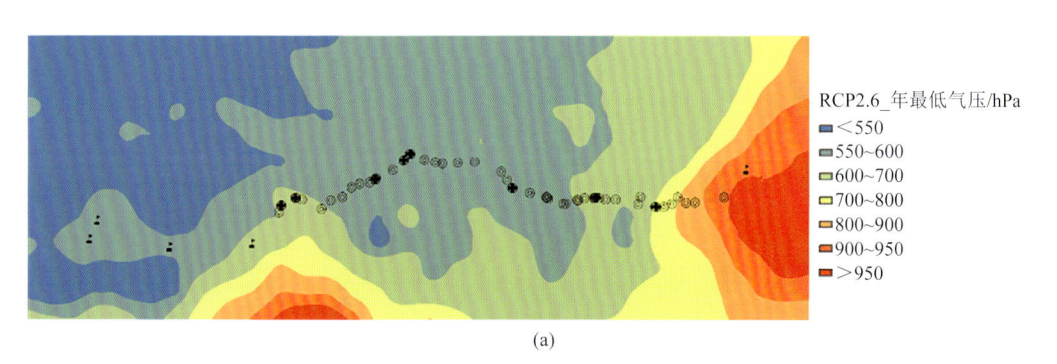

图 5.42　不同气候情景下不同时段川藏铁路沿线及其附近范围的年最低气压

2. 年最低气压空间特征及其变化趋势

不同气候情景下,21 世纪前期、中期和后期年最低气压呈东高西低的空间格局(图 5.43~图 5.45)。年最低气压的最小值为 500 hPa 左右,最大值为 980 hPa 左右。21 世纪前期,年最低气压为 550 hPa 的区域主要分布在铁路沿线的西北部,年最低气压最大值主要分布在铁路沿线的东部,其中成都站、周山隧道为 900~950 hPa。尖峰顶隧道、天全隧道为 800~900 hPa,其余隧道和桥位多数分布在 550~600 hPa。拉萨、贡嘎和加查站点气压高于周边区域。

(a)

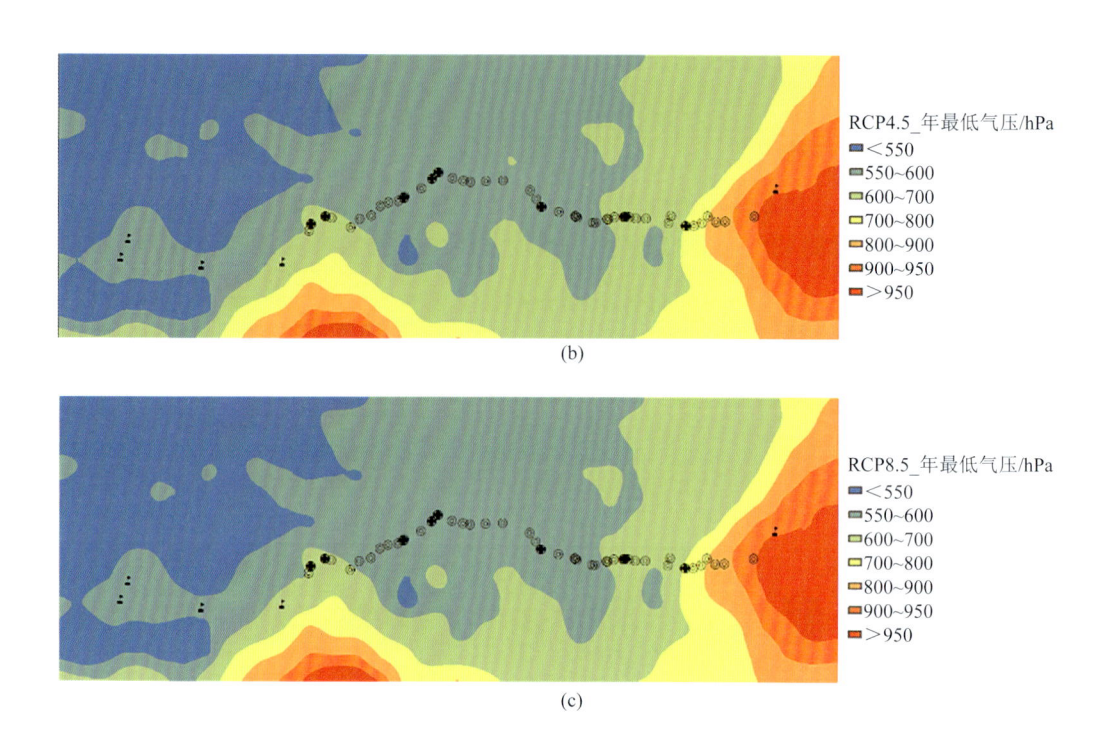

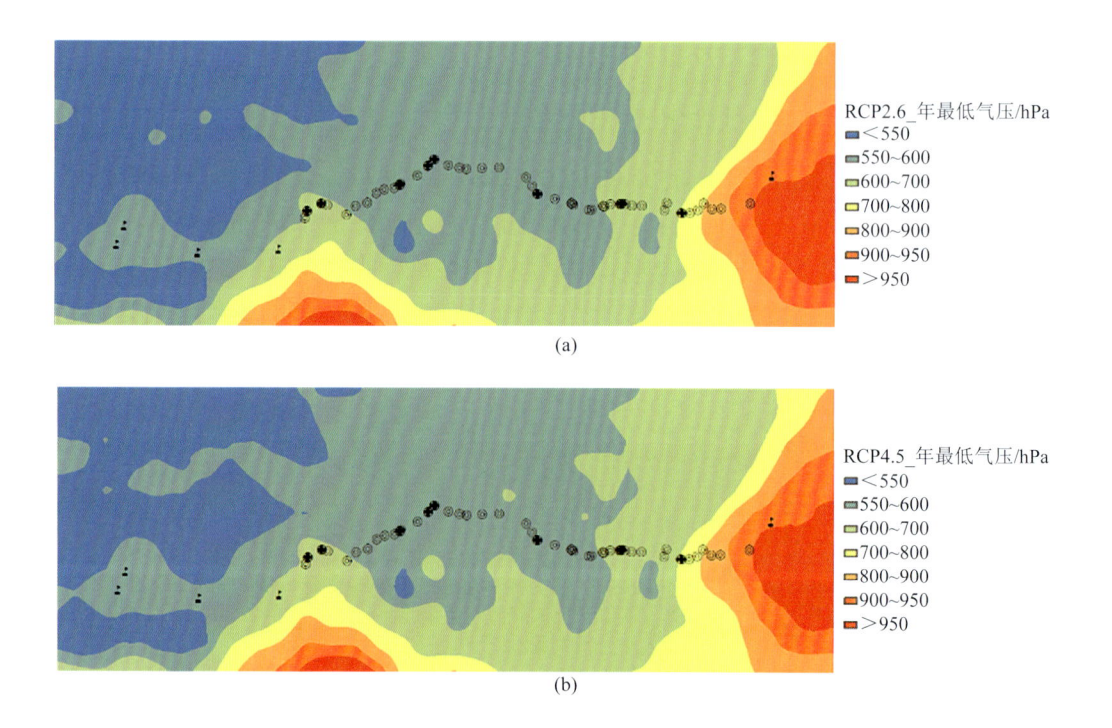

图 5.43 不同气候情景下 21 世纪前期川藏铁路沿线及其附近范围的年最低气压的空间格局

第 5 章 未来百年气象变化特征

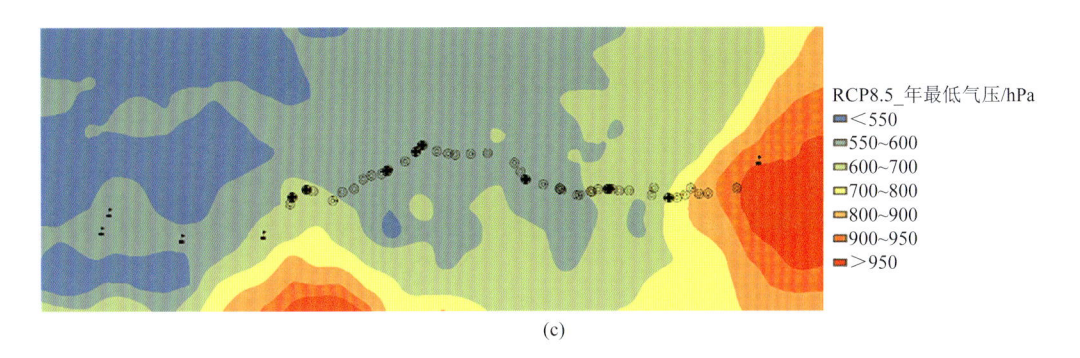

(c)

图 5.44 不同气候情景下 21 世纪中期川藏铁路沿线及其附近范围的年最低气压的空间格局

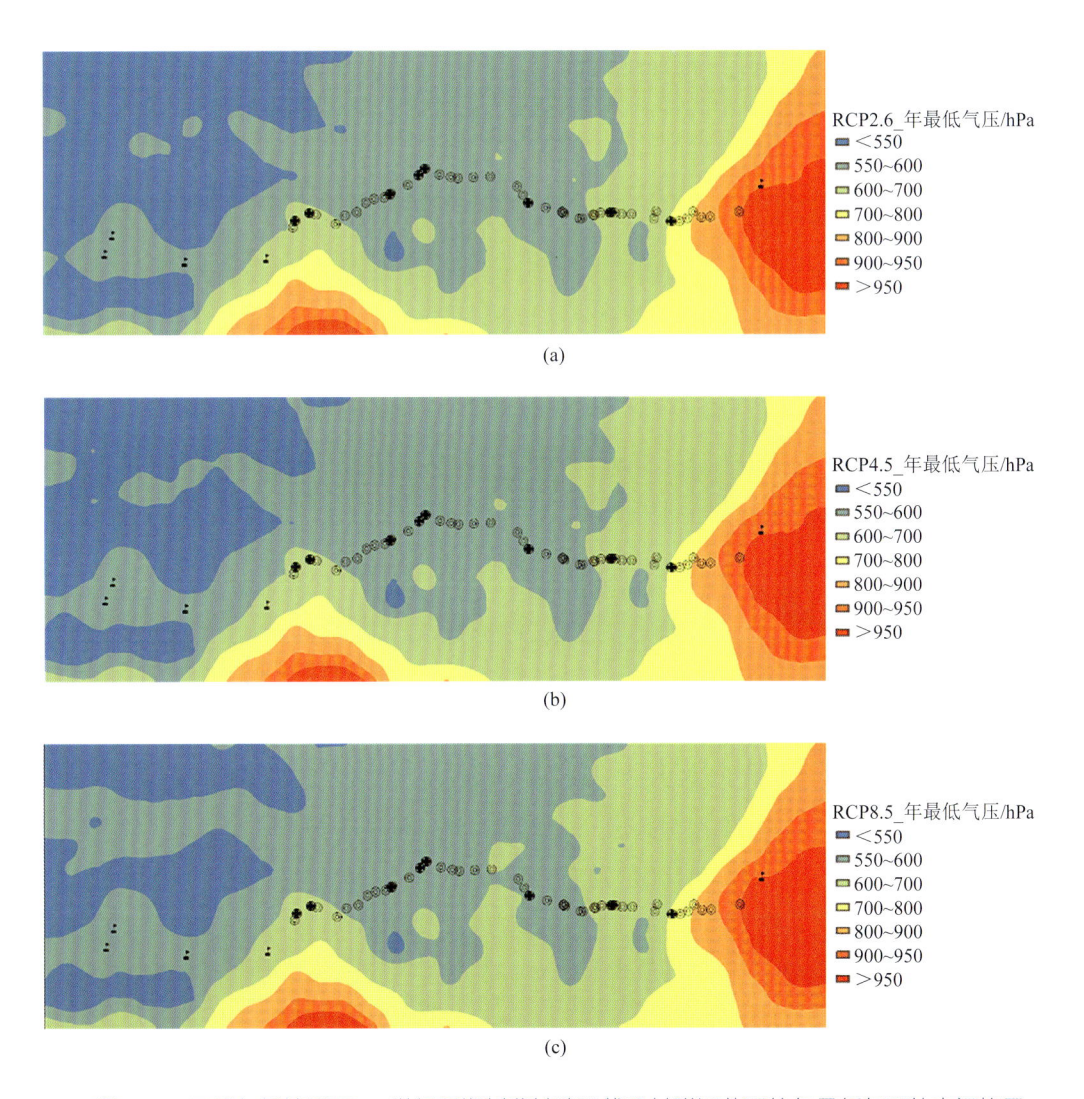

(a)

(b)

(c)

图 5.45 不同气候情景下 21 世纪后期川藏铁路沿线及其附近范围的年最低气压的空间格局

21世纪中期，不同气候情景下年最低气压有微小的差异，RCP2.6情景下年最低气压最小值分布范围大于RCP4.5情景，RCP8.5情景下年最低气压最小值空间分布范围最小（图5.44）。

21世纪后期，川藏铁路沿线附近以700 hPa以下气压为主。RCP2.6和RCP4.5情景下，东部的成都站、周山隧道附近年最低气压分布在900~950 hPa，RCP8.5情景下成都站年最低气压超过950 hPa。尖峰顶隧道和天全隧道年最低气压分布范围为800~900 hPa（图5.45）。

5.4.4 未来年最高气压时空变化特征

1. 年最高气压时间特征及其变化趋势

不同气候情景下，未来川藏铁路沿线及其附近范围的年最高气压随时间呈增加趋势（图5.46）。其中RCP8.5情景下，年最高气压随时间变化呈明显增加趋势，且在2080~2099年增加显著。

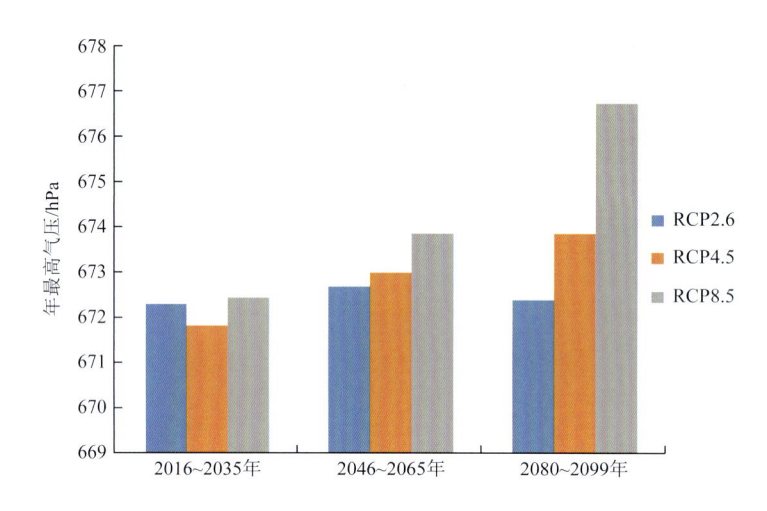

图5.46 不同气候情景下不同时段川藏铁路沿线及其附近范围的年最高气压

2. 年最高气压空间特征及其变化趋势

年最高气压空间分布可以表征整个研究时间内出现的最高气压的空间分布。不同气候情景下，21世纪前期、中期和后期川藏铁路沿线及其附近范围的年最高气压呈西低东高的空间格局（图5.47~图5.49）。21世纪前期，年最高气压的最小值为528 hPa左右，最大值为1036 hPa左右。气压为550 hPa的区域较少，主要分布在川藏铁路沿线的西部，年最高气压最大值主要分布在铁路沿线的东部。其中21世纪前期、中期和后期，成都站、周山隧道和尖峰顶隧道年最高气压范围为900~1000 hPa，天全隧道、对门山隧道和朱岗山隧道年最高气压最大值范围为800~900 hPa，其余隧道和桥位多数分布在600~700 hPa（图5.48和图5.49）。

第 5 章 未来百年气象变化特征

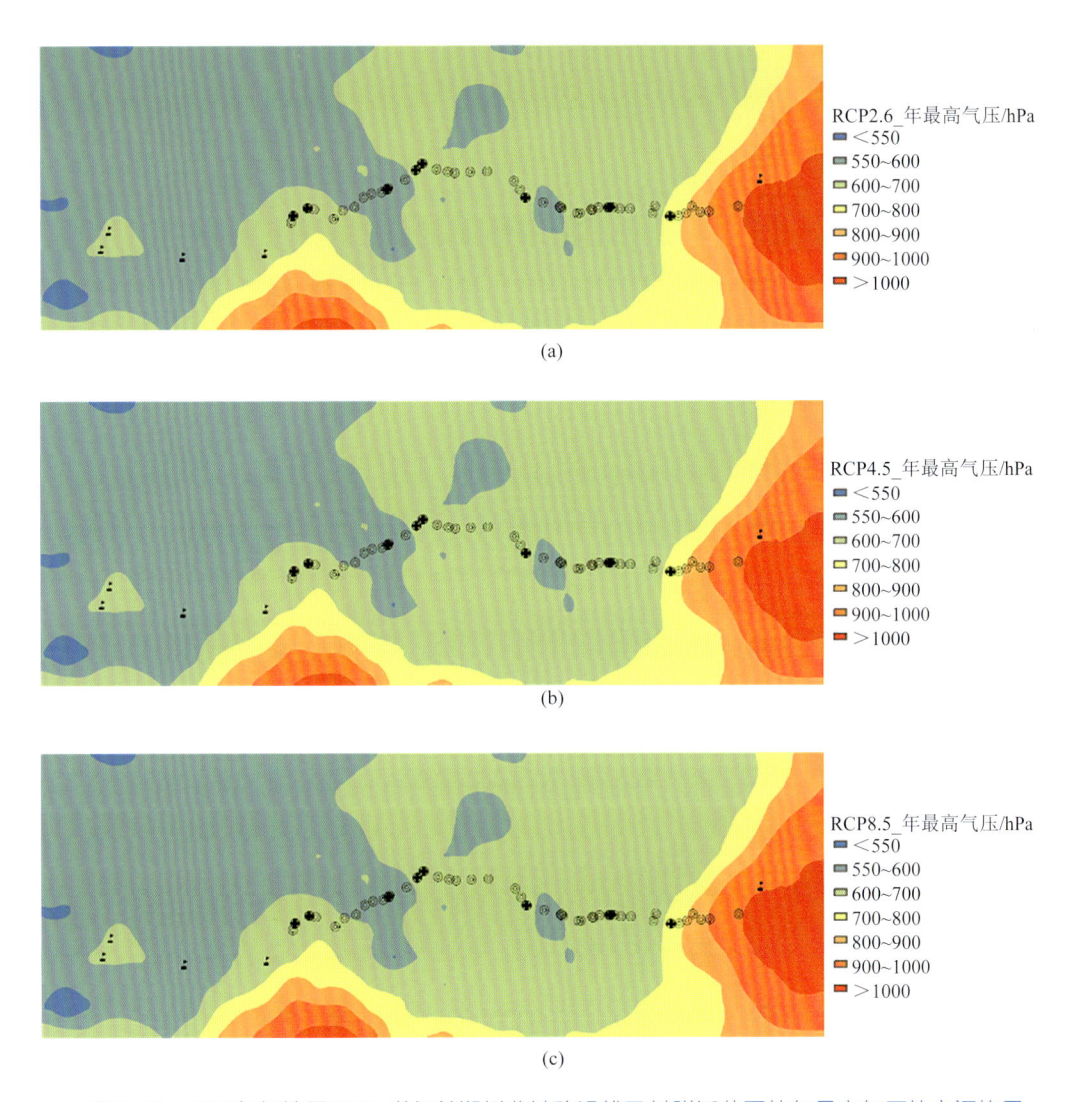

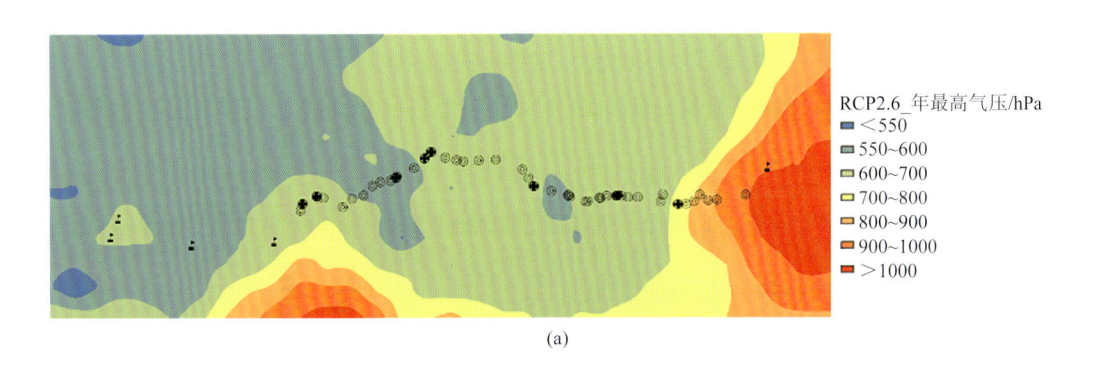

(a)

(b)

(c)

图 5.47 不同气候情景下 21 世纪前期川藏铁路沿线及其附近范围的年最高气压的空间格局

(a)

225

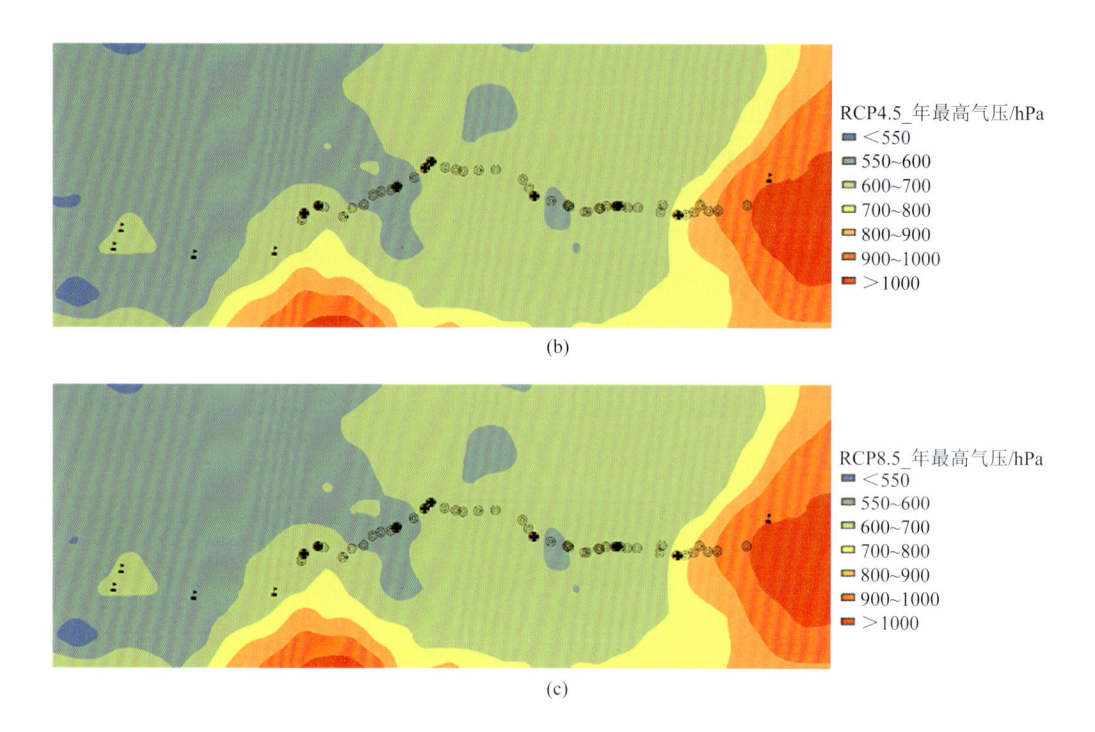

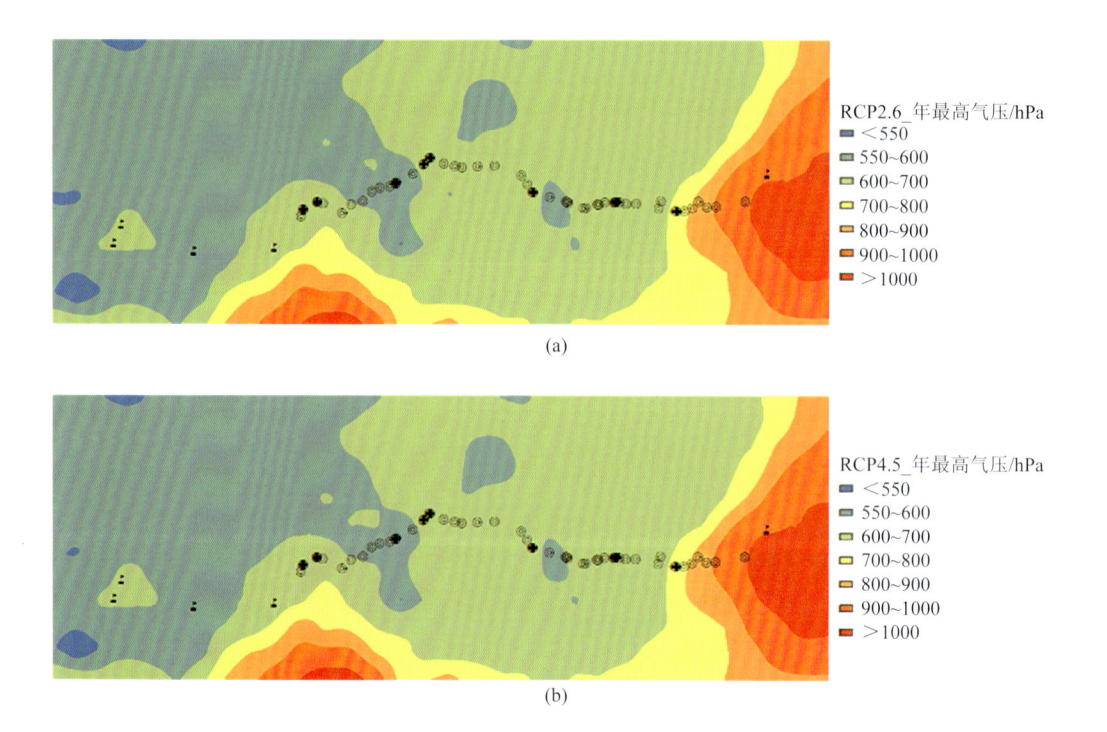

图 5.48 不同气候情景下 21 世纪中期川藏铁路沿线及其附近范围的年最高气压的空间格局

第 5 章　未来百年气象变化特征

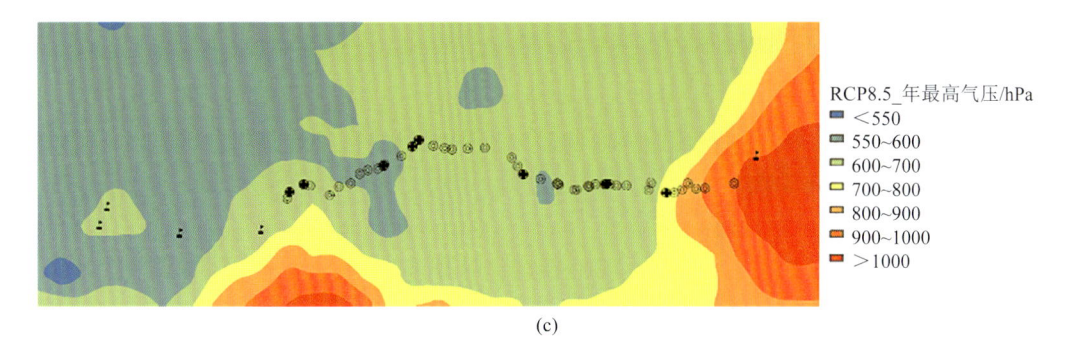

图 5.49　不同气候情景下 21 世纪后期川藏铁路沿线及其附近范围的年最高气压的空间格局

5.4.5　小结

不同气候情景下川藏铁路沿线及其附近范围的气压变化差异较小。在 RCP8.5 情景下，日平均气压随时间呈显著上升趋势；而在 RCP2.6 和 RCP4.5 情景下，日平均气压随时间呈上升趋势，但上升幅度较小。在空间上，川藏铁路沿线及其附近范围的气压各产品均呈西北低、东南高的分布格局。

5.5　辐射

太阳短波辐射对铁路工程设计和建设具有指导意义。为了解铁路路基接收到的太阳辐射特征，在此主要基于 CMIP5 中 5 个全球气候模式对 RCP2.6、RCP4.5 和 RCP8.5 排放路径的模拟结果，预估了不同气候情景下 21 世纪前期（2016 ～ 2035 年）、中期（2046 ～ 2065 年）和后期（2080 ～ 2099 年）川藏铁路沿线及其附近范围辐射的日、年和年代际的变化特征及其空间分布格局。未来百年辐射产品相关概念如表 5.6 所示。

表 5.6　辐射产品相关概念

辐射产品	定义
日平均辐射	评估时段内日辐射的平均值
日最大辐射	评估时段内日辐射的最大值
年平均辐射	评估时段内年总辐射的平均值
年最大辐射	评估时段内年总辐射的最大值
年最小辐射	评估时段内年总辐射的最小值
说明	时间动态上：指研究区域内每个辐射产品所有格点的平均值随时间的变化 空间动态上：指每个辐射产品在未来不同时段 [21 世纪前期（2016 ～ 2035 年）、中期（2046 ～ 2065 年）、后期（2080 ～ 2099 年）] 的平均值

5.5.1 未来日平均辐射时空变化特征

1. 日平均辐射时间特征及其变化趋势

三种气候情景下，2016～2099 年川藏铁路沿线及其附近范围的日平均辐射呈上升趋势，其中 RCP2.6 情景下上升趋势较明显。不同时段的日平均辐射波动较大，主要区间为 170～180 W/m^2（图 5.50）。

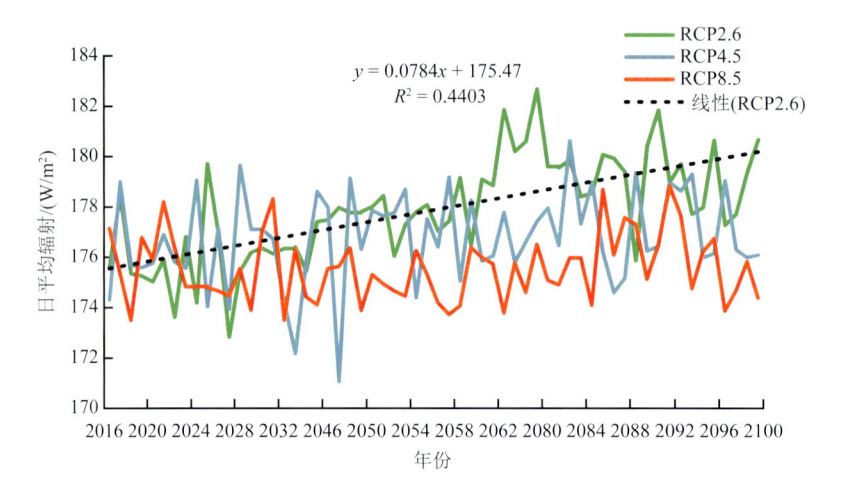

图 5.50　不同气候情景下未来川藏铁路沿线及其附近范围的日平均辐射

2. 日平均辐射空间特征及其变化趋势

不同气候情景下，21 世纪前期、中期和后期川藏铁路沿线及其附近范围的日平均辐射呈现出西北高、东南低的空间格局（图 5.51～图 5.53）。其中，在 21 世纪前期，川藏铁路沿线及其附近范围的日平均辐射空间分布以 150～210 W/m^2 为主。果拉山隧道西侧铁路沿线辐射相对较低，为 150～180 W/m^2，果拉山隧道东侧铁路沿线辐射相对较高，为 180～210 W/m^2。川藏铁路沿线中间路段日平均辐射大小为 180～210 W/m^2，主要是因为这个区域海拔高，太阳辐射强。RCP4.5 和 RCP8.5 情景下太阳辐射空间变化特征基本与 RCP2.6 变化特征一致，其中 RCP4.5 情景下对门山隧道和朱岗山隧道辐射从 180～210 W/m^2 降到 RCP2.6 和 RCP8.5 情景下的 150～180 W/m^2。

(a)

第 5 章 未来百年气象变化特征

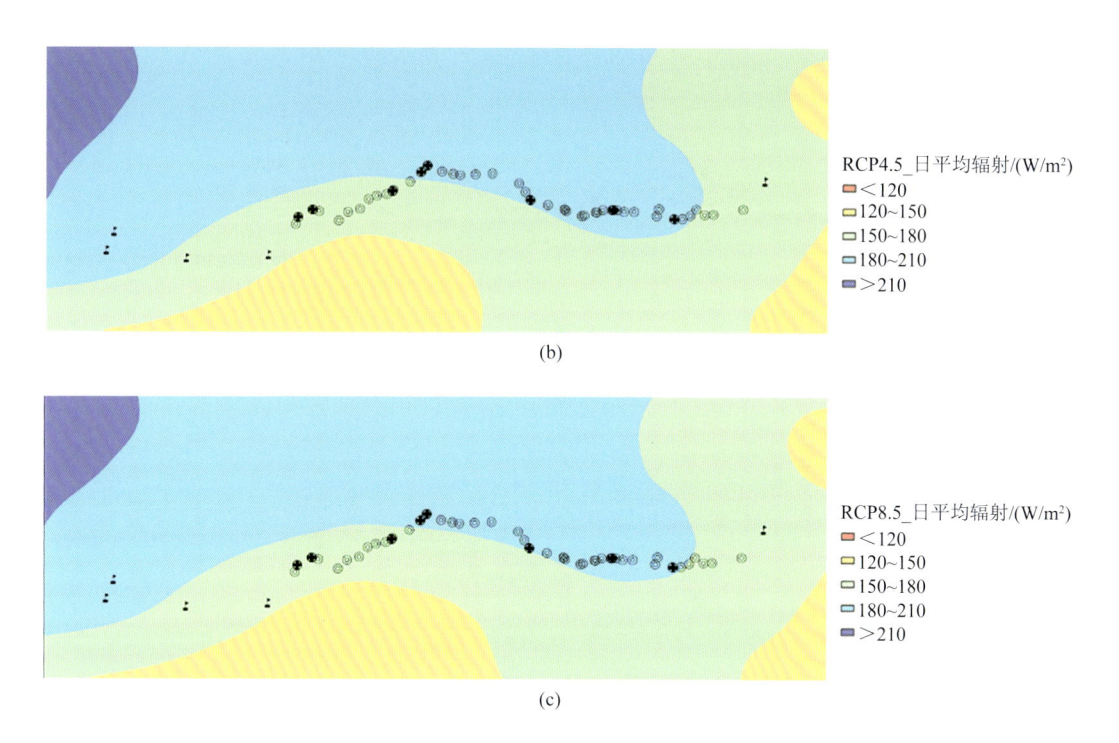

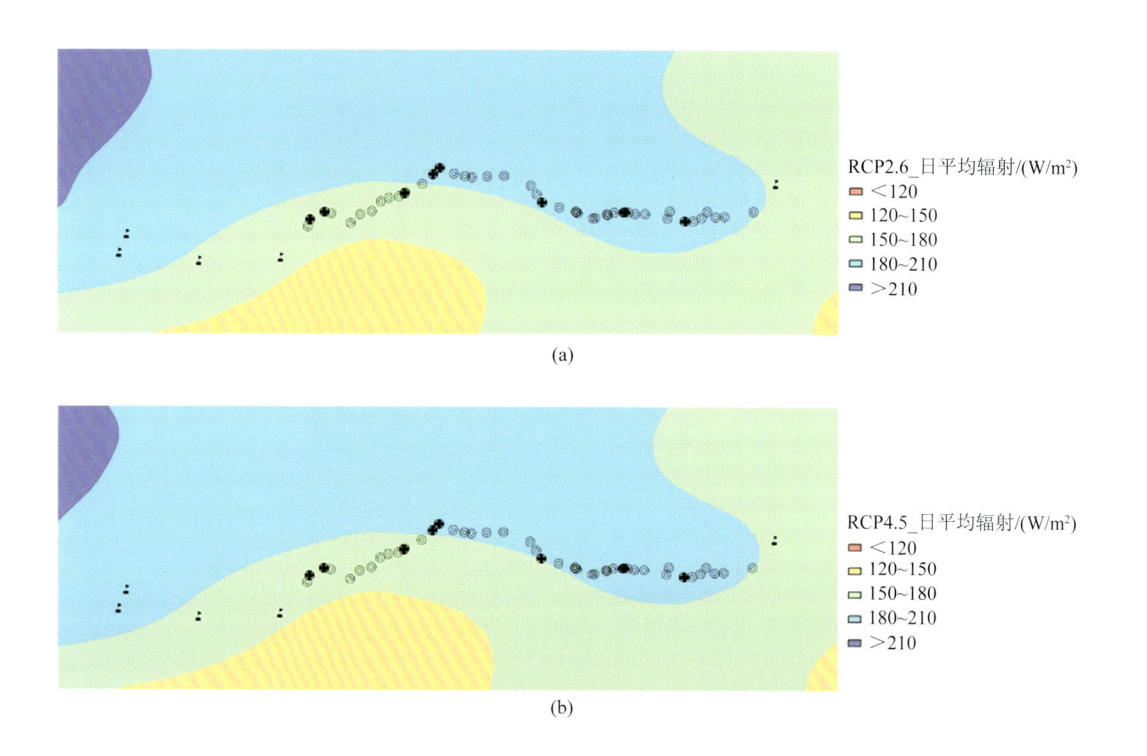

(b)

RCP4.5_日平均辐射/(W/m²)
- <120
- 120~150
- 150~180
- 180~210
- >210

(c)

RCP8.5_日平均辐射/(W/m²)
- <120
- 120~150
- 150~180
- 180~210
- >210

图 5.51 不同气候情景下 21 世纪前期川藏铁路沿线及其附近范围的日平均辐射的空间格局

(a)

RCP2.6_日平均辐射/(W/m²)
- <120
- 120~150
- 150~180
- 180~210
- >210

(b)

RCP4.5_日平均辐射/(W/m²)
- <120
- 120~150
- 150~180
- 180~210
- >210

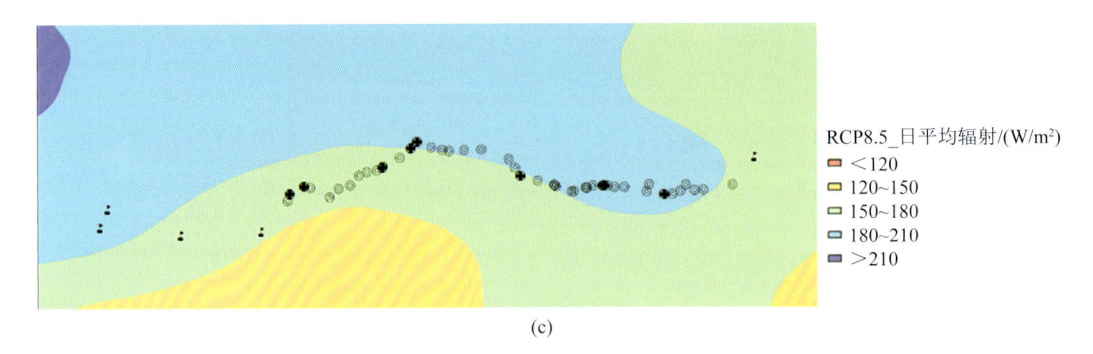

图 5.52 不同气候情景下 21 世纪中期川藏铁路沿线及其附近范围的日平均辐射的空间格局

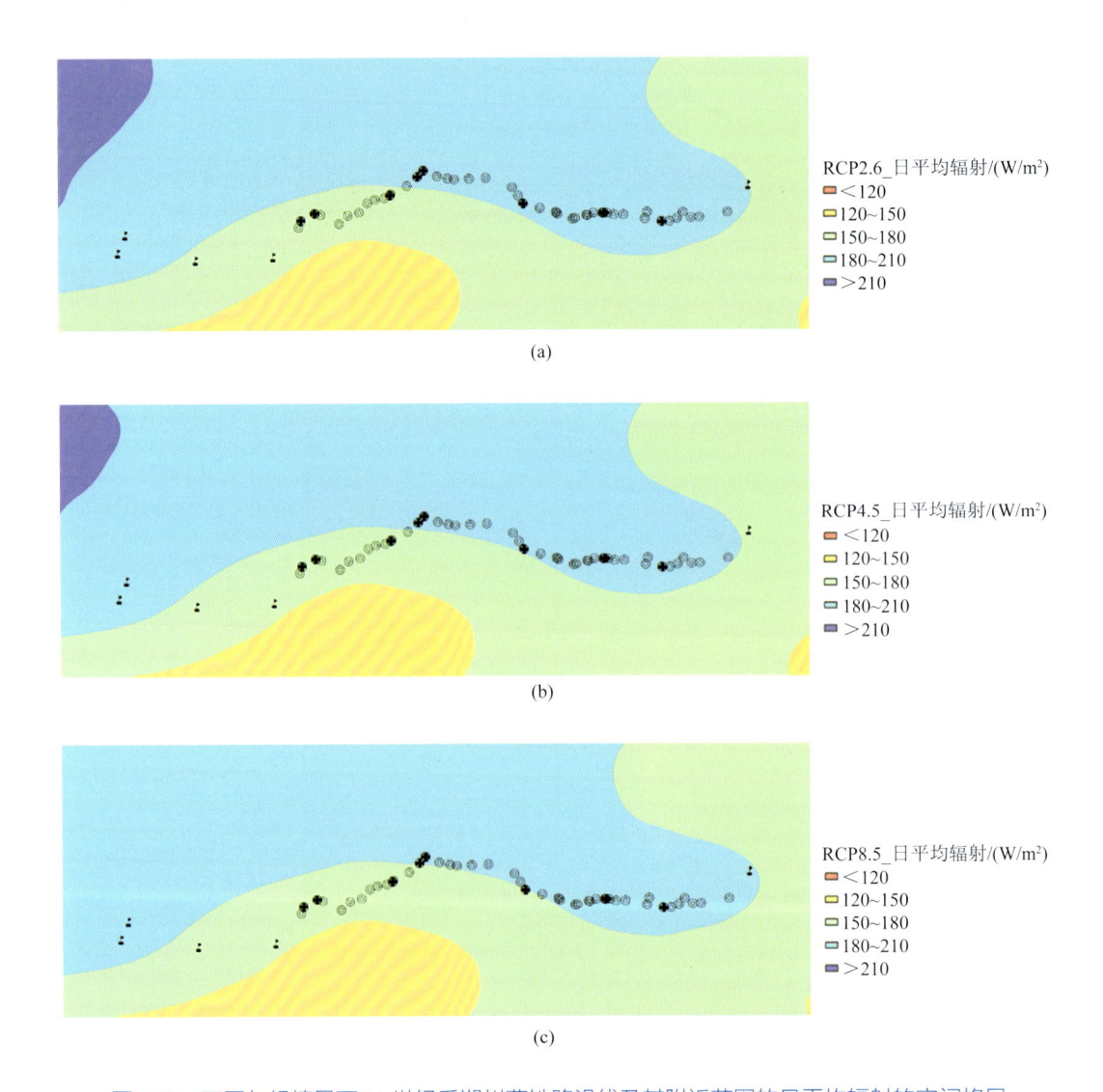

图 5.53 不同气候情景下 21 世纪后期川藏铁路沿线及其附近范围的日平均辐射的空间格局

21 世纪中期和后期，川藏铁路沿线及其附近范围的日平均辐射空间分布基本一致，以 180～210 W/m² 为主，其次为 150～180 W/m²，以果拉山隧道为分界点。三种排放情景下，RCP2.6 情景日平均辐射大于 RCP4.5 情景日平均辐射，RCP8.5 情景模拟的日平均辐射最小。果拉山隧道和尖峰顶隧道日平均辐射在 RCP2.6 情景下最大，为 180～210 W/m²。

5.5.2 未来日最大辐射时空变化特征

1. 日最大辐射时间特征及其变化趋势

三种气候情景下，2016～2099 年川藏铁路沿线及其附近范围的日最大辐射总体呈上升趋势，其中 RCP4.5 和 RCP8.5 情景下上升趋势较明显。同时，RCP8.5 情景下，21 世纪前期、中期和后期的日最大辐射变化最小（图 5.54）。

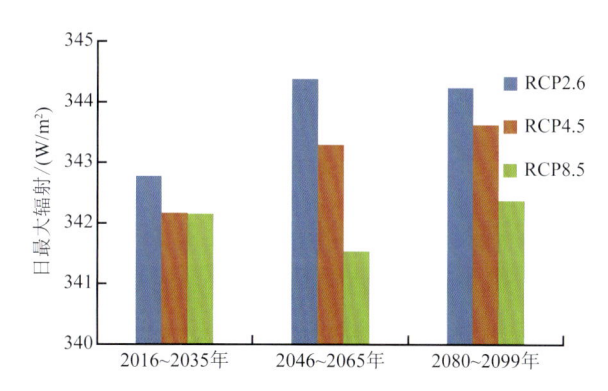

图 5.54　不同气候情景下川藏铁路沿线及其附近范围的日最大辐射

2. 日最大辐射空间特征及其变化趋势

三种气候情景下，川藏铁路沿线及其附近范围的日最大辐射主要出现在四川地区，均呈北高南低的空间格局（图 5.55～图 5.57）。21 世纪前期，日最大辐射空间上以 300～350 W/m² 分布为主，其次是 350～400 W/m²。周山隧道和尖峰顶隧道的日最大辐射最大，为 400～450 W/m²（图 5.55）。

(a)

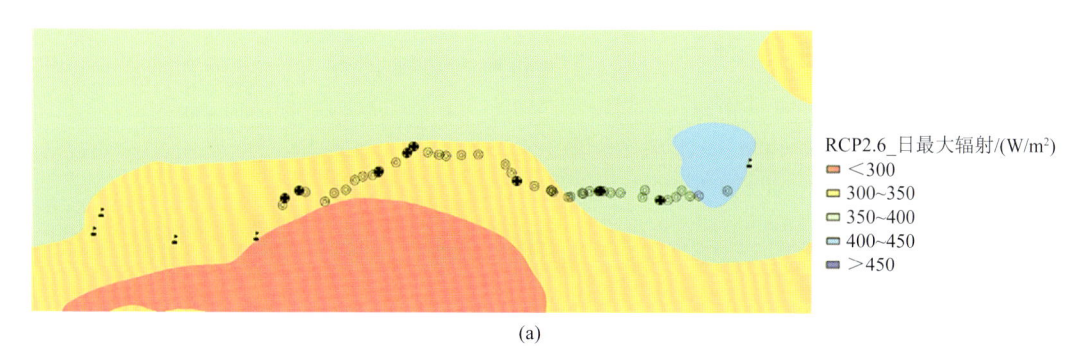

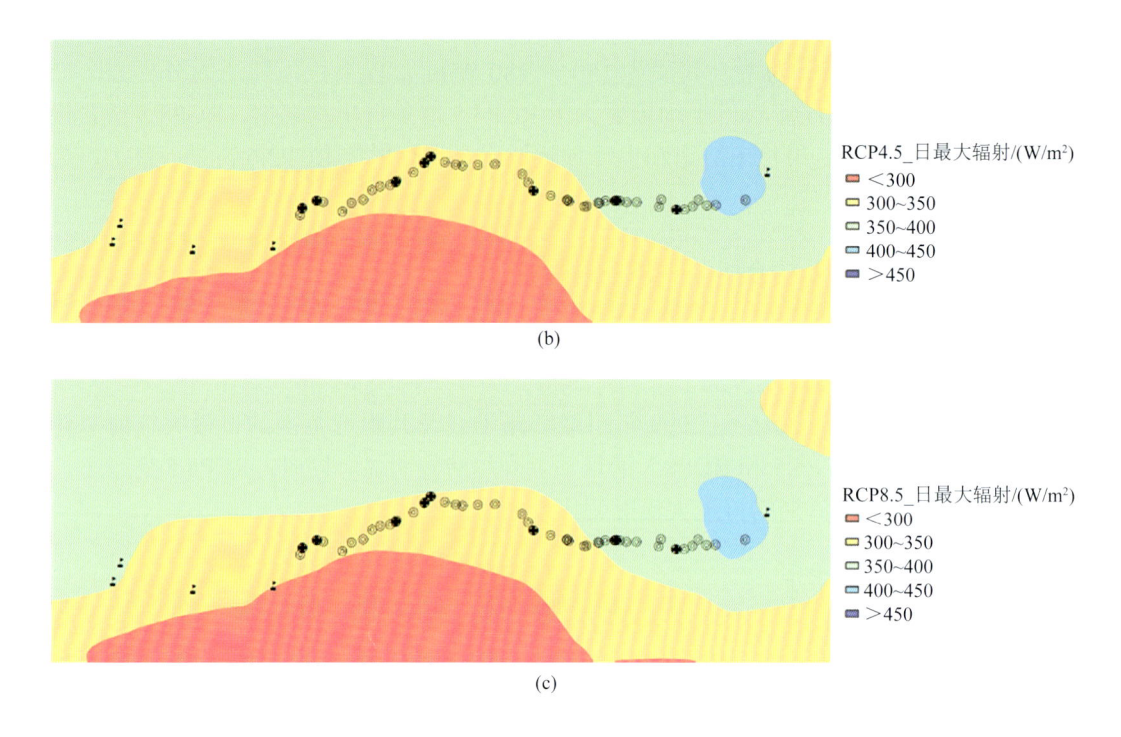

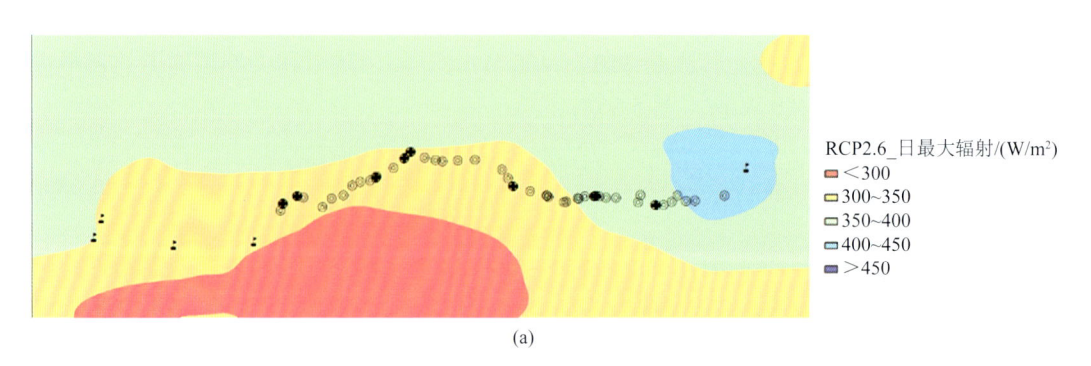

图 5.55　不同气候情景下 21 世纪前期川藏铁路沿线及其附近范围的日最大辐射的空间格局

21 世纪中期，川藏铁路沿线及其附近范围的日最大辐射高值区在川藏铁路沿线的东侧，RCP2.6 情景下主要包括成都站、周山隧道、尖峰顶隧道和天全隧道，为 400～450 W/m²；RCP4.5 情景下主要包括成都站、周山隧道、尖峰顶隧道、天全隧道、对门山隧道和朱岗山隧道，为 400～450 W/m²；RCP8.5 情景下包括成都站、周山隧道和尖峰顶隧道，为 400～450 W/m²。日最大辐射值区域主要分布在 300～350 W/m²，其次为 350～400 W/m²。三种气候情景下，RCP4.5 情景日最大辐射最大值区域大于 RCP2.6 情景，RCP8.5 情景模拟的日最大辐射最大值区域最小（图 5.56）。

第 5 章 未来百年气象变化特征

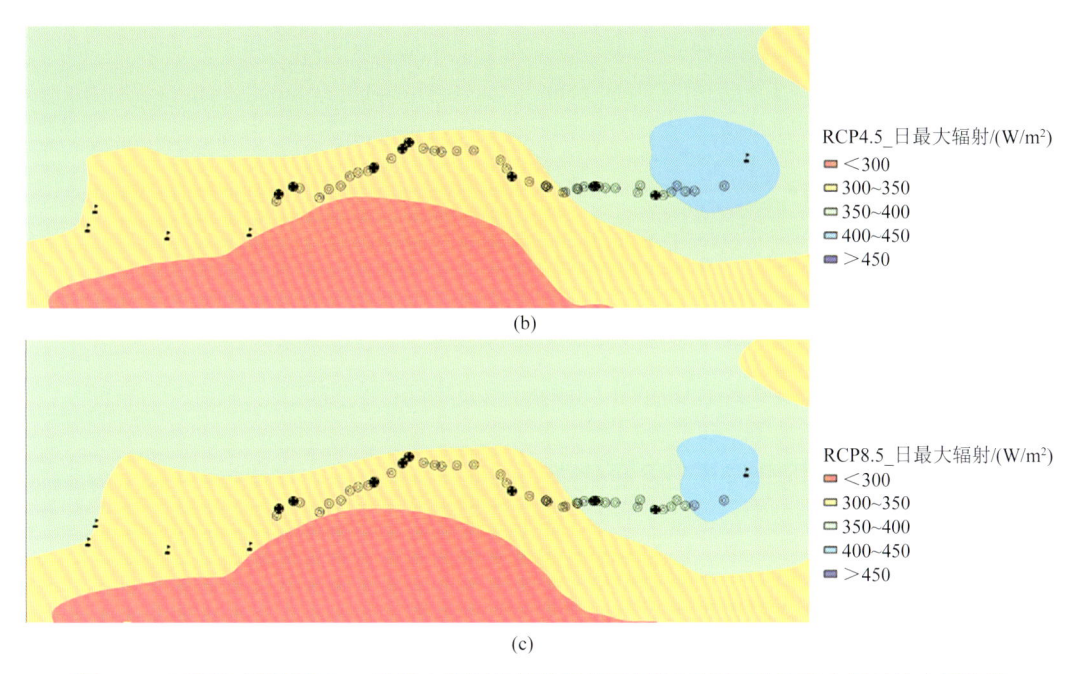

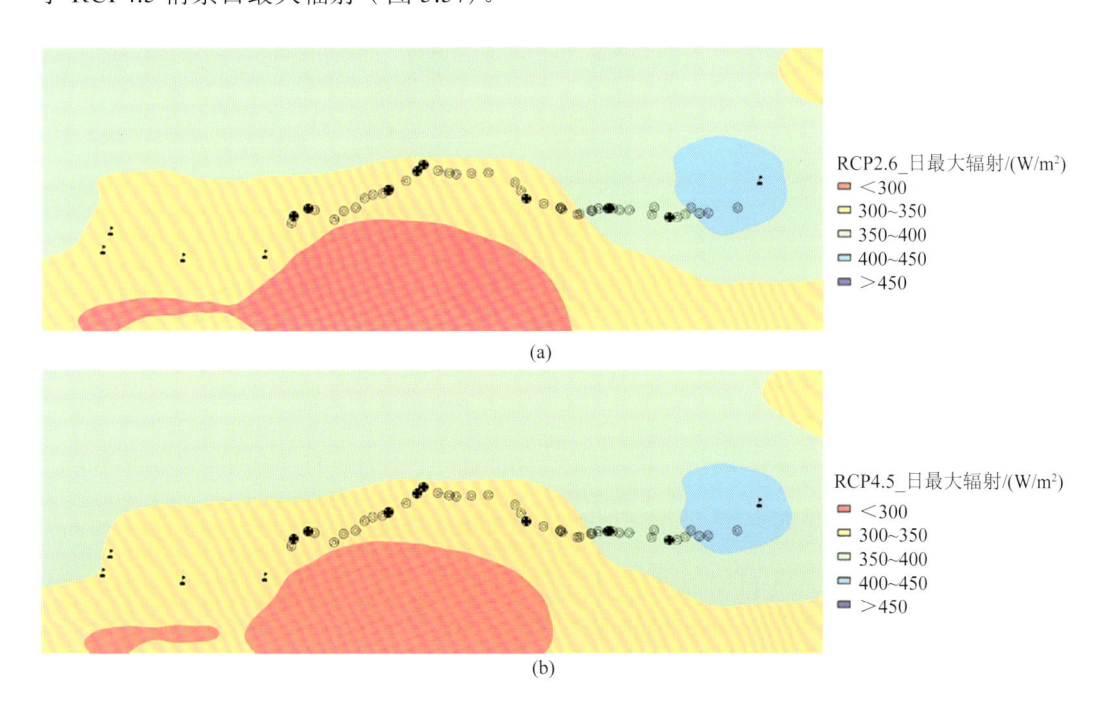

图 5.56 不同气候情景下 21 世纪中期川藏铁路沿线及其附近范围的日最大辐射的空间格局

21 世纪后期，日最大辐射主要分布在 300 ~ 350 W/m²，其次为 350 ~ 400 W/m²。日最大辐射大值区分布在沿线东侧，成都站、周山隧道、朱岗山隧道、天全隧道和对门山隧道附近辐射范围为 400 ~ 450 W/m²。三种排放情景下，RCP2.6 情景日最大辐射大于 RCP4.5 情景日最大辐射（图 5.57）。

(c)

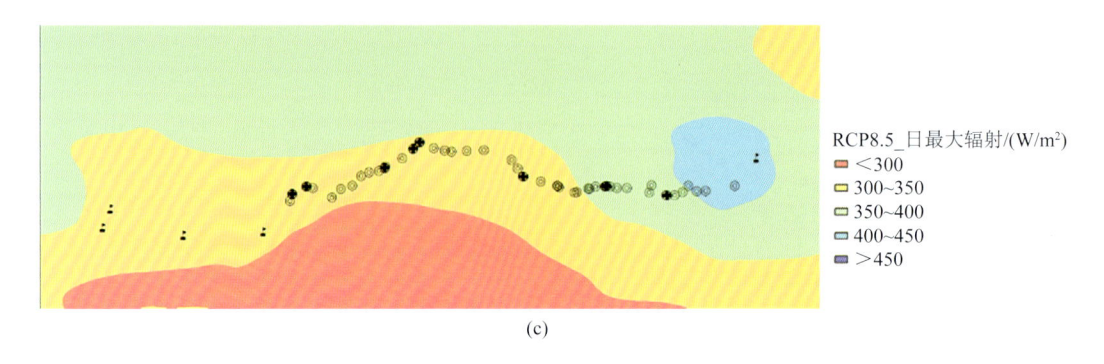

图 5.57　不同气候情景下 21 世纪后期川藏铁路沿线及其附近范围的日最大辐射的空间格局

5.5.3　未来年平均辐射时空变化特征

1. 年平均辐射时间特征及其变化趋势

未来川藏铁路沿线及其附近范围的年平均辐射随时间呈增加趋势（图5.58）。其中 RCP8.5 情景下增加趋势不明显，但是 RCP2.6 情景下增加趋势显著。

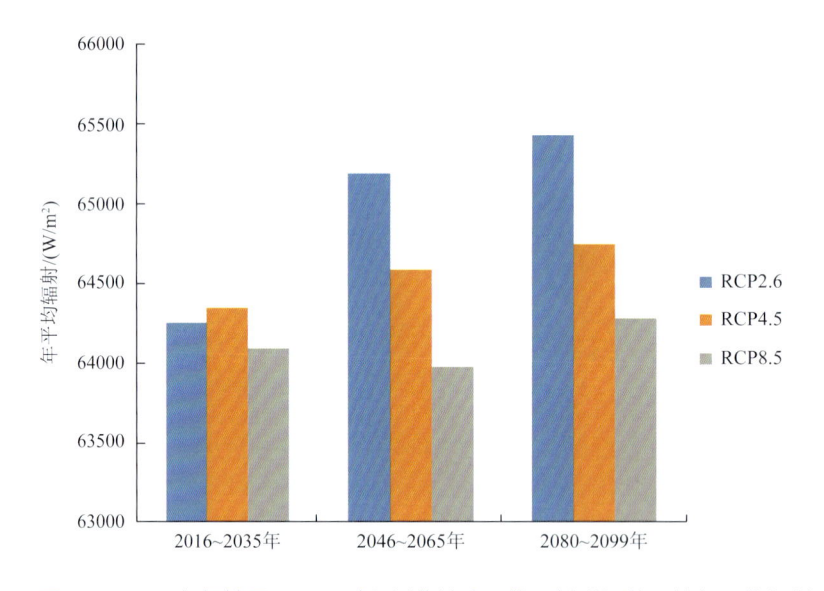

图 5.58　不同气候情景下不同时段川藏铁路沿线及其附近范围的年平均辐射

2. 年平均辐射空间特征及其变化趋势

三种气候情景下，21 世纪前期、中期和后期川藏铁路沿线及其附近范围的年平均辐射在空间上呈西北高、东南低的分布格局（图 5.59～图 5.61）。果拉山隧道西侧铁路沿线年平均辐射较低，果拉山东侧铁路沿线年平均辐射较高。21 世纪前期，川藏铁路

第 5 章 未来百年气象变化特征

沿线年平均辐射以 60000 ~ 70000 W/m² 为主，拉萨站年平均辐射最高，为 70000 ~ 75000 W/m²。米林站和易贡隧道年平均辐射最小，为 55000 ~ 60000 W/m²。

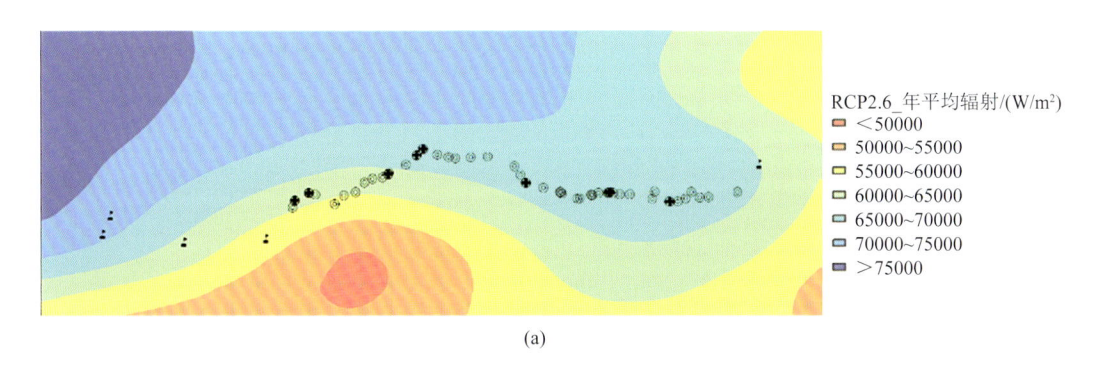

(a)

(b)

(c)

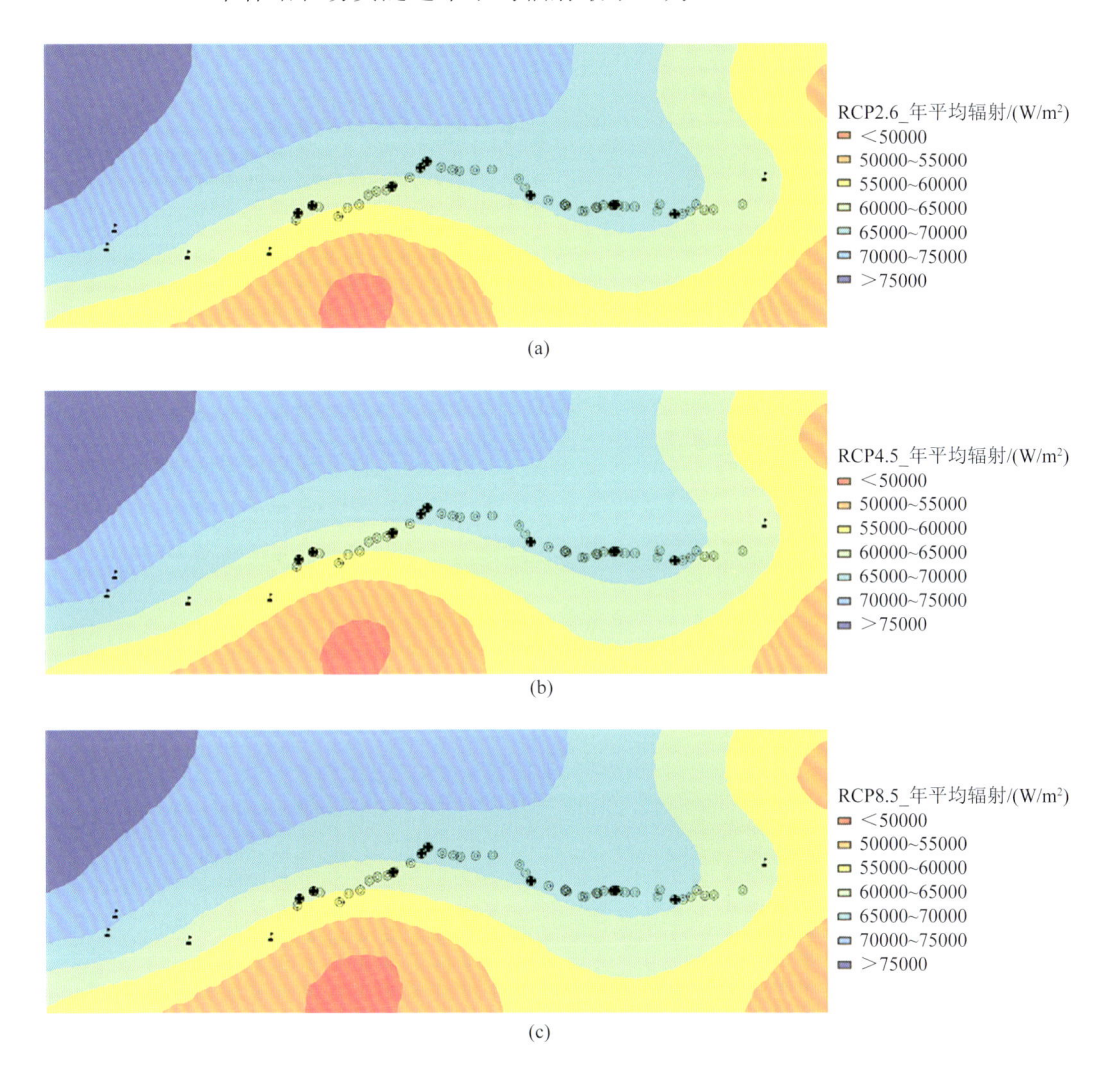

图 5.59　不同气候情景下 21 世纪前期川藏铁路沿线及其附近范围的年平均辐射的空间格局

(a)

(b)

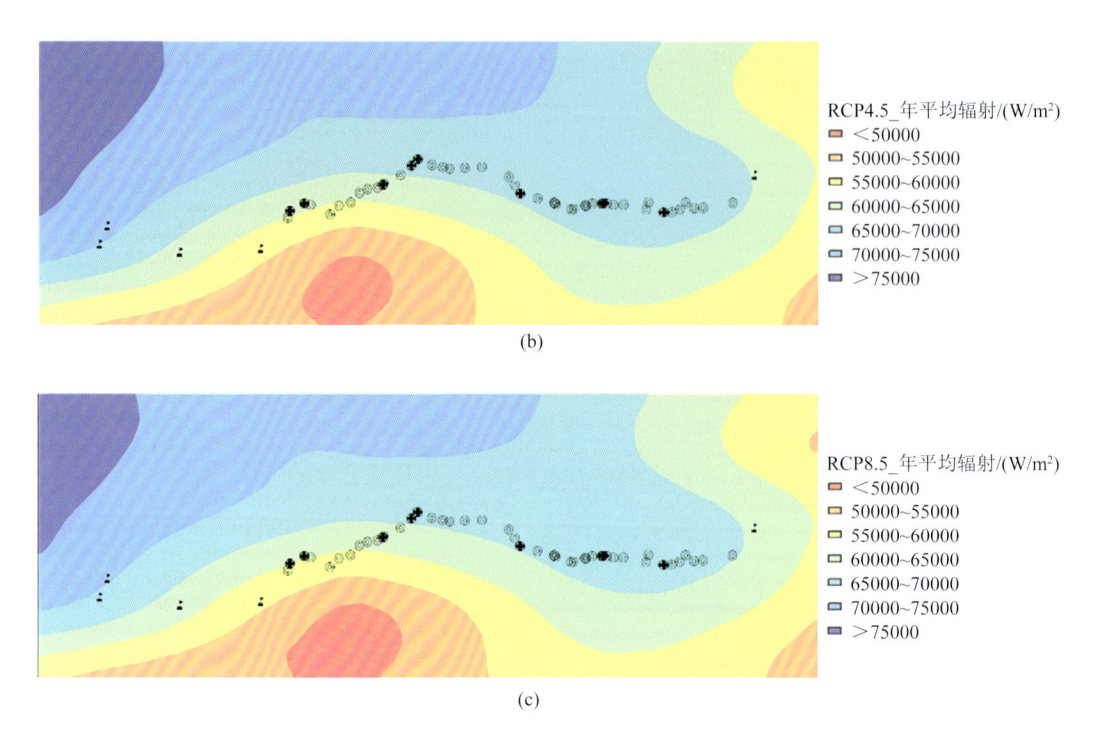

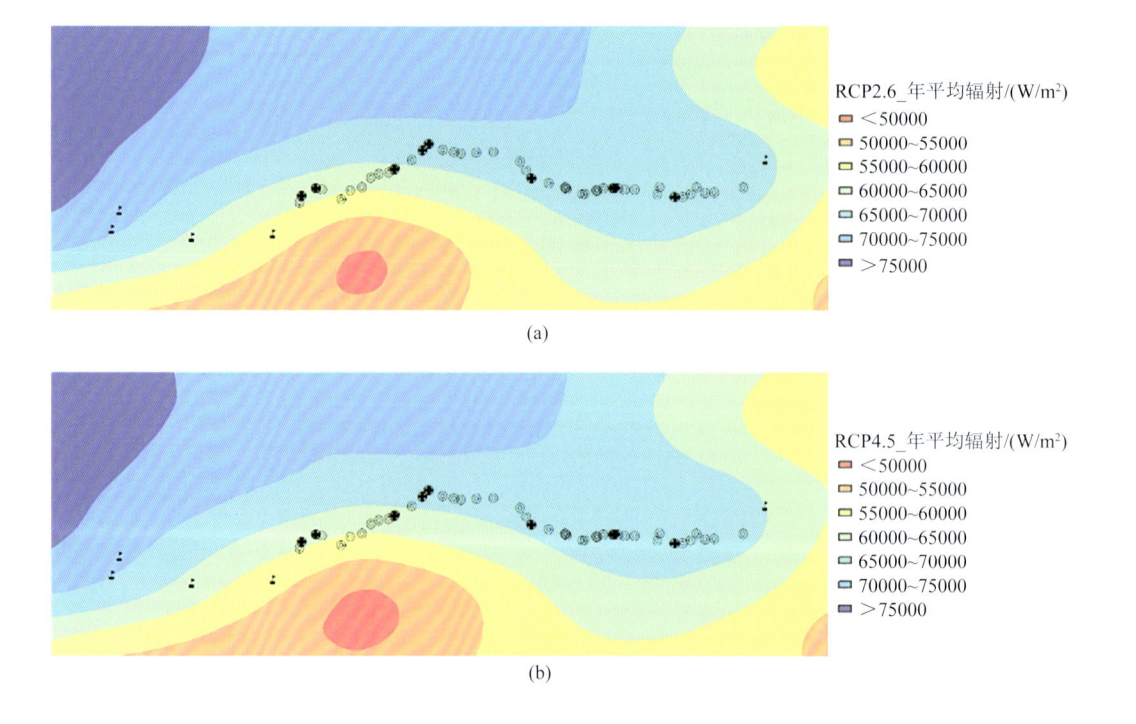

(c)

图 5.60　不同气候情景下 21 世纪中期川藏铁路沿线及其附近范围的年平均辐射的空间格局

(a)

(b)

第 5 章　未来百年气象变化特征

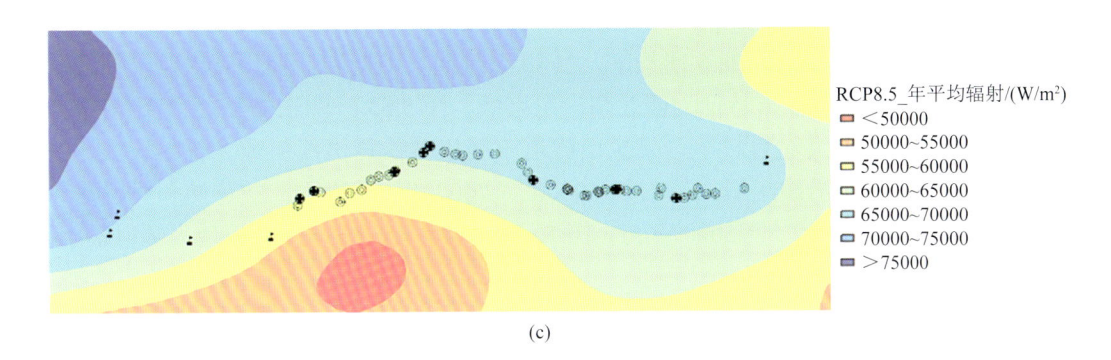

(c)

图 5.61　不同气候情景下 21 世纪后期川藏铁路沿线及其附近范围的年平均辐射的空间格局

21 世纪中期，RCP2.6 情景下拉萨站和贡嘎站年平均辐射最大，为 70000～75000W/m²。米林站和易贡隧道年平均辐射最小，为 55000～60000W/m²。RCP2.6 情景下年平均辐射大于 RCP4.5 情景。RCP8.5 情景下年平均辐射最小，变化比较明显的是，成都站由 65000～70000W/m² 变为 60000～65000W/m²。

21 世纪后期，RCP2.6 情景下拉萨站和贡嘎站年平均辐射最大，为 70000～75000 W/m²。米林站和易贡隧道年平均辐射最小，为 55000～60000 W/m²。三种气候情景下，年平均辐射变化为 RCP2.6 ＞ RCP4.5 ＞ RCP8.5。

5.5.4　未来年最大辐射时空变化特征

1. 年最大辐射时间特征及其变化趋势

未来川藏铁路沿线及其附近范围的年最大辐射随时间呈增加趋势，其中 RCP8.5 情景下增加趋势不明显，但在 RCP2.6 情景下增加趋势显著（图 5.62）。

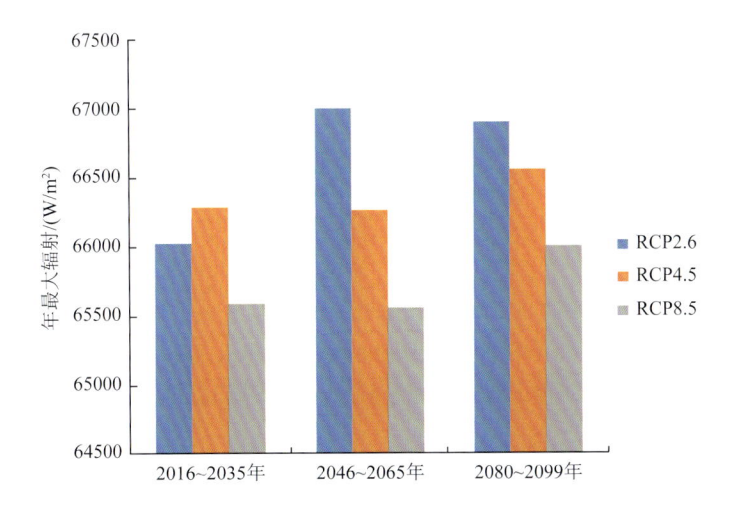

图 5.62　不同气候情景下不同时段川藏铁路沿线及其附近范围的年最大辐射

2. 年最大辐射空间特征及其变化趋势

RCP2.6、RCP4.5 和 RCP8.5 情景下，21 世纪前期、中期和后期川藏铁路沿线及其附近范围的年最大辐射分布特征为西北高、东南低（图 5.63～图 5.65）。果拉山隧道西侧川藏铁路沿线年最大辐射较小，果拉山隧道东侧川藏铁路沿线年最大辐射较大。21 世纪前期，川藏铁路沿线年最大辐射以 60000～70000W/m² 为主，拉萨站和贡嘎站年最大辐射最大，为 70000～75000 W/m²（图 5.63）。米林站和易贡隧道年最大辐射最小，为 55000～60000 W/m²。

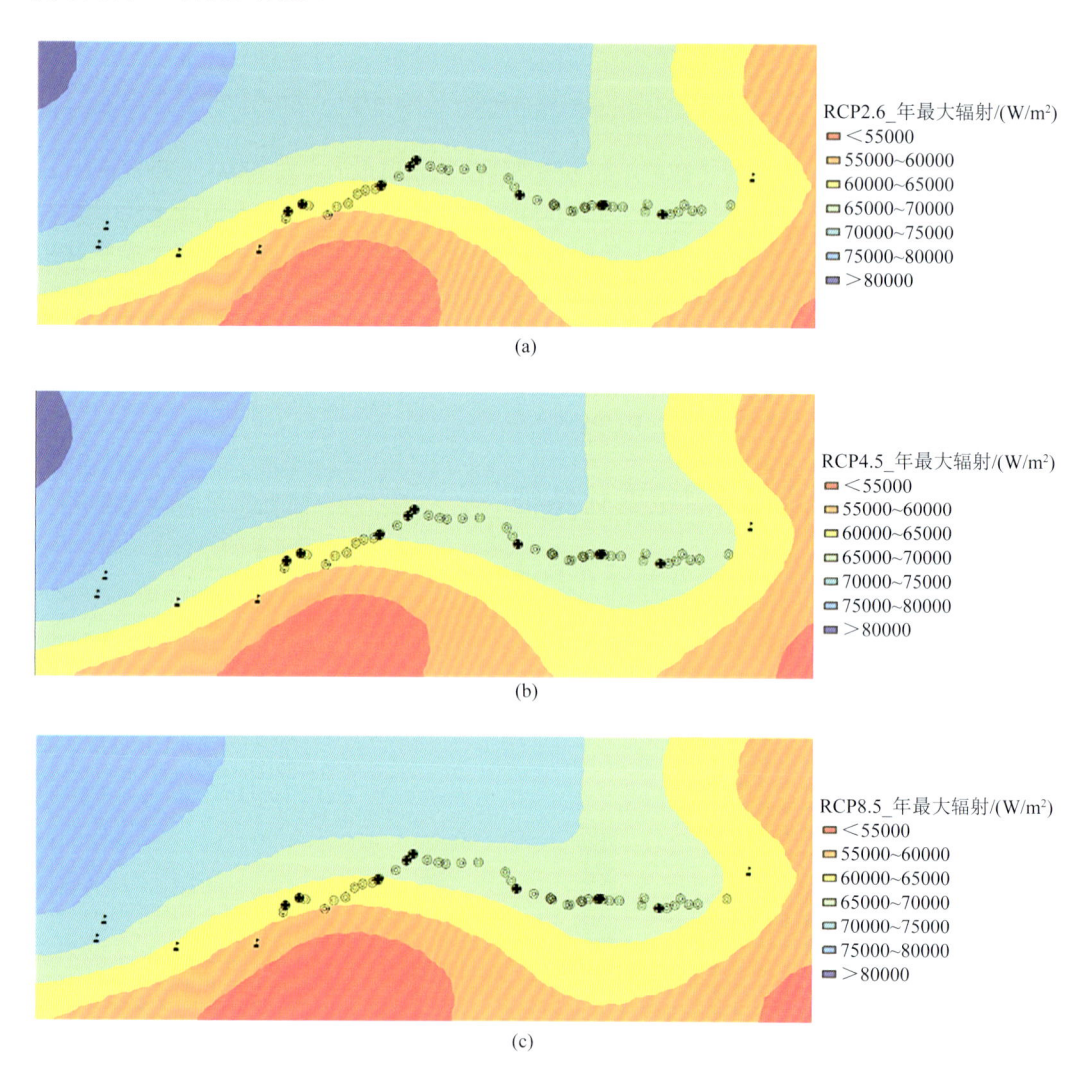

图 5.63 不同气候情景下 21 世纪前期川藏铁路沿线及其附近范围的年最大辐射的空间格局

第 5 章 未来百年气象变化特征

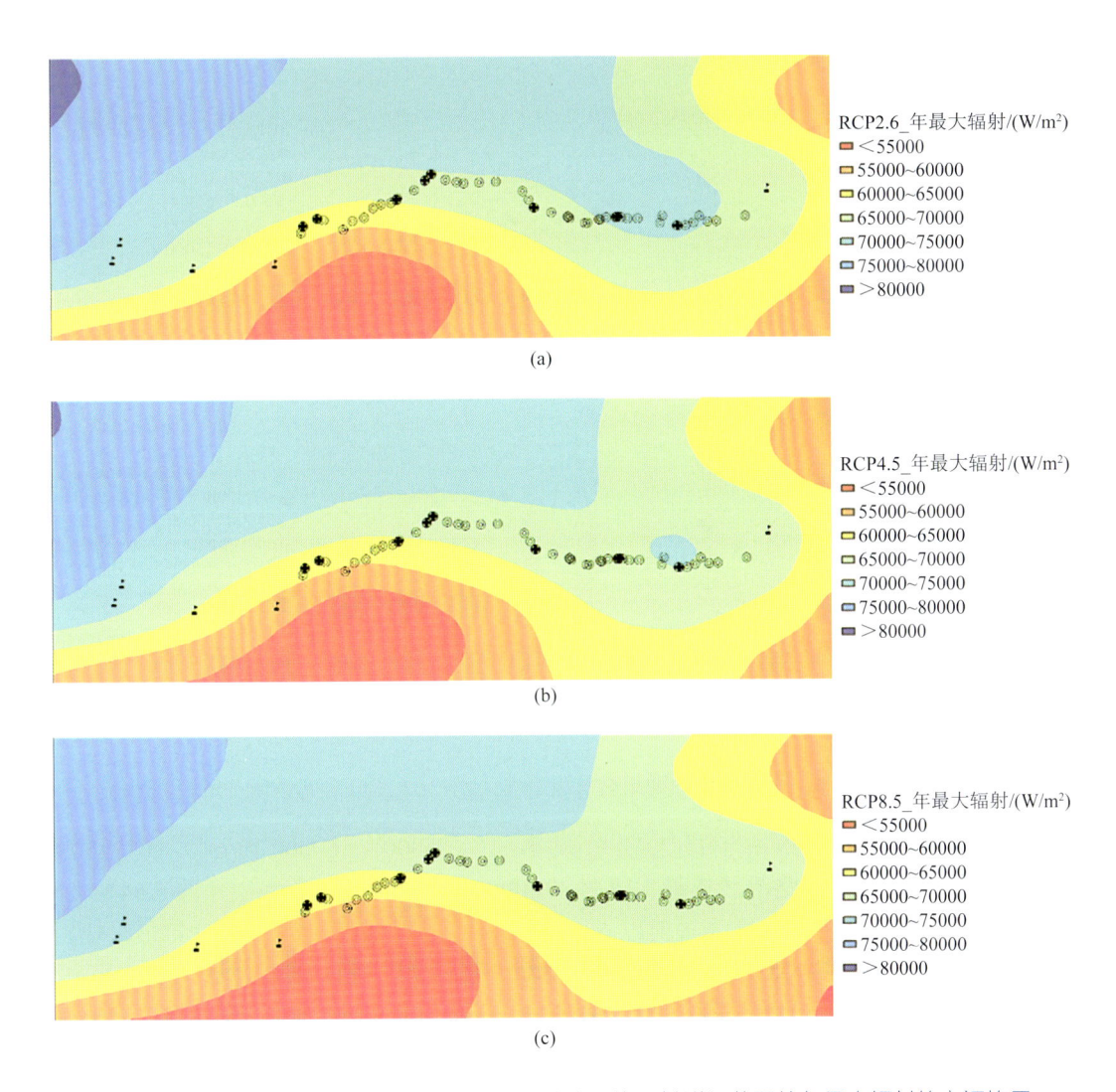

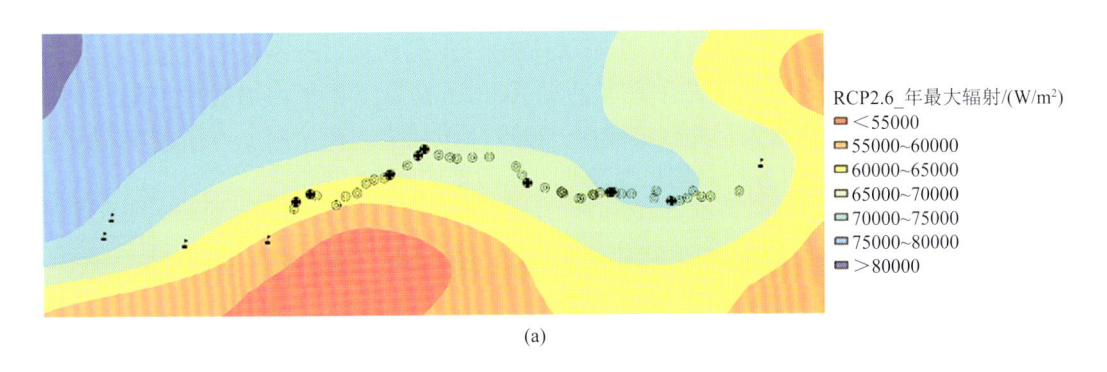

(a) RCP2.6_年最大辐射/(W/m²)
- <55000
- 55000~60000
- 60000~65000
- 65000~70000
- 70000~75000
- 75000~80000
- >80000

(b) RCP4.5_年最大辐射/(W/m²)
- <55000
- 55000~60000
- 60000~65000
- 65000~70000
- 70000~75000
- 75000~80000
- >80000

(c) RCP8.5_年最大辐射/(W/m²)
- <55000
- 55000~60000
- 60000~65000
- 65000~70000
- 70000~75000
- 75000~80000
- >80000

图 5.64　不同气候情景下 21 世纪中期川藏铁路沿线及其附近范围的年最大辐射的空间格局

(a) RCP2.6_年最大辐射/(W/m²)
- <55000
- 55000~60000
- 60000~65000
- 65000~70000
- 70000~75000
- 75000~80000
- >80000

239

(b)

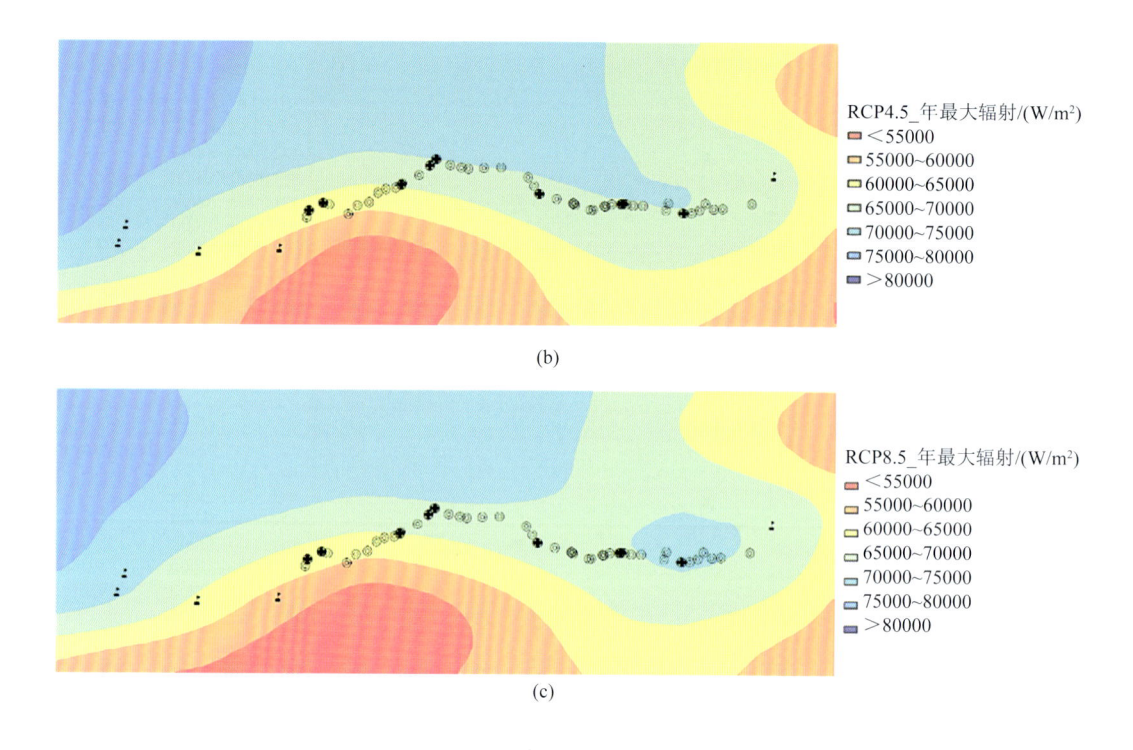

(c)

图 5.65　不同气候情景下 21 世纪后期川藏铁路沿线及其附近范围的年最大辐射的空间格局

21 世纪中期，米林站年最大辐射最小，为 55000～60000 W/m²。RCP4.5 和 RCP8.5 情景下，川藏铁路沿线年最大辐射以 60000～70000 W/m² 为主（图 5.64）。21 世纪后期，川藏铁路沿线年最大辐射以 60000～70000 W/m² 为主。米林站年最大辐射最小，为 55000～60000 W/m²（图 5.65）。

5.5.5　小结

在 RCP2.6 情景下，未来百年日平均辐射上升趋势明显；RCP4.5 和 RCP8.5 情景下，未来百年日平均辐射呈弱上升趋势。年平均辐射、年最大辐射在不同气候情景和未来不同时间段的差异较大，21 世纪中期和后期 RCP2.6 情景下年平均辐射和年最大辐射较 RCP4.5 和 RCP8.5 情景大，并在 2080～2099 年值较大。在空间上，川藏铁路沿线及其附近范围的太阳辐射各产品均呈西北高、东南低的分布格局。

5.6　相对湿度

基于 CMIP5 中 5 个全球气候模式对 RCP2.6、RCP4.5 和 RCP8.5 排放路径的模拟结果，预估了不同气候情景下 21 世纪前期（2016～2035 年）、中期（2046～2065 年）

和后期（2080～2099 年）川藏铁路沿线及其附近范围相对湿度的日、年和年代际的变化特征及其空间分布格局。未来百年相对湿度产品相关概念如表 5.7 所示。

表 5.7　相对湿度产品相关概念

相对湿度产品	定义
日平均相对湿度	一年中日相对湿度的平均值
年平均相对湿度	一年中每月平均相对湿度的平均值
年最大相对湿度	此处使用日平均相对湿度统计，一年中日平均相对湿度的最大值
年最小相对湿度	一年中日平均相对湿度的最小值
说明	时间动态上：指研究区域内每个相对湿度产品所有格点的平均值随时间的变化 空间动态上：指每个相对湿度产品在未来不同时段［21 世纪前期（2016～2035 年）、中期（2046～2065 年）、后期（2080～2099 年）］的平均值

5.6.1　未来日平均相对湿度时空变化特征

1. 日平均相对湿度时间特征及其变化趋势

RCP2.6 和 RCP4.5 情景下，未来川藏铁路沿线及其附近范围日平均相对湿度在 2006～2099 年呈波动变化，变化范围分别是 76%～78% 和 75%～79%，平均值均为 77%（图 5.66）；在 RCP8.5 情景下，日平均相对湿度随时间推移以约 0.3%/10a 的速率显著减小，在 21 世纪后期减小最明显［图 5.66(b)］。

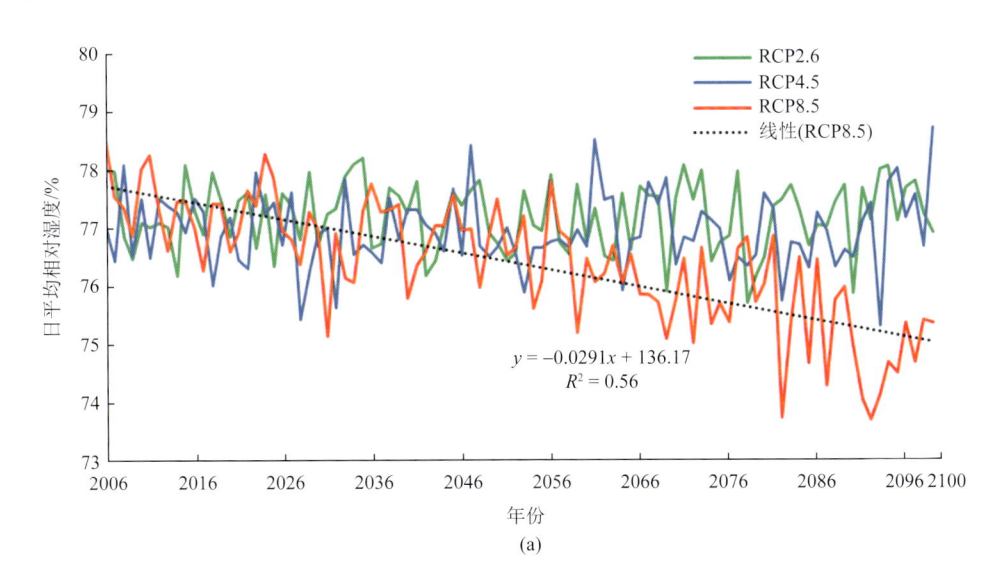

$$y = -0.0291x + 136.17$$
$$R^2 = 0.56$$

(a)

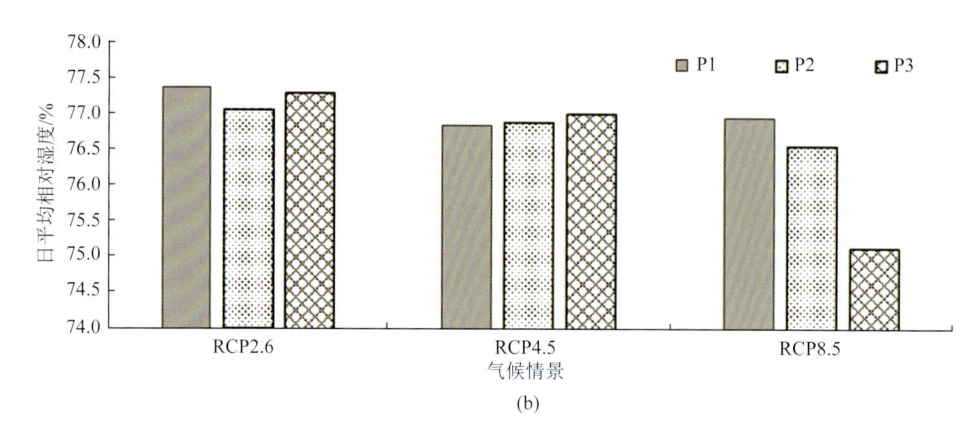

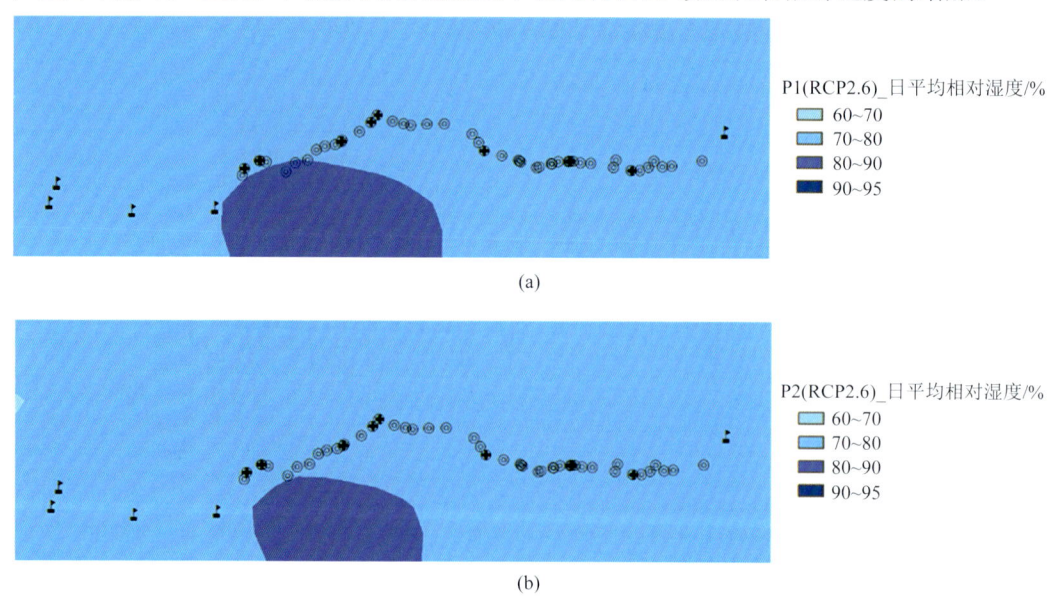

图 5.66 不同气候情景下不同时段川藏铁路沿线及其附近范围的日平均相对湿度

2. 日平均相对湿度空间特征及其变化趋势

RCP2.6、RCP4.5 和 RCP8.5 情景下，未来川藏铁路沿线及其附近范围的大部分区域日平均相对湿度为 70%～80%，仅南部的察隅县和墨脱县日平均相对湿度为 80%～90%，川藏铁路沿线中易贡隧道和多木格隧道日平均相对湿度为 80%～90%，其他各设置站点、隧道和桥位处日平均相对湿度均为 70%～80%（图 5.67）。根据已有研究结果，环境相对湿度大于 40%，将会对混凝土收缩效应导致的连续梁桥结构内力产生不利影响。因此，川藏铁路沿线建设中使用材料应考虑未来相对湿度的增加。

第 5 章 未来百年气象变化特征

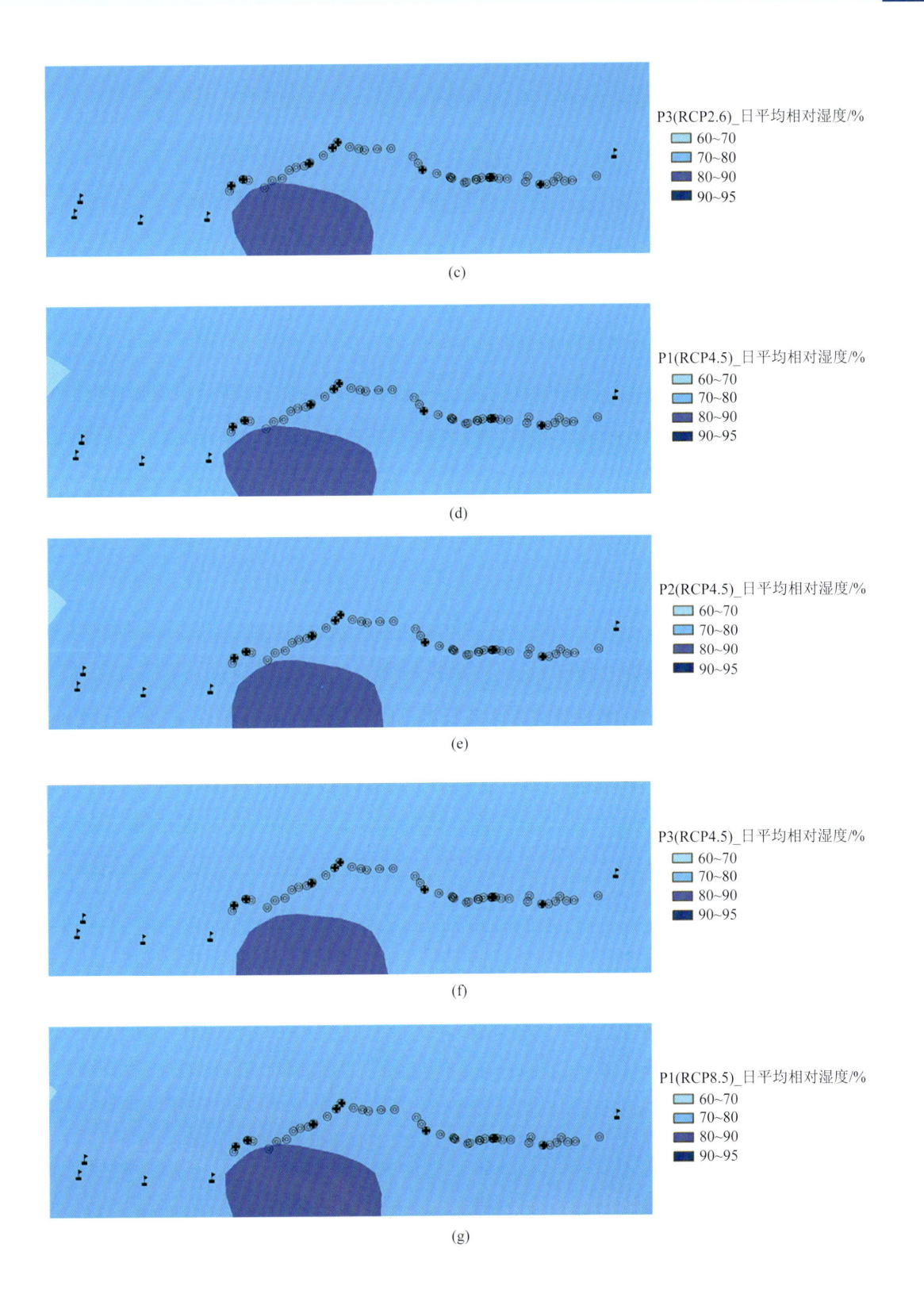

(c)

P3(RCP2.6)_日平均相对湿度/%
- 60~70
- 70~80
- 80~90
- 90~95

(d)

P1(RCP4.5)_日平均相对湿度/%
- 60~70
- 70~80
- 80~90
- 90~95

(e)

P2(RCP4.5)_日平均相对湿度/%
- 60~70
- 70~80
- 80~90
- 90~95

(f)

P3(RCP4.5)_日平均相对湿度/%
- 60~70
- 70~80
- 80~90
- 90~95

(g)

P1(RCP8.5)_日平均相对湿度/%
- 60~70
- 70~80
- 80~90
- 90~95

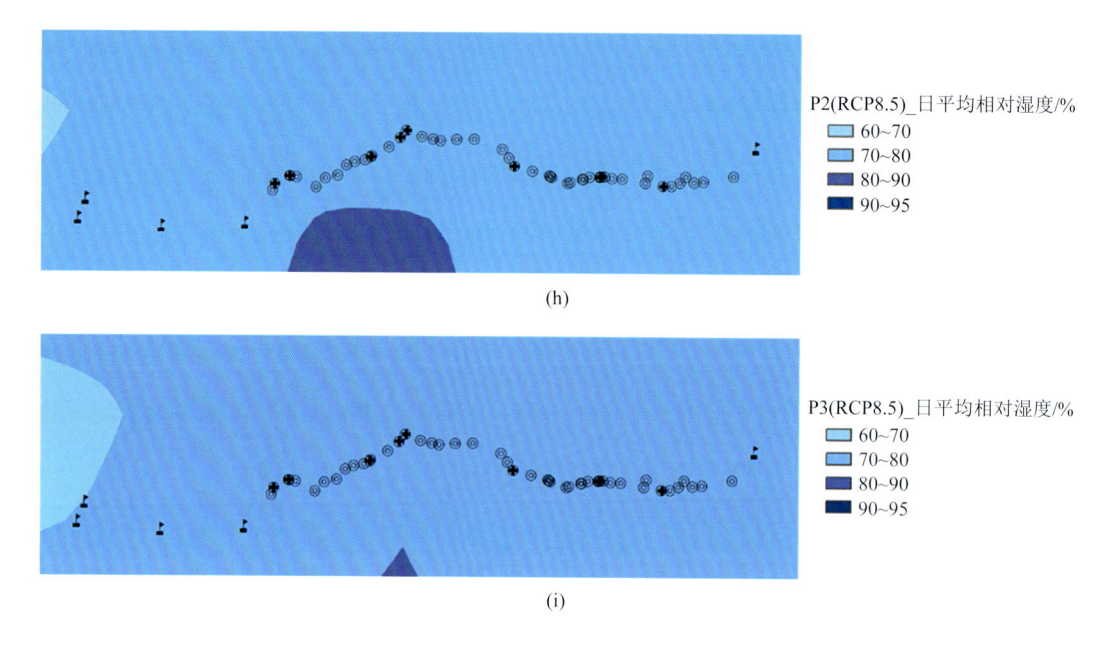

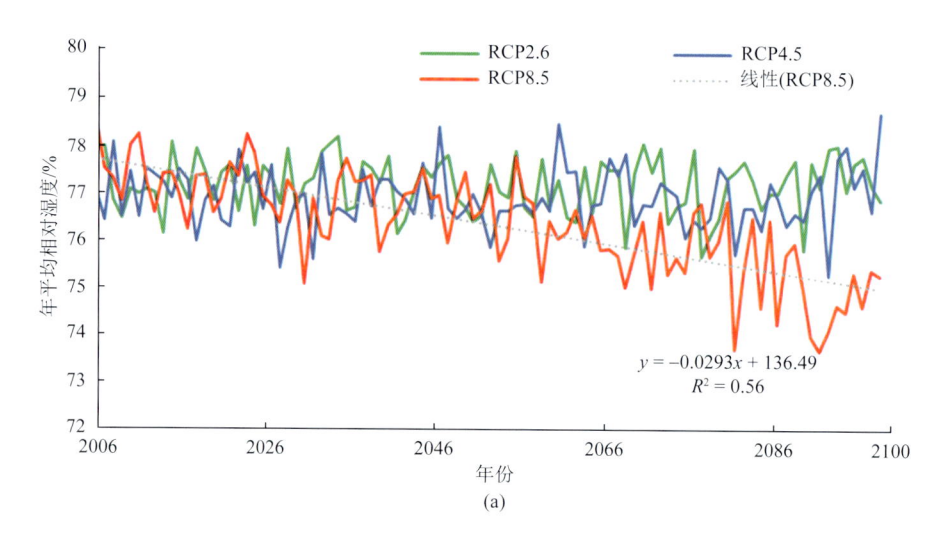

图 5.67　不同气候情景下不同时段川藏铁路沿线及其附近范围的日平均相对湿度的空间格局

5.6.2　未来年平均相对湿度时空变化特征

1. 年平均相对湿度时间特征及其变化趋势

不同气候情景下,川藏铁路沿线及其附近范围的年平均相对湿度在2006~2099年呈波动下降趋势[图5.68(a)]。RCP2.6和RCP4.5情景下,年平均相对湿度呈波动变化,波动范围分别为76%~78%和75%~79%,平均值均为77%。RCP8.5情景下,未来年平均相对湿度以约0.3%/10a的速率显著下降,在21世纪前期、中期和后期平均值分别为77%、76.6%和75%[图5.68(b)]。

第 5 章 未来百年气象变化特征

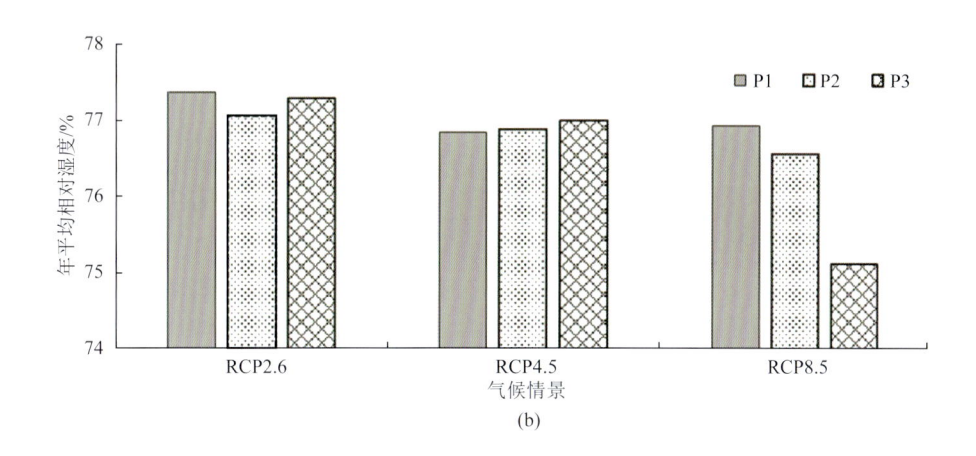

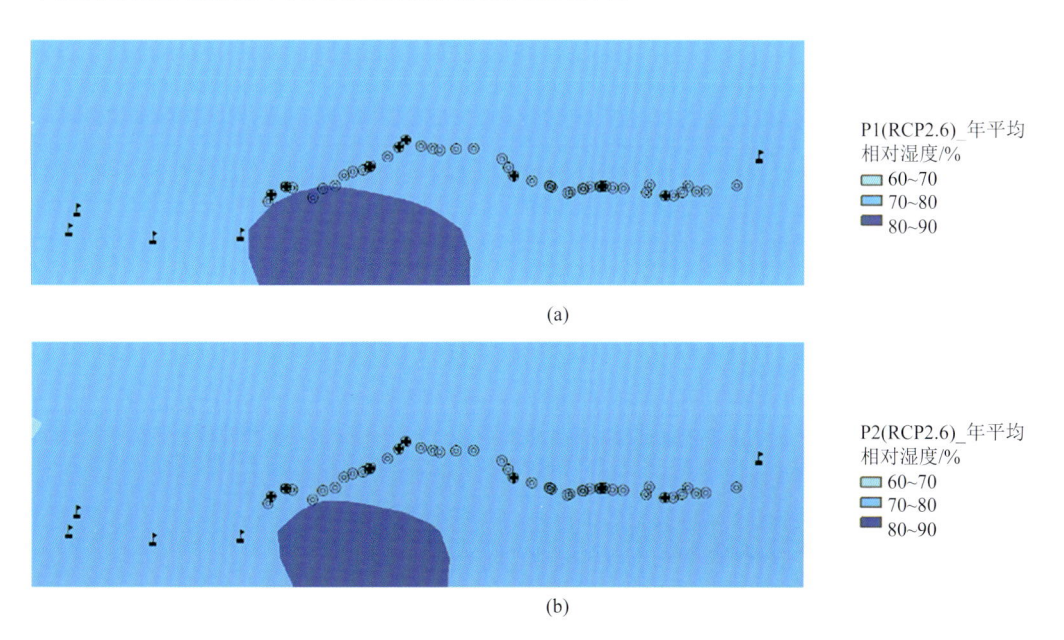

图 5.68 不同气候情景下不同时段川藏铁路沿线及其附近范围的年平均相对湿度

2. 年平均相对湿度空间特征及其变化趋势

不同气候情景下川藏铁路沿线空间变化特征及其附近范围年平均相对湿度如图 5.69 所示。RCP2.6、RCP4.5 和 RCP8.5 情景下，未来川藏铁路沿线及其附近范围的大部分区域年平均相对湿度为 70%～80%，仅南部的察隅县和墨脱县年平均相对湿度为 80%～90%，川藏铁路沿线的易贡隧道和多木格隧道年平均相对湿度为 80%～90%，其他各设置站点、隧道和桥位处年平均相对湿度均为 70%～80%。当环境相对湿度大于 40% 时，会对混凝土收缩效应导致的连续梁桥结构内力产生不利影响。因此，未来川藏铁路沿线建设中应考虑使用耐高湿度的材料。

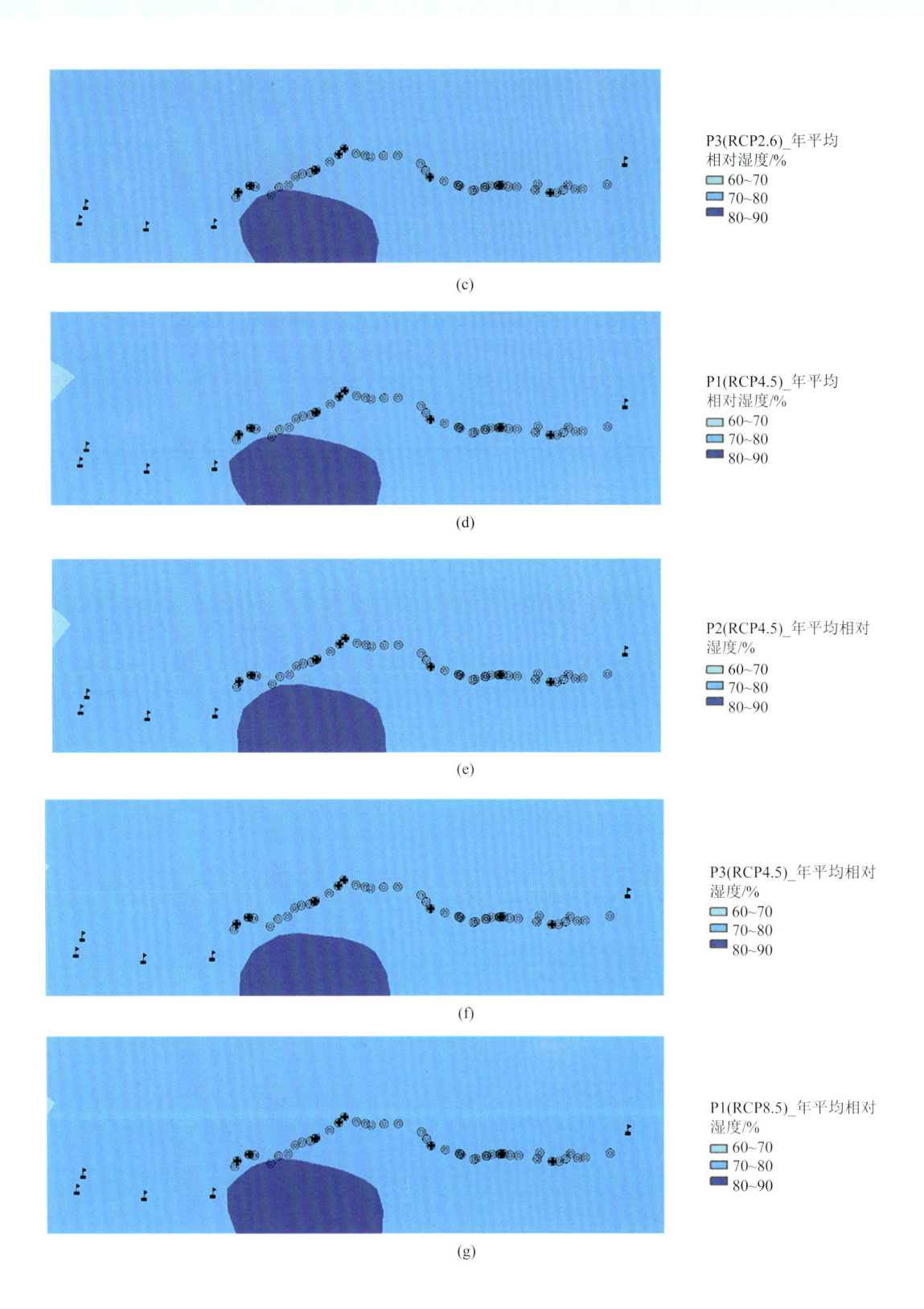

(c) P3(RCP2.6)_年平均相对湿度/%
- 60~70
- 70~80
- 80~90

(d) P1(RCP4.5)_年平均相对湿度/%
- 60~70
- 70~80
- 80~90

(e) P2(RCP4.5)_年平均相对湿度/%
- 60~70
- 70~80
- 80~90

(f) P3(RCP4.5)_年平均相对湿度/%
- 60~70
- 70~80
- 80~90

(g) P1(RCP8.5)_年平均相对湿度/%
- 60~70
- 70~80
- 80~90

(h)

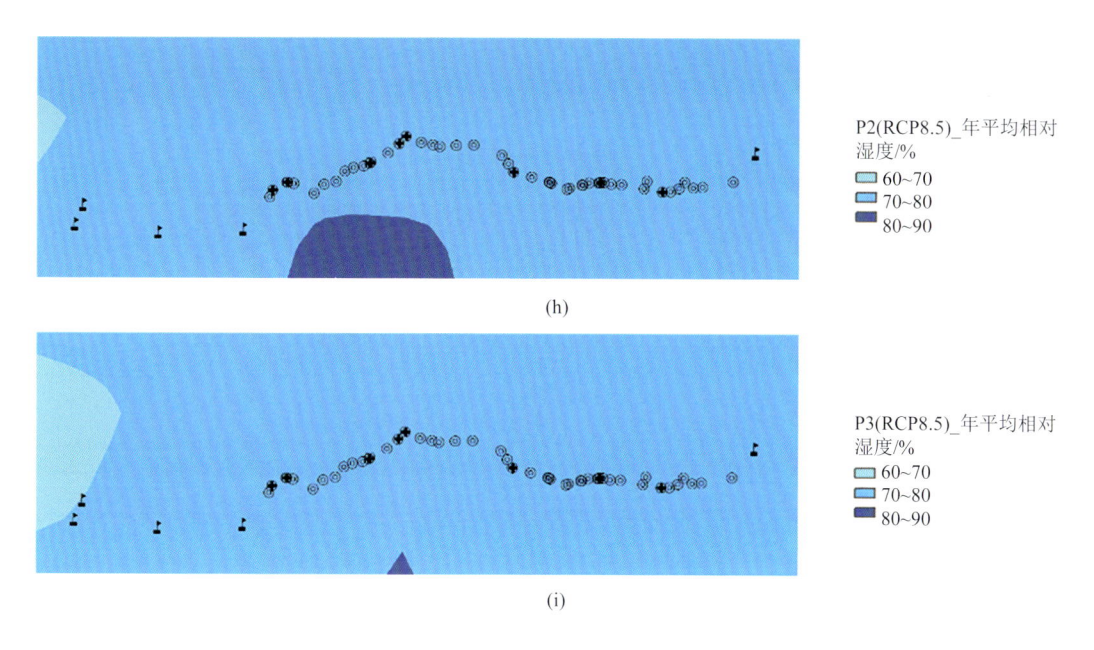

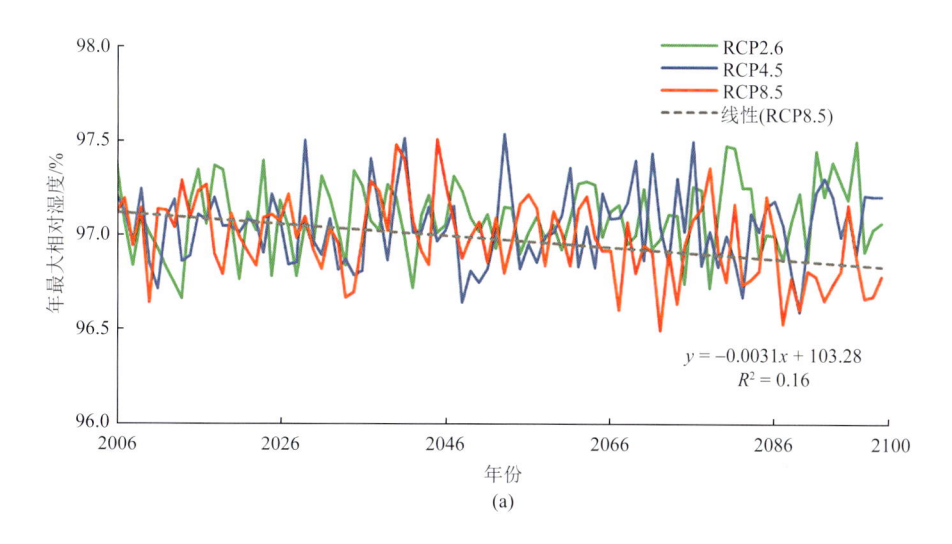

P2(RCP8.5)_年平均相对湿度/%
- 60~70
- 70~80
- 80~90

(i)

P3(RCP8.5)_年平均相对湿度/%
- 60~70
- 70~80
- 80~90

图 5.69　不同气候情景下不同时段川藏铁路沿线及其附近范围的年平均相对湿度的空间格局

5.6.3　未来年最大相对湿度时空变化特征

1. 年最大相对湿度时间特征及其变化趋势

不同气候情景下，川藏铁路沿线及其附近范围年最大相对湿度在 2006～2099 年呈波动下降趋势，但不显著 [图 5.70(a)]。RCP2.6、RCP4.5 和 RCP8.5 情景下，年最大相对湿度波动范围为 96.5%～97.7%，平均值均为 97%。RCP8.5 情景下，21 世纪后期年最大相对湿度显著下降 [图 5.70(b)]。

$y = -0.0031x + 103.28$
$R^2 = 0.16$

(a)

247

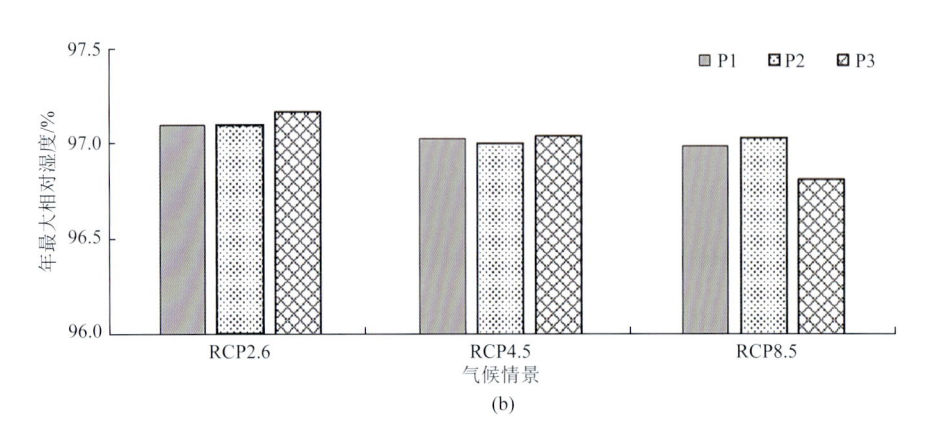

图 5.70　不同气候情景下不同时段川藏铁路沿线及其附近范围的年最大相对湿度

2. 年最大相对湿度空间特征及其变化趋势

不同气候情景下，未来川藏铁路沿线及其附近范围的年最大相对湿度整体呈东南高、西北低的分布格局（图 5.71）。RCP2.6、RCP4.5 和 RCP8.5 情景下，未来川藏铁路沿线及其附近范围的大部分区域年最大相对湿度为 95%～100%。

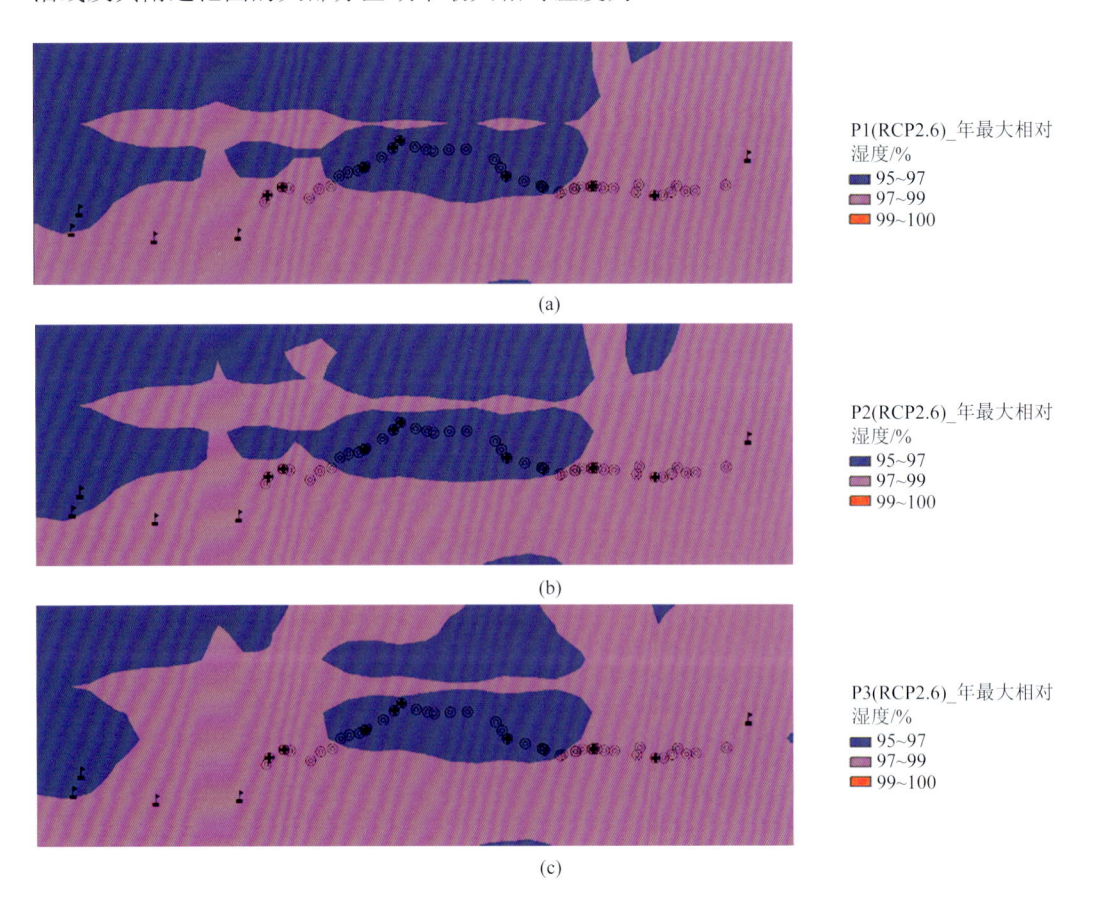

第 5 章 未来百年气象变化特征

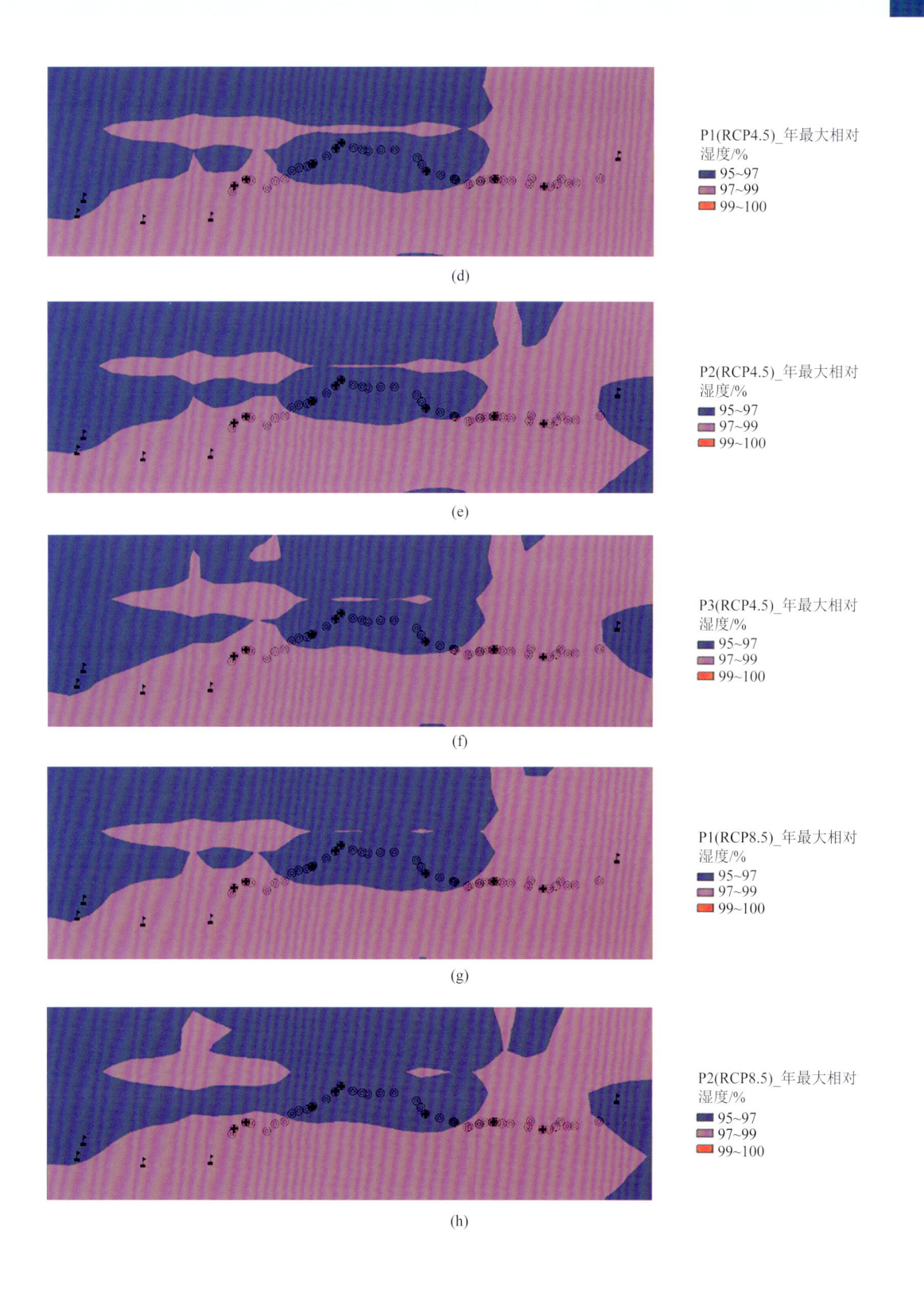

(d) P1(RCP4.5)_年最大相对湿度/%
■ 95~97
■ 97~99
■ 99~100

(e) P2(RCP4.5)_年最大相对湿度/%
■ 95~97
■ 97~99
■ 99~100

(f) P3(RCP4.5)_年最大相对湿度/%
■ 95~97
■ 97~99
■ 99~100

(g) P1(RCP8.5)_年最大相对湿度/%
■ 95~97
■ 97~99
■ 99~100

(h) P2(RCP8.5)_年最大相对湿度/%
■ 95~97
■ 97~99
■ 99~100

249

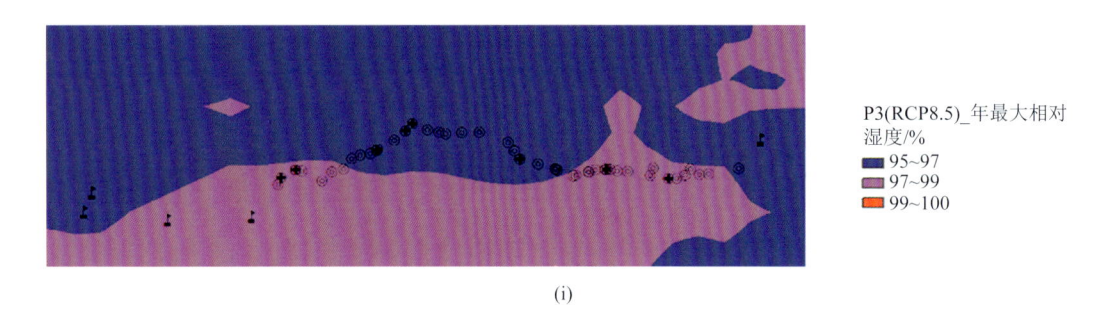

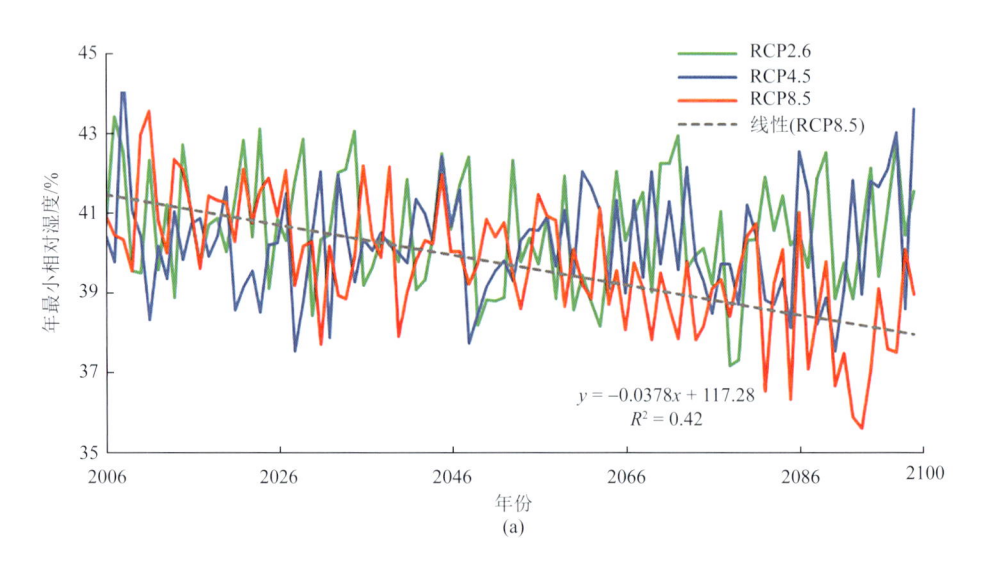

P3(RCP8.5)_年最大相对湿度/%
95~97
97~99
99~100

(i)

图 5.71　不同气候情景下不同时段川藏铁路沿线及其附近范围的年最大相对湿度的空间格局

5.6.4　未来年最小相对湿度时空变化特征

1. 年最小相对湿度时间特征及其变化趋势

不同气候情景下，川藏铁路沿线及其附近范围的年最小相对湿度在 2006～2099 年呈波动下降趋势，其中 RCP8.5 情景下最为显著 [图 5.72(a)]。RCP2.6 和 RCP4.5 情景下，未来年最小相对湿度波动范围分别为 37%～43% 和 38%～45%，平均值均为 40%，在 21 世纪前期、中期、后期变化差异不显著 [图 5.72(b)]。RCP8.5 情景下，未来年最小相对湿度以约 0.4%/10a 的速率显著减小，21 世纪前期、中期和后期年最小相对湿度的平均值分别为 40.5%、40% 和 38%[图 5.72(b)]。

$y = -0.0378x + 117.28$
$R^2 = 0.42$

(a)

第 5 章 未来百年气象变化特征

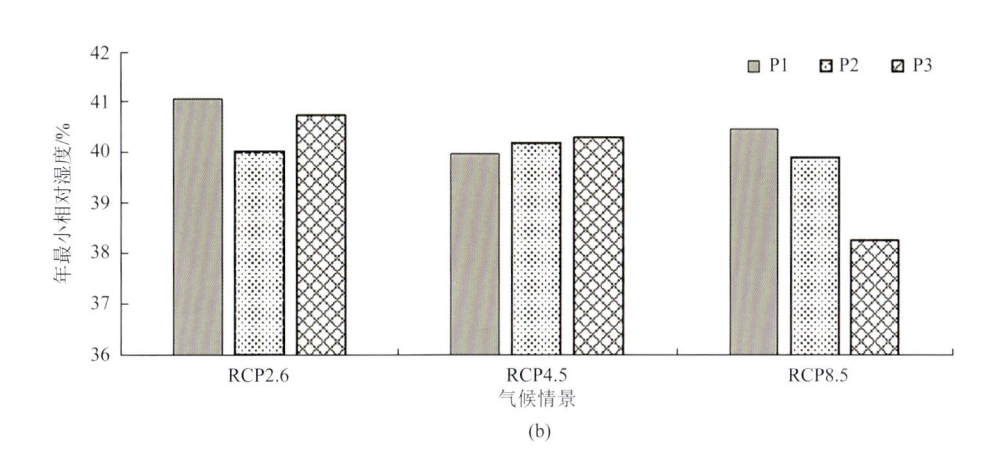

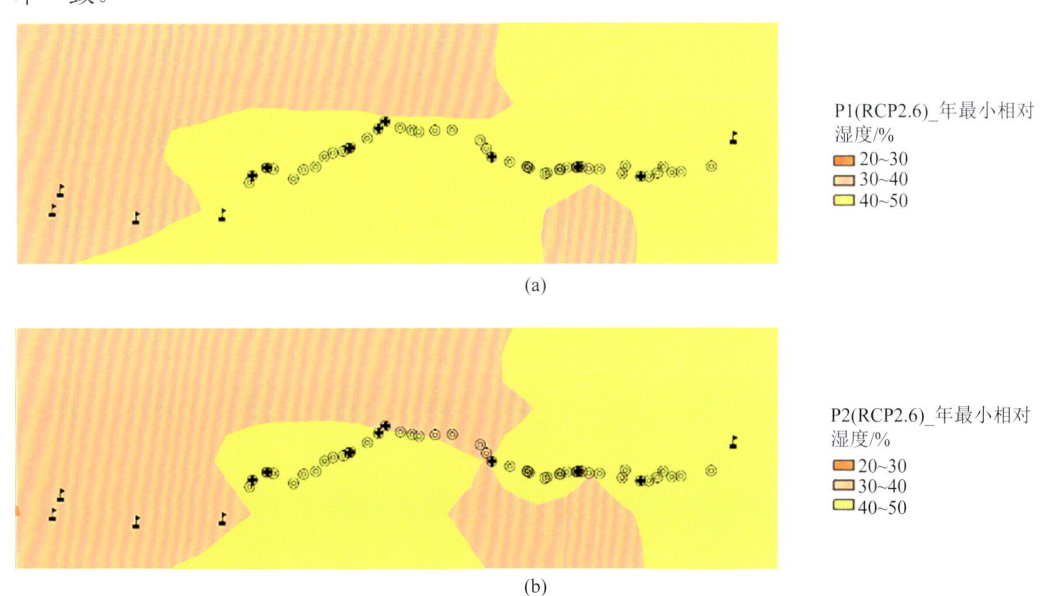

(b)

图 5.72 不同气候情景下不同时段川藏铁路沿线及其附近范围的年最小相对湿度

2. 年最小相对湿度空间特征及其变化趋势

不同气候情景下，未来川藏铁路沿线及其附近范围的年最小相对湿度整体上呈东南高、西北低的分布格局（图 5.73）。RCP2.6、RCP4.5 和 RCP8.5 情景下，未来川藏铁路沿线及其附近范围的大部分区域年最小相对湿度为 30%～50%。RCP2.6 情景下，除拉萨站、贡嘎站、加查站和米林站未来年最小相对湿度为 30%～40% 外，川藏铁路沿线大部分区域未来年最小相对湿度为 40%～50%。RCP4.5 情景下，拉萨站、贡嘎站、加查站、昌都隧道到义敦隧道年最小相对湿度为 30%～40%，其他各站点未来年最小相对湿度为 40%～50%。RCP8.5 情景下年最小相对湿度的空间分布与 RCP4.5 情景基本一致。

(a)

(b)

(c)

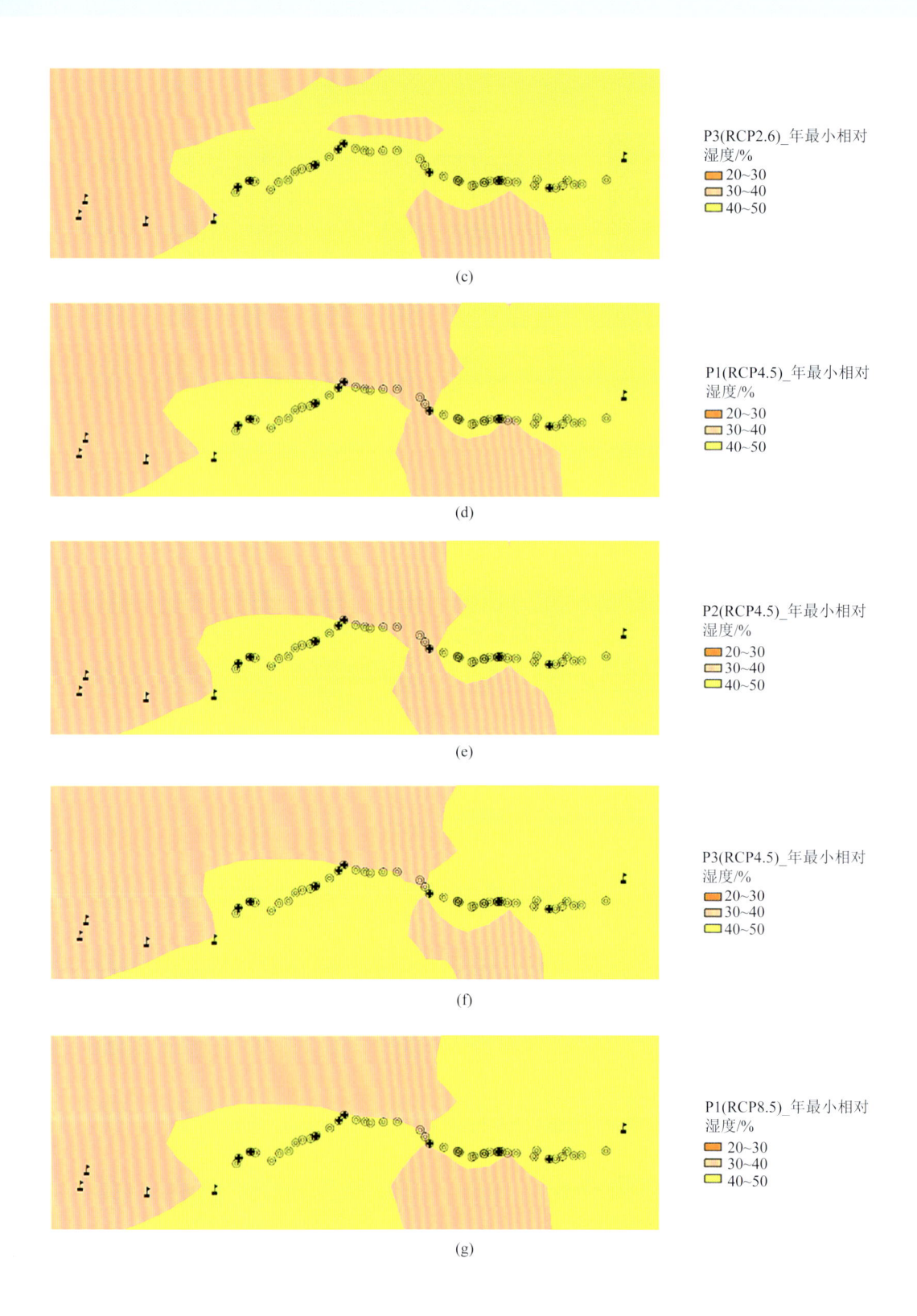

(d)

(e)

(f)

(g)

第 5 章 未来百年气象变化特征

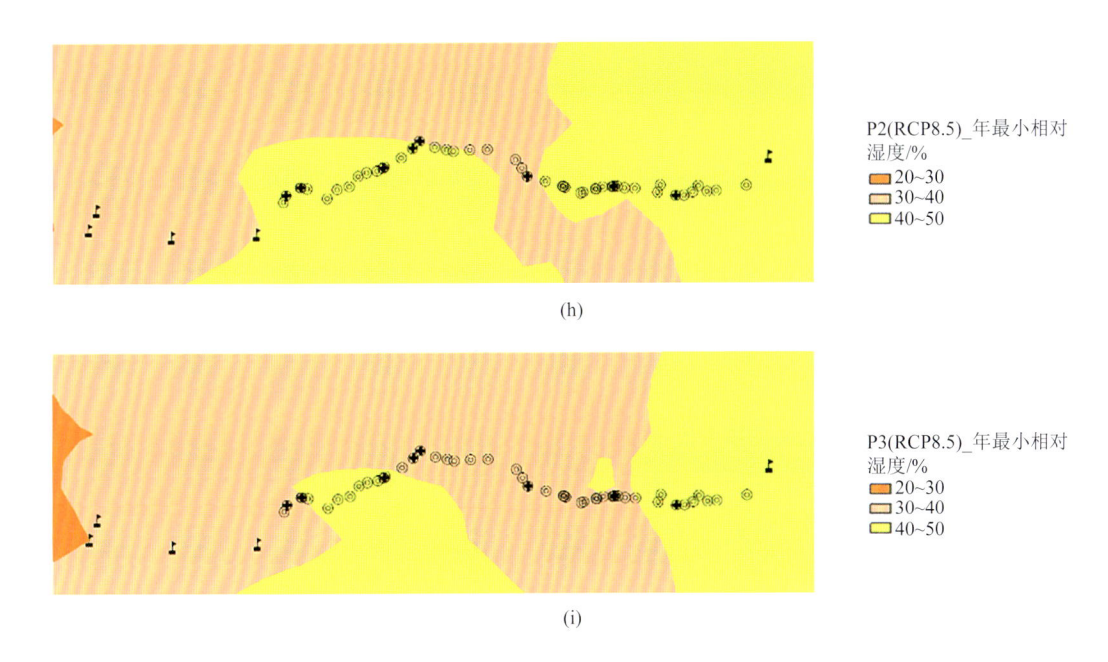

P2(RCP8.5)_年最小相对湿度/%
- 20~30
- 30~40
- 40~50

(h)

P3(RCP8.5)_年最小相对湿度/%
- 20~30
- 30~40
- 40~50

(i)

图 5.73 不同气候情景下不同时段川藏铁路沿线及其附近范围的年最小相对湿度的空间格局

5.6.5 小结

在时间上，RCP2.6 和 RCP4.5 情景下，未来川藏铁路沿线及其附近范围的相对湿度各指标呈波动变化，而在 RCP8.5 情景下，未来日平均相对湿度、年平均相对湿度、年最大相对湿度和年最小相对湿度分别呈显著下降趋势，下降速率分别约为 0.3%/10a、0.3%/10a、0.03%/10a 和 0.4%/10a，21 世纪后期下降速率最为明显。

在空间上，不同情景下，未来川藏铁路沿线及其附近范围的年最大相对湿度和年最小相对湿度整体上呈东南高、西北低的空间分布格局。川藏铁路沿线的易贡隧道和多木格隧道的日平均相对湿度为 80%～90%，其他各设置站点、隧道和桥位处的日平均相对湿度均为 70%～80%；未来川藏铁路沿线大部分区域的年平均相对湿度均为 70%～80%，仅南部的察隅县和墨脱县的年平均相对湿度为 80%～90%，川藏铁路沿线的易贡隧道和多木格隧道年平均相对湿度为 80%～90%，其他各设置站点、隧道和桥位处的年平均相对湿度均为 70%～80%；川藏铁路沿线大部分区域的年最大相对湿度和年最小相对湿度分别为 95%～100% 和 30%～50%。

5.7 风速

基于 CMIP5 中 5 个全球气候模式对 RCP2.6、RCP4.5 和 RCP8.5 排放路径的模拟结果，预估了不同气候情景下 21 世纪前期（2016～2035 年）、中期（2046～2065 年）

和后期（2080～2099年）川藏铁路沿线及其附近范围风速的日和年变化特征及其空间分布格局。未来百年风速产品相关概念如表5.8所示。

表5.8 风速产品相关概念

风速产品	定义
日最大风速	一年中日平均风速的最大值
年平均风速	各站点多年的年平均风速
说明	时间动态上：指研究区域内每个风速产品所有站点的平均值随时间的变化 空间动态上：指每个风速产品在未来不同时段［21世纪前期（2016～2035年）、中期（2046～2065年）、后期（2080～2099年）］的平均值

5.7.1 未来日最大风速时空变化特征

1. 日最大风速特征及其变化趋势

CMIP5中5个全球气候模式模拟的风速数据是日平均风速。因此，此处的日最大风速是从日平均风速中筛选的最大日平均风速。川藏铁路沿线及其附近范围不同气候情景下各时段的日最大风速为3～4 m/s，最大值为3.79 m/s，最小值为3.55 m/s，未来变化趋势不显著（图5.74）。

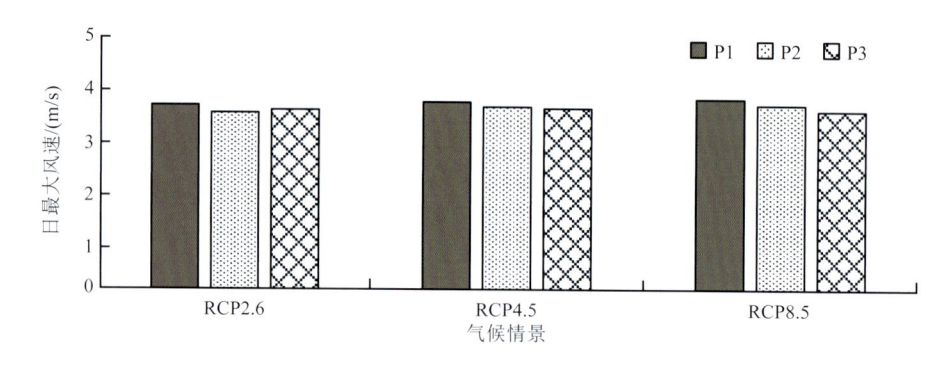

图5.74 不同气候情景下不同时段川藏铁路沿线及其附近范围的日最大风速

2. 日最大风速空间特征及其变化趋势

三种排放情景（RCP2.6、RCP4.5、RCP8.5）下，21世纪前期、中期和后期川藏铁路沿线及其附近范围的日最大风速的变化特征相似，其中日最大风速基本小于10 m/s，川藏铁路沿线关键站点日最大风速主要集中在2～4 m/s。川藏铁路沿线日最大风速在空间上呈北高南低、西北高的分布格局（图5.75）。

第 5 章　未来百年气象变化特征

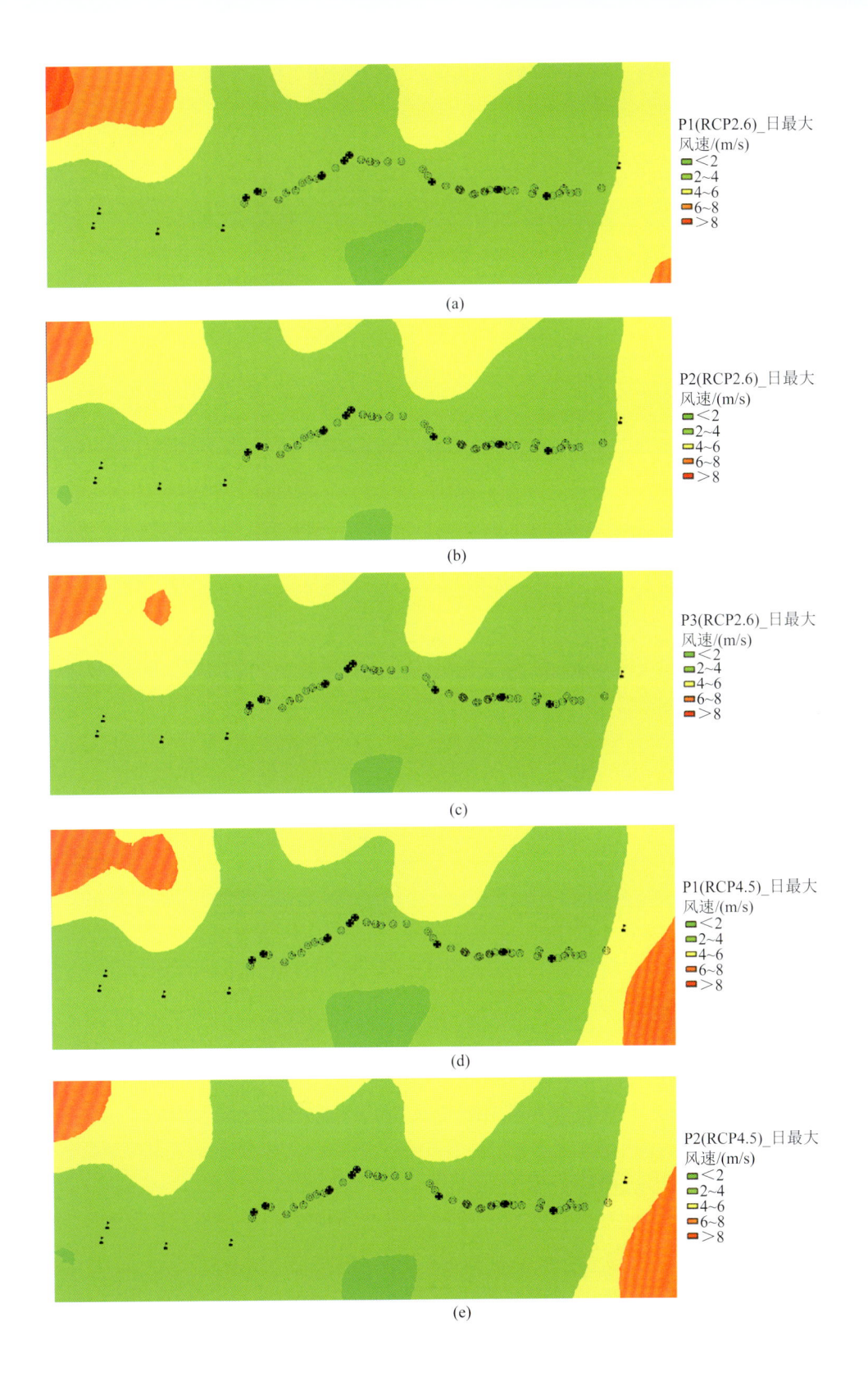

(a) P1(RCP2.6)_日最大风速/(m/s)　<2　2~4　4~6　6~8　>8

(b) P2(RCP2.6)_日最大风速/(m/s)　<2　2~4　4~6　6~8　>8

(c) P3(RCP2.6)_日最大风速/(m/s)　<2　2~4　4~6　6~8　>8

(d) P1(RCP4.5)_日最大风速/(m/s)　<2　2~4　4~6　6~8　>8

(e) P2(RCP4.5)_日最大风速/(m/s)　<2　2~4　4~6　6~8　>8

(f)

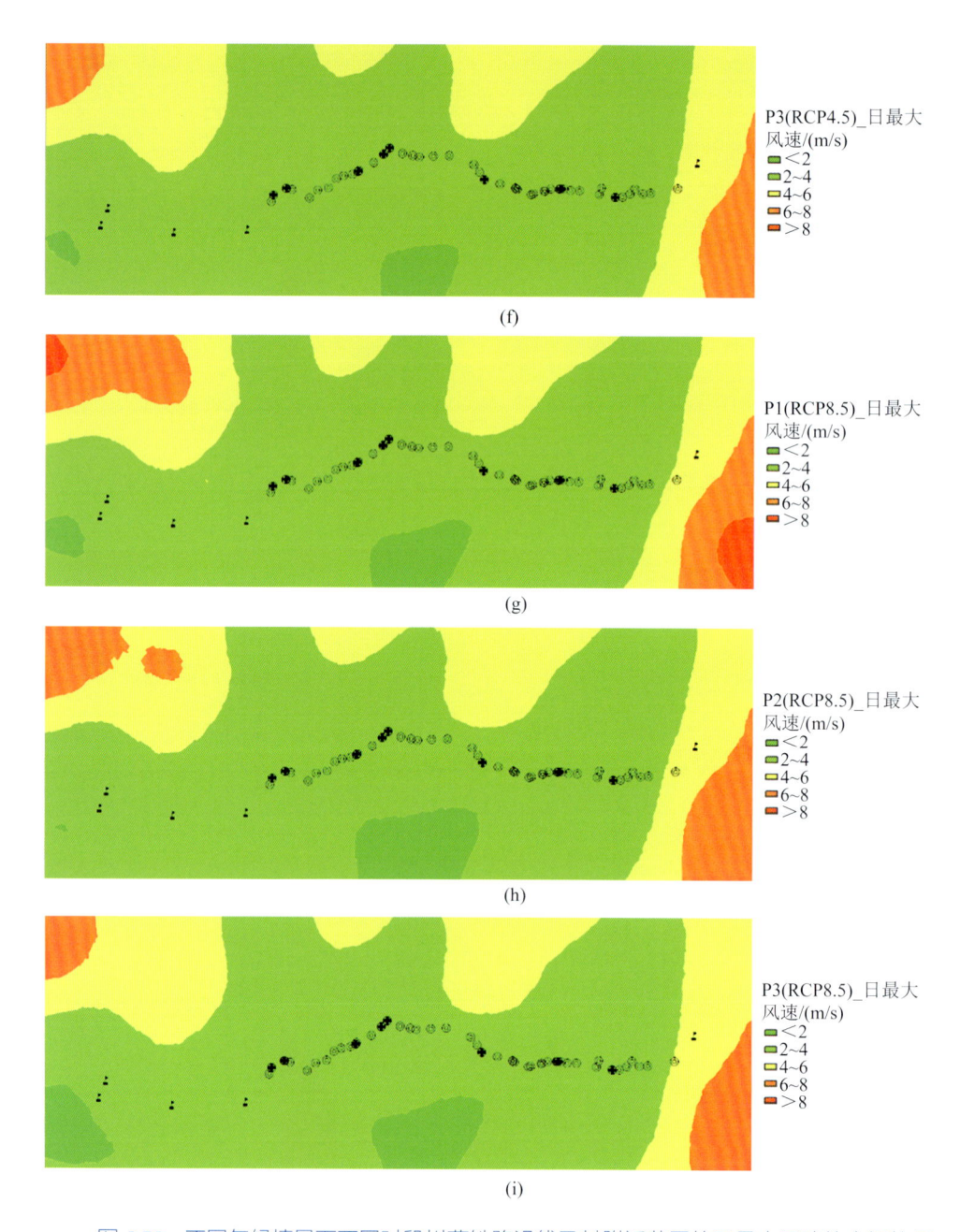

(g)

(h)

(i)

图 5.75　不同气候情景下不同时段川藏铁路沿线及其附近范围的日最大风速的空间格局

5.7.2　未来年平均风速时空变化特征

1. 年平均风速时间特征及其变化趋势

不同气候情景下，未来川藏铁路沿线及其附近范围的年平均风速随时间呈波动下降趋势，尤其在 RCP8.5 情景下，年平均风速下降趋势更加明显（图 5.76）。

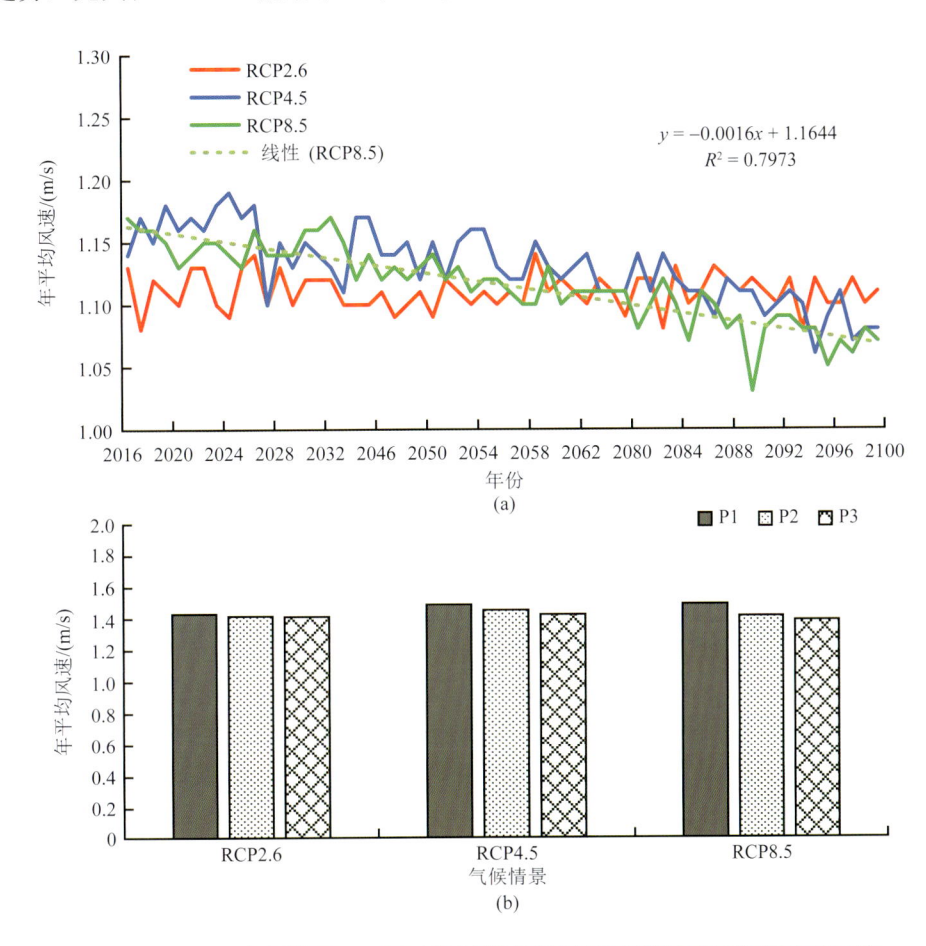

图 5.76 不同气候情景下不同时段川藏铁路沿线及其附近范围的年平均风速

2. 年平均风速空间特征及其变化趋势

不同气候情景下，21 世纪前期、中期和后期川藏铁路沿线及其附近范围的年平均风速的空间分布特征相似，年平均风速基本小于 2 m/s，川藏铁路沿线关键站点年平均风速主要集中在 1～2 m/s。川藏铁路沿线的北部风速较南部大，西北部风速较东部大（图 5.77）。

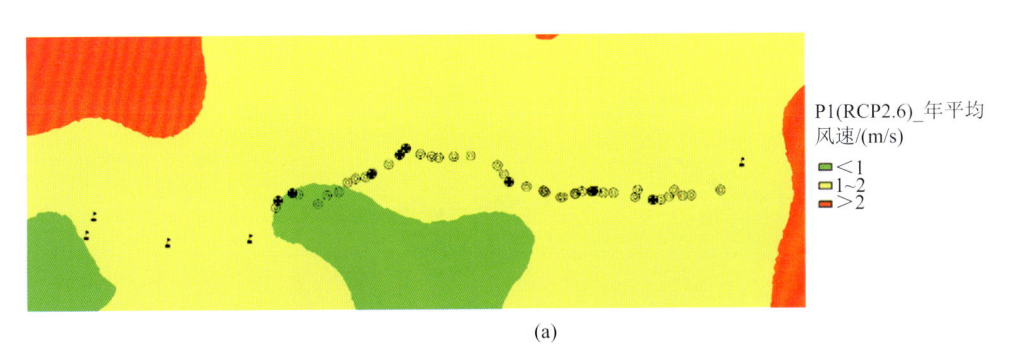

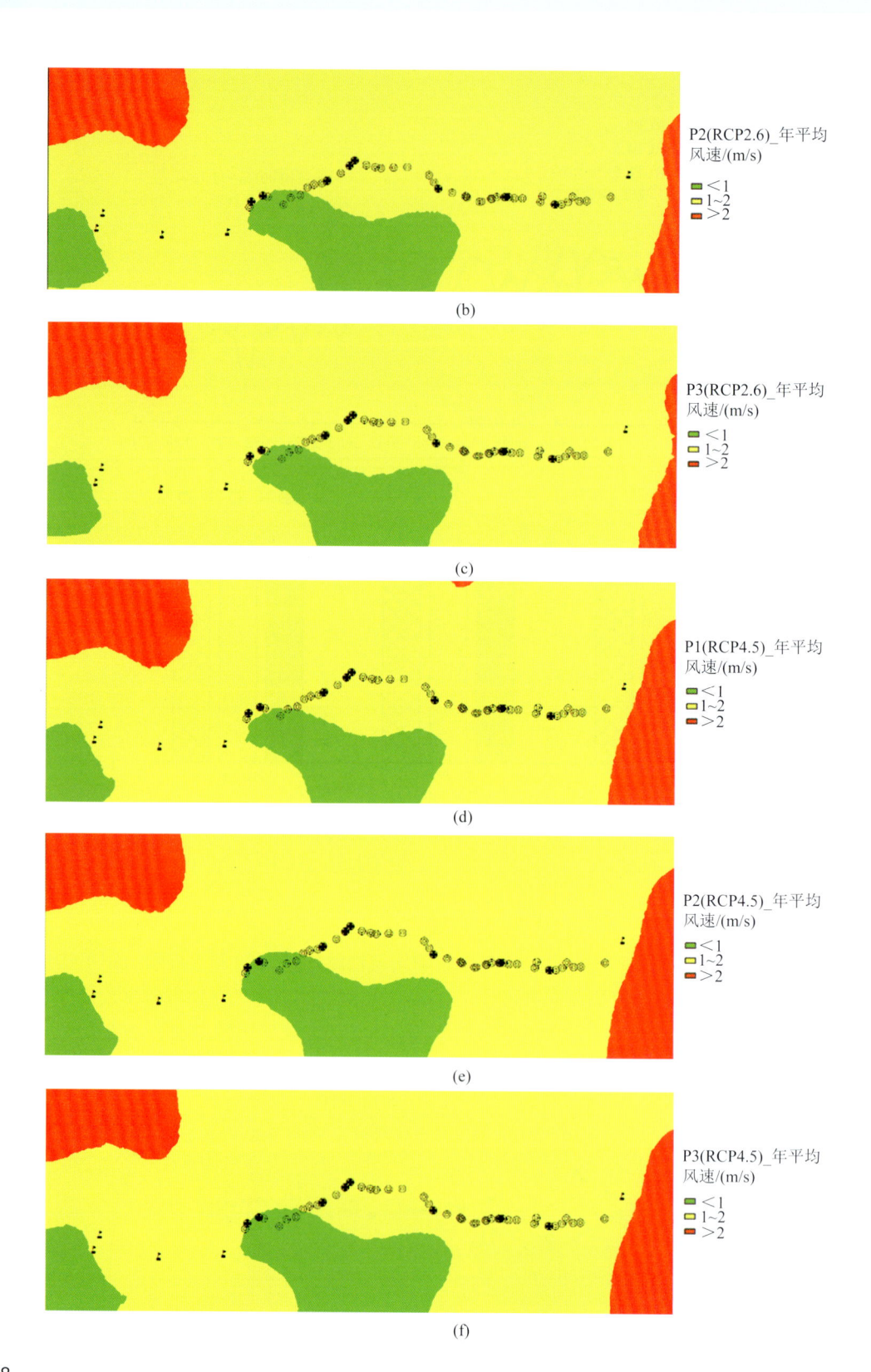

(b) P2(RCP2.6)_年平均风速/(m/s)

(c) P3(RCP2.6)_年平均风速/(m/s)

(d) P1(RCP4.5)_年平均风速/(m/s)

(e) P2(RCP4.5)_年平均风速/(m/s)

(f) P3(RCP4.5)_年平均风速/(m/s)

第 5 章 未来百年气象变化特征

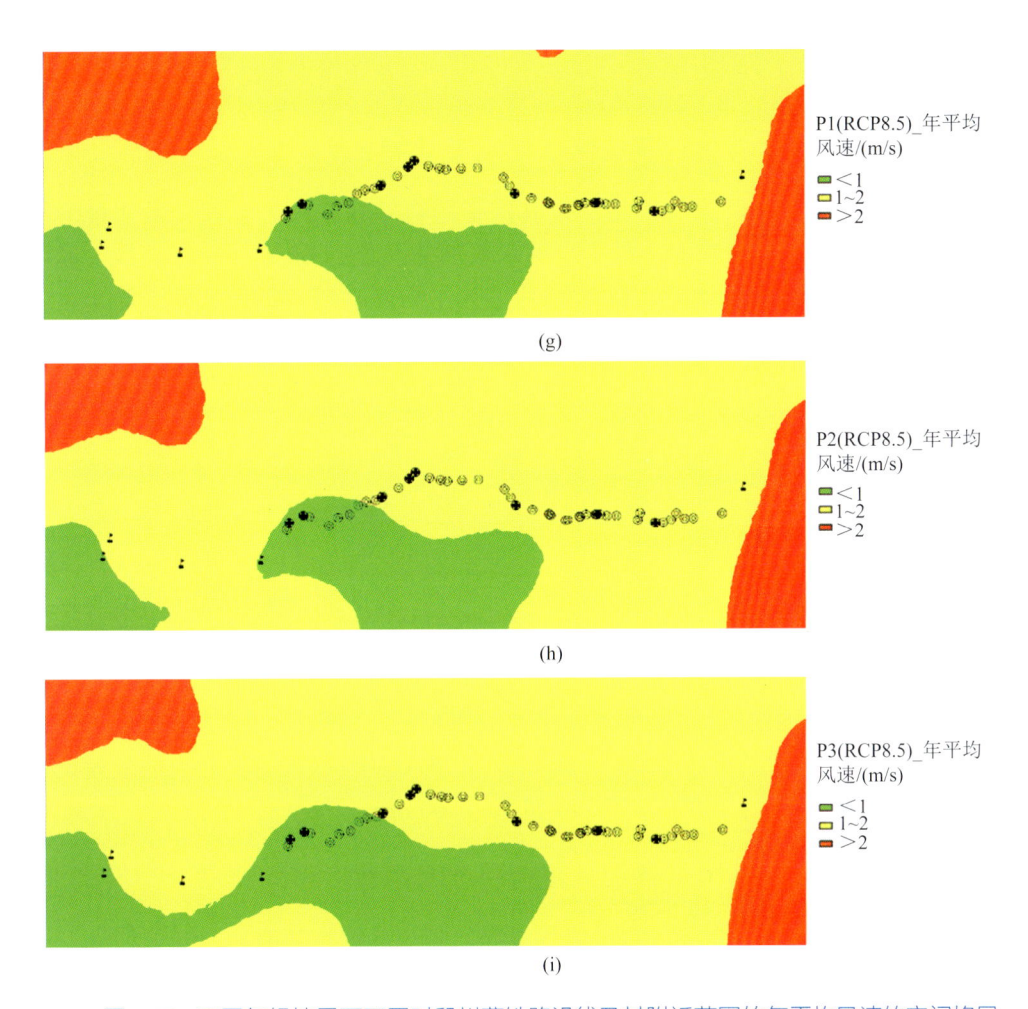

(g) P1(RCP8.5)_年平均风速/(m/s) <1, 1~2, >2

(h) P2(RCP8.5)_年平均风速/(m/s) <1, 1~2, >2

(i) P3(RCP8.5)_年平均风速/(m/s) <1, 1~2, >2

图 5.77　不同气候情景下不同时段川藏铁路沿线及其附近范围的年平均风速的空间格局

5.7.3　小结

在时间上，不同气候情景下，未来川藏铁路沿线的日最大风速无显著变化趋势，其中 8 月的月最大风速最小，2 月的月最大风速最大。年平均风速随时间呈波动下降趋势，尤其在 RCP8.5 情景下，年平均风速下降趋势更加明显。

在空间上，不同气候情景下，21 世纪前期、中期和后期川藏铁路沿线及其附近范围的日最大风速变化特征均相似，呈北高南低、西北高的分布格局。

需要重点说明的是，目前的气候模式还不能准确地模拟风速和风向。因此，关于川藏铁路沿线及其附近范围的风速产品主要参考风速产品的变化趋势，不应过多关注风速产品的绝对值。

5.8 结论

1. 川藏铁路沿线及其附近范围降水时空变化特征

未来不同气候情景下降水时空格局及其演变趋势差异较大。不同气候情景下不同时段的最大日降水量波动较大，最大日降水量的最小值为 60 mm 左右，最大值可达 140 mm 左右。RCP8.5 情景下，21 世纪后期年平均降水量、年最大降水量和年最小降水量均较 RCP2.6 和 RCP4.5 情景大，在 21 世纪前期和中期更为明显。在空间分布上，川藏铁路沿线及其附近区域的降水量各产品基本呈南高北低、东高西低的分布格局。

2. 川藏铁路沿线及其附近范围降雪时空变化特征

在时间上，RCP2.6 和 RCP4.5 情景下，川藏铁路沿线及其附近范围的最大日降雪量在 2006～2099 年呈波动变化；RCP8.5 情景下，最大日降雪量随时间呈显著减小趋势，在 21 世纪后期的减小最为明显。川藏铁路沿线及其附近范围的未来年降雪量和年降雪日数在 2006～2099 年呈波动下降趋势。在空间上，未来最大月降雪量大于 30 mm 的区域主要分布在研究区的北部和南部的墨脱县、察隅县，而墨脱县和察隅县的部分区域的最大月降雪量可达 100～150 mm；川藏铁路沿线大部分站点的最大年降雪量和最小年降雪量分别为 100～150 mm 和 30～60 mm。

3. 川藏铁路沿线及其附近范围气温时空变化特征

在时间上，不同气候情景下，日最低气温和日最高气温均随时间呈增加趋势。在 RCP2.6 和 RCP4.5 情景下，年平均气温呈波动上升趋势，至 21 世纪中叶增加速度明显减缓；而在 RCP8.5 情景下，年平均气温随时间呈明显上升趋势。不同气候情景下，气温日较差和气温最大日较差在时间上均无明显一致的变化规律。在空间上，未来气候情景下，川藏铁路沿线及其附近范围的日最低气温、日最高气温、月最高气温、月最低气温、季平均气温和年平均气温的空间分布格局特征基本相似，均呈北低南高、西低东高的分布特征。

4. 川藏铁路沿线及其附近范围气压时空变化特征

不同气候情景下川藏铁路沿线及其附近范围的气压各产品变化差异较小。在 RCP8.5 情景下，日平均气压随时间呈显著上升趋势；而在 RCP2.6 和 RCP4.5 情景下，日平均气压随时间呈上升趋势，但上升幅度较小。在 RCP8.5 情景下，21 世纪后期川藏铁路沿线及其附近范围的年平均气压、年最高气压和年最低气压均较 RCP2.6 和 RCP4.5 情景大。在空间上，川藏铁路沿线及其附近范围的气压各产品均呈西北低、东南高的分布格局。

5. 川藏铁路沿线及其附近范围辐射时空变化特征

在 RCP2.6 情景下，日平均辐射上升趋势明显；RCP4.5 和 RCP8.5 情景下，日平均辐射呈弱上升趋势。RCP2.6 情景下，日最大辐射明显高于 RCP4.5 和 RCP8.5 情景。年平均辐射、年最大辐射在不同情景和时间段的差异较大，且 RCP2.6 情景下年平均辐射和年最大辐射较 RCP4.5 和 RCP8.5 情景大，并在 2080～2099 年值较高。在空间上，川藏铁路沿线及其附近范围的太阳辐射各产品基本上呈西北高、东南低的分布格局。

6. 川藏铁路沿线及其附近范围相对湿度时空变化特征

在时间上，RCP2.6 和 RCP4.5 情景下，相对湿度各指标呈波动变化，而在 RCP8.5 情景下，未来日平均相对湿度、年平均相对湿度、年最大相对湿度和年最小相对湿度分别呈显著下降趋势。在空间上，未来不同情景下，年最大相对湿度和年最小相对湿度整体上呈东南高、西北低的空间分布格局。川藏铁路沿线的易贡隧道和多木格隧道的日平均相对湿度为 80%～90%，其他各设置站点、隧道和桥位处的日平均相对湿度为 70%～80%；川藏铁路沿线大部分区域的年最大相对湿度和年最小相对湿度分别为 95%～100% 和 30%～50%。

7. 川藏铁路沿线及其附近范围风速时空变化特征

在时间上，不同气候情景下，日最大风速无显著变化趋势，各月最大风速中，8月的月最大风速最小，2月的月最大风速最大。年平均风速随时间呈波动下降趋势，尤其是 RCP8.5 情景下，年平均风速下降趋势更加明显。在空间上，不同情景下，21世纪前期、中期和后期的川藏铁路沿线及其附近范围的日最大风速变化特征均相似，呈北高南低、西北高的分布格局。

第 6 章

灾害风险与对策建议

6.1 大风影响及风险分析

6.1.1 大风气候特点及影响

1. 大风特点

川藏铁路沿线区域处于青藏高原大风日数频发区的南缘，基本规避了大风发生的特高频发区。川西北高原年大风日数普遍有20~50d，甘孜、雅江分别多达65.2d、58.2d；西藏境内大风日数普遍有10~30d，芒康、左贡、波密、林芝、米林一带以及拉萨年大风日数少，不足10d；四川境内泸定及其以东大风日数很少发生，不足1d。年大风日数最大值空间分布与年大风日数分布类似，川西北高原大部普遍有50~150d，康定和丹巴甚至超过150d，其中康定多达257d；年大风日数少发区的最大值普遍不到50d，铁路沿线东部部分站点甚至不足10d。铁路沿线区域的中西部地区大风日数季节变化明显，春季为大风日数多发期，峰值多出现在3月或4月，川西高原北部及西藏东北部部分站点，月变化呈现双峰型，次峰值出现在秋季。东部区域月大风日数少，季节变化不明显。

日最大风速年极大值高值区——川西高原北部，风速普遍超过20m/s，色达、甘孜甚至超过25m/s。日极大风速年极大值高值区分布在川西高原、西藏东部以及铁路沿线区域的西部，一般达25~30m/s，川西高原西北部及拉萨、昌都等地超过30m/s。其余地区为20~25m/s，彭山、雅安、天全、米林、林芝等地不足20m/s。各月川藏铁路沿线主要气象站点的日最大风速极大值均超过20m/s，其中有9个月出现在甘孜。日极大风速极大值，除11月外，其余月份川藏铁路沿线主要气象站点均超过25m/s，其中有5个月出现在昌都，各有2个月出现在甘孜和拉萨。

大风分为寒潮大风、雷雨大风、冰雹大风以及局地强对流大风和地形大风等。大风的时空分布及发生频率与地形和测站周围的地理环境关系非常密切。

1988~2017年，康定以西川藏铁路沿线15个气象站平均年大风日数历年变化总体呈现显著减少趋势，减少速率为8.5d/10a。

2. 大风对铁路的可能影响

铁路工程在建设过程中，大风日数多、破坏力强，可能影响野外施工，对桥梁工程、房屋建设、基础设施、材料运输、施工安全等均可能造成不利影响，如大风造成车辆交通运输受阻，工期因大风延迟，设备遭到破毁，房屋设施倒塌威胁人身安全等。大风有关参数是桥梁等工程设计必要参考的重要内容之一。

运营过程中，大风会严重影响铁路的安全运行，轻者造成运行中的列车限速或者停运，重者会导致列车脱轨甚至倾覆，危及人民生命和财产安全。大风会使高铁输电线路和接触网产生振动与摆动，大跨度桥梁产生"风振"。高速运行的列车车体与轨道之间的摩擦力较小，当有强风从侧面吹来时，列车的动力学参数，包括脱轨系数、减载率、倾覆系数及轮轨横向力均显著增大，在力矩的作用下极易发生侧翻事故。大风风速与风向都是列车倾覆的重要参数，当线路走向与风向夹角垂直时，该路段运行的高速列车受到横风影响，此时列车安全运行的危险度最大；当线路走向与风向夹角小于45°时，该地段的线路主要受侧风影响，存在站停列车溜逸的危险（代娟等，2016）。

大风对铁路后期维护也有很大影响。风产生的风沙可能造成车窗玻璃损伤、道床板结、钢轨磨损增大、行车设备寿命减短等影响。铁路路基部分经过移动或半移动沙丘，这些沙丘被铁路路基阻断后，在大风季节会在路基迎风和背风侧重新堆积形成沙埋及风蚀现象，增加工程设计防护难度，产生路基病害（张洪文等，2014）。

6.1.2 大风风险分析

1. 年极大风速重现期阈值风险评估

对1951~2017年逐日极大风速进行年极大值统计，采用耿贝尔概率分布函数进行拟合并检验。在此基础上，进行不同重现期，如50年一遇、100年一遇年极大风速阈值统计。

采用气象行业标准《高速铁路运行高影响天气条件等级》（QX/T 334—2016）中瞬时风速（极大风速）对铁路运行的影响等级，针对50年一遇和100年一遇年极大风速（V）阈值，进行风险等级划分：

$V \leqslant 20$m/s，0级，无影响，列车正常运行，属低风险；
20m/s $< V \leqslant 25$m/s，Ⅰ级，对铁路运行有一定影响，属较低风险；
25m/s $< V \leqslant 30$m/s，Ⅱ级，有较大影响，属中风险；
30m/s $< V \leqslant 35$m/s，Ⅲ级，有严重影响，属较高风险；
$V > 35$m/s，Ⅳ级，有特别严重影响，属高风险。

昌都、马尔康、甘孜50年一遇年极大风速阈值大，对铁路运行影响达特别严重级别，属高风险等级；理塘—巴塘、八宿—洛隆、加查、拉萨、道孚、芒康为较高风险等级；蒲江、雅安、康定、泽当—贡嘎、德格、左贡为中风险等级；温江、天全、波密—林芝—米林为较低风险等级；彭山属低风险。雅安至林芝段，康定—洛隆均为中风险及其以上等级（图6.1）。

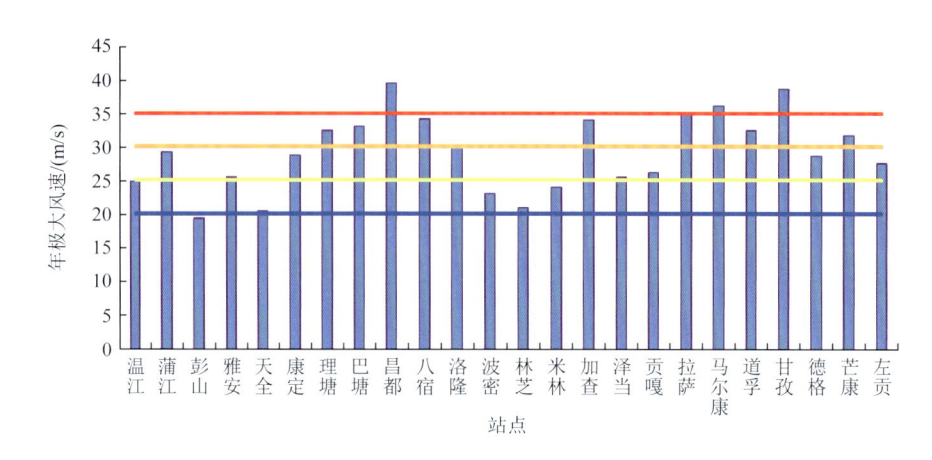

图 6.1　50 年一遇年极大风速对铁路运行影响的气候风险评估

蓝线以下代表低风险；蓝线—黄线代表较低风险；黄线—橙线代表中风险；橙线—红线代表较高风险；红线以上代表高风险。下同

川藏铁路沿线各站 100 年一遇年极大风速阈值，昌都、八宿、加查、拉萨、马尔康、甘孜属高风险等级；蒲江、康定—巴塘、洛隆、道孚、德格、芒康等地属较高风险等级，其余为中、较低风险等级（图 6.2）。蒲江、康定—昌都、洛隆、加查、拉萨等路段风速极大值超过 25m/s，对运行有较大影响。

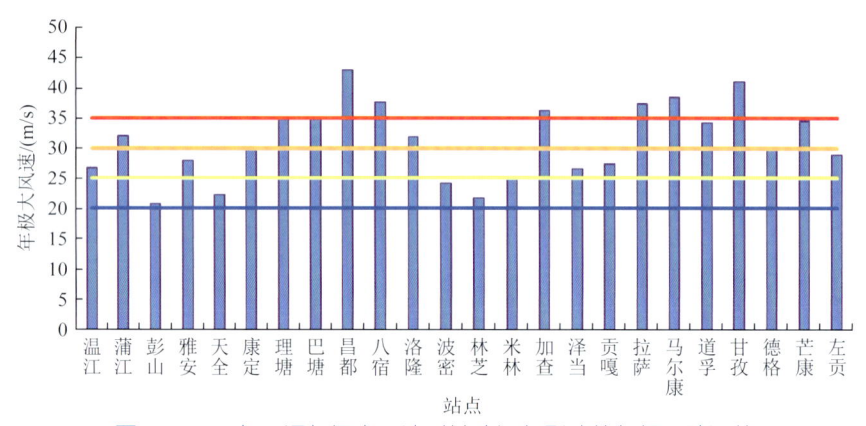

图 6.2　100 年一遇年极大风速对铁路运行影响的气候风险评估

在上述较高风险和高风险区段，结合沿线山区垭口、峡谷、河谷、桥梁及高路堤等区段和列车限速要求，运营期灾害监测系统应包含风监测。此外，重现期年极大风速阈值较大的区域要关注风相关基础工程设施设计参数的确定。

根据风力等级表及陆地地面物象反应和影响，风速≥20m/s 时，可对房屋造成破坏、能够拔起树木、有很强的损毁能力，导致抗风能力弱的相关承灾体受灾可能性大，上述中、较高、高风险区应引起关注。

2. 铁路运行大风风险评估

基于年大风日数和日极大风速数据，统计极端年极大风速（1951～2017 年）和多

第 6 章 灾害风险与对策建议

年平均年大风日数（1981～2010 年），以此两指标作为矩阵纵坐标和横坐标。根据大风对铁路运行不利影响等级标准将纵坐标按照 20m/s、25m/s、30m/s、35m/s 划分为五个等级：无影响、一般影响、较大影响、严重影响、特别严重影响；根据多年平均大风日数按照 1d、5d、20d、50d 划分五个等级：极少、少、一般、较多、多。两者组合，共划分六个风险等级：极低风险（0）、低风险（1）、较低风险（2）、中风险（3）、较高风险（4）、高风险（5），分别用绿色、蓝色、黄色、橙色、红色、棕色表示（表 6.1）。

表 6.1 大风矩阵法综合风险等级划分

等级	极大风速/大风日数				
	极少	少	一般	较多	多
特别严重影响	15	25	35	45	55
严重影响	14	24	34	44	54
较大影响	13	23	33	43	53
一般影响	12	22	32	42	52
无影响	11	21	31	41	51

拉萨市区至朗县段的主要大风灾害特征为大风日数较多，且风速极大值情况下有较大影响，属 43 类（图 6.3）。米林至波密段则以大风日数一般，风速极大值情况下有一般影响为主，属 32 类。洛隆至八宿段大风日数较多，风速极大值情况下有一般影响，属 42 类。从昌都、察雅到巴塘段大风日数较多，且风速极大值情况下有较大影响，属 43 类。理塘涉及 3 个类别，分别为 43 类、44 类和 34 类，其中 34 类和 44 类集中在东部，44 类情况最为严重（大风日数较多，且风速极大值情况下有严重影响）。雅江段以 53 类为主（大风日数多，且风速极大值情况下有较大影响）。康定市大风日数较多，风速极大值情况下有一般影响，属 42 类，局部路段属 52 类、53 类，大风日

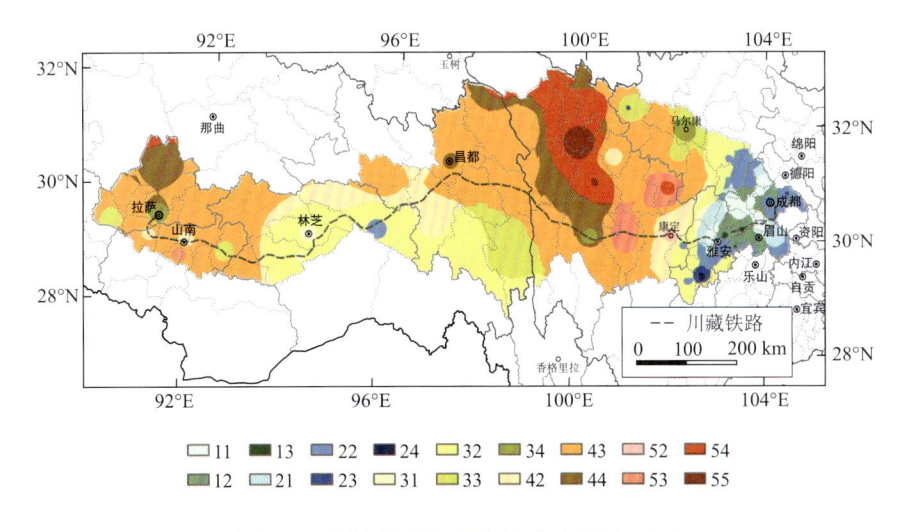

图 6.3 川藏铁路沿线区域大风灾害分类图

数多。泸定县至成都路段涉及类别主要有 11 类、12 类、13 类、21 类、22 类等，大多属于大风日数少、极少情况，且风速极大值情况下有较大影响、一般影响或无影响。

对铁路沿线路段进行大风风险评估，在 ArcGIS 软件中取铁路线路两侧各 20km 建立缓冲区。从川藏铁路大风灾害风险分布图中可以看出，拉萨—朗县段、洛隆—康定段大部属于中风险等级，其中理塘县、雅江县部分路段属于较高风险等级。米林—林芝—波密段及泸定段属于中风险等级。天全以东，以较低风险、低风险、极低风险等级为主（图6.4）。四川色达、甘孜、新龙和丹巴等地，属于较高风险、高风险等级，建议选线避开这些高风险等级区。此外，大风日数多，极值风速大，可能会对工程施工和基础设施造成严重影响和破坏。

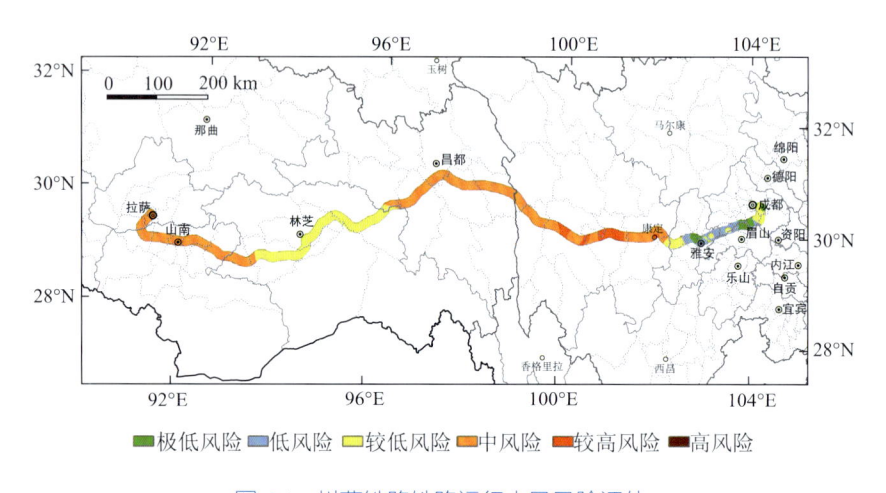

图 6.4　川藏铁路铁路运行大风风险评估

6.1.3　强横风风险评估

瞬时风速是引发高速列车倾覆翻车事故的动力因素。在特殊路段（特大桥、高路堤弯道、高架桥、垭口、峡谷等区间）会产生风的增速效应，随着桥高的增加，特别是高架桥、特大桥与风口、垭口、峡谷地形叠加，瞬时风速会增大，对列车运行造成威胁（马淑红和马韫娟，2013）。当列车经过这些路段时，如果线路走向与强风主风向之间夹角为 75°～95°，列车受强横风的影响，车身产生抖动，甚至会有脱轨和倾覆的危险。总之，强横风天气对高速铁路建设和养护以及安全运行影响很大。

川藏铁路林芝—雅安段，地形复杂，多峡谷河流、特大桥、高架桥、隧道多。铁路桥桥位所处位置地形复杂，局部地形的动力和热力作用对气流影响导致桥址处的风环境复杂多变，且桥面距谷底较高，风荷载对桥梁结构的抗风稳定和列车运行影响大。此外，沿线需要建设大量隧道，在隧道的出口复杂横风环境对列车运行影响大，也会增加大风灾害的风险。因此，在铁路规划、建设和运营中需重点考虑，必要时在强风区间设置防风栅、建设防风隧道，通过防风栅和防风隧道减少作用在列车上的气动力，以保障列车安全运行或防止倾覆翻车事故的发生。

6.1.4 未来大风风险预估

基于区域气候模式 RegCM4.4 在 NorESM1-M 模式驱动下所进行的 25 km 高分辨率区域气候模拟结果分析，未来 50 年一遇近地面 10m 最大风速相对于 1986～2005 年的变化，21 世纪中期（2045～2065 年，后同），川藏铁路沿线区域大部分地区 10m 最大风速呈现增加趋势，最大增幅出现在西部和中西部地区（波密、洛隆一带），超过 15%。由于西部为高山河谷地区，多草场，未来发生大风灾害的可能性增加，会对铁路运行造成不利影响；中西部地区高山连绵，地势起伏大，地形对风影响显著，目前时段，理塘—洛隆段风险等级高，未来大风风险将进一步增加。应预防峡谷大风对铁路电气化工程、桥梁等的负面影响，设计规划和设置防护时需要考虑在现阶段参考阈值标准上做适当提高。警惕强风等极端条件下，风致振动引起的桥梁构件疲劳导致行车安全事故等。而川西北高原、南部林芝一带和东部部分区域最大风速减小，减小的大值区出现在四川盆地南部，低于 –15%。

21 世纪末期（2080～2099 年），西部、中西部风速增加区域转变为减小，尤其是中部，减小值可达 –10% 以上；但西南部个别区域仍为增加趋势，增幅较弱，在 5% 以下；东部多数区域转变为增加，增幅较大，在 15% 以上，发生大风灾害的可能性会有所增加。

6.1.5 防范措施建议

（1）考虑大风对铁路运行的可能影响，通过减灾选线，尽量规避大风灾害高风险区，以及绕避深切峡谷、山脊等特殊地形下突风常发的区域。

（2）从工程方案规划设计的角度考虑，对于有潜在大风灾害的线路区间，选择以隧代路。对于跨越山区峡谷的铁路桥梁，进行合理的方案比选研究，选择有利于桥梁抗风的结构断面，并通过增加结构的总体刚度来提高桥梁的气动稳定性；通过在铁路桥梁上设置风嘴、稳定板等附属设施，改变结构的气动外形，提高铁路桥梁抵御风致振动的能力。铁路沿线分段设置风屏障，改善限界内风环境，降低横风对列车的影响。

（3）考虑未来气候变化，21 世纪中期，50 年一遇 10m 最大风速总体呈增加趋势，尤其西部和中西部地区增加幅度大。桥梁等工程规划设计时，需要在现有参考标准下适当调整，进行未来气候可行性论证。

（4）在施工和运营阶段，在有潜在风致灾害线路区间进行大风监测及预警，对线路附近的风环境和结构状态进行实时监控，并基于科学严谨的行车安全准则进行实时预警。应根据工程施工大风天气条件规范，安全施工。制定大风防御方案、应急响应、风险管理预案等。

6.2 强降水影响及风险分析

6.2.1 强降水及引发的山洪、地质灾害等特点

1. 强降水气候特点

川藏铁路沿线四川境内的东部和西藏境内米林至波密一带为降水多发区。四川境

内普遍超过 600mm，其中东部年降水量多达 800mm 以上，年降水日数超过 150d，降水日数年内月变幅较小，秋雨明显，冬季降水日数最少。暴雨多发生在区域东部，达 2～4d，雅安、天全等地为暴雨中心，暴雨多出现在 4～9 月，峰值出现在 7 月或 8 月。东部降水强度强，日降水量年极大值，成都温江高达 356.6mm，雅安高达 339.7mm；年 10min 降水量极大值彭山为 30.8mm。川藏铁路沿线主要站点最长连续降水日数均在 10d 以上，米林、加查、白玉以及康定新都桥超过 40d，波密多达 52d；过程最大降水量均超过 100mm，雅安、天全和成都温江出现过 500mm 以上的降水过程，其中雅安过程最大降水量多达 657.4mm。西部降水量较多的地区，如林芝、波密等地降水一般有 600～800mm，降水日数月变化幅度较大，夏多冬少。

2. 强降水引发的山洪、泥石流、滑坡灾害等特点

基于川藏铁路沿线经过县（区）的历史发生山洪、泥石流和滑坡灾害资料对年发生次数进行多年平均统计，分析沿线山洪、泥石流、滑坡分布特点，为选线、规划、施工建设提供参考。四川境内山洪统计为 1981～2016 年平均值，泥石流、滑坡灾害为 2008～2019 年平均值，西藏境内三种灾害均为 1981～2017 年平均值。

川藏铁路沿线山洪多年平均年发生频次，四川境内总体高于西藏境内铁路沿线各县（区），四川泸定、邛崃，雅安名山区、雨城区等地较高，超过 0.5 次 /a，泸定最高，达 0.83 次 /a；西藏境内，贡嘎较高，其次为波密和加查，其余各县（区）低于 0.5 次 /a。据实地调查发现，邛崃山洪虽发生较多，但多分布在山区，距铁路沿线较远，相对影响较低；雅安至巴塘段山洪频率高发区主要集中在泸定、康定、巴塘地区。泸定位于四川盆地与青藏高原过渡地带，属于典型的高山峡谷区，大渡河由北向南贯穿全境，洪水发生的风险相对较高。高原地区多因人口分布密度低，较多山洪灾害可能发生在无人区，历史灾害记录较少，而铁路建设多在无人地区施工，因此高原地区山洪灾害的发生也需要多加预防警惕（图 6.5）。

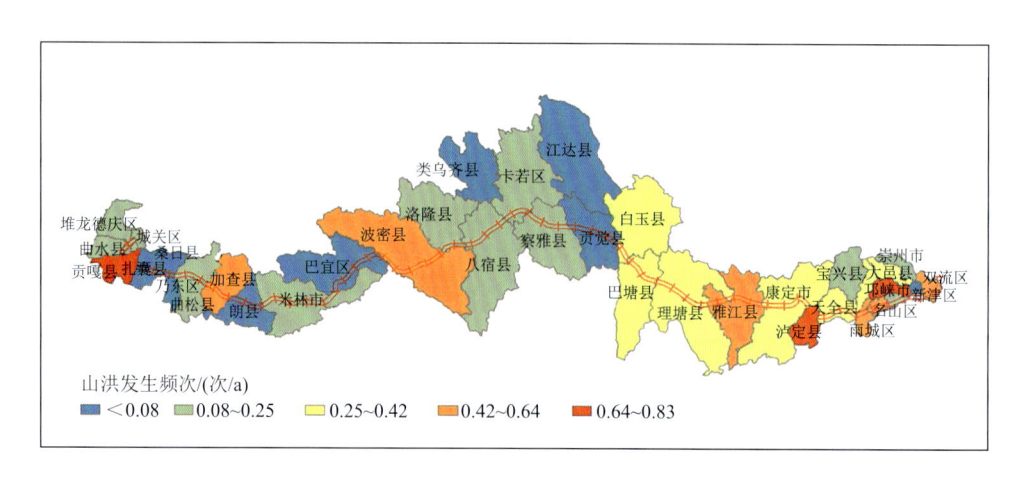

图 6.5 川藏铁路沿线山洪灾害发生频次

泥石流灾害多年平均年发生频次，四川境内总体大于西藏境内铁路沿线各县（区），

其中四川泸定县及宝兴县发生最为频繁，为 5.1 次/a 和 5.6 次/a，川西高原其他各地如理塘、白玉、康定、巴塘、雅江及崇州等也较为频繁，超过 1 次/a；西藏境内波密比较多，为 0.32 次/a，其次为米林和加查（图 6.6）。

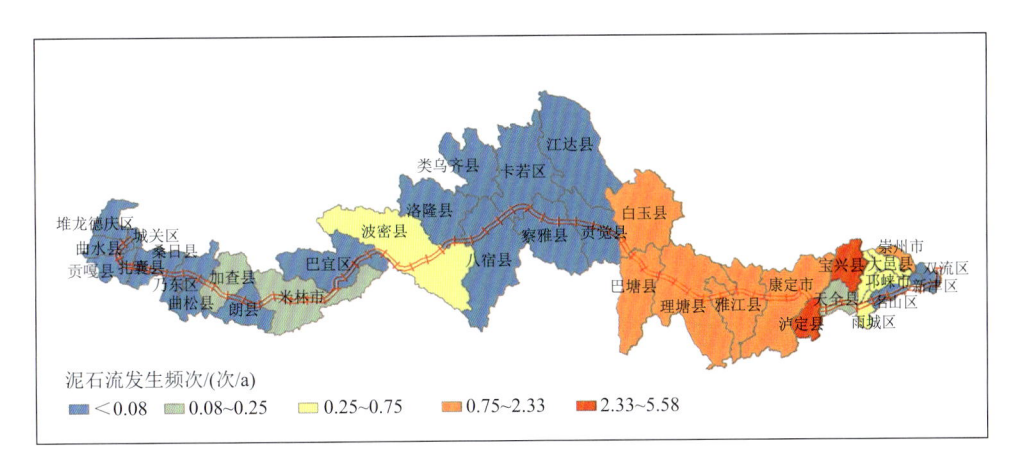

图 6.6　川藏铁路沿线泥石流灾害发生频次

滑坡灾害多年平均年发生频次，高值区主要集中在四川康定及其以东地区，其中，四川崇州、宝兴、雨城分别为 10.25 次/a、5.0 次/a、5.0 次/a，其次为大邑、邛崃、蒲江、名山，超过 4 次/a，天全、芦山超过 1 次/a。据不完全统计，西藏波密最少，仅 0.05 次/a（图 6.7）。

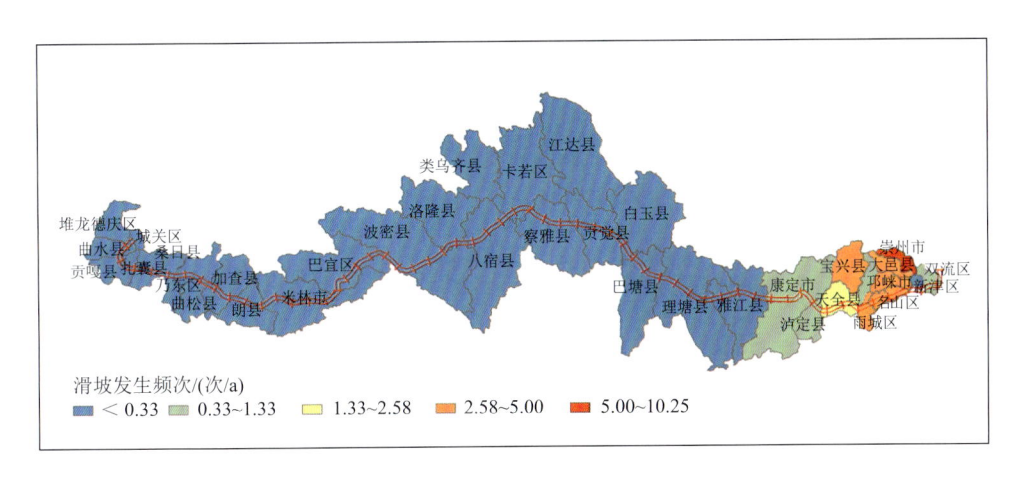

图 6.7　川藏铁路沿线滑坡灾害发生频次

总体来看，川西地区泥石流沟分布密集，约占四川泥石流沟总数的 85% 以上。以康定为界，川西高原西半部分康定—雅江—理塘—巴塘—白玉地区泥石流沟占该地区的 30%，泥石流主要发生在 6～9 月，呈单峰型分布；东半部分康定—雅安—成都，泥石流沟占该区域的 70%，主要发生在 5～10 月，呈双峰型分布。泥石流沟主要分布在雅砻江、大渡河、岷江中下游泥石流带，其活动周期规律基本与四川地区降水的周期变化特征相吻合，特别是与区域性大暴雨或特大暴雨洪灾相一致，成都—雅安正好位于青衣江暴雨区，由暴雨引发的山洪、滑坡、泥石流等次生灾害更为频繁。

川藏铁路沿线成都—雅安段地质环境总体相对稳定，引发滑坡灾害的前期有效雨量多在25mm以上，统计川藏铁路沿线成都—雅安段多年降水数据发现，多年平均日降水量大于25mm天数为7～16d，其中雅安最多；天全、名山、芦山、蒲江次之，在10d以上；而川藏线康定以西甘孜等地滑坡灾害，对应的前期有效雨量较小，多在10mm以上，多年平均日降水量大于10mm天数为15～30d，其中康定最高、雅江次之、巴塘最低，川西高原地质环境脆弱，少量降水也易引发灾害。尤其2008年汶川地震后，造成土质疏松，地质环境更加敏感脆弱，诱发次生灾害的降水临界值更低。西藏境内发生山洪、滑坡、泥石流等地质灾害的致灾雨量偏低，日降水量达到10mm时，便有可能达到致灾中等情况，东部的江达、贡觉、察雅及中西部的林芝—拉萨段致灾雨日相对较多，属降水诱发地质灾害的高发区域。

1990年以来，川藏铁路沿线四川境内曾多次发生方量超过20万 m^3 并造成重大人员伤亡的地质灾害事件，如2009年7月23日康定发生大型滑坡灾害，造成16人遇难、4人受伤、38人失踪[①]；2013年受"7·9"特大暴雨过程影响，川藏铁路沿线区域灾害记录数达到335起，仅崇州市一地7月11日当日就达138起；7月12日泸定县海螺沟景区发生特大泥石流[②]。

西藏境内铁路沿线高活跃的地质灾害隐患点众多，加上中小河流密集，极易形成堰塞湖，如2018年10～11月，江达县波罗乡白格村两次发生山体滑坡，造成金沙江干流被阻断形成堰塞湖，泄洪引发的洪峰导致部分民房、公路、农田被淹没，造成重大的经济损失。

6.2.2　强降水及引发地质灾害的影响

川藏铁路沿线部分区域极端降水事件时有发生，降水具有历时短、雨量集中、强度大等特点。强降水（暴雨）及其引发的洪水、滑坡、泥石流等灾害隐患多、风险大，是选线时优先考虑的问题。

在施工期，受恶劣强降水天气影响及其产生的洪水、泥石流、滑坡等灾害可能会导致工程延期或停工。施工地点在野外山区，如果选择不当，受突发降水影响会发生山洪、泥石流和滑坡等灾害，对施工工地及工人人身安全造成威胁，此外，灾害还会造成道路交通受阻，对所需材料的运输产生影响，从而耽误工期。

在运营期，强降水会严重影响列车行车安全性，对路基、桥梁、隧道、涵洞、通信、电力设施、轨道结构等造成破坏，对川藏铁路工程结构构成威胁，如强降水造成路基险穴、边坡滑坡、溜塌，倾覆路基，阻挡列车运行等。降水会引发河流水位上升形成洪水，冲毁路轨、桥梁、通信电力设施、涵洞和防护工程等。对大桥来讲，强降水会使桥墩因洪水的强力冲刷而产生变形倾倒、桥跨移位。降水造成隧道衬砌变形开裂、掉块和隧道积水，还损毁铁路供电系统设备、接触网设备以及通信信号设备（张洪宇，

---

① https://www.gov.cn/gzdt/2009-07-31/content_1380276.htm
② https://www.gov.cn/jrzg/2013-07-16/content_2449201.htm

2019)。泥石流的主要危害有冲击、磨蚀、冲刷、淤埋等，严重时会冲毁工程结构。滑坡可能导致滑坡体堵塞河道形成堰塞湖，淹没铁路工程结构，溃坝后对工程结构安全造成重大危害。危岩落石的危害为直接撞击铁路工程结构，导致结构破坏甚至垮塌。

6.2.3 强降水风险评估

1. 年日最大降水量重现期阈值风险评估

采用广义极值分布函数（GEV），对 1961～2019 年年日最大降水量进行不同重现期阈值统计。参考马韫娟等（2011）高速铁路暴雨灾害防控技术指标，基于日雨量指标划分的高铁沿线汛期三级警戒的临界雨量，并结合我国西部区域暴雨标准（25 mm ≤ 日降水量），进行风险等级划分。

泸定以东地区：
$R < 25$ mm，低风险；
25 mm ≤ $R <$ 50 mm，较低风险；
50 mm ≤ $R ≤$ 100 mm，中风险；
100 mm $< R ≤$ 150 mm，较高风险；
$R > 150$ mm，高风险。

泸定以西地区（川西高原、西藏）：
$R < 10$ mm，低风险；
10 mm ≤ $R <$ 25 mm，较低风险；
25 mm ≤ $R ≤$ 50 mm，中风险；
50 mm $< R ≤$ 100 mm，较高风险；
$R > 100$ mm，高风险。

根据五年一遇年日最大降水量分析，可以看出，泸定以东地区，蒲江、雅安为高风险区，温江、彭山、天全为较高风险区；泸定以西地区，波密为较高风险区，其余为中风险区，其中泸定也接近较高风险区（图 6.8）。

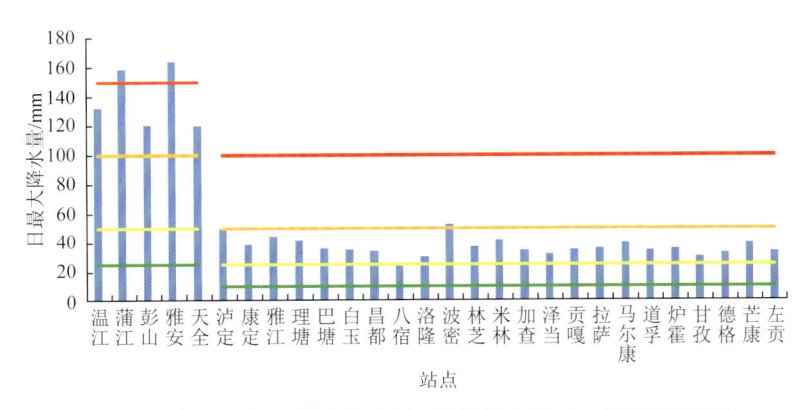

图 6.8　五年一遇年日最大降水量对铁路运行影响的气候风险评估

绿线以下代表低风险；绿线—黄线代表较低风险；黄线—橙线代表中风险；橙线—红线代表较高风险；红线以上代表高风险。下同根据50年一遇年日最大降水量分析，可以看出，泸定以东地区，温江—天全仍为高风险区，泸定以西地区，泸定—理塘、昌都、波密—米林、马尔康、芒康为较高风险区；其余为中风险区（图6.9）。

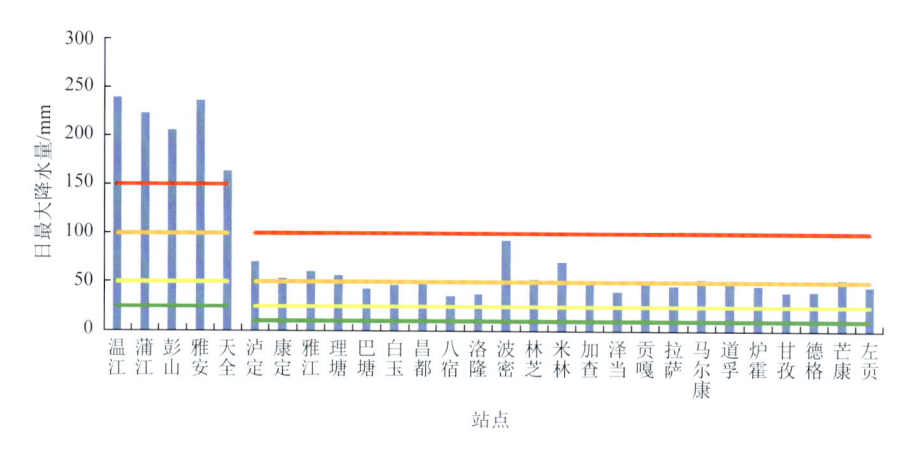

图6.9　50年一遇年日最大降水量对铁路运行影响的气候风险评估

根据100年一遇年日最大降水量分析，可以看出，泸定以东地区，温江—天全仍为高风险区；泸定以西地区，波密为高风险区，泸定—理塘、白玉—昌都、林芝—加查、贡嘎、马尔康—道孚、芒康为较高风险区，其余为中风险区（图6.10）。

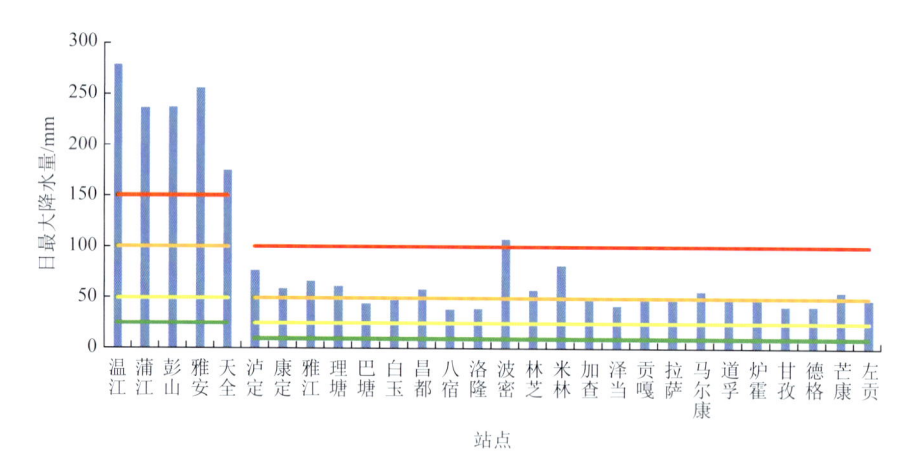

图6.10　100年一遇年日最大降水量对铁路运行影响的气候风险评估

考虑川藏铁路沿线多高山峡谷，河流多，一些沿江地区孕灾环境敏感性高，暴雨洪水影响大，铁路选线应避开暴雨洪水可能淹没区，减少暴雨洪涝灾害可能对铁路运行、基础设施等造成的不利影响。

2. 铁路运行强降水风险评估

基于1981~2018年小时降水数据，统计5~10月极端小时降水量和多年平均不

第6章 灾害风险与对策建议

利运行（小时降水量≥20mm）小时数，以此两指标作为矩阵纵坐标和横坐标，综合反映极端降水和不利运行情况发生频率对铁路运行等方面的影响。根据小时降水量不利运行等级将纵坐标按照 20mm、45mm、60mm 划分为四个等级：无影响、一般影响、较大影响、严重影响；根据多年平均不利运行小时数按照 0.5h、3h、5h、10h 划分五个等级：极少、少、一般、较多、多。两者组合，共划分六个风险等级：极低风险（0）、低风险（1）、较低风险（2）、中风险（3）、较高风险（4）、高风险（5），分别用绿色、蓝色、黄色、橙色、红色、棕色表示，如表 6.2 所示。

表 6.2 强降水矩阵法综合风险等级划分

等级	极端小时降水量 / 不利运行小时数				
	极少	少	一般	较多	多
严重影响	14	24	34	44	54
较大影响	13	23	33	43	53
一般影响	12	22	32	42	52
无影响	11	21	31	41	51

川藏铁路沿线各站点雅江以东路段、白玉、昌都以及拉萨和马尔康、道孚、炉霍、甘孜、德格、芒康、左贡等地极端小时降水量超过 20mm，其余路段小于 20mm。德格有 54.8mm，天全以东路段超过 60 mm。多年平均 5～10 月小时降水量超过 20mm 的小时数也以天全以东路段为最多，有 4～9 个小时，其中雅安最多。

从川藏铁路降水灾害分类（图 6.11）可以看出，拉萨—雅江大部分属于强降水时数极少类型，小时降水极大值情况下无影响或有一般影响（11 类、12 类），察雅至雅江路段小时降水极大值情况下有一般影响（12 类）。康定和泸定路段强降水时数少，小时降水极大值情况下有一般影响（22 类）。天全段以及彭山以东路段属于强降水时数一般，小时降水极大值情况下有严重影响（34 类）。雅安至蒲江属于强降水时数较多，小时降水极大值情况下有严重影响（44 类）。

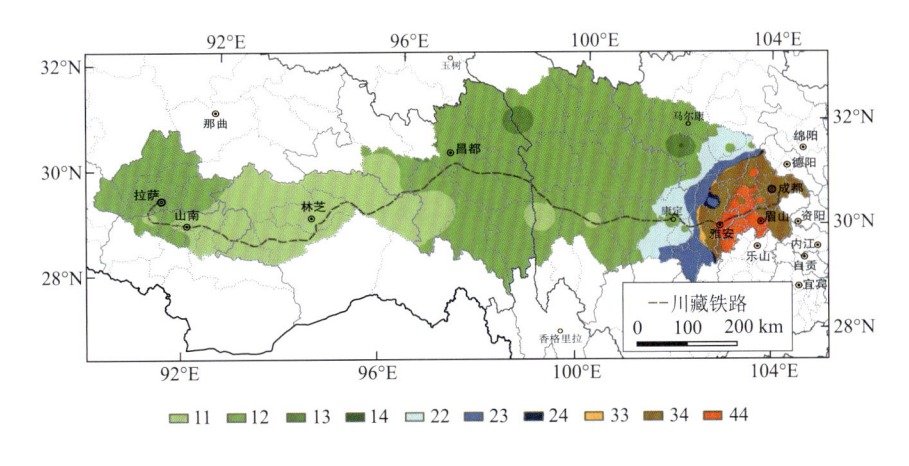

图 6.11 川藏铁路沿线降水灾害分类图

对铁路沿线路段及区域各站进行铁路运营强降水风险评估，在 ArcGIS 软件中取铁路线路两侧各 20 km 建立缓冲区。川藏铁路沿线强降水铁路不利运行风险等级，总体上东部盆地高于中西部地区。天全以东为较高风险、中风险等级，泸定至洛隆段、扎囊、拉萨段为低风险，其余路段风险等级极低（图6.12）。

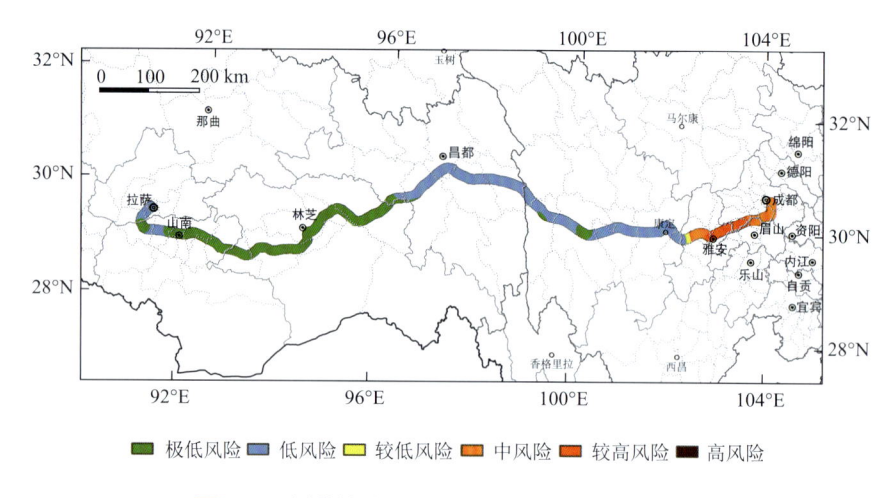

图 6.12　川藏铁路沿线铁路运行强降水风险评估

6.2.4　强降水引发的地质灾害风险

川藏铁路沿线四川境内山洪、泥石流、滑坡等灾害明显多于西藏，下面主要对川藏铁路沿线四川境内地质灾害进行风险评估。

1. 数据资料

地质灾害资料主要来源于四川省地质环境监测总站，包括 2008～2019 年共计 465 个滑坡、泥石流灾害点，对误录、重录和记录不全的数据予以剔除。2008～2018 年地质灾害记录数据用于易发度区划。154 个常规气象站 2008～2019 年逐日降水资料由四川省气象探测数据中心提供，采用 ArcGIS 软件中的样条函数插值法对多年平均降水量进行栅格化。DEM 地形数据分辨率为 30m。1∶100 万岩土、植被类型、地均 GDP、地均人口数据来源于资源环境科学数据平台（http://www.resdc.cn）。断裂带资料来源于四川省地震局，并经过矢量化。考虑地质灾害预警最佳单元为 1～3km，计算过程中栅格数据均运用 ArcGIS 软件进行 1 km×1 km 的重采样。

2. 研究方法

采用信息量模型进行评估区划。受不同地形、地质、气候等影响因子综合影响，地质灾害具有明显地域特点，不同地区诱发地质灾害所需降水量、降水强度等临界条件不同，体现出地质灾害易发度的明显差异。信息量模型法是进行地质灾害易发度分区的常用方法。它用信息量来表示每一种影响因子对地质灾害所起作用的大小，通过各影响因子信息量的叠加求取各评估因子对地质灾害的综合影响，综合信息量越高表示地质灾害易发度越高。综合信息量模型计算公式如下：

$$I_z = \sum_{i=1}^{n} I_i = \sum_{i=1}^{n} \ln\left(\frac{N_{i,j}/N}{S_{i,j}/S}\right) \tag{6.1}$$

式中，I_z 为研究区栅格单元综合信息量；I_i 为第 i 个影响因子研究区栅格单元信息量；n 为影响因子个数；$N_{i,j}$ 为研究区栅格单元隶属第 i 个影响因子第 j 个分级或分类上的地质灾害点数量；N 为研究区地质灾害点总数量；$S_{i,j}$ 为研究区栅格单元隶属第 i 个影响因子第 j 个分级或分类上的面积；S 为研究区总面积。

由式 (6.1) 可知信息量计算结果与研究区面积有关，同一栅格单元在不同研究区，信息量的计算结果不同，因此，综合信息量只能在相同研究区内进行比较。自然断点法具有实现研究区同组数据差异最小化，各组数据差异最大化特点，而被广泛应用于地质灾害易发度或危险性分区。采用 ArcGIS 软件中自然断点法进行易发度分区。

3. 易发度分区

根据文献，结合四川环境特征，以代表性为原则，选用地形高差、地形坡度、岩土类型、断裂带缓冲区、植被类型、年均降水量等因子作为地质灾害易发度区划因子。根据区划因子空间分布特点，进行分级或分类，如表 6.3 所示。

表 6.3 评价因子分级或分类

序号	区划因子	数据类型	分级或分类数	分级或分类标准
1	地形高差 /m	栅格	7	<5, 5~30, 30~50, 50~100, 100~200, 200~300, >300
2	地形坡度 /%	栅格	8	<0.5, 0.5~5, 5~10, 10~15, 15~20, 20~30, 30~40, >40
3	岩土类型	栅格	14	淋溶土，半淋溶土，初育土，半水成土，水成土，人为土，高山土，铁铝土，城区，岩石，湖泊，水库，江、河，江河内沙洲、岛屿，冰川雪被
4	断裂带缓冲区 /km	栅格	4	<5, 5~10, 10~15, >15
5	植被类型	栅格	17	温带针叶林，热带针叶林，针阔混交林，温带落叶阔叶林，热带落叶阔叶林，热带常绿阔叶林，温带落叶灌木，热带落叶灌木，热带常绿灌木，草丛，草甸，沼泽，高山植被，一年一熟，一年两熟，一年三熟，其他
6	2008~2018 年年均降水量 /mm	栅格	6	<700, 700~800, 800~900, 900~1000, 1000~1100, >1100

从地形坡度和高差看，川藏铁路沿线低坡度、低高差区主要位于温江—蒲江段，该区域属于四川盆地，平均海拔低于 700 m，地势平坦；次低区位于康定—雅江段东部和理塘—巴塘段东部，该区域属于高原平坝（图 6.13）。高坡度和高高差区主要位于名山—康定段，该区域属于盆地至高原的过渡带，地形复杂；次高区位于雅江附近和巴塘—理塘段西部，该区域为河谷高山区，河流切割明显，地势陡峻。从植被类型看，温江—名

山段主要为一年两熟耕作区，铁路横跨的大渡河、雅砻江、金沙江河谷区主要为针叶林或阔叶林，经过的高原平坝区主要为草甸、灌木。从岩土类型看，温江—名山段主要为人为土，进入高原主要为高山土，其次是淋溶土。断裂带主要位于理塘—巴塘段和雅安—康定段。从降水因子看，年均700 mm以上降水区主要位于泸定以东盆地及盆周山区，由于水汽输送不足，高原区降水越向西越少，理塘—康定段介于600～700 mm，理塘以西低于600 mm。

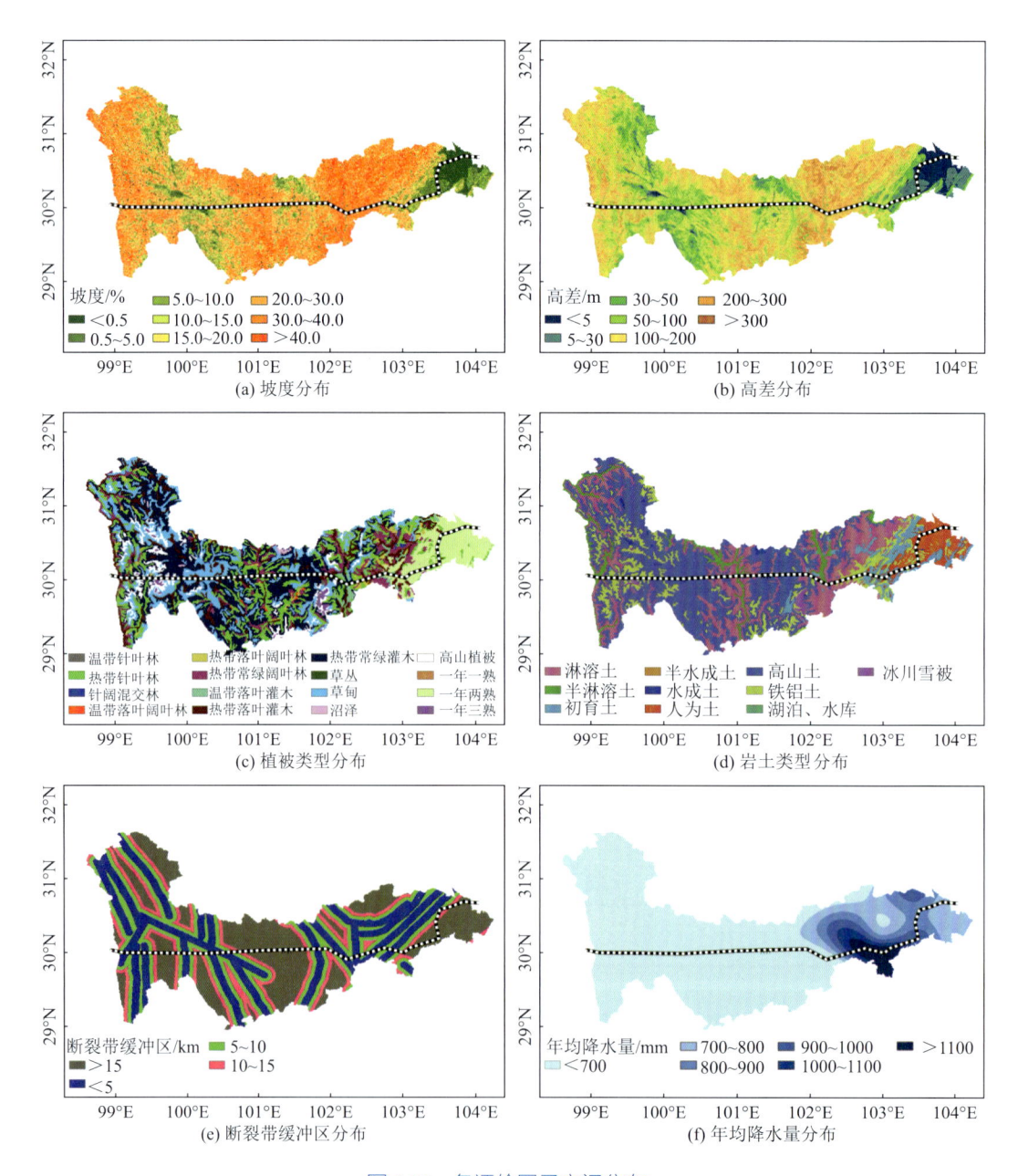

图6.13 各评价因子空间分布

第 6 章　灾害风险与对策建议

运用综合信息量公式，计算栅格单元综合信息量。根据文献，采用自然断点法，将地质灾害危险性划分为低危险性、较低危险性、中等危险性、较高危险性、高危险性 5 个等级区（表 6.4）。

表 6.4　危险性分级

危险性等级	低危险性	较低危险性	中等危险性	较高危险性	高危险性
信息量	≤～8.8	（～8.8，～6.0]	（～6.0，～3.0]	（～3.0，0]	＞0

图 6.14 显示了地质灾害危险性（易发度）区划空间分布。高危险区主要位于邛崃—泸定段，该区域地形地势复杂、降水充沛，诱发地质灾害的地形、地质、降水三大条件同时具备，是地质灾害主要易发区。较高危险区主要位于温江—邛崃段及大渡河、雅砻江、金沙江河谷区，前者降水量丰富，后者特殊河谷地形及频繁地质活动，较少降水即可诱发地质灾害发生。中等危险区位于康定—理塘段，较低及低危险区位于理塘—巴塘段，该区域海拔高，降水量少。

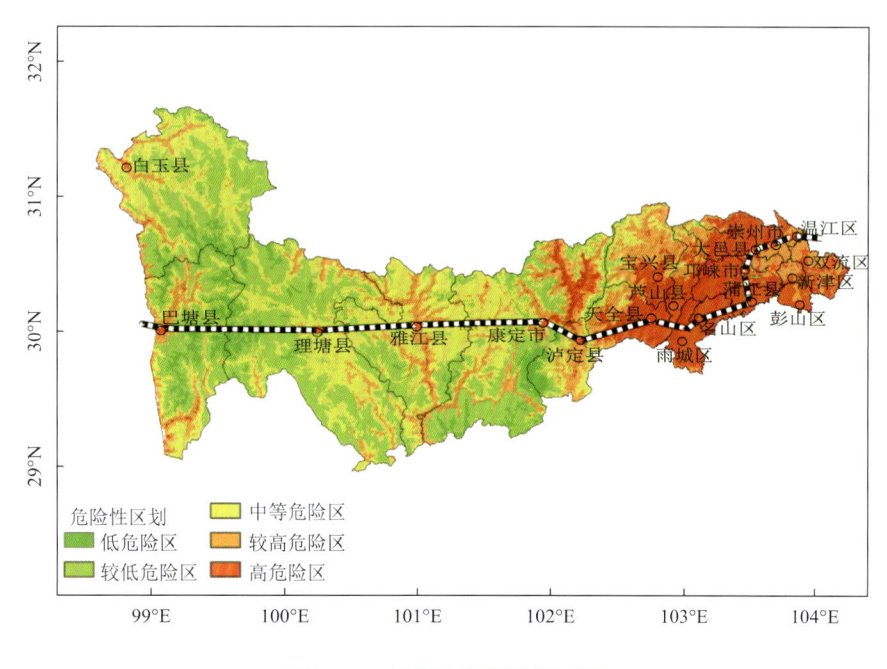

图 6.14　地质灾害危险性区划

4. 地质灾害防灾减灾能力

自然灾害风险评估一般从致灾因子危险性、承灾体暴露性、孕灾环境脆弱性与防灾减灾能力四个方面展开。基于信息量法开展的地质灾害危险性区划，由于考虑了地形、地质、降水等孕灾环境影响，同时研究的承灾体为川藏铁路，因此，还需对防灾减灾能力进行分析评估。选取人口密度和经济密度作为防灾减灾能力评估指标，人口密度和经济密度越高，表明当地的人力、物力越充足，防灾减灾能力越强（图 6.15）。

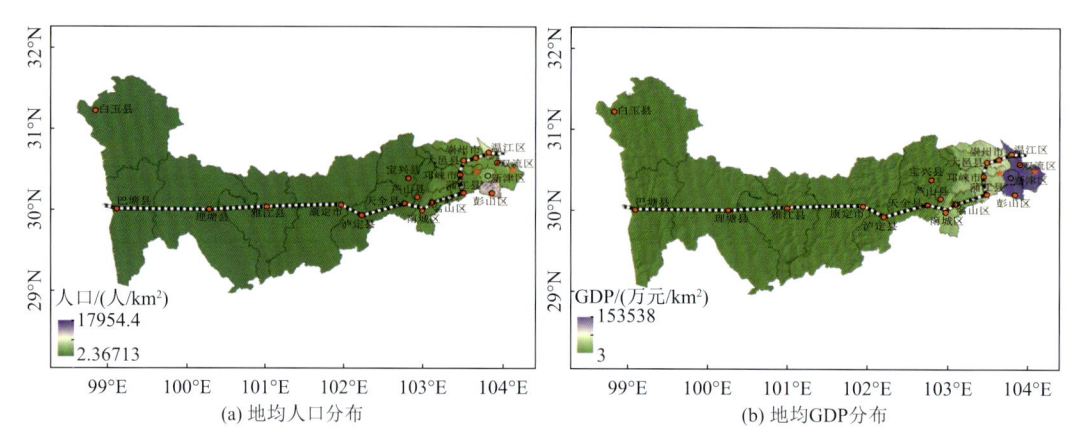

图 6.15 地均人口与地均 GDP 分布

首先，对地均人口和地均 GDP 进行无量纲归一化处理，处理公式如下：

$$Y_{ij} = 0.5 + 0.5 \times (X_{ij} - \text{Min}X_{ij}) / (\text{Max}X_{ij} - \text{Min}X_{ij}) \tag{6.2}$$

式中，Y_{ij} 为第 i 个县（区）第 j 个指标的归一化值；X_{ij} 为第 i 个县（区）第 j 个指标的初始值；$\text{Min}X_{ij}$ 为第 i 个县（区）第 j 个指标初始化值中的最小值；$\text{Max}X_{ij}$ 为第 i 个县（区）第 j 个指标初始化值中的最大值。

然后，分别取 0.5 的权重基于 ArcGIS 进行叠加处理，得到防灾减灾能力分布（图 6.16）。

图 6.16 防灾减灾能力

5. 地质灾害风险区划

将地质灾害危险性评估与防灾减灾能力作为地质灾害风险区划因子，先运用人口和 GDP 归一化公式进行归一化，然后分别取权重 0.8、0.2，基于式（6.3）进行地质灾害风险区划。

$$\text{FDRI} = (\text{VH})^{wh} (15 - \text{VR})^{wr} \tag{6.3}$$

式中，FDRI 为灾害风险指数，用于表示灾害风险程度，其值越大，灾害风险程度越大；VH、VR 分别表示灾害危险性、防灾减灾能力各评价因子指数扩大 10 倍后的数值；wh、wr 为各评价因子的权重。根据幂函数的特性，当底数大于 1 时，其幂指数越大，幂函数增长越快，即各因子权重系数越大，其影响性越大。

图 6.17 显示了地质灾害风险区划空间分布。地质灾害风险区划结果基本与地质灾害危险性区划结果一致。高风险区主要位于邛崃—泸定段，较高风险区主要位于温江—邛崃段及大渡河、雅砻江、金沙江河谷区，中等风险区位于康定—理塘段，较低风险区及低风险区位于理塘—巴塘段。结合实地考察以及历史地质灾害发生情况，由于温江—邛崃段东南部位于盆地地区，地形平坦，历史上地质灾害发生较少，因此，将该区域部分地区风险等级调整为中等风险或较低风险（图 6.18）。

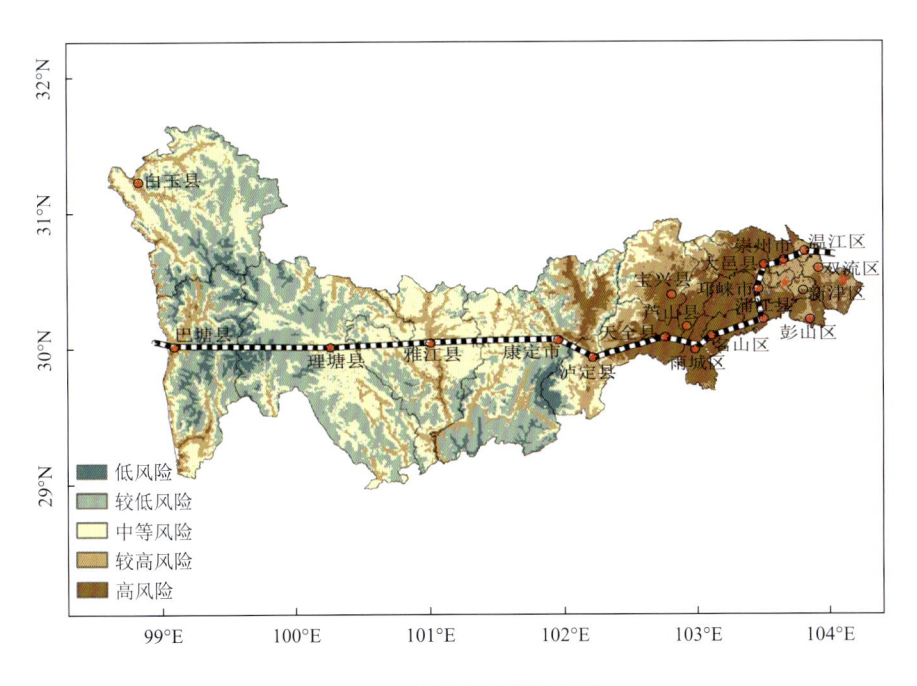

图 6.17 地质灾害风险区划

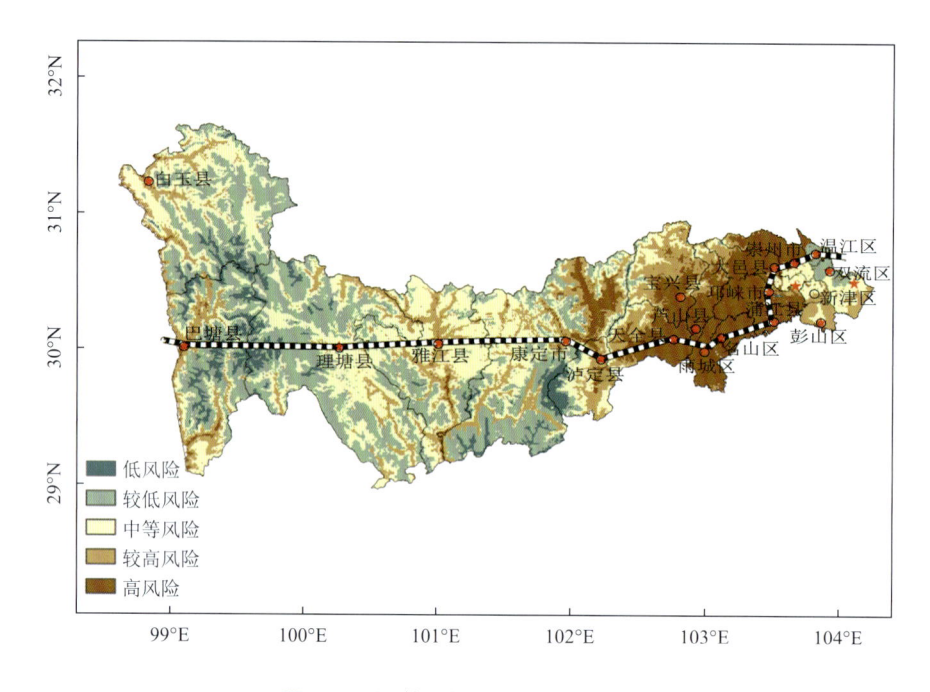

图 6.18　调整后的地质灾害风险区划

6. 合理性检验

为了评估各区地质灾害易发度区划结果的合理性，对基于信息量模型法的危险性评价模型精度进行检验。成功率曲线法是进行地质灾害易发性或危险性评价准确性定量检验的常用方法。采用成功率曲线法对上述信息量模型法的精度进行评估，具体方法为：将各区综合信息量值从大到小排序，并等分成 100 个区间，依次统计各区间内地质灾害累计发生频率和易发区累计面积百分比，建立各区地质灾害累计发生频率与易发区累积面积百分比曲线，计算曲线下的面积（area under curve，AUC）。一般当 AUC＜0.5 时，认为模型无法进行有效的评价；当 AUC 介于 0.5～0.7 时，模型具有一定的准确性；当 AUC 介于 0.7～0.9 时，模型具有较好的准确性；当 AUC＞0.9 时，模型具有较高的准确性。

图 6.19 显示了成功率曲线和 2008～2018 年地质灾害密度分布情况。成功率曲线 AUC 为 86.9%，可见基于信息量法的危险性评价结果具有较好的准确性。为进一步评估地质灾害危险性区划结果的合理性，将其与 2008～2018 年地质灾害密度分布进行对比。较高地质灾害点密度区主要位于康定以东，特别是大邑—泸定段，与地质灾害危险性区划较高和高危险区一致。因此，从定性、定量两方面可见，本书的地质灾害危险性区划结果合理。

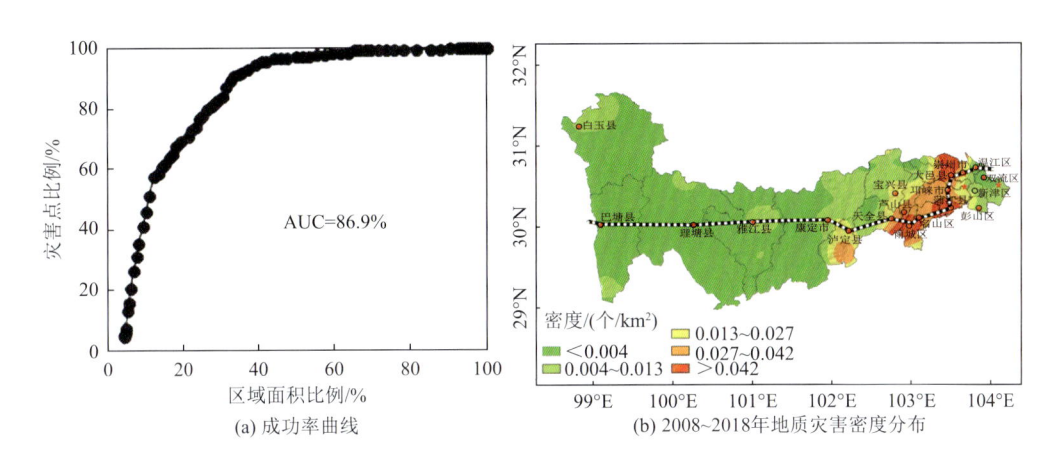

图 6.19　地质灾害危险性区划验证

6.2.5　昌都—林芝段泥石流、滑坡灾害风险识别和评估

1. 泥石流灾害风险识别和评估

对该段泥石流的发育情况和规模进行了详细调查。泥石流是川藏铁路沿线发育最为广泛、规模最大的不良地质。受不同的地质构造、地层岩性、气候、冰川发育程度等条件限制，不同区域发育的泥石流类型及规模均有所不同。昌都—伯舒拉岭段以暴雨型泥石流为主，在伯舒拉岭附近，发育有冰水混合型泥石流。伯舒拉岭—林芝段以冰水混合型泥石流为主，局部发育有冰川泥石流、冰湖溃决型泥石流。

伯舒拉岭段气候以高原亚温带亚湿润气候为主，昼夜温差大，气候变化异常，植被覆盖较差，多以裸地为主，地质风化作用强烈，再加上该区域地质构造运动强烈，使得区内岩石破碎、风化严重。澜沧江、怒江及其支流等深切沟谷，造成两岸坡度较陡，破碎的岩体形成崩滑堆积体。泥石流源地上游冰蚀线以上多以寒冻强风化残坡积物为主，这些物源在上游洪水、集中暴雨的冲刷作用下，极易暴发泥石流危害。该段共发育泥石流沟 53 条，其中暴雨型泥石流 33 条、冰川型泥石流 20 条，冰川型泥石流占泥石流沟总数的 37.7%，主要分布于伯舒拉岭附近。沿线共发育冰湖点 53 处，分别位于冻错曲泥石流沟（37 处）、巴曲泥石流沟（8 处）、八曲泥石流沟（6 处）、郎巴沟（1 处）、康玉曲 1# 泥石流沟（1 处）。全线泥石流中等易发总计 35 条，轻度易发总计 18 条。

伯舒拉岭—林芝段以高原温带湿润半湿润季风气候为主，降水集中，雨热同季，蒸发量大，植被覆盖较好，森林线以上冰川发育，受到多次冰期、间冰期作用，沟道内第四系松散堆积物深厚，森林线以上寒冻弱风化残坡积物发育，这为泥石流的形成提供了充足的物源。受青藏板块急剧抬升，帕隆藏布、雅鲁藏布等河流深切的影响，该区域形成了山高、谷深的地形条件。这均有利于冰川泥石流、冰水混合型泥石流灾害的发生。同时随着全球暖季气温的升高，冰川表面消融加快，进而增加了冰川融水对冰湖的补给水量，极易导致泥石流沟道上游发生冰湖溃决，溃决洪水挟带沿途大量固体物质形成规模巨大的冰湖溃决型泥石流。该区域沿线共分布有沟谷型泥石流288条。其中，高度易发158条、中度易发95条、轻度易发23条、微度易发12条。

泥石流的活动具有突发性和群发性、季节性和日内差异性、区域差异性、沟谷差异性，以及链生性。其中，泥石流灾害的链生性在本研究区内表现明显，主要包括"泥石流—堰塞湖—溃决洪水"和"冰崩—冰湖溃决—泥石流—堰塞湖—溃决洪水"两类。泥石流对铁路的危害方式除了冲毁或淤埋路基、桥梁、涵洞外，还体现在大型泥石流堵江形成堰塞湖淹没线路、堵河形成二次灾害等。

研究过程中，就沿线对工程有影响的18条泥石流进行重点分析研究，对其类型、规模、易发性及发育期、线路通过方式或与线路的关系进行详细分析，总结出其对线路的危害程度并提出处理建议，详见表6.5。

表6.5 沿线泥石流分布及对选线及工程建设影响一览表

序号	名称	沟口里程	类型	规模	易发性及发育期	线路通过方式	对线路的危害程度及处理建议
1	夏里3号泥石流	CK963+570	冰水混合型	大型	中等易发，处于衰退期	夏里隧道CK962+876—CK963+090段以浅埋形式下穿该泥石流沟，最小埋深30~40m，夏里大桥位于泥石流洪积扇左侧	隧道洞身埋深30~40m，洞身位于第四系松散地层中，经计算线路位置泥石流冲刷深度较小。夏里大桥由洪积扇前缘右侧以桥梁形式通过，泥石流沟最大淤积深度较小，对工程有一定影响，但危害较小
2	龙哥布泥石流	CK1004+750	冰水混合型	大型	中等易发，处于衰退期	以桥梁形式在泥石流洪积扇上通过	对桥梁有一定影响，建议设立防护堤及排导槽等拦排治理工程，同时在沟口适当增大桥墩间距，使桥墩位于排导工程两侧
3	义俄1#泥石流	CK1005+000右侧386m	冰水混合型	小型	中等易发，处于衰退期	以桥梁形式在泥石流洪积扇前缘约70m通过	对桥梁工程影响一般，以监测为主，适当设置防护堤
4	察达4#泥石流	CK1006+250左侧300m	暴雨型	小型	中等易发，处于衰退期	以桥梁形式在泥石流洪积扇前缘约100m通过	对桥梁工程影响一般，以监测为主，适当设置防护堤
5	察达3#泥石流	CK1006+800左侧350m	暴雨型	小型	中等易发，处于衰退期	以桥梁形式在泥石流洪积扇前缘约200m通过	对桥梁工程影响一般，以监测为主，适当设置防护堤
6	义俄2#泥石流	CK1007+000右侧270m	冰水混合型	中型	中等易发，处于衰退期	以桥梁形式在泥石流洪积扇前缘通过	对桥梁工程有一定影响，建议设置排导槽等工程治理

续表

序号	名称	沟口里程	类型	规模	易发性及发育期	线路通过方式	对线路的危害程度及处理建议
7	察达1#泥石流	CK1007+450	冰川型	大型	中等易发，处于衰退期	以桥梁形式在泥石流洪积扇上通过	对桥梁工程影响较大，考虑泥石流对桥墩的冲击和对桥基掏蚀或淤埋的影响，根据现场情况设置防护堤或排导槽治理工程
8	义俄3#泥石流	CK1008+300	冰川型	大型	中等易发，处于衰退期	以桥梁形式在泥石流洪积扇前约150m通过	对桥梁工程影响一般，以监测为主，适当设置防护堤
9	察达2#泥石流	CK1008+600	冰水混合型	小型	中等易发，处于衰退期	以桥梁形式在泥石流洪积扇前约100m通过	对桥梁工程影响一般，以监测为主，适当设置防护堤
10	巴曲沟泥石流	CK1009+850	冰水混合型	巨型	中等易发，处于衰退期	以隧道形式下穿，隧道埋深50～60m	隧道洞身埋深30～40m，洞身局部位于第四系松散地层中，经计算线路位置泥石流冲刷深度较小，对工程有一定影响，但危害较小
11	通全曲泥石流	CK1035+800	冰川型	特大型	中等易发，处于衰退期	以桥梁形式上跨该泥石流沟	通过计算，桥梁高度满足泥石流淤积高度要求，对工程影响较小
12	打龙曲泥石流	CK1043+100	冰川型	特大型	中等易发，处于发育期	以隧道形式下穿	隧道洞身最小埋深约60m，满足泥石流最大冲刷深度，对工程影响较小
13	瓢打曲泥石流	CK1065+260	冰川型	特大型	中等易发，处于发育期	以桥梁形式上跨该泥石流沟	通过计算，桥梁高度满足泥石流淤积高度要求，对工程影响较小
14	古通隆巴泥石流	CK1078+700	冰川型	特大型	中等易发，处于衰退期	以隧道形式下穿	隧道洞身最小埋深约45m，满足泥石流最大冲刷深度，对工程影响较小
15	艾母龙曲泥石流	CK1129+380	冰川型	特大型	中等易发，处于发育期	以隧道形式下穿	隧道洞身最小埋深约100m，满足泥石流最大冲刷深度，对工程影响较小
16	茶隆隆巴曲泥石流	CK1136+681	冰川型	特大型	极易发，处于发育期	以桥梁形式上跨该泥石流沟	通过计算，桥梁高度满足泥石流淤积高度要求，对工程影响较小

续表

序号	名称	沟口里程	类型	规模	易发性及发育期	线路通过方式	对线路的危害程度及处理建议
17	培隆贡支泥石流	CK1175+450	冰川型	特大型	极易发，处于旺盛期	以隧道形式下穿	隧道埋深约120m，满足泥石流最大冲刷深度。该泥石流发生泥石流灾害时会形成堵江风险，通过计算，堵江回水对线路工程无影响
18	错玖泥石流（鲁朗车站）	CK1217+000	冰川型	特大型	不易发，处于间歇期	以桥梁形式上跨该泥石流沟	通过计算，桥梁高度满足泥石流淤积高度要求，对工程影响较小

2. 滑坡灾害风险识别和评估

滑坡、错落的外部条件主要是水的作用，大气降水是水的主要来源。沿线滑坡、错落等不良地质现象多有分布，且以基岩滑坡、错落为主。地质选线过程中，对大型滑坡、错落已经避绕，对工程无直接影响，主要是考虑其失稳后发生堵江对工程的影响。由于线路多以高桥形式跨越深切沟谷，滑坡堵江引起的次生灾害对线路的危害较小。深切沟谷两侧的滑坡目前多处于稳定状态，线路多在滑坡外侧130～300m位置通过，滑坡的稳定性对线位安全有一定影响。

研究过程中，就沿线对线路有影响的5处滑坡进行重点分析研究，对其主轴长度、宽度、滑体厚度、滑体物质、类型、稳定状态、线路通过方式进行详细分析，总结出其对线路的危害程度，详见表6.6。

表6.6 沿线对线路有影响的滑坡一览表

序号	里程	主轴长度/m	宽度/m	滑体厚度/m	滑体物质	类型	稳定状态	线路通过方式	与工程的关系及影响
1	CK881+80 右侧1190m	1760	1260	80	碎石土、块石土	巨型	稳定	桥梁在其下游约700m，以色曲特大桥通过	色曲特大桥为悬索桥，桥高约300m，色曲内无墩台，滑坡堵江后对线路危害较小
2	CK1007+700 右侧200m	980	1000	80	碎石土、角砾土	巨型	稳定	以桥梁形式从滑坡前缘外侧通过	线路位于滑坡前缘约250m通过，滑坡对线路有一定的影响
3	CK1007+700 左侧300m	500	400	30	碎石土、角砾土	巨型	稳定	以桥梁形式从滑坡前缘外侧通过	线路位于滑坡前缘约170m通过，滑坡对线路有一定的影响
4	CK1082+000 左侧440m	1090	2610	50	块石土	巨型	稳定	以桥梁形式从滑坡前缘外侧通过	线路位于滑坡前缘约130m通过，滑坡对线路有一定的影响
5	CK1168+500 左侧600m	1460	2500	30	块石土	巨型	稳定	以桥梁形式从滑坡前缘外侧通过（位于帕隆藏布对岸）	根据堵江风险计算，滑坡对线路工程无影响

第 6 章　灾害风险与对策建议

评估区内主要发育崩塌、滑坡、泥石流等与气象条件有关的地质灾害。现状评估崩塌共有 22 处，3 处崩塌现状评估危险性为中等；其余 19 处崩塌危险性为小。滑坡共有 2 处，1 处现状评估危险性小、1 处现状评估危险性大；泥石流沟 33 条，现状评估危险性大的有 13 条、中等的有 19 条、危险性小的有 1 条。

6.2.6　未来极端降水风险预估

未来降水以增加为主，特别是极端强降水事件趋多趋强，将进一步加剧铁路沿线洪水、滑坡、泥石流等灾害风险。到 21 世纪中期，冬夏季川藏铁路沿线区域平均降水量分别增加 8.5%、10.1%；到 21 世纪末期，冬夏季区域平均降水量仍以增加为主，分别为 31.7%、21%。未来川藏铁路沿线区域平均年最大连续五日降水量（RX5day）和大雨日数分别增加 17.8% 和 34.5%。预计 21 世纪末期，二者将进一步增加，区域平均值分别增加 26.6% 和 65.0%，其中大雨日数在中部和西部增加超过 60%。

21 世纪中期，川藏铁路沿线大部分地区 50 年一遇大于 10mm 的降雨日数（R_{10mm}）将明显增加，尤其是中西部区域，最大增幅在中部地区，超过 150%；21 世纪末期，西部的一些增加区域转变为减少，东北部和东部四川盆地一些减少区域转变为增加。21 世纪中期，川藏铁路沿线大部分地区 50 年一遇 RX5day 在西部、中南部和东部区域呈现增加趋势，增幅最显著的位于中南部和东部，超过 100%；21 世纪末期，RX5day 以增加为主，西部和中部仍呈现增加趋势，尤其是中部地区。综合 RX5day 和降水日数的变化，川藏铁路沿线中部和中西部区域未来发生强降水的可能性大，该区域多山区和河谷，河流密布，地势复杂，未来出现暴雨导致的洪水、滑坡和泥石流的可能性大。

川藏铁路工程规划设计、防洪排涝基础设施和防护设施等标准，均需要考虑未来极端降水的增加，并在现有标准基础上做适当调整。

6.2.7　防范措施建议

针对强降水及其引发的地质灾害等所采取的选线策略提出以下建议。

（1）泥石流。线路选线针对每条沟的风险等级，结合线路走向，或跨或隧或避进行综合定线。对大型频发的泥石流沟谷，建议线路以隧道形式下穿泥石流沟；如跨越泥石流沟谷，应充分考虑泥石流对桥墩的冲击作用，并考虑泥石流淤积对工程的影响，尽量采用高墩大跨桥梁形式通过，降低或消除泥石流对桥梁工程的影响。

（2）崩塌、滑坡、错落。对重大地质灾害及其发育地段，应尽量减少明线段落长度，尽量以隧道形式通过；对崩塌、滑坡、错落线路应以绕避为主；对小型的崩塌、滑坡、错落，可以采取清除、挡护等治理措施。

（3）危岩落石。明线工程位置尽量选择在危岩落石不发育地段，选择岩体完整性较好的坡面；同时桥台等工程选择应避开坡面陡峻地段，选择坡面较为平缓地段，为危岩落石的治理提供较好的地形条件。

（4）洪水。考虑川藏铁路沿线多高山峡谷，河流多，中西部地区植被稀疏，一些沿江（河）地区孕灾环境敏感性高，在不同重现期日最大降水量阈值为较高、高风险等级的地方，暴雨洪水影响大，铁路选线应避开暴雨洪涝可能淹没区，减少暴雨洪涝灾害可能对铁路运行、基础设施等造成的不利影响。

总体来讲，针对川藏铁路强降水可能引起的工程灾害，通过减灾选线、地质选线绕避大量巨型、高位远程、热融滑坡、冰碛物滑坡及滑坡群等难以防治的滑坡，绕避危岩落石地段。

危岩落石地段尽量接长明洞或棚洞，对于隧道接桥台的情况，采取护桥明棚洞结构，明棚洞结构应进行危岩落石荷载简算，满足100年的安全使用年限。对川藏铁路工程有潜在危害的路段，需整治滑坡、岩堆、冰碛物等不良地质体。对泥石流采用排导为主，辅以设置抗滑桩、拦渣坝等治理措施。对滑坡体采用卸载清理、防排水、坡脚采取抗滑或加固措施，如采用钢管桩、预加固桩等，要求加固后满足滑坡体的滑动稳定性和倾覆稳定性。清除松动的危岩落石，采用浆砌片石或混凝土对部分危岩落石进行嵌补或支顶，设置主被动防护网，或帘幕网进行防护。

在川藏铁路工程有潜在强降水危害的路段，如易发生滑坡、泥石流、危岩落石、崩塌等防洪重点区段及高路基、深路堑地段等设置监测装置，对工程附近雨强、地质灾害等进行实时监控与评估，及时发布预警信号。科学选定施工地点，应尽量避免山洪、地质灾害等多发的地方，确保施工人员人身安全和财产安全。

考虑未来降水和极端降水的变化，极端降水风险增加区域，要特别做好暴雨洪涝、滑坡、泥石流等灾害的防御和防护措施。需进一步加强各类基础工程建设气候可行性论证以及关键气象参数研究，保障工程长期安全可靠。例如，在川藏铁路工程规划设计、防洪排涝基础设施和防护设施等标准应用时，需要考虑极端降水增加。有针对性制定强降水及其引发的地质灾害等灾害风险应急响应、风险管理预案，确保工程安全顺利进行。

6.3 雪灾影响及风险分析

6.3.1 降雪和积雪气候特点及影响

1. 气候特点

雪灾是川藏铁路沿线区域主要气象灾害之一，降雪、积雪、融雪对建设施工和材料运输、车站、房屋基础设施、道路路基、安全运行等方面均有较大影响。理塘、康定、洛隆、波密等地年降雪量大，降雪日频繁，铁路运行降雪、积雪不利日数多，年最大

第6章 灾害风险与对策建议

积雪深度大、积雪日数多，需特别加强雪灾的防范措施。

降雪期，康定以西时间长，普遍为100～250d。康定、理塘年降雪日数超过60d；昌都、洛隆、林芝、米林年降雪日数也较多。理塘、白玉、昌都、洛隆、加查、泽当、贡嘎、拉萨降雪日数月变化特征为双峰型，最高峰多出现在春季3月或4月，次峰值出现在10月或11月，夏季为降雪少发季节，理塘及洛隆全年均有降雪。东部地区降雪期短，降雪日数少，主要出现在冬季及3月，1月达峰值。年降雪量，康定、理塘、洛隆、波密较多，为50～150mm，且年降雪量最大值均超过200mm，理塘最大；川藏铁路沿线的东部、中部、西南部的雅鲁藏布江河谷一带年降雪量少。

积雪期时间长的区域也在康定以西，普遍为50～150d；康定新都桥、理塘积雪期长，超过200d，年积雪日数也多，超过30d。积雪月变化特征，峰值多出现在2月或3月，部分站点呈双峰型，次峰值多出现在11月，夏季少。无积雪的月份，川西高原、西藏境内东部主要集中在夏季；四川境内的东部无积雪月份长，为3～11月，西藏境内西部为5～9月。平均年最大积雪深度，北部及南部的康定、理塘等地为5～15cm，中部及西南部地区不足5cm。因降雪或积雪可能造成的铁路运行不利日数，理塘及康定最多，为高危险区，其次为洛隆和波密，总体来看，西部地区不利日数多于东部盆地区域。可选方案站点也较多。

融雪期持续时间，理塘最短，为213d，洛隆、康定新都桥、昌都、白玉、贡嘎、拉萨为247～295d。理塘开始最晚、结束最早。康定、康定新都桥、洛隆开始出现在3月，结束在11月；其余地区开始均出现在1月、2月，结束在11月或12月。

2. 降雪、积雪、融雪可能影响

降雪期长、降雪日数频繁、降雪量多、积雪深度大、积雪日数多的区域，可能会对铁路施工进程造成影响。降雪导致材料和物资通过道路交通运输受阻，增加了工期推迟的风险。降雪量或积雪深度大，造成大的雪压，可能导致房屋基础设施受损，甚至威胁施工人员人身安全。融雪期时间短，对施工时间有较大影响。

运营方面，降雪可能导致能见度降低，列车减速；积雪致使行车中断，冰雪减小摩擦，使牵引力下降，导致脱轨引发事故。降雪恶劣天气易造成监测系统功能异常或硬件故障，造成列车晚点，影响应急抢修和恶劣天气救援；由于大量旅客因雪滞留，易发生安全事故。

雪对桥梁的影响，主要影响桥梁施工期组织设计与安全、桥上轨道结构、斜拉索、吊杆、悬索桥主缆覆冰，影响施工期、桥上轨道结构安全性以及列车运行安全性。雪对隧道的影响，隧道洞口处受冻内道床板上拱，严重时会造成隧道内脱轨或倾覆，隧道顶部挂冰，影响接触网供电、隧道病害影响行车安全。冰雪对轨道的影响，导致尖轨不密贴，道岔状态不良，列车脱轨。对电气通信设备的影响，积雪融化产生积水，破坏地面设备、信号系统，造成电气设备短路；积雪厚度大，造成接触网支柱倒杆，列车车体受伤，甚至脱轨；积雪引起接触网短路或绝缘闪络，耽误行车，损坏设备等（张洪宇，2019）。

春季融雪，雪水渗入基床后不易排除，引起翻浆冒泥病害，路基冻胀导致轨道质量劣化，影响行车安全。

6.3.2 积雪风险评估

1. 年最大积雪深度重现期阈值风险评估

采用耿贝尔概率分布方法，对 1951～2017 年年最大积雪深度进行不同重现期阈值统计。采用气象行业标准《高速铁路运行高影响天气条件等级》(QX/T 334—2016) 中积雪深度对铁路运行的影响等级，针对年最大积雪深度极值的不同重现期阈值，进行等级划分（H 为轨枕板积雪厚度）：

小雪，轨枕板开始有积雪覆盖，低风险；

中雪，或 $H < 10$ cm，较低风险；

大雪或暴雪，或 10 cm $\leq H < 20$ cm，中风险；

大暴雪或特大暴雪，或 20 cm $\leq H < 30$ cm，较高风险；

$H \geq 30$ cm，高风险。

根据 50 年一遇年最大积雪深度阈值分析，康定为高风险，理塘、康定新都桥为较高风险，天全、昌都—米林、拉萨以及马尔康、道孚、炉霍、甘孜、德格、芒康、左贡为中风险，其余均为较低风险（图 6.20）。

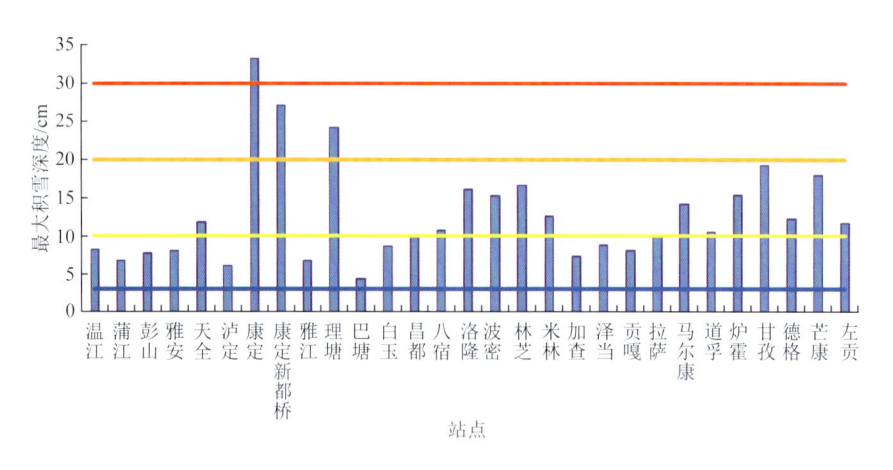

图 6.20　50 年一遇年最大积雪深度对铁路运行影响的气候风险评估
蓝线以下代表低风险；蓝线—黄线代表较低风险；黄线—橙线代表中风险；橙线—红线代表较高风险；红线以上代表高风险。下同

根据 100 年一遇年最大积雪深度阈值分析，康定、康定新都桥为高风险，理塘、林芝、甘孜、芒康为较高风险，天全、昌都—波密、米林、拉萨、马尔康、道孚、炉霍、德格、左贡为中风险，其余均为较低风险（图 6.21）。

第 6 章　灾害风险与对策建议

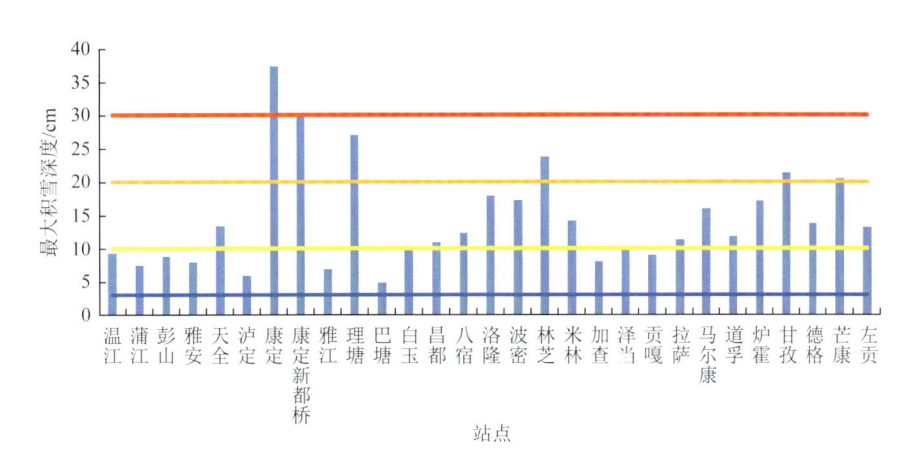

图 6.21　100 年一遇年最大积雪深度对铁路运行影响的气候风险评估

2. 铁路运行积雪风险评估

基于逐日积雪深度数据，统计极端年最大积雪深度和多年平均积雪不利运行日数（1981～2010 年），以此两指标作为矩阵纵坐标和横坐标。根据积雪不利运行气象条件等级标准将纵坐标按照 3cm、10cm、20cm、30cm 划分为五个等级：无影响、一般影响、较大影响、严重影响、特别严重影响；将多年平均积雪不利运行日数按照 0.1d、5d、10d、110d 划分五个等级：极少、少、一般、较多、多。两者组合，共划分六个风险等级：极低风险（0）、低风险（1）、较低风险（2）、中风险（3）、较高风险（4）、高风险（5），分别用绿色、蓝色、黄色、橙色、红色、棕色表示（表 6.7）。

表 6.7　积雪矩阵法综合风险等级划分

等级	极端年最大积雪深度 / 年积雪不利运行日数				
	极少	少	一般	较多	多
特别严重影响	15	25	35	45	55
严重影响	14	24	34	44	54
较大影响	13	23	33	43	53
一般影响	12	22	32	42	52
无影响	11	21	31	41	51

拉萨—加查段、米林—林芝段、八宿—巴塘段、雅江段、泸定—天全段的主要积雪灾害特征为不利运行积雪日数少，积雪深度极大值情况下有较大影响，属 23 类（图 6.22）。朗县为不利运行积雪日数一般，积雪深度极大值情况下有较大影响，属 33 类。波密—洛隆段为不利运行积雪日数少，积雪深度极大值情况下有严重影响，以 24 类为主，局部属于 25 类，积雪深度极大值情况下特别严重。理塘段涉及 33 类、34 类、44

类，最严重的地方，为不利运行积雪日数较多，积雪深度极大值情况下有严重影响的44类。康定段涉及24类、33类、34类、44类，最严重的地方，也为44类。天全以东，以12类为主，为不利运行积雪日数极少，积雪深度极大值情况下有一般影响。

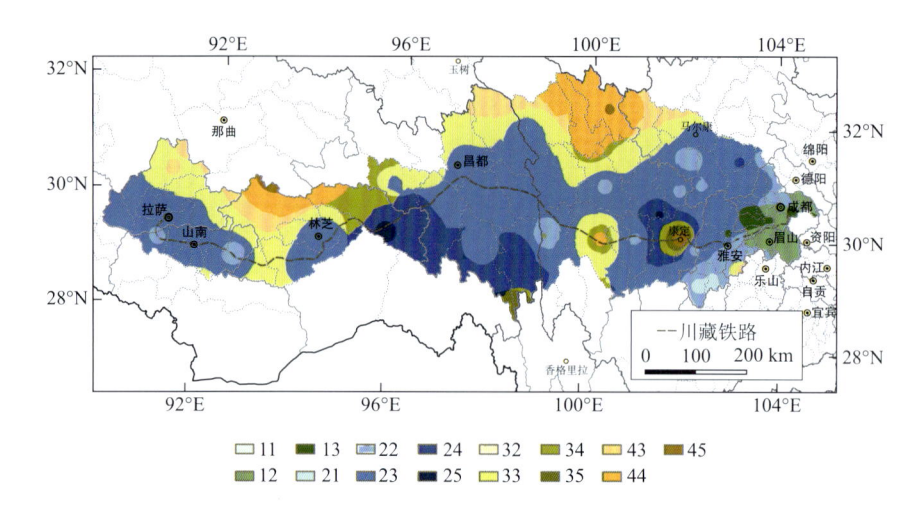

图 6.22　川藏铁路沿线积雪灾害分类图

对铁路沿线路段进行积雪风险评估，在ArcGIS软件中选取铁路线路两侧各20km建立缓冲区。从川藏铁路沿线积雪灾害风险等级图（图6.23）可以看出，川藏铁路沿线积雪风险分布的区域差异显著。具体来看，朗县、米林市、波密县、洛隆县等路段属于中风险区域。理塘段以中风险水平为主，局部达到较高风险水平。康定段也在中风险及以上水平，局部达高风险水平。其余川藏铁路大部分路段以较低风险为主，成都市段以低风险为主。色达县、甘孜县风险水平达高风险、较高风险等级，选线时应避开高风险区。积雪深度深、积雪日数多的中高风险区对施工也有较大影响。林芝—雅安段桥梁、隧道多，易受积雪灾害影响。

6.3.3　风吹雪和雪崩影响及风险分析

1. 风吹雪特征

雪害有风吹雪和雪崩两种类型。风吹雪又称风流雪，是指雪在风的吹动下，大量堆积在某一个地方，从而给人类的生产、生活带来危害。当冬季平均气温低于−15℃、自然积雪黏聚力小时，会形成规模较小，分布广泛的风吹雪。风吹雪形成灾害时要求具备三个条件，即丰富的雪源、较强的风力、复杂的地形或障碍物。风吹雪成灾，需要风与雪相辅相成（张照财，2007）。风吹雪对道路的危害，主要表现在山坡上的路堑及半路堑地段。在风向适宜时，风吹雪在背风坡沉积下来，掩埋线路，阻挡行车（张照财，2007）。

1986～2015年多年平均年吹雪日数统计，川藏铁路沿线站点，仅西藏洛隆为0.04d，四川甘孜有0.03d，其余站点为0d。各站建站以来至2015年，年风吹雪日极大值四川康定、马尔康、甘孜和西藏昌都、洛隆、左贡为1d，四川德格有2d。这些地方风吹雪灾害，

第6章 灾害风险与对策建议

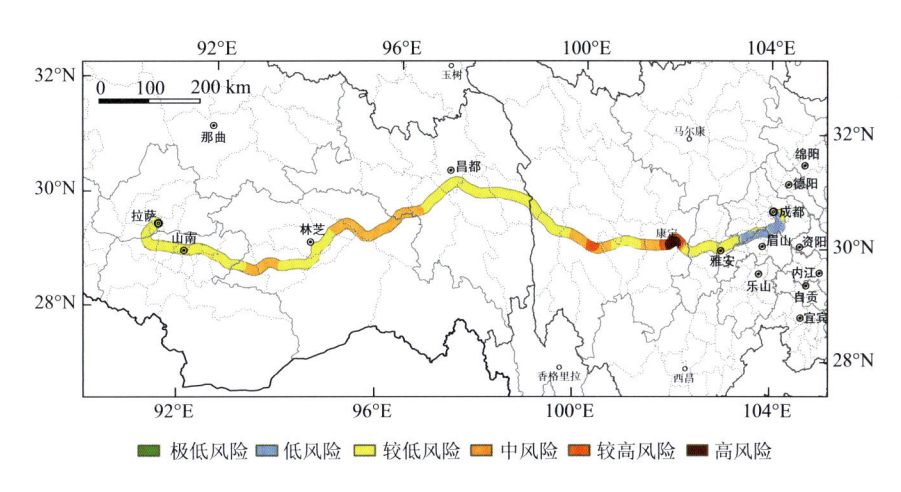

图 6.23 川藏铁路沿线积雪灾害风险等级图

对铁路建设规划、施工建设和后期运营、维护会有一定影响。

2. 雪崩特征

雪崩是指山坡上的大量积雪瞬间突然崩落（魏玉光等，2004）。雪崩主要分布在地势陡峻、积雪多的地区。雪崩的破坏力强，会埋没铁路线路和毁坏线路设施，阻塞施工运输通道，造成施工受阻，对列车运行安全也会造成威胁。雪崩是川藏铁路雪害之一。雪崩易发物质和地形条件：积雪深度≥30cm 以及坡度在 30°～50° 的范围。气象站观测到康定、波密由于极端年最大积雪深度超过 30cm，且康定多年平均年最大积雪深度超过 30cm 的年日数为 0.03d，因此，站点周边附近坡度为 30°～50° 的区域有发生雪崩的风险。但由于站点观测的积雪深度在量值和区域上代表性有限，实际易发生雪崩的范围可能比这个范围大。以川藏公路的建设为例，从成都至拉萨约全长约 2146km，其中有雪害的路段就占了一半，雪崩地点有几十处之多，雪害平均每年阻断行车时间长达 3 个月以上，并多次造成人民生命财产的重大损失（戴荣尧，1998）。因此，川藏铁路规划和修建时，雪崩灾害也要引起重视，选线应避开积雪深度深且坡度较大的区域。

3. 区域分析

1）四川境内

川藏铁路四川境内，风吹雪主要分布于川藏线折多山两侧，多出现于 11 月至次年 2 月，其中，康定、理塘、白玉三县市山垭口和山脊线区域风吹雪灾害较为严重，其境内 4000m 以上的山脊垭口每年冬春季阴坡极易发生雪崩。多雪区域主要分布在贡嘎山一线，其中海拔 4000m 以上区域年降雪量超过 300mm，海拔 5000m 以上区域超过 600mm。这里的季节性雪崩多发生在大量降雪的冬季和春季融雪开始时期。灾害记录显示，1965 年 6 月泸定县境内贡嘎山海螺沟发生了一次大雪崩，崩塌量达到 200 万 m³，堆积体长 1.5km；1993 年 5 月康定木格错发生雪崩，造成 5 人死亡。

2）昌都—林芝段

昌都—林芝段，属青藏高原东南部，山顶面平均海拔在 3500m 以上，多冰川，富积雪，沟谷深切陡峻，天气气候条件的时间、空间变化剧烈复杂，受极端天气与气候的诱发极易发生雪崩及风吹雪。

雪崩主要分布在地势陡峻、积雪的地段，研究区域内在七十八道班—安久拉山垭口—然乌湖段，分布有大量的雪崩。从七十八道班到安久拉山垭口然后南下，一直到然乌镇，这一路段有多处雪崩分布，尤其是然乌峡谷"一线天"路段，两侧山坡陡峻，河谷深切，沟宽仅 20～30m。该段常年阴冷，冬春季节雪崩滚石下落，堵路砸车现象时有发生，路面上雪堆高 3～4m。在该段公路修建了棚洞，20 世纪 60 年代曾建两段木质防雪栅，雪崩灾害严重。

从然乌镇开始，过然乌湖，开始进入帕隆藏布上游峡谷区段，该路段集中了整个研究区的很大一部分雪崩，沿线平均海拔高，岭谷高低悬殊，植被覆盖少。其中，八十三道班—八十五道班路段，谷底宽 25～30m，山谷两侧高山海拔 4500～5000 m，山顶一般有常年积雪，在每年 3～4 月春融季节，河两岸均有雪崩发生，大雪崩多年一次，每次路基上雪崩雪堆积厚度大，雪崩携带石块的直径一般为 0.2～0.5m，大者 3～4m，其堆积于公路路基上，堆雪量大，危害公路时间长，堵路阻车严重，常有毁车伤人事故发生。

大型雪崩在前期贯通方案研究中已避开，局部地段有轻微雪崩风险；八宿方案、桃花沟方案等比较方案的部分隧道进出口、明线部分存在雪崩的危险，风险较高。

沿线风吹雪灾害主要分布在邦达草原等高海拔地区。沿线各气象站测得年内主导风向主要为西北风和西南风，冬季主导风向不明显；各气象站实测瞬时最大风速在同卡，为 35.5m/s，有数据的冬季最大平均风速是邦达机场，平均风速为 4.2m/s，风向为西北风；年平均大风日数（≥8 级，即风速≥17.2m/s）最多的为昌都，共 41.8d。

研究过程中，通过数值模拟，对受雪崩灾害影响的隧道口和车站进行研究，对雪崩灾害的堆积区面积、主沟长度、平均降坡、危害程度进行分析并提出防护措施建议，详见表 6.8。

表 6.8 贯通方案隧道口雪崩灾害危害程度一览表

序号	工点名称	沟口里程	工程设置	堆积区面积 /m²	主沟长度 /m	平均降坡 /m	危害程度	防护措施建议
1	昌都隧道出口	CK879+410	隧道	515.531	1060	648	微弱危险	挡护
2	洛隆车站	CK1006+700	桥梁	298720	1909	345	轻度危险	挡护
3	多木格隧道进口	CK1066+536	隧道	88084	1679	1207	轻度危险	挡护
4	色季拉山隧道进口	CK1220+000	隧道	7146	1845	360	微弱危险	挡护
5	色季拉山隧道出口	CK1255+014	隧道	69634	2341	1167	微弱危险	挡护

6.3.4 冰川积雪变化链式灾害风险评估

1. 冰川积雪变化灾害链风险

以青藏高原为中心的冰川群是中国乃至整个亚洲冰川的核心。由于全球变暖，青藏高原冰川自20世纪90年代以来呈全面、加速退缩趋势。川藏铁路沿线区域，西藏段八宿—波密—巴宜—米林—朗县—加查—桑日—曲松—乃东一线均分布着不同规模的冰川，八宿南部、波密、巴宜东部以及朗县和米林部分地区还分布有大型冰川。例如，波密县冰川平均面积为2832.27 km^2，近40年冰川面积呈减少趋势，20世纪80年代（1987～1989年）冰川面积为3158.37 km^2，2016年减少至2197.71 km^2，退缩率为30.42%，年平均变化速率为–1.01%。其中，1984～2018年米堆冰川面积从1984年的29.39km^{2}减少到2018年的28.75km^2，共减少了0.64km^2，平均年变化率为–0.06%。冰川面积空间变化显示，冰川末端及尾部边缘区退缩最明显。在冰川堆积作用过程中，冰川所挟带和搬运的碎屑构成的堆积物，又称冰川沉积物。它是冰川消融后，以不同形式搬运的物质堆积而成的，1984～2018年冰碛物面积呈增加趋势，冰碛物面积从1984年的0.93km^{2}增加至2018年的2.32km^2，共增长了1.39km^2，年平均变化率为4.27%。冰碛物增长，说明冰川消融加快。

由于气候变暖，冰雪融水正在持续增加，从而对以冰川融水补给为主的河流径流产生一定影响，季节性、区域性的洪涝灾害发生频繁。加上这些区域地质灾害隐患点多达2500个，较活跃的就有720多个（图6.24），也使冰雪融水诱发地质灾害的可能性增大，一旦发生冰崩，形成堵溃链式灾害的可能性较高，对当地居民生命和财产安全会造成危险，如果洪水漫延到铁路沿线区域，也会对铁路安全运行造成威胁。

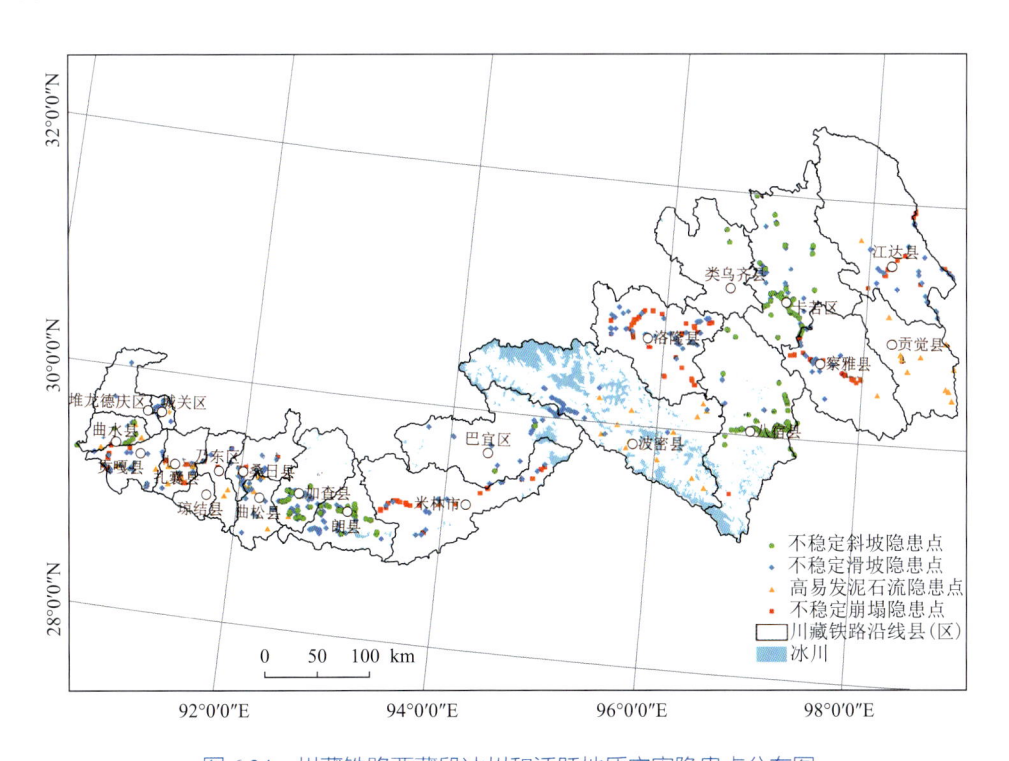

图 6.24　川藏铁路西藏段冰川和活跃地质灾害隐患点分布图

冰川底图数据：中国冰川编目；中国科学院寒区旱区环境与工程研究所（现中国科学院西北生态环境资源研究院）地质灾害隐患点普查数据：西藏自治区地质环境监测总站

自 2000 年以来，西藏共发生过两次因冰崩导致的规模较大的堵溃链式灾害，两次都产生了严重的灾害效应。2000 年 4 月 9 日，波密县的易贡发生巨型滑坡泥石流堵塞易贡藏布，堰塞坝溃决后，水位涨幅达 55m，致使下游沿岸的各种桥梁、道路、通信设施等毁于一旦，直接经济损失非常严重。2017 年 10 月至 2018 年 10 月，林芝市加拉白垒峰连续发生多次冰崩事件，致使雅鲁藏布江形成堰塞湖，坝体溃决后形成上游回水和下游溃决洪水，造成重大影响。历史上冰崩引起的链式灾害虽然次数不多，但成灾后影响巨大，形成重灾甚至巨灾的风险较高。

2. 林芝—昌都段冰碛物和冰湖溃坝风险评估

1）冰碛物

冰碛物是冰川运动过程中挟带的大量岩土碎屑物质，因冰川消融而沉积形成的含漂砾、块石、碎石、砾石、粉土、黏性土的宽级配混杂堆积体。第四纪以来，青藏高原发生了多次冰川作用，冰进冰退过程在平坦低洼处堆积了多期次的冰碛物，形成了冰碛垄、冰碛丘陵等典型的冰碛地貌。在后续的河流侵蚀、冰雪融水等作用下，露出了大量具有侧向临空面的冰碛物坡体。伯舒拉岭至林芝段沿线密集分布了形态各异的冰碛体。沿线的冰碛物多为海拔相对较低的山谷和主河汇口或主河两岸，为古冰川活动遗迹。冰碛物皆由碎屑物组成，大小混杂，缺乏分选性，无成层现象，大部分块石、碎石棱角分明，结构较为松散。

对受雪崩灾害影响的隧道口和车站进行研究，对冰碛物的主轴长度、宽度、厚度、岩堆形态、稳定状态、线路通过方式进行分析，对其对工程的影响进行分析并提出建议，详见表 6.9。可见，线路在伯舒拉岭进口、通麦隧道进口、通麦隧道出口均位于冰碛物上，隧道开挖易坍塌掉块，桥台基础易产生不均匀沉降，对工程有一定的影响，需要防护。

表 6.9　沿线冰碛物分析一览表

编号	里程	类型	主轴长度/m	宽度/m	厚度/m	岩堆形态描述	稳定状态	线路通过方式	对工程的影响及建议
1	CK1009+300—CK1009+850	冰碛物	580	600	50～80	岩堆呈三棱锥形，成分以花岗岩、板岩弧石、块石、碎石为主，块径变化大、无层理、无分选、无磨圆，沙土充填，一般无胶结，局部具弱胶结	稳定	伯舒拉岭隧道进口、桥台位于冰碛层坡面下部，隧道穿越冰碛层	对桥台地基、隧道围岩影响较大，建议将基础置于底部完整基岩中，隧道洞口处加强防护
2	CK1136+770—CK1137+100	冰碛物	350	1240	200～250	冰碛物沿冲沟右侧坡脚堆积，成分以块石、碎石为主，块径变化大、无层理、无分选、无磨圆，沙土充填，一般无胶结，局部具弱胶结	整体稳定，前缘局部不稳定	通麦隧道进口及部分桥墩台位于冰碛物上，部分隧道洞身穿越冰碛物	对桥台地基、隧道围岩影响较大，建议对桥台基础、隧道洞口进行加固，对冰碛物边坡进行防护
3	CK1148+000—CK1149+020	冰碛物	700	2000	30～50	冰碛物沿坡脚堆积，成分以块石、碎石为主，块径变化大、无层理、无分选、无磨圆、沙土充填，一般无胶结，局部具弱胶结	稳定	通麦隧道出口及部分桥墩台位于冰碛物上，部分隧道洞身穿越冰碛物	对桥台地基、隧道围岩影响较大，建议对桥台基础、隧道洞口进行加固，对冰碛物边坡进行防护

2）冰湖溃坝

冰湖是以现代冰川融水为主补给源的天然水体。据调查，冰湖溃决是我国西藏境内最为常见的灾害形式。自 20 世纪以来，在西藏自治区有文献记载和野外考察发现的已溃决冰湖共 23 个，溃决灾害事件 27 次。而川藏铁路所经过的林芝、昌都地区是我国冰湖最多、分布范围最广的地区之一，也是冰湖溃决危害最为严重的区域。冰湖在溃决初期规模较大，一旦溃决，大量的水体会突然释放，将终碛堤的堆积物裹挟冲出，一开始在溃决口形成规模巨大的洪水，然后沿途不断冲刷两岸，将固体颗粒混到沟道形成泥石流危害下游安全。

川藏线昌都至林芝段沿线受冰湖溃决影响的主要为洛隆车站及鲁朗车站。洛隆车站上游两条支沟冻错曲、巴曲内分布有众多冰湖，其中以冻错曲内的冻错湖规模最大，对洛隆车站桥高设置有一定影响。冻错曲冰湖，位于洛隆车站上游，冻错曲沟头，为一堰塞湖。冲沟流域内还发育有小型冰湖点约 36 处，当冰湖溃决时，对下游车站危害较大。整体而言，堰塞坝体无变形迹象，稳定性良好，发生溃坝的可能性小。但仍需考虑，在极端条件下溃坝时，桥梁设置高度能够满足溃坝后的涌水高度。

鲁朗车站上游坚惹斯错流域的 75 号冰湖面积约 0.59 km^2，距离车站约 20.69 km，若娘约隆巴流域的 71 号冰湖溃决，则可能导致其下游的 72 号和 73 号冰湖级联溃决。3 个冰湖合计面积约 2.34 km^2，距离车站约 27.41 km。鲁朗车站桥高设置时，应充分考虑冰湖溃决引起的洪水位高度。

6.3.5 冻土退化潜在风险分析

青藏高原现存多年冻土面积约为 126 万 km^2，约占高原总面积的 56%。与青藏铁路不同，川藏铁路沿线区域基本上属于季节性冻土。季节性冻土层与路基的稳定性关系密切，季节性冻土的反复冻结、融化交替出现，会造成路基严重变形，钢轨会高低不平，对铁路安全运行危害大。

川藏铁路沿线区域季节冻融层一般在 10 月中旬至 11 月中旬开始冻结，1～2 月达冻土盛期，3 月上旬至 5 月上旬陆续解冻，冻结日数一般为 100～200 d，色达冻结期最长。冻结期、冻结深度年际变化幅度越大越不稳定，对铁路安全运营风险越大，对选线和铁路设计要求就越高。冻结期年际变化幅度，色达、泽当大，其次为贡嘎、拉萨、波密、甘孜、左贡、芒康等地，洛隆、林芝、理塘等地较稳定，少于 80 d。各站季节冻融层多年平均最大冻结深度差异较大、年际变化较大，色达、泽当冻结深度年际变化为 96 cm，林芝、加查、波密、马尔康较小。铁路沿线大部分地区都有由表层开始解冻的现象出现。另根据文献调查，从泸定县（海拔 3460 m）到雅江县段，季节性冻土路段主要为高尔寺山山顶及其上下山的高山路段，冻结深度为 0.5～1.0 m。由于该路段以卵砾石为主，含水量小且地下水位低，故冻胀不明显。而雅江到理塘段含水土层易发生冻害，形成冻胀及冻胀丘。此外，区内地表水系发达，河流纵横交错，河流漫滩及阶地上的冲积土和洪积土黏粒成分较高，极易发生冻胀（孙明远，2018）。

在全球变暖背景下，冻土退化呈加速趋势，1961年以来，川藏铁路沿线冻土表现为冻结越来越迟，解冻越来越早，冻结期越来越短，冻结深度和厚度越来越小的趋势，未来冻土活动层厚度将进一步增加。冻土退化对铁路设计标准提出新挑战，应重点考虑。

6.3.6 未来雪灾风险预估

未来气温将持续升高，进一步加剧积雪减少、冰川退缩、冻土退化链式灾害对铁路规划建设的风险。到21世纪中期，川藏铁路沿线区域冬、夏季气温将明显升高，区域平均升温值分别为4.4℃、2.3℃，冬季增温更为显著。21世纪末期升温情况与中期类似，且幅度更大，冬、夏季区域平均升温值分别为6.4℃、4.2℃。

在未来气候变暖背景下，青藏高原冻土面积缩小，冻土活动层厚度增加，冰川将以退缩为主。预计21世纪中期，整个川藏铁路沿线积雪日数都将减少，相应积雪量也减少；大部分地区积雪开始时间将推后，推后天数基本为2.5～10 d，整个区域大部分地区积雪期将缩短。与此同时，短期内河流水量呈增加态势，但也会加大以冰川融水补给为主的河流或河段的不稳定性，冰坝溃坝的可能性加大，给铁路建设施工、基础设施、安全运营等带来风险。在未来气候继续变暖背景下，部分区域溃决型洪水发生概率增加。冻土大范围退化将引发热融滑塌、沉陷等灾害，会对川藏铁路沿线周边生态环境和工程建设、安全运营带来很大不利影响。

6.3.7 防范措施建议

（1）选线时应绕避频率高、危害严重的雪崩地段，无法绕避时可采用稳定山坡积雪、改变雪崩运动方向、减缓雪崩运动和清除积雪等治理措施，也可采用防雪走廊、明洞、隧道等遮挡构造物。为避免风吹雪的影响，在铁路路线设计环节就要放弃一些常年积雪、容易发生大暴雪的区域，选择高地势、通风好、雪量少的地区，风口段路线应尽量以直线通过，如必须设置曲线时应采用凸面迎风曲线；纵断面应尽量采用低路堤线位，总体布局应考虑储雪场、积雪平台等布设位置。对铁路风吹雪灾害的防治主要从雪源、风速、地势地形等几方面入手，如尽量选择降雪少的地区、合理兴建挡雪墙和防雪板、合理运用微地貌、监控路基的周围障碍物变化等（何尚海，2016）。房屋、车站等基础工程应考虑积雪极值对设计标准的影响，开展气候可行性论证。降雪、积雪还对材料运输、施工作业带来影响，需要加强川藏铁路"天-空-地"气象立体监测工程建设，提高监测、预报及预警系统的服务水平，准确掌握区域分布、持续时长、强度变化、未来趋势等规律，以降低积雪等对工程的不利影响。

（2）针对冻融问题，基于青藏铁路、兰新高铁等高海拔地区相关铁路工程建设的经验，采取应对措施。通过减灾科学选线、地质选线绕避易发生冻融作用的区域；从工程方案的角度，对于有潜在冻融作用灾害的线路区间，选择隧道、桥梁等工程方案规避风险；采用抗冻混凝土、增大衬砌厚度、隔热材料法、防水等措施解决高寒地区隧道的冻融作用；采用管道通风路基、遮阳棚遮阳板路基，选取新型建筑材料等工程防治措施解决冻融作用对路基的危害。

(3) 针对冰川退却问题，需加强对沿线冰川融雪可能影响的冰湖、河流以及下游情况的调查，对其安全性进行评估，对有严重溃决危险的冰湖、河流进行重点监测和防治，采用工程措施开挖溢洪道主动排水、爆破、破冰船撞击等破冰方法或撒土融冰，防止冰川湖水漫顶溃坝造成灾害发生。开展冰川退却对泥石流滑坡影响机制的研究，加强泥石流、滑坡活动及其潜在灾害的预测。

(4) 深季节性冻土线路选线应遵循"路堤优于路堑，桥梁优于路基，阳面优于阴面"的地质选线原则。针对冻土变化问题，从设计角度出发，采用改善土质、控制水分和温度等方法，综合考虑如路基面封闭、路基填料控制、路基排水、设置保温护道和渗水盲沟等措施，提前做好铁路工程冻胀病害的防治。提前制定应急预案，准备冻害防治补强手段，如抢修倒梯形渗水盲沟、加高脚墙式保温护道、加密设置路基下泄水孔等。

6.4 其他气象灾害影响及风险分析

针对除风、雨、雪（冻土等）外其他 11 种灾害，开展对川藏铁路工程设计选线、施工建设、运营维护、防灾减灾等影响和风险分析，提出应对对策。

6.4.1 资料和方法

基于"川藏铁路沿线主要气象灾害时空分布格局分析"报告的统计分析结果，采用霜、结冰、雾凇、雨凇、高温、低温、雷暴、冰雹、雾、霾、沙尘暴等多年平均年日数，统计发生概率，即多年平均年日数/年总日数，作为指标进行概率风险评估。

根据发生概率大小，划分五个等级：低风险、较低风险、中风险、较高风险、高风险（表 6.10）。

表 6.10 概率风险等级划分

项目	低风险	较低风险	中风险	较高风险	高风险
等级	1	2	3	4	5
概率区间	[0, 0.0003]	(0.0003, 0.003]	(0.003, 0.03]	(0.03, 0.3]	(0.3, 1]

6.4.2 11 种气象灾害概率风险统计

川藏铁路沿线以及可选方案站点的概率风险评估结果见表 6.11。

表 6.11　川藏铁路沿线 11 种气象灾害概率风险评估等级

地点	霜	雾凇	雨凇	结冰	高温	低温	雾	霾	沙尘暴	雷暴	冰雹
温江	4	1	1	3	3	1	4	4	1	4	1
蒲江	3	1	1	3	3	1	4	4	2	4	1
彭山	3	1	1	3	3	1	4	3	2	4	1
雅安	3	1	1	3	3	1	3	3	2	4	1
天全	3	1	1	3	2	1	3	3	1	4	1
泸定	4	1	1	4	3	1	1	1	2	4	1
康定	4	2	1	5	1	3	4	1	1	4	3
康定新都桥	—	—	—	—	—	—	2	1	2	—	4
雅江	4	1	1	5	2	2	1	1	1	4	3
理塘	5	2	1	5	1	4	3	1	1	4	4
巴塘	4	1	1	4	3	1	1	1	1	4	3
白玉	4	1	1	5	1	4	2	1	2	4	3
昌都	5	1	1	5	1	4	1	1	1	4	3
八宿	4	1	1	5	1	2	1	2	1	4	2
洛隆	4	1	1	5	1	4	1	1	1	4	2
波密	4	1	1	4	3	1	2	1	1	3	2
林芝	4	1	1	4	3	1	1	1	1	4	3
米林	4	1	1	4	3	1	3	1	1	4	3
加查	5	1	1	5	1	3	1	1	3	4	3
泽当	4	2	1	5	1	3	1	1	4	4	3
贡嘎	5	1	1	5	1	4	1	1	4	4	2
拉萨	4	1	1	5	1	3	1	1	3	4	3
马尔康	5	1	1	5	1	4	1	1	2	4	3
道孚	5	1	1	5	1	4	1	1	1	4	3
炉霍	5	1	1	5	1	4	1	1	2	4	3
甘孜	5	2	1	5	1	4	1	1	2	4	3
德格	5	1	1	5	1	3	1	1	1	4	3
芒康	5	1	1	5	1	2	1	1	1	4	3
左贡	5	1	1	5	1	4	1	1	3	4	3

注：1、2、3、4、5 为概率风险等级，判定标准见表 6.10。

6.4.3　冰冻灾害影响及风险分析

1. 气候特征

川藏铁路沿线区域，从年结冰日数来看，除东部少发外，其余大部分地区一般为

100～150 d，理塘、芒康及西部地区为多发区为150～200 d。结冰日数主要集中在11月至次年3月，夏季最少。从年霜日数看，总体发生也较为频繁，多发区位于川西高原北部、沿线区域西藏境内的东部和西部，大多为100～200 d，月变化呈冬多夏少。川藏铁路沿线区域为雾凇和雨凇少发区，多年平均年日数均不足1 d。

2. 主要影响

冰冻天气多，会对工程施工产生较大影响。结冰会导致轨面摩擦力减小，对列车运行造成影响。雨凇和雾凇易造成电线积冰。川藏铁路沿线悬索桥的主缆和吊索、斜拉桥的拉索等缆索构件以及铁路接触网均易受沿线恶劣气象条件影响出现覆冰现象，从而导致结构性能恶化，影响行车平稳性及安全运行等。

3. 风险分析

雾凇和雨凇发生概率，大多站点属于低风险等级，仅康定、理塘、泽当、甘孜雾凇发生概率为较低风险（表6.11）。结冰发生概率，全线均在中风险等级及以上。泸定以西地区，仅泸定、巴塘、波密—米林为较高风险外，其余均为高风险。霜发生概率总体也都在中风险等级及以上，蒲江—天全段为中风险等级，温江、泸定—雅江、巴塘、白玉、八宿—米林、泽当、拉萨为较高风险等级，其余地区为高风险等级（表6.11）。

4. 防范措施建议

中高风险路段，需关注冰冻天气对工程施工的不利影响，以及未来可能对列车运营的影响，应做好相应监测及应急防御方案，保障工程建设顺利进行和安全运行。虽然，川藏铁路沿线雾凇和雨凇发生概率较低，但历史最大雾凇年日数理塘曾多达23 d，甘孜、德格也有9 d，需要关注极端冰冻灾害事件的不利影响，做好风险应对预案。未来气候变暖导致青藏高原区域气温升高，但高海拔深切峡谷桥址区大风可能加剧覆冰现象的发生。对于川藏铁路工程可能遭遇的覆冰危害，通过铁路减灾选线，绕避高山风口、强降雨区域。需进一步研究风–雨–覆冰对铁路路基结构的耦合作用机理，提高工程设计标准，抓好工程施工质量；加强缆索构件、接触网覆冰现场的监测，提高维护管理水平。

6.4.4 低温和高温灾害影响及风险分析

1. 气候特征

川藏铁路沿线除四川外大部地区冬季易受低温天气影响。沿线主要气象站点年日最低气温最小值的多年平均值普遍为–20～–10℃。年日最低气温极小值，理塘最低，达–30.6℃。康定至拉萨铁路沿线主要气象站年低温日数（日最低气温<10℃，对铁路运行有影响）平均值，理塘、昌都、洛隆、炉霍、甘孜、芒康、左贡等地超过30 d，

理塘59 d，芒康74 d，左贡67 d；最大值普遍为10～80 d，理塘、芒康、左贡、洛隆发生频繁，分别为117 d、112 d、98 d、83 d。

夏季高温天气主要影响四川，对其余地区影响较小，年日最高气温极大值，白玉以东站点大多超过35℃，彭山、雅安最高，达38.6℃，年高温日数（日最高气温≥35℃）最大值彭山、蒲江为28 d、24 d，雅安、泸定、巴塘、温江有10～20 d。

大部分地区多年平均气温年日较差最大值为20～30℃。道孚、白玉、贡嘎、炉霍、雅江、泽当、德格、加查、马尔康、昌都、雅江和理塘等站日较差极大值均高于30℃。冬半年日较差月极大值（≥30℃）较夏半年（≥27℃）高。

2. 影响和风险分析

1）低温

长时间的低温天气会使土方工程延期。高寒使钢材和焊接接头韧性降低，结构变脆，导致疲劳性能下降。低温、负温会使混凝土在浇筑期间产生温度应力裂缝，且易发生隧道洞口冻害、桥梁结构冻裂等问题。低温对高速铁路运行影响则较大。低温会造成道岔被冻住，影响列车运行。环境温度低时，车厢内和车体外部分设备与环境温差大、易结冰霜，车辆维护保养难度大大增加。

温江—泸定以及巴塘为低风险等级，雅江、八宿为较低风险等级，其余为中风险和较高风险等级，较高风险等级的路段有理塘、白玉、昌都、洛隆、贡嘎、马尔康、道孚、炉霍、甘孜、德格、芒康、左贡。

2）高温

极端高温可能导致绝缘物质变性、金属导轨和导线膨胀，导轨温度增加可能影响摩擦系数。高温灾害，温江—雅安、泸定、巴塘为中风险等级，天全、雅江为较低风险等级，其余地区为低风险等级。

3）较大温差

强日照和大温差对建筑材料有较大影响，影响施工质量，这种情况会加速混凝土材料的劣化速度，造成混凝土干裂，混凝土冻胀开裂，对耐久性产生不利影响，同时也会对大跨度桥梁轨道变形和行车安全性产生不利影响。日较差大于30℃的地方，如雅江、理塘、白玉、昌都、加查、泽当、贡嘎、马尔康、道孚、炉霍、德格等地年日较差极大值超过30℃，存在对建筑材料影响的风险。

3. 防范措施建议

针对川藏铁路气温相关的灾害风险，采用高性能混凝土材料及制备耐久性材料提高技术、预应力管道循环压浆技术、混凝土防护涂装等措施，以保障混凝土桥梁耐久性。采用在混凝土中掺入早强防冻剂，缩短运输距离和时间，在浇筑完成后，将混凝土与大气进行隔绝，用蒸汽等方式加热养护，提高混凝土施工质量等措施。采用低温韧性好的钢材，钢桥应用加强型防护涂装和免涂装耐候钢等，提高钢桥在严寒地区的服役寿命。采用工程设计调整措施，如温度调节器，调高支座等解决桥梁结构的大温差变形。

运营期间做好低温引发的冰冻灾害的监测和防护。

6.4.5 雷电灾害影响及风险分析

1. 气候特征

川藏铁路沿线区域大部分地区雷暴日数多发，西部地区以及康定至昌都之间的大片区域为雷暴高值区，年雷暴日数高值区普遍在45d以上，其中色达(75.2d)、贡嘎(75.1d)等地超过70d；东部的四川盆地及左贡、八宿、洛隆、波密、林芝、米林一带年雷暴日数一般不足35d。雷暴天气出现在2～11月，大部分地区5～9月发生频繁，占全年雷暴日数的比例平均为86%，月际峰值大多出现在6～8月。

雷电密度监测表明，川藏铁路沿线通常7月雷电次数最多，雅安以东地区发生频次高，为雷电高发区，雷电活动季节较长，高发期为4～10月；川西高原、察雅及贡觉县、加查至拉萨一带频次略高，一般为0.15～1.35次/(km^2·a)，其余地区不属于雷电活动高发区。雷暴日数分布与地闪密度分布并不很一致。高原上，雷暴日数多，但地闪不是特别频繁。盆地平原雷暴日数不多，但地闪频繁。这说明高原地区容易发生弱小雷暴，雷暴持续时间短，频率高。盆地平原区容易形成强雷暴，且雷暴持续时间较长，但频率较低（卜俊伟，2014）。

2. 影响和风险分析

川藏铁路沿线雷暴绝大多数站点为较高风险等级。雷暴风险等级高，在工程建设野外施工期间，施工人员、设备、建筑物易遭受雷电袭击。由于列车运行环境的特殊性，铁路接触网具有面广、线长且无备用系统等特点，雷击可能会引起设备损坏、列车失电，导致运输中断，严重时还会造成行车事故和人员伤亡。

3. 防范措施建议

铁路选线时应规避雷暴多发区。建设规划设计时，应在雷暴频发区域，加强雷电监测及编制应急预案，构建综合防雷电系统，在铁路信号设备控制室安装避雷带以及避雷网，直接将雷电在铁路信号设备室外进行疏散和引流；在重点区域的铁路网络设备中安置法拉第笼，有效减少雷电对铁路网络的影响，提高铁路信号设备的防雷整治工作。车站、房屋等建筑物和基础设施，需要做气候可行论证，做好防雷措施，避免遭受破坏。

6.4.6 冰雹灾害影响及风险分析

1. 气候特征

青藏高原为冰雹多发区，川藏铁路经过区域位于高原冰雹多发区的南缘，局部地区冰雹发生频繁。川藏铁路沿线年冰雹日数普遍为1～5d，其中康定新都桥、理塘年冰雹日数多，超过15d，理塘最多，为16.3d，年冰雹日数最大值分别为28d、31d；泸定以东地区及波密、八宿等地冰雹很少发生。冰雹月际变化特征复杂，康定至拉萨冰雹出现在2～11月，各站具体出现时间有较大差异；大多站点双峰变化特征明显，且月最大峰值多出现在春季。冰雹与地形地貌确有密切关系。通常山区降雹多于平原，海拔4000m以下的山区，降雹日数随高度而增多，但在4000m以上的高山区降雹日数又随高度逐渐减少（《中国气象灾害大典》编委会，2006）。

2. 影响和风险分析

冰雹是影响铁路运行的主要气象灾害之一，尤其是直径较大的冰雹对铁路有较大的影响，大的冰雹会砸坏电网或信号设备，影响列车运行。康定以东为低风险区，康定以西地区多为中风险区，其中康定新都桥、理塘为较高风险，八宿—波密和贡嘎为较低风险。

3. 防范措施建议

施工期间，如遇到冰雹，应及时躲避，避免对施工工人造成伤害。做好关键设备、系统保护措施。

6.4.7 雾和霾、沙尘暴灾害影响及风险分析

1. 气候特征

1）雾和霾

川藏铁路沿线东部四川盆地雾和霾发生频繁，年雾日数普遍为10～50d，冬多夏少特征明显，其中12月雾日数最多，温江最大年雾日数多达174d；霾日数为5～15d，冬春多，夏秋少，2月或3月霾日数最多。

2）沙尘暴

川藏铁路沿线大部分地区沙尘及沙尘暴天气发生少，仅西部加查、拉萨、泽当、贡嘎沙尘日数为5～15d，泽当、贡嘎分别为12d、15.3d，这些地区年沙尘日数和沙尘暴日数历史最大值也很多。加查至拉萨，呈现冬春多、夏秋少的特征，全年最大值出现在1月或2月；加查除6月、泽当除9月外，其余各月均有沙尘天气出现。东部少发区，沙尘天气主要出现在春季；中部昌都至米林，各月基本无沙尘天气出现。

2. 影响和风险分析

1）雾和霾

雾、霾天气发生时，能见度低，影响视觉，施工会受到影响，并影响工作人员身体健康。雾、霾还会造成"雾闪"（或污闪）现象，从而影响铁路的电力系统。带电离子击穿绝缘子，造成列车电力系统跳闸、断电，影响列车运行。此外，大雾及霾由于

能见度低，造成信号难以辨认，也会对铁路运行造成影响。

从雾来讲，温江—彭山、康定为较高风险等级，雅安、天全、理塘、米林、德格为中风险等级，其他地区为较低和低风险等级。温江和蒲江霾为较高风险等级，彭山—天全为中风险等级，其余地区大多为低风险等级。

2）沙尘暴

沙尘暴对铁路的危害不仅会掩埋线路造成钢轨和扣件严重锈蚀，阻塞岔道，道床积沙造成拱道，流沙堵塞桥涵；沙尘通过内燃机车进气系统进入柴油气缸，造成非正常磨耗；沙尘天气发生时，往往能见度低，信号辨认难。此外，沙尘还会给供电设施带来严重安全隐患。

沙尘灾害，泽当、贡嘎为较高风险等级，加查、拉萨、左贡为中风险等级，其余为低风险或较低风险等级。

3. 防范措施建议

施工期间，遇到雾、霾以及沙尘天气时，根据施工安全规范要求，应延迟或停止施工，避免事故发生。制定相应的应急预案，应对灾害的发生及时采取措施。

沙尘灾害中等风险和较高风险等级地区主要位于川藏铁路沿线西部。雅鲁藏布江沿岸两侧，主要地貌为平坦谷地和裸露浅滩与风成沙丘，为确保铁路运营安全，应采取防沙固沙工程措施，避免在大风季节遭受沙埋和风蚀。严重的风沙段落采用桥梁或隧道通过，无法避让或不适合桥梁、隧道的情况下采用路基通过（张洪文等，2014）。还要做好活动沙丘的长期监测和治理。

6.4.8 小结

11种气象灾害中，结冰、霜、雷暴、低温等灾害在川藏铁路沿线总体发生概率风险高，其他灾害只是在区域或局部地区风险高。选线时应避开高风险区。规划设计时，应考虑加强防护和应对措施，必要时开展针对性的气候可行性论证。关注极端气候状况的影响，制定相应的灾害应急和风险管理预案。施工时，根据施工安全规范进行，确保生命财产安全，做好适当防护措施，保障施工顺利进行。运营期间，加强这些灾害的监测、预报预警，保障列车运行安全。

6.5 结论

本书面向川藏铁路线路优化、规划建设、工程施工、未来运营维护及防灾减灾等方面的需求，重点围绕大风、强降雨、雪灾（积雪、降雪、融雪、风吹雪、雪崩）以及气候变化背景下冰川退缩、冻土退化、积雪减少及融化等灾害，凝练主要气候特征，基于文献调研，归纳总结这些气象灾害对铁路可能造成的不利影响，基于历史气候及灾害的统计分析，选择针对性的致灾气象条件，确定指标和风险等级，开展针对川藏铁路运营等方面的可能风险评估和分析；还通过实地勘察和定性分析的方法，全面开展风险分析。考虑全球变暖背景下，基于未来气候变化预估和极端气候或灾害事件的变化分析，探讨未来川藏铁路面临的主要气象灾害的风险及可能影响，并针对可能影响和面临的风险，给出应对对策或建议。除了这些灾害之外，还开展了霜冻、结冰、雾凇、雨凇、高温、低温、雷暴、冰雹、雾、霾、沙尘暴等 11 种灾害对铁路的影响、风险分析，并提出对策建议。分析表明：

（1）川藏铁路沿线气候复杂多变，大风、暴雨、雪灾、低温、冰冻、雷暴等气象灾害种类多、发生频繁、影响重。川藏铁路沿线暴雨区、地形起伏区、地震多发区三区叠加导致部分沿线路段成为山洪、滑坡、泥石流灾害最集中、最频繁的高风险区。暴雨及其诱发的山洪、滑坡、泥石流灾害，高山峡谷地区大风灾害，积雪和风吹雪、雪崩等灾害，以及冰川退缩、冻土退化等成为川藏铁路规划建设主要考虑的气候及气象灾害风险。除此之外，11 种其他气象灾害中，结冰、霜冻、雷暴、低温等气象灾害在川藏铁路沿线总体发生概率风险高，其他灾害只是区域或局部地区风险高。选线时应避开主要气象灾害高风险区，无法避开时，需要采取相应应对措施。

（2）在全球变暖背景下，未来川藏铁路沿线地区降水以增加为主，气温将持续升高，极端天气气候事件趋多趋强。全球气候变化将会进一步加剧暴雨诱发的山洪、滑坡、泥石流灾害，以及冰川退缩、积雪减少、冻土退化链式灾害等对铁路规划建设的风险。在基于区域模式模拟结果对川藏铁路未来气候变化及其风险进行科学预估时，也需注意所得结果中存在的不确定性。

（3）沿线复杂多变的气候及气象灾害特征对川藏铁路选线、施工建设、运营维护、防灾减灾等带来诸多不利影响。通过选择抗风性能良好的工程结构，改善气动外形、设置风屏障等措施，降低深切峡谷风对铁路桥梁等结构的影响。通过减灾选线、地质选线规避强降水引发地表次生灾害、雪灾、风灾等的影响。通过改进混凝土制备、养护及防护措施来规避冻害风险，采用变形调整措施解决结构温差变形影响。采用综合防雷电系统、安装避雷带以及避雷网降低雷电风险。采用现场监测、预报、预警等工程措施，降低覆冰对缆索、道路、构件的影响。针对不同区域可能出现的不同气象灾害及极端气候或灾害事件采取相应的措施。

（4）在川藏铁路规划建设中，应把握好气候规律和气象灾害时空分布特征，将气候及气象灾害风险管理融入科学规划、技术支撑、保护生态等各项环节中。由于目前川藏铁路沿线及附近气象监测站点有限，会对部分地区的风险分析造成影响，迫切需要提高沿线地区气象及灾害监测、预报、预警、风险评估和各项保障服务能力，提高川藏铁路沿线气候及气象灾害风险综合防范能力。需进一步加强各类基础工程建设气候可行性论证以及关键气象参数研究，保障工程长期安全可靠；有针对性制定各类气候及气象灾害应急响应、灾害风险管理预案，确保工程安全顺利进行以及运营安全。建立科学研究及成果应用转化、多部门合作等长期有效机制，保障川藏铁路规划建设顺利进行及长久安全运行。

参考文献

卜俊伟. 2014. 基于闪电定位资料的四川省雷电风险区划分析. 高原山地气象研究, 34(2): 86-90.

陈子燊, 刘曾美, 路剑飞. 2010. 广义极值分布参数估计方法的对比分析. 中山大学学报(自然科学版), 49(6): 105-109.

崔新强, 付佳, 代娟, 等. 2017. 高铁气象灾害防御体系现状分析与对策研究. 气象科技进展, 7(2): 46-49.

崔新强, 付佳, 代娟, 等. 2018. 基于 GIS 的沪汉蓉高铁线路暴雨灾害风险区. 气象科学, 38(1): 113-120.

代娟, 崔新强, 刘文清, 等. 2016. 高速铁路气象灾害风险分析与区划方法讨论. 灾害学, 31(4): 33-36.

戴荣尧. 1998. 中国铁路自然灾害及防治. 北京: 中国铁道出版社.

何尚海. 2016. 铁路风吹雪灾害防治原理及技术研究. 自动化与仪器仪表, 12: 181-185.

拉巴卓玛, 普布贵吉. 2007. 青藏铁路沿线近 40 年气候变化和气象灾害特征. 西藏科技 (6): 66-68.

林战举. 2008. 多年冻土区青藏铁路沿线次生冻融灾害及成因初步分析 // 第八届全国工程地质大会论文集. 北京: 中国地质学会工程地质专业委员会: 工程地质学报编辑部.

刘艳, 何清, 戴晓爱, 等. 2016. 新疆铁路沿线主要气象灾害风险区划及减灾对策探讨. 自然灾害学报, 25(3): 48-57.

马淑红, 马韫娟. 2009. 瞬时风速对高速列车安全运行的影响及其控制. 铁道工程学报 (1): 11-16.

马淑红, 马韫娟. 2013. 我国高铁强风灾害对策研究. 中国科技信息 (4): 97-99.

马韫娟, 马淑红, 刘志明, 等. 2011. 高速铁路暴雨灾害防控技术研究. 中国科技信息 (6): 204-210.

明惠青, 张凯, 侯亚红, 等. 2016. 辽宁境内高铁沿线不良气象条件时空分布特征. 气象与环境学报, 32(6): 160-165.

牛富俊, 林战举, 鲁嘉濠, 等. 2011. 青藏铁路路桥过渡段沉降变形影响因素分析. 岩土力学, 32(S2): 372-377.

孙明远. 2018. 川西高原季节性冻土区路基冻融循环效应研究. 绵阳: 西南科技大学.

王绍武, 罗勇, 赵宗慈, 等. 2012. 新一代温室气体排放情景. 气候变化研究进展, 8(4): 305-307.

王志, 田华, 冯蕾, 等. 2012. 基于 GIS 的高速铁路大风风险区划研究 // 极端天气事件与公共气象服务发展论坛论文集. 北京: 第十四届中国科协年会.

魏乐德. 2016. 影响新疆铁路设计运营的灾害性天气空间分布规律研究. 新疆师范大学学报(自然科学版), 35(3): 22-27.

魏玉光, 杨洁, 韩学雷. 2004. 青藏高原铁路沿线雪崩危险度评价方法. 中国安全科学学报, 14(4): 40-42.

尹国安, 牛富俊, 林战举, 等. 2014. 青藏铁路沿线多年冻土分布特征及其对环境变化的响应. 冰川冻土, 36(4): 772-781.

张洪文, 常辉, 陈永, 等. 2014. 川藏铁路风沙路基的防护措施. 中国高新技术企业 (25): 100-101.

张洪宇. 2019. 铁路高影响天气分析及应对策略研究. 中国铁路, 5: 12-16.

张静, 保广裕. 2011. 青海境内青藏铁路旬气象灾害天气特征分析. 青海气象 (4): 51-56.

张照财. 2007. 雪害的特征及其地质选线研究. 铁道勘察, 3: 51-54.

参 考 文 献

Hempel S, Frieler K, Warszawski L, et al. 2013. A trend preserving bias correction – The ISI-MIP approach. Earth System Dynamics, 4(2): 219-236.

Massey F. 1951. The Kolmogorov-Smirnov test for goodness of fit. Journal of the American Statistical Association, 46(25): 68-78.

Moss R, Edmonds J, Hibbard K, et al. 2010. The next generation of scenarios for climate change research and assessment. Nature, 463(7282): 747-756.

附 录
科考日志

科考日志一（2019年8～9月）

日期	工作内容	停留地点
8月29日	北京→成都：乘飞机和火车出发，拍摄沿途景观照片及视频	成都
8月30日	成都：植被环境考察相关仪器设备测试，对参加人员进行野外考察培训	成都
8月31日	成都→雅安→天全→泸定：不同茶园的植被环境调查，高光谱无人机试飞测试	泸定
9月1日	泸定→康定：沿途开展灌丛和针叶林的植被环境调查，高光谱无人机观测	康定
9月2日	康定→理塘：开展灌丛、阔叶林和针叶林的植被环境调查，高光谱无人机观测	理塘
9月3日	理塘→巴塘→白玉：沿海拔梯度开展不同植被类型的植被环境调查，小无人机进行土地类型观测	白玉
9月4日	白玉→江达→昌都：在高寒草甸和暗针叶林、高山灌丛等进行植被环境调查，高光谱无人机和小无人机观测	昌都
9月5日	昌都→邦达→八宿：在邦达草原进行90m×90m大样方尺度化调查，高光谱无人机和小无人机观测，以及相应的气象环境和土地利用	八宿
9月6日	八宿→波密：在高寒草甸灌丛过渡带和沼泽化草甸区域进行高光谱无人机观测、沿途进行气象环境和土地利用调查，小无人机观测了湖泊	波密
9月7日	波密→林芝：沿途进行了亚热带针阔混交林逐渐过渡到暗针叶林过渡的气象环境、土地利用、植被叶绿素含量、叶面积指数和覆盖度等调查	林芝
9月8日	林芝→米林→加查：在阔叶林、针叶林和灌丛植被类型进行气象环境、土地利用、植被叶绿素含量、叶面积指数和覆盖度等调查	加查
9月9日	加查→山南→拉萨→贡嘎：在高寒草原化草甸进行90m×90m大样方尺度化调查，高光谱无人机和小无人机观测	拉萨
9月10日	拉萨→贡嘎：沿途进行了气象环境、土地利用、植被叶绿素含量、叶面积指数和覆盖度等调查	贡嘎

科考日志二（2020年8月）

日期	工作内容	停留地点
8月8日	北京→拉萨：乘飞机和火车出发，拍摄沿途景观照片及视频	拉萨
8月9～10日	拉萨：植被环境考察相关仪器设备测试，对参加人员进行野外考察培训	拉萨
8月11日	拉萨→扎西岗乡：高寒草甸和灌丛草甸的植被环境调查，高光谱无人机试飞测试	拉萨
8月12～13日	拉萨→纳木错：植被环境90m×90m大样方尺度化调查，高光谱无人机观测	拉萨
8月14～15日	拉萨→曲水→日喀则：灌丛草原、农田，以及湿地和农田交界处进行植被环境调查，高光谱无人机观测	日喀则
8月16日	日喀则→定日：农田生态系统和高寒草原的植被环境调查，小无人机进行土地类型观测	定日
8月17日	定日→吉隆沟：在高寒草甸进行90m×90m大样方尺度化调查，高光谱无人机和小无人机观测	吉隆沟
8月18日	吉隆沟→仲巴：观测海拔2800～5200m植被类型的变化，以及沿途的气象环境和土地利用	仲巴
8月19日	仲巴→普兰：在高寒荒漠草原进行高光谱无人机观测、沿途进行气象环境和土地利用调查，小无人机观测了湖泊	普兰
8月20日	普兰→狮泉河：沿途进行了气象环境、土地利用、植被叶绿素含量、叶面积指数和覆盖度等调查	狮泉河
8月21日	狮泉河→日土：在高寒荒漠草原进行气象环境、土地利用、植被叶绿素含量、叶面积指数和覆盖度等调查	日土

续表

日期	工作内容	停留地点
8月22日	日土→冈仁波齐：在盐碱化高寒草地进行 90m×90m 大样方尺度化调查，同时进行高光谱无人机和小无人机观测	冈仁波齐
8月23～24日	冈仁波齐→萨嘎→日喀则：沿途观测了高寒草地、灌丛、农田不同生态系统交界处的气象环境、植被类型、土地利用等	日喀则

科考日志三（2021年9月）

日期	工作内容	停留地点
9月16日	北京→贡嘎：乘飞机和火车出发，拍摄沿途景观照片及视频	贡嘎
9月17日	贡嘎：植被环境考察相关仪器设备测试，对参加人员进行野外考察培训	贡嘎
9月18日	贡嘎→林芝：针叶林的植被环境调查，高光谱无人机试飞测试	林芝
9月19日	林芝→波密：沿途针叶林和阔叶林的植被环境调查，高光谱无人机观测	波密
9月20日	波密→察隅：高山植被、灌丛和草原交界处进行植被环境调查，高光谱无人机观测	察隅
9月21日	察隅→八宿：常绿阔叶林的植被环境调查，小无人机进行土地类型观测	八宿
9月22日	八宿→巴塘：在川西云杉、鳞皮冷杉和常绿阔叶林开展植被环境调查，高光谱无人机和小无人机观测	巴塘
9月23日	巴塘→新龙：在高寒草地、冷杉林、湖泊过渡区开展植被环境调查，以及沿途的气象环境和土地利用	新龙
9月24日	新龙→炉霍：在草甸、冷杉林和云杉林过渡区开展高光谱无人机观测、沿途进行气象环境和土地利用调查	炉霍
9月25日	炉霍→马尔康：在草甸、灌丛和森林过渡区开展气象环境、土地利用、植被叶绿素含量、叶面积指数和覆盖度等调查	马尔康
9月26日	马尔康→成都：在高寒草地和灌丛交界区进行气象环境、土地利用、植被叶绿素含量、叶面积指数和覆盖度等调查	成都